21世纪高职高专能力本位型系列规划教材·经济贸易系列

国际市场营销项目教程

主　编　李湘滇
副主编　梁冬婷　徐艳琴
参　编　杨　珩　朱　婧　王书暐
　　　　张丽娜　张白瑜
主　审　符莎莉

北京大学出版社
PEKING UNIVERSITY PRESS

内容简介

本书由导入案例把全书引入两大类项目，一类是分项基础能力项目，另一类是综合能力项目。分项基础能力项目包括国际市场营销入门、分析国际市场环境、规划国际市场营销战略、分析国际市场消费者购买行为、选择国际目标市场及制定国际市场营销策略6个项目，综合能力项目包括撰写国际市场调研报告、撰写国际市场营销策划书2个项目。本书具有系统性、实用性和实践性的特点。

适合高职高专院校的国际经济与贸易、市场营销、电子商务、工商管理、商务英语等相关专业学生使用，也可供企业管理人员与营销人员参考使用。

图书在版编目(CIP)数据

国际市场营销项目教程/李湘滇主编. —北京：北京大学出版社，2013.1

(21世纪高职高专能力本位型系列规划教材·经济贸易系列)

ISBN 978-7-301-21724-5

Ⅰ. ①国… Ⅱ. ①李… Ⅲ. ①国际营销—高等职业教育—教材 Ⅳ. ①F740.2

中国版本图书馆CIP数据核字(2012)第294684号

书　　名：国际市场营销项目教程
著作责任者：李湘滇　主编
策 划 编 辑：赖　青　李　辉
责 任 编 辑：姜晓楠
标 准 书 号：ISBN 978-7-301-21724-5/F·3439
出 版 发 行：北京大学出版社
地　　址：北京市海淀区成府路205号　100871
网　　址：http://www.pup.cn　新浪官方微博：@北京大学出版社
电 子 信 箱：pup_6@163.com
电　　话：邮购部62752015　发行部62750672　编辑部62750667　出版部62754962
印 刷 者：北京京华虎彩印刷有限公司
经 销 者：新华书店
787毫米×1092毫米　16开本　19.75印张　458千字
2013年1月第1版　2017年6月第3次印刷
定　　价：38.00元

前　言

随着全球经济一体化的进一步深化，中国企业的国际营销活动日益增多，同样，中国市场也成为众多国外投资者的乐土。在这种背景下，任何一家企业要在国际市场竞争中取胜，就必须重视国际市场，加快研究和分析国际市场营销，赢得更多商机，获得更大利润。

本书以国际市场营销的基本内容为基础，以国际市场营销工作的业务流程为依据，贴合实际工作的需要，建立了一种全新的教学思路与路径。

首先，全书以导入案例作为引子，模拟企业开拓海外市场，将企业进行海外市场开拓的业务流程及业务技能进行梳理与串联，以此为背景，将教与学的内容整合为 8 个国际市场营销项目。其中，项目 1～项目 6 为分项基础能力项目，项目 7 与项目 8 为综合能力项目。

其次，以导入案例为依据，每个项目都明确提出了项目实训任务，通过项目及任务驱动，开展国际市场营销课程实训与理论知识的教学，使学习者在对国际市场营销形成感性工作思维的基础上，与课程学习相结合。

最后，为让学习者更直观地了解和完成项目实训任务，每个项目在项目知识讲解完成后，针对项目实训任务提供了一个相对应的项目实例作为参考，使学习者从内容、形式、框架等方面掌握并完成该实训任务。

本书的每一个项目均由“项目目标”“项目实训”“项目知识”“项目实例”“项目复习”及“职业能力训练”6 个部分组成。

项目组成部分

组成部分	内容要求
项目目标	在每一个项目的开篇，提出该项目的知识目标和实训目标，明确通过实践需具备的技能以及需掌握的相关知识
项目实训	以导入案例为背景，为学习者提出项目任务，引起思考，进行实训准备
项目知识	根据项目任务要求，诠释完成该实训任务需掌握的国际市场营销相关理论知识
项目实例	以项目任务要求为依据，编写相关的项目实例作为示范，引导学生以项目实训任务为目标，将项目知识与国际营销实践活动相结合，提高分析与解决问题的能力，最终有效完成实训任务
项目复习	对需要掌握的国际市场营销相关理论知识、需要具备的职业技能进行总结提炼与回顾
职业能力训练	以各类习题为基础，进一步检验学生对国际市场营销专业技能及相关知识的掌握情况

本书的编者有的来自大型企业，长期从事国际市场营销工作；有的在教学之余长期到企业相关岗位进行实践，有一定的实战经验。所有编者都具有丰富的教学经验，熟悉教学规律，而且在编写过程中得到了企业一线专家的指导。这些都使本书从内容到体例的设计不但紧密结合国际市场营销工作过程的实际，而且突出“教、学、做”一体化特征。编者对本书主要专业名词都用英语进行了标注，使得本书符合高职人才培养的国际化需要和时代要求。

本书由广州科技贸易职业学院李湘滇、梁冬婷、徐艳琴、杨珩、朱婧，广州番禺职业技术学院王书暐和张丽娜，以及广州科技贸易职业学院张白瑜共同编写，其中李湘滇担任主编，梁冬婷和徐艳琴担任副主编。具体分工如下：导入案例和项目 8 由梁冬婷编写，项目 1 由王书暐编写，项目2、项目6的任务3由杨珩编写，项目3由张白瑜编写，项目4和项目5由徐艳琴编写，项目6的任务1和任务2由张丽娜编写，项目6的任务4由李湘滇编写，项目7由朱婧编写，全书由符莎莉主审。

编者在本书编写过程中参考了大量资料，从中汲取了不少有益的素材，特向有关单位和个人表示诚挚的谢意。

由于编者水平有限，书中不足之处在所难免，敬请业内专家、学者及广大读者给予批评与指正。

编　者

2012年10月

目　　录

综合能力项目

项目0 导入案例

实训案例背景

A 公司至今依然是世界上最长寿的公司之一，甚至比联合国成员国中 2/3 的国家的“年纪”都要大。2008 年，A 公司公布的年销售额已经超过 835 亿美元，这也超过了许多国家一年的国民生产总值。作为一家长寿又健康的公司，它的成功一定有着某种必然性。

19 世纪，A 公司起步于一个以生产肥皂和蜡烛为主的小企业。历史的发展给 A 公司带来了很多机遇，公司的业务蒸蒸日上。第二次世界大战后，A 公司步入产品多元化时期。在这期间，它迅速树立起组织严明、多元化消费品行业巨人的形象，将产品范围从原有的香皂、烹调用油和其他油类制品，扩展到食品与饮料、口腔保健品及纸类用品等。随着国际事业部的设立，A 公司的运营据点开始拓展到海外。至 1980 年，公司已经在 22 个国家设有运营据点。此后，A 公司迈入了全球战略实施阶段，积极开拓全球新市场，在西欧及东南亚地区取得成功后，随即登陆中国香港地区，并把下一个目标锁定为拥有超过 13 亿个消费者的中国内陆市场。A 公司从一个名不见经传的小公司，发展壮大为一个经营着 300 多个品牌，产品畅销 160 多个国家和地区，在全球 80 多个国家和地区拥有 138 000 多名职员的行业巨人。A 公司丰富的国际市场开拓经验、深入的国内市场调研、准确的市场进入策略，以及随势而变的市场竞争策略，为其成功开拓中国市场创造了可能性。

假设你是 A 公司负责开拓海外市场的主管，那么，在公司做出进入中国市场的决策后，你的团队将要开展一系列进入中国市场的营销策划项目，你们将如何策划及实施呢？

(资料来源：北京大学汇丰商学院跨国公司研究项目组. 与中国一起成长：宝洁公司在华 20 年[M]. 北京：北京大学出版社，2009.)

实 训 任 务

请根据导入案例，根据对本书 8 个项目知识的理解，完成 6 个分项基础能力项目实训和 2 个综合能力项目实训。

(1) 项目 1～项目 6 的分项基础能力项目实训如下。

① 《A 公司进入中国市场的设想方案》。

② 《A 公司中国市场环境分析报告》。

③ 《A 公司中国市场战略报告》。

④ 《A 公司中国市场消费者购买行为分析报告》。

⑤ 《A 公司中国目标市场选择与定位报告》。

⑥ 《A 公司中国市场策略分析报告》。

(2) 项目 7～项目 8 的综合能力实训任务如下。

① 《A 公司中国市场调研报告》。

② 《A 公司中国市场营销策划书》。

实训组织与要求

(1) 组织划分若干个项目团队小组，每组 4～6 人，并选出组长。

(2) 明确组内分工，在项目团队小组内部进行任务细分，并将分工落实到人。

(3) 团队成员共同参与，协作完成各项目的实训任务，团队组长负责组织、管理、协调，并及时向指导教师汇报。

分项基础能力项目

项目 1 国际市场营销入门

『项目目标』

知识目标

1. 了解国际市场营销的基本概念和基本任务。
2. 掌握国际市场营销发展的过程。
3. 理解国际市场开拓的动因及国际化经营的特点。

实训目标

1. 通过国际市场营销概念、内涵及特点的学习，具备分析国际环境的能力。
2. 通过国际市场营销形式和任务的学习，具备开拓国际市场设想的技能。
3. 通过国外市场开拓动因及特点的学习，具备分析企业国际运行的内外部环境的能力。
4. 通过项目实训的学习，具备撰写《国际市场营销设想方案》的能力。

『项目实训』

实训项目

撰写《A公司进入中国市场的设想方案》。

实训背景

A公司准备开发新的国外市场，首先想到的是中国市场，通过撰写《A公司进入中国市场的设想方案》，理清思路，明确该想法的可行性，并为后期工作确定正确方向。

实训内容

1. 通过对中国市场环境的分析，阐述A公司进入中国市场的必要性及可行性。
2. 决定A公司进入中国市场的方式。
3. 编写一份简要的中国市场营销组合的设想方案，如产品策略、价格策略、渠道策略和促销策略等。
4. 为A公司的产品在中国的经营提出建议和意见。

实训步骤

1. 调查中国化妆品市场的基本信息。
2. 确定市场环境分析的内容。
3. 确定产品市场的定位，锁定目标市场并制定营销策略。
4. 撰写A公司进入中国市场的国际营销设想稿。

『项目知识』

任务 1.1 认识国际市场营销

1.1.1 国际市场营销的内涵

随着世界市场经济的逐步深化，全球化的进程日趋加剧，现代国际社会已经成为名副其实的“地球村”。越来越多的企业开始不满足于有限的国内市场，纷纷将视野投向更加广阔的国际市场。其中，跨国公司在国际市场以及国际交换中的作用越来越凸显，也使得很多企业争相效仿。而国际市场的开拓与占有也成为企业迈出国门的重要学问。国际市场营销(International Marketing)就是在现代营销学的基础上逐步发展和延伸，将现代营销学的知识从国内市场拓展到国际市场。

国际市场营销简称“国际营销”，是指国际营销企业以国外消费者的需求为中心，通过一系列的活动，有计划地向国际市场上的消费者或用户提供满足其不同需求的产品和服务，最终实现长期赢利目标的过程。随着经济全球化的发展，各国企业经营活动日益同国际市场发生密切的联系，许多企业由过去考虑“在国内什么地方建立新厂或开辟市场”发展为考虑“在国外什么地方制造或销售新产品”。企业的跨国经营，不仅是简单地把国内生产的产品销售到国际市场，而且还有可能在国外投资设厂生产或在海外销售产品。

国际市场营销是基础营销学的延伸和分支，即商品交换的市场营销职能从国内市场延伸到国际市场。因此，国际市场营销活动与市场营销活动运用的是同一个原理，即通过交换产品和服务来获得利润。具体可以从以下几个方面来把握。

(1) 国际市场营销的主体是跨国公司、出口企业等组织。国际市场营销是企业的跨国销售管理活动。当今世界，各跨国公司成为国际市场营销的生力军，不断推动着国际市场的进一步深化。例如，通用汽车公司、可口可乐公司、沃尔玛百货有限公司等跨国公司在世界的许多国家都有自己的生产和销售基地。

(2) 国际市场营销活动的内容是为国外市场提供产品或服务。国际市场营销的具体形式有产品和服务的出口、转让生产经营管理技术或在当地投资生产等，企业在生产和销售产品的时候必须根据目标国家的具体消费情况而定，体现其地域及消费需求的差异性。

(3) 国际市场营销的范围是一个或多个国外市场。企业所面对的是不同于国内的各国外消费市场和群体，了解当地的政治、经济、文化、法律法规等因素是开拓国际市场必不可少的工作。

(4) 国际市场营销活动的目的是取得最大的经济利益。国际市场营销需遵循企业整体战略和营销的规划，通过协调各方的营销业务，实现整体经济利益的增长。

小案例 1-1

2007 年，英特尔公司(以下简称英特尔)宣布在大连投资 25 亿美元建立一家生产 300 毫米(12 英寸)晶圆(芯片)的工厂，成为其在亚洲的第一个芯片生产基地，弥补了我国相关技术的空白。

20世纪90年代末期，上海浦东地区得到开发，英特尔开始了在华的投资建厂之旅，第一家工厂就建在了浦东。21世纪初，随着中国“西部大开发”战略的实施，英特尔将第二家工厂设在了成都；随后因为国家“振兴东北”战略的实施，英特尔又将第三家工厂设在了高新技术产业城——大连。2003年，英特尔首席执行官贝瑞特宣布投资3.75亿美元在成都高新区建立芯片封装测试厂，2006年英特尔追加对成都投资，使项目总投资达到5.25亿美元。

回顾英特尔在华投资建厂的布局，不难看出其每一步都紧跟中国政府的区域发展战略。从配合“浦东崛起”、呼吁“西部大开发”到“振兴东北”，与我国区域经济发展的3个台阶“先提速东部、再提升西部，后复兴东北部”步调一致。

【分析提示】

对外直接投资是国际市场营销活动的重要内容，也是企业开展国际化经营的重要手段。对于东道国政策、经济环境的合理把握是任何一家企业国际营销活动开展能否成功的关键因素。

(资料来源：范黎波，宋志红. 跨国经营理论与实务[M]. 北京：北京师范大学出版社，2009.)

1.1.2 国际市场营销的特点与任务

1. 国际市场营销的特点

国际市场营销是在市场营销的基础上发展起来的，两者在原理和本质上是相同的。但是由于国际市场营销是跨国境的营销活动，具有明显的不稳定性、复杂性、多变性以及不可控制性，这就使得企业对国际市场营销的战略把握、计划的开展、策略的实施和整个营销的管理工作较之国内市场有明显的区别。与国内市场营销相比，国际市场营销主要有以下几个特点。

1) 面临的市场营销环境复杂多变

国内市场营销工作是面向企业熟悉的国内市场，由企业比较熟悉的国内政治、经济、法律、文化等相对较单纯的因素构成，而国际市场营销却是以国外消费者为中心而开展的营销活动。与国内市场不同的是，国际市场营销所面对的环境愈加地复杂，凡是从事国际营销的企业，都不可避免地愈要受到整个世界的市场环境的影响。主要包括以下几个方面。

(1) 宏观经济环境。每个国家的宏观经济环境千差万别，主要体现在国家的经济发展阶段与水平、产业结构及发展状况、经济制度及市场体系、国民收入情况、人口等方面。对于进入国际市场的企业来说，应对不同的经济环境，需要更加长远的战略眼光、更加敏锐的商业嗅觉以及灵活的市场营销策略。

(2) 政治法律环境。包括国家的政治制度体制、国际市场的方针政策、对外贸易的态度以及国际法律法规等，这些对于企业进入东道国的市场将会产生极大的影响。

(3) 国际贸易体系及政策。任何的国际经营活动都会涉及关税、进口许可和限制、双边或多边优惠协定，以及经济联盟的影响。同时，各个国家相应的国际金融和货币政策也各有不同。

(4) 文化环境与商业习惯。每个国家的传统文化和风俗习惯也会有所不同，主要表现在民族、宗教信仰、生活方式及理念、风俗习惯与社会规范等。

这些环境因素使得企业在进入国际市场之前，应该考虑是否要进入国际市场、开展国际营销活动；进入哪些市场和行业较合适；选择哪些适销对路的产品，以及如何进行营销组合、建立相应的组织机构等。

知识拓展 1-1

跨国公司十分重视市场信息的收集，他们认为要在市场竞争中稳操胜券，就必须做到知己知彼，以抓住瞬息万变的商机，为此建立了各种各样的信息网络。例如，日本综合商社的情报机构遍布全球，昼夜不停地收集经济及科技、社会等各类信息，进行综合性、战略性研究。

(资料来源：http://www.360doc.com/index.aspx.)

2) 国际市场营销的组合更加多样和困难

基于上述国际环境的差异，国际市场营销所面对的客户需求是各不相同的，这就使得企业在产品的提供、产品价格的制定、营销渠道及促销方式的选择上要具有极强的针对性。通常企业在国内市场进行营销时，虽然也需对不同地区、不同市场制定不同的营销方案，进行不同的促销活动，但企业的整体方案是一致的。然而，在国际市场营销中，企业在不同的国别生产和销售产品，其面对的市场的差异远远大于国内不同地区市场的差异，因此不可能采用统一的营销方案。同时，不同国家多变的政治、经济因素使得国际营销的预测和调查难度加大，也导致营销组合的制定和调整更多加样和困难。

3) 国际市场营销面对的不确定因素更多、风险更大

(1) 产品需求难以确定。

(2) 竞争对手更多。当企业的产品或服务进入国际市场时，企业难以准确、及时地获得竞争对手的信息。

(3) 促销和渠道构建的难度更大。因为各国民族习惯和文化传统的差异，促销方式也会相应地有所不同。同时，因为不同国家市场的批发、零售结构，购买习惯和营销渠道限制因素不同，就使得国际市场营销渠道的选择和控制也难以确定。同时，国际交易还会受到国际政局的多变、汇率的波动、国际诈骗增多及运输过程的不确定等因素影响，这些都增加了国际营销的风险。

4) 国际市场营销的管理更困难

国际市场营销所面对的营销环境差异很大，各国消费者的需求各有不同。另外，由于营销和生产及管理都很可能在不同的地方，因此营销的管理具有很大的困难性。这就使得企业不但要结合各国的优势资源，制订行之有效的国际营销战略计划及规划营销管理工作，还要根据企业的统一规划，协调好企业在各个国际市场的资源分布，控制整个营销活动，突出各地的营销优势，以获得整体利益的提升。

小案例 1-2

1979 年，中国放宽对家用电器产品的进口政策，当时，欧洲电视机厂商和日本电视机厂商都把目标盯准中国市场。但是，欧洲厂商过去一贯以中国香港和东南亚地区的高收入消费者为销售对象，并不重视一般的工薪阶层。例如，荷兰某著名电视机厂商就是持这种态度，它们一直认为中国的电视机市场潜力不大，不想与日本厂商竞争，结果贻误了时机。与此相反，日本电视机厂商在一些熟悉中国情况的“智囊”的帮助下，研究分析当时的中

国市场。他们从“市场＝人口＋购买力＋购买动机”这个公式来分析，认为中国有超过10亿的人口，市场潜力大；收入虽低，但中国人有储蓄的习惯，已经形成了一定的购买力；同时中国群众有看电视的需求。所以，中国存在一个很有潜力的黑白电视机市场。于是，日本电视机厂商根据目标市场的特点，运用营销因素组合，制定了一套销售战略。

1. 产品策略

中国电压系统与日本不同，必须将适用于110伏电压的产品改为220伏的；中国若干地区电力不足，电压不稳，电视机要有稳压装置；要适应中国电视频道情况；适应中国人的消费习惯，电视机的耗电量要低，音量要求较大；根据当时中国居民的住房情况，应以12英寸(1英寸≈25.4毫米)电视机为主；要提供质量保证和修理服务。

2. 销售渠道策略

由我国香港和澳门地区的国货公司及代理商、经销商推销。

3. 促进销售渠道

主要采用广告形式，在我国香港地区电视台开展广告攻势；在香港的《大公报》、《文汇报》等报刊大量刊登广告；在香港一些报纸和特刊中提供日本电视机知识的资料特稿。

4. 定价策略

考虑到当时中国市场尚无其他进口品牌电视机与之竞争，因此价格比中国国产电视机稍高。

【分析提示】

在进入国际市场前，把握目标国信息，对目标国的环境进行分析，找准适当的市场定位。同时，企业应结合自己的优劣势，选择适合的营销组合策略，并灵活适应国际环境的变化。

(资料来源：屈冠银. 市场营销理论与实训教程[M]. 北京：机械工业出版社，2006.)

2. 国际市场营销的任务

国际市场营销的基本任务是企业的决策者在综合分析国内外市场营销环境的基础上，捕捉营销机会，避免风险，制定进入国际市场的营销战略、策略，以实现企业赢利的基本目标。

1) 适应不同的国际环境

首先，充分认识国际市场的不可控因素。通常在本国经营的企业能够比较容易地预测商业形势。然而在国际市场，企业会遇到国际政治、经济、文化等多方面的冲突问题。影响企业国际市场营销的不可控因素主要包括政治、法律因素，经济因素，竞争力量，技术水平因素，分销结构，地理和基础设施及文化因素等。其中，政治局势、阶级结构和经济形势是影响企业决策的关键因素。所以，尽管营销的任务基本相同，但是营销的方法却要根据各个国家的差异而因地制宜。同时，企业在营销活动中应该充分认识到由于政治气候、经济和技术发展水平等方面的差异，会导致在某一国曾经成功的营销策略在另一国未必适用。

其次，正确应对各种因素，适应国际环境。在多变的国际环境下，企业可以做的不是放弃国外市场，就是积极适应其所带来的变化。如果想要在国际市场立足，那么在制定相应的营销构想、战略定位和营销策略方案的时候，应该充分考虑目标市场的政治经济制度和政策、消费群体的需求偏好、国家文化的差异，以及相应的法律法规等，培养“全球化视野、本土化经营”的能力。

2) 跨国的组织协调

国际市场营销需要面对不同国家的市场，而在不同国家的市场中，各个分公司的规模、目标市场潜力及在当地的竞争优势各有不同。因此，企业所需的产品和技术、市场营销、财务和运营等方面的专门知识是不同的，这就要求企业在进行国际市场营销活动的时候，对各个地区的分公司进行平衡和整合，最大限度地发挥企业的效率。这一要求决定了企业必须根据本身的行业特点和企业特征确定合理的组织结构。一般来说，随着企业国际化程度的加深，其组织结构也要进行相应的调整，以实现全球的组织结构整体的合理规划及区域市场的有效运行。

3) 树立全球意识

现代企业的经营者必须具备全球化的经营头脑，拥有全球化的经营意识，把世界体系作为参照。企业的国际市场营销也就是在经济全球化的环境下开展的一种商品和服务的跨国界交换活动。那么在进行营销决策的时候，必须做到以下几点。

(1) 战略全球化。营销的首要任务就是通过了解目标市场的情况，结合自身的竞争优势，为企业找到长期发展的机会。而这也是企业全球化经营要解决的战略问题。企业可以采用 4 种基本战略来应对国际环境下的竞争，即多国战略、国别战略、跨国战略和全球战略。企业国际营销的使命是将具有核心竞争力的产品和服务输送到国外，具体战略的使用应根据自身技术水平、成本和当地市场反应的程度来确定。

(2) 技术全球化。技术全球化是当代生产力发展的客观要求。许多企业在国际化的进程中及时吸收国外先进技术，共享国际技术发展的成果。对于参与国际分工的企业来说，在吸取他人先进技术的同时，还应注意提高自身技术水平，制定合理的技术标准以符合国际行业技术的要求，以及适应各个国家的技术标准差异，使自己的产品和服务能够抢占他国的市场份额。

(3) 产品全球化。产品和服务是市场营销的重要载体，企业推出的产品能够成功进入其他国家和地区的市场是营销最重要的任务。这就需要具备认识和了解企业产品的超地域文化的能力。有些产品可以全世界通用，有些只能在某个地方销售。因此，就必须根据自己的经营能力和目标市场，设定产品的扩张能力。

(4) 品牌全球化。品牌全球化是企业在进行跨国生产经营活动中推出全球化的品牌，并占领世界市场的过程。即企业在全球性的营销活动中，进行品牌形象定位，达到品牌全球化的目标。不仅要利用本国的资源条件和市场，还必须利用国外的资源和市场，进行跨国经营，即在国外投资、生产、组织和策划国际市场营销活动，从而帮助企业打造良好的全球营销环境和氛围，使得产品能够被越来越多的消费者所接受。

小案例 1-3

奇多膨化食品的生产商百事公司宣布在广东投资 100 万美元兴建一家合资企业，专门生产酥脆的奶圈。为使奇多能够适应中国市场，必须找到一种适合中国人的口味。奇多是第一次按照中国人的口味，在中国生产的一种名牌零食。奶酪在中国并不是主要食品，在目标人群中，美国奇多的奶酪味测试结果不佳。从烤墨鱼味到甜糖，测试了 600 多种口味，最后才确定了可口美式乳酪味(奶油爆米花味)和辣味日式排骨味。不过，如果奇多没有了奶酪味，还是奇多吗？百事国际食品公司总经理说：“它保留了奇多的形状，仍然很脆，吃起来很好玩，因此它就是奇多。”

【分析提示】

企业的国外市场经营，必须要充分考虑目标市场的消费者情况，找准目标定位，适时采用本土化的策略。

(资料来源：[美]菲利普·R·凯特奥拉，约翰·L·格雷厄姆. 国际市场营销学[M]. 14版. 赵银德，等译. 北京：机械工业出版社，2005.)

1.1.3 国际市场营销组合

国际市场营销组合通常包括国际市场产品策略(Product)、国际市场定价策略(Price)、国际市场渠道策略(Place)及国际市场促销策略(Promotion)，简称4P理论。

1. 国际市场产品策略

国际市场产品策略是国际市场定价策略、渠道策略和促销策略的基础。国际市场产品策略的核心思想在于向海外客户提供满足其需求的产品，因此把握产品的整体概念及其内涵就尤为重要。现代市场营销学中的产品包括传统的有形实物和非物质形态的服务。而产品整体概念是指能够满足消费者的整体需求，既包括对产品“有形物质”的需求，也包括对产品“无形服务”的需求。通常产品策略需要把握3个层次：核心产品、有形产品及附加产品。

2. 国际市场定价策略

国际市场定价策略即给产品制定一个合适的价格，使其能顺利地投放到国际市场。在国际市场定价策略中，应注意把握以下两个方面。

1) 确定定价目标

国际企业应先明确产品的定价是以获取最大利润为目标，还是以获取较高的投资回报为目标；是为了维持或提高市场份额，还是为了应付或防止市场竞争，抑或是为了支持价格的稳定。一家有实力的跨国企业在进入一个新兴的富有潜力的海外市场时，大多会以获得较高的市场占有率为目标，因此在短期内，其价格或收益可能不能覆盖成本。

2) 选择定价决策主体

定价决策主体一般为母公司总部定价，东道国子公司独立定价，总部与子公司共同定价。最常见的方法是第三个选择，母公司既可对子公司的定价保持一定的控制，子公司又可有一定的自主权以使价格适应当地市场环境。

小案例1-4

格兰仕集团于1992年进入家电业，生产微波炉产品。事实上，格兰仕集团并不是微波炉市场的先行者，但它入市不久，就充分运用低价策略向竞争对手发动了一轮又一轮的价格攻势，使得市场占有率节节攀升。最新数据表明，格兰仕微波炉目前在大部分一类地区所占的市场份额均已高达70%以上，有些地区甚至达到80%之多。这么高的市场占有率在整个家电市场中是很少见的，毫无疑问，格兰仕微波炉已经稳稳占据了该行业“龙头老大”的位置。

【分析提示】

价格策略往往是企业占有市场份额的关键因素之一。当然，合理的定价一定是基于明确的定价目标和企业产品实际情况而制定的。

(资料来源：刘文广，赵贵霖. 企业市场营销实务[M]. 北京：高等教育出版社，2009.)

3. 国际市场市场渠道策略

国际市场市场渠道是指国际营销中商品的流通渠道。对国际市场上分销渠道的决策，首先是选择如何进入某国外市场方式的决策，其次再进行在该国外市场上选择何种渠道模式的决策。在国际市场分销渠道中，一般包括 3 个基本因素：制造商、中间商和最终消费者。制造商和最终消费者分别居于起点和终点。企业在产品或服务销售的过程中，经由不同的中间商，选择不同的分销策略，会形成不同类型的国际分销渠道。

4. 国际市场促销策略

国际市场的促销是企业将产品或服务的有关信息通过传播，帮助消费者认识商品或服务所带来的利益，进而诱发消费者的需求，激发他们的欲望，促使他们采取购买或消费行为，以实现销售的一种活动。产品的促销活动主要通过广告、营业推广、人员推销和公共关系活动来完成。

小案例 1-5

饮誉国际的雀巢集团在 20 世纪 70 年代差一点名誉扫地、一命呜呼。这家跨国公司在世界各地原本拥有稳定的市场，但是自 20 世纪 70 年代开始，国际上出现一种舆论，说雀巢集团食品的经销导致发展中国家母乳养育率下降，以至婴儿死亡率上升。这种舆论到 20 世纪 80 年代竟发展成一场世界性的抵制“雀巢”运动。直到那时，雀巢集团的决策者才意识到问题的严重性，不得不重金礼聘世界著名的公关专家帕根来商量对策。帕根发现，在舆论开始兴起并逐步发展过程中，雀巢集团决策者拒绝听取任何批评，同时对雀巢集团的经销行为始终保密，而这样的做法恰恰助长了抵制运动的爆发。于是，他把工作重点放在抵制情绪最严重的美国，专心听取社会批评，开展游说活动，还成立了权威性的听证委员会，审查雀巢集团的经销行为。这一系列的动作逐步挽回了雀巢集团的声誉。最后，历时 7 年的抵制运动终于停止了。

【分析提示】

开展公共关系活动有利于公众和客户对企业的了解和信任，也是企业及其产品形象维护的重要手段。

(资料来源：http://www.cqn.com.cn/news/zgzlb/diqi/22098.html.)

任务 1.2　了解国际化经营

1.2.1　国际市场营销的演变过程

企业市场营销大致经历几个阶段：出口营销—国际营销—多国营销—全球营销。每个国家的发展阶段不同，目前大部分国家企业的跨国经营仍然处于国际营销与多国营销阶段，而少数发达资本主义国家的跨国公司已经进入全球营销阶段。国际市场营销的阶段及其特点见表 1-1。

表 1-1 国际市场营销的阶段及其特点

阶段	特点
出口营销	国内生产，间接出口为主，主要实行出口战略与出口管理
国际营销	国内生产与国际生产相结合，主动出口，跨越几个国家的营销活动
多国营销	多国协调与营销一体化，实行差异化和独特一体化战略
全球营销	全球协调与营销一体化，实现全球产业链条的整合

1. 出口营销

出口营销(Export Marketing)是企业进入国际市场的第一阶段。其目标市场是国外市场，企业在国内生产产品到国外销售，满足国外市场需求。此阶段，产品与经验成为发展出口营销的关键，企业拓展国外市场重点在于出口战略尝试和出口管理。

该阶段企业生产和经营的重心是服务于国内市场，其参与国际市场的程度是仅限于在国际市场上销售产品。此阶段企业仅以出口产品为主来组织国际市场营销活动，对国际市场调研、开发的主动性和积极性都不够。即使国际市场销售产品的方式有所变化，如有的是间接出口，有的是直接出口，还有的是在国外建立销售子公司或销售力量等，但其立足点还是本国市场，生产和经营均在母国进行，利润来源也主要依赖于母国市场的销售情况，国际市场的利润仅作为一部分补充。

2. 国际营销

国际营销(International Marketing)是企业进入国际市场的第二阶段。在国际营销早期阶段，企业往往将重点集中于国内市场，实行种族中心主义或本国导向，即企业不自觉地将本国的方法、途径、人员、实践和价值运用于国际市场上。随着企业从事国际营销的经验日益丰富，国际营销者日益重视研究国际市场，实行产品从国内扩展到国外的战略。

然而，随着企业对跨国营销经验的不断积累，其进入国际市场的步伐也逐渐加速，企业也不仅满足于国外市场作为企业营销的辅助和补充，而是把国际市场作为公司决策和经营的重要组成部分。在这一阶段，企业会通过海外委托制造、独立制造和合资制造等方式，在国外建立生产基地从事生产，并且在东道国就近销售，以获取更大的市场份额。

3. 多国营销

多国营销(Multinational Marketing)是企业进入国际市场的第三阶段。实行多国营销战略，即企业为每一个国家制定一种营销战略。在这一阶段，企业的导向是多中心主义。多中心主义是假设世界市场是不同和独特的，企业要获得营销的成功，必须对差异化和独特化市场实行相应的战略。

多国营销方式最早产生于 20 世纪 70 年代的日本。当时，由于日本产品的竞争力强，使得日本的商品出口额上升，贸易顺差加大，与美国及西欧产生贸易摩擦。为了减少乃至消除这些摩擦，日本企业开始在国外寻找生产基地，产品销往当地市场或就近国家的市场，多国营销方式应运而生。进入 80 年代以后，各国贸易的发展日趋不平衡，甚至出现严重失衡，各国如再坚持传统的在本国生产，然后再销往其他国家的出口营销方式，必然导致贸易摩擦的不断升级。为了避免给企业造成损失，各国纷纷开始采用多国营销方式，从而使得多国营销方式迅速发展并广泛运用。

多国营销有一定的实现条件：首先，多国营销主要在实力雄厚、规模较大的企业开展，规模化经营是多国生产、多国营销的首要条件。其次，境外生产基地选择要得当。企业应结合成本，充分考虑当地的资源、法律、竞争和销售等因素，在世界范围内确定最佳的生产点，即多国生产基地。再次，应建立涵盖生产、销售和服务的全球性的营销管理体系。最后，打造全球化的品牌，并保证海外生产与国内生产在产品质量、性能及售后服务等方面处于同等水平。

4. 全球营销

全球营销(Global Marketing)是企业跨国经营的最高阶段。20 世纪 80 年代以后，计算机、通信技术的飞速发展和应用的普及，使企业进行跨国经营活动更加便利，一些大型的跨国公司开始进行全球营销。

全球营销指企业通过全球性布局与协调，使其在世界各地的营销活动一体化，以便获取全球性竞争优势。全球营销是以全球文化的共同性及差异性为前提，实行全球中心主义，主要侧重于文化的共同性，实行统一的营销战略，同时也应注意各国需求的差异性而进行本土化营销策略。也就是说，企业在进军国际市场的时候，应将整个世界看作是一个整体市场。此时企业的营销策略是为整个全球市场制定一套适用于各地区和国家的营销组合策略。企业的整个经营活动要从全球的角度出发，使资源在全球范围内得到有效配置，以满足国际市场客户需求，从而获取最大的利益。例如，为了迎合不同国家和地区消费者的口味，肯德基在中国推出油条和米饭，麦当劳在印度首都新德里销售蔬菜汉堡、在菲律宾首都马尼拉销售符合菲律宾口味的香辣汉堡等。

1.2.2 开拓国际市场的动因

随着经济全球化进程的加快，各国在经济、技术及文化等方面日益融合，各国大部分企业的经营活动，如技术、资本、生产、营销等均被纳入了全球范围。同时，由于信息技术的发展、交通运输设施的发达，以及贸易壁垒的逐渐削弱，使得世界贸易与投资得到了迅猛发展。开拓国际市场、寻求新的发展机遇成为许多企业获取持续化经营的重要手段。

1. 获取更多的市场份额，提高企业效益

随着国内经济的发展，商品经济市场逐步从卖方市场转化为买方市场。同时，市场经济的发展使得顾客的需求更为多样和苛刻，这样产品与产品之间、企业与企业之间的竞争便日益加剧。加上许多国外产品的冲击，越来越多的企业为了生存和发展去开辟新的市场，集结更多的市场资源，提高企业的总体效益。

知识拓展 1-2

据美国一项营销研究表明，市场占有率和投资收益率之间存在很高的内在关联度。

市场占有率在 10%以下时，投资收益率约为 8%。

市场占有率在 10%～20%时，投资收益率为 14%以上。

市场占有率在 20%～30%时，投资收益率约为 22%。

市场占有率在 30%～40%时，投资收益率约为 24%。

(资料来源：李海琼．国际市场营销实务[M]．北京：高等教育出版社，2010.)

2. 避免贸易壁垒和贸易保护主义的干扰

许多国家为了国内市场不受进口产品的冲击，都设定了不同程度的关税和非关税壁垒，这样极大地约束和限制了企业产品进入国外市场。为了避开这些关税和非关税壁垒，许多企业选择在国外投资建厂，直接生产和销售产品，达到产品进入该国市场的目的。例如，20世纪60年代中期，美国迫使我国香港实行纺织品“自愿”出口限额，造成香港纺织品企业纷纷到新加坡投资设厂，因为当时新加坡向美国出口纺织品还不受配额限制。后来新加坡也被迫规定出口限额时，这些香港纺织品公司又转移到不受配额限制的泰国和马来西亚投资设立子公司，继续向美国出口。

知识拓展1-3

20世纪50年代以来，欧洲共同体(2002年改为“欧洲联盟”，简称欧盟)一直对部分国家的出口进行数量限制，到20世纪80年代末，东欧国家发生巨变后才解除这种限制。1994年3月10日，欧盟公布了《关于对某些第三国实施共同进口规则的(EC)519/94号法规》，又将矛头指向非市场经济国家。其中的附件2规定，只对中国的手套、鞋类、陶器、瓷器、玩具、玻璃器皿、汽车用收音机七大类商品设置了进口数量限制(手套和汽车用收音机的配额限制于1996年取消，但对其他5类商品的限制仍保留)，而其他国家的商品一般情况下不受限制，可对欧盟自由出口。由于上述七大类商品是我国的强项出口产品，因此，这一限制性规定对我国产品进入欧洲市场造成了很大障碍。

(资料来源：胡正明，张喜民. 国际市场营销学[M]. 济南：山东人民出版社，2005.)

3. 延长产品生命周期

产品的生命周期一般分介绍期、成长期、成熟期和衰退期。20世纪以来，发达国家一直扮演着新产品创新国的角色，新产品首先在本国市场销售，进入介绍期。当产品在本国生产和销售市场扩大，渐渐步入成长期，向其他的发达国家导入时，产品在他国就是介绍期了。而当该产品发展为成熟期或者衰退期时，在另外一些国家可能鲜为人知，处于介绍期和成长期。企业就是这样通过将目标转向国外，延长产品的生命周期的。例如，20世纪70年代末，日本将在本国市场濒临淘汰的黑白电视机出口到中国，使其生产的黑白电视机的生命周期延长了很多年。

4. 当地政府鼓励出口推动企业国际化

政府实施鼓励与支持企业出口政策是驱动企业走向国际市场的巨大动力。通常，政府鼓励出口企业开辟国际市场的措施主要有税收优惠政策，如减免出口税收或出口退税；优惠的金融政策，如低息贷款、担保贷款、出口补贴等；其他服务，如提供外贸咨询、国际市场信息等。例如，日本政府曾为支持中小企业扩大出口提供优惠税收和低息贷款政策，期限为12年，年利息仅2.7%；美国政府也常年对出口农产品进行价格补贴；我国政府也实行对企业到国外投资办厂予以免税，产品出口退税等政策。

当然，科学技术的推动、外汇资源的获取、规模经济的实现等都是推动企业走向国际化经营必不可少的动力。

小案例 1-6

20 世纪 60 年代末，索尼公司在单枪三束彩色电视机上取得巨大成功，极大地促进了其在美国的销售。然而，由于日本产品大量流入美国，加上日本政府的严格进口限制，导致美、日出现严重的贸易不平衡局面。20 世纪 70 年代，美国反日情绪高涨，期间引发了对倾销日货的指控和一项包括索尼公司在内的反倾销决定。这次，索尼公司的主管盛田昭夫使出两个美国化的“杀手锏”：一是让美国人成为索尼公司的股东；二是在美国建厂，让美国人在厂里工作。这使得索尼公司迅速深入美国市场，成功地树立了知名度，完成其全球战略中关键的一步。

【分析提示】

为了获取更多的市场份额，绕开不必要的贸易壁垒是企业国际化的重要推动因素。索尼公司的产品虽好，但是要想在美国市场真正立足，投资建厂，海外生产、海外销售才是其全球战略成功的重要手段。

(资料来源：范黎波，宋志红. 跨国经营理论与实务[M]. 北京：北京师范大学出版社，2009.)

1.2.3 国际化经营的特点

目前，世界经济正朝着全球市场一体化、商业竞争国际化的方向发展。与国内经营相比，从事国际化经营的企业具有以下显著的特征。

1. 跨国界经营

国际化经营主要是指企业跨越国界的经营活动。企业以国际需求为导向，在进行国际经营时，要事先了解目标国的环境，明确其资源的优劣势，制定适应目标市场的经营策略，提供符合当地消费者需求的产品。国际化的企业通常通过 3 种途径来实现其跨国界经营：①设立专门的国外营销机构，推动国外整体销售；②通过在国外投资设厂，在国外进行直接生产和销售；③在国外进行直接生产和销售的同时，实现企业内部的国际性分工。

2. 多元化经营特点突出

多元化经营，就是企业尽量增加产品的大类和品种，跨行业生产经营多种多样的产品或业务，扩大企业的生产经营范围和市场范围，充分发挥企业特长，充分利用企业的各种资源，提高经营效益，保证企业的长期生存与发展。跨国公司在国际化的进程中，多采取多元化的经营方式以利用各国的资源优势，从而来获取更多的市场份额，实现企业利润最大化。企业国际多元化经营的形式多种多样，但主要可归纳为以下 4 种类型。

1) 同心多元化经营战略

同心多元化经营战略指企业利用原有的生产技术条件，制造与原产品用途不同的新产品。其特点是，原产品与新产品的基本用途不同，但产品与产品之间的技术相关性非常强。例如，强生公司在世界各地经营的业务涉及绷带、急救带、外科手术器械、婴儿看护用品、卫生纸、纺织品、模制塑料医疗设备和处方药品等。

2) 水平多元化经营战略

水平多元化经营战略又称横向多元化经营战略，指企业生产新产品销售给原市场的顾客，以满足他们新的需求。水平多元化经营的特点是，原产品与新产品的基本用途不同，但它们之间有密切的销售关联性。例如，某食品机器公司，原生产食品机器卖给食品加工厂，后生产收割机卖给农民，以后再生产农用化学品，仍然卖给农民。

3) 垂直多元化经营战略

垂直多元化经营战略又称纵向多元化经营战略。它又分为前向一体化经营战略和后向一体化经营战略。前向一体化是指组织的业务向消费它的产品或服务的行业扩展，如纺织厂设置服装制造厂或床上用品厂。而后向一体化是指企业向为他目前的产品提供作为原料的产品或行业扩展。例如，2004 年，中国四大钢铁公司向海外投资设立铁矿石企业。

4) 混合多元化经营战略

混合多元化经营战略指企业向与原产品、技术、市场无关的经营范围扩展。例如，美国国际电话电报公司的主要业务是电讯，后扩展经营旅馆业。整体多元化经营需要充足的资金和其他资源，故为实力雄厚的大公司所采用。

3. 资源共享与优化配置

资源配置和市场国际化是企业国际经营的重要特点，也是企业根据国际社会分工从事国际化经营的客观环境。在许多生产领域，以国内市场为界限的生产经营活动已经不符合规模经济的要求。这些尤其体现在新兴产业部门如高新技术产业和现代制造业，企业从产品的研发设计、原材料的采购、生产制造及销售可能都在不同的国度交叉进行，以达到全球资源的优化配置与国际分工协作。

4. 全球战略和一体化管理

全球战略是指跨国公司立足于全球视野，根据不同国家和地区的资源优势情况进行分配、整合，使它们有机地结合起来，实现降低生产经营成本并且获得长期、稳定的全球竞争优势。在国际经营的过程中，企业必须考虑在全球范围内实行资源的最优化配置，取得最佳的长期总体效益。这也是跨国公司在变动的国际经营环境中，为求得长期生存和发展而做出的总体的长远的谋略。

小案例 1-7

1999 年，海尔集团(以下简称海尔)总裁张瑞敏将“海尔的国际化”改成“国际化的海尔”。虽然是次序的变化，但实际内涵却产生了质的不同。国际化的海尔是“三位一体”的海尔，即设计中心、营销中心、制造中心“三位一体”。目前，海尔已经建立了具有国际竞争力的全球设计网络、制造网络、营销与服务网络。现有设计中心 18 个，工业园 9 个(其中国外 2 个，分别位于美国和巴基斯坦；国内 7 个，分别位于青岛、合肥、大连)，而海外工厂达到 13 个，营销网点 58 800 个，服务网点 11 976 个。海尔产品已经进入欧洲 15 个连锁店中的 12 家，美国 10 大连锁店中的 8 家。在美国和欧洲国家初步实现了设计、生产、销售“三位一体”的本土化目标。海尔已在美国洛杉矶和硅谷、法国里昂、荷兰阿姆斯特丹、加拿大蒙特利尔、日本东京设立了 6 个产品设计分部，在韩国首尔、澳大利亚悉尼、日本东京、美国洛杉矶和硅谷、荷兰阿姆斯特丹、奥地利维也纳、加拿大蒙特利尔、中国台湾和香港设立了 10 个信息中心。

【分析提示】

1999年，是海尔的国际化年，海尔选择在美国投资设厂。海尔在生产、营销、设计3个方面真正树立了全球化的意识，最终成功打造全球化的海尔。

(资料来源：刘志超. 国际市场营销[M]. 广州：华南理工大学出版社，2003.)

『项目实例』

元圣电器有限公司进入欧美市场的设想方案

一、公司背景

元圣电器有限公司成立于2001年，是一家专门从事按摩器材、小家电产品生产制造的民营企业。公司的前身为一家家电维修公司，老板黄先生是广东人，早期对家电比较感兴趣，经常把自家的家电拆开来研究。通过自己的摸索，黄先生常为邻居朋友进行家电的维修，后来干脆成立了一家维修公司。随着业务量越来越大，黄先生便和一位生产按摩器材的朋友李先生商量，合作成立了元圣电器有限公司。

公司的产品范围主要包括两个方面：一为各类按摩器材，主要有全身按摩椅、塑腹宝、美腿按摩器、脚底按摩器等；二为小家电产品，如杀菌光风扇、电暖器、加湿器、除湿器、打蜡机等产品。公司产品定位为国内高端市场，突出产品和服务的高品质。

二、公司经营理念

“为人们的生活提供便利，打造更加健康、美丽的人生”是公司的经营理念。黄、李两位公司负责人认为，随着生活水平的提高，人们对于生活的便利要求将越来越高，同时对于产品也会越来越挑剔，因此公司定位为功能特别的小家电产品，如有杀菌功能的风扇，在使人们感受风扇凉意的同时，兼备杀菌的效果；现在很多家庭都喜欢用木质的地板，而木地板需要保养，一个小小的打蜡机就可以轻松地解决问题。因此，所有产品的设计都是从使用的便利性来考虑的。

另外，健康生活也是现代人追求的一个目标。很多年轻人喜欢到健身房锻炼或是到养生馆按摩。然而，都市生活的繁忙使得更多人没办法定期锻炼身体或保养，而久坐、作息不规律使得他们的身体渐渐进入亚健康状态。如果能在家里随时享受健康生活，那是一件多么惬意的事情。因此，公司将按摩器材的生产作为主要的业务之一，这类产品有全身的按摩椅，有足底按摩器，还有美体功能的腿部按摩器，甚至还有减肥效果很好的腹部按摩器。

三、发展历程

公司成立之初，借助两位先生之前的业务资源，产品主要在广东市场上销售。到2004年，公司开始在华南地区的其他省份开设分公司和办事处，通过合理的营销策略及手段，向珠三角地区其他省份辐射。公司的产品质量好，服务一流，因此很快受到消费者的青睐。

2007年，公司又在厦门、上海、杭州、北京等地设立子公司，将产品推向国内的主要一线市场。即使在2008年和2009年经济比较低迷的时候，公司两个系列产品的销售额均突破了3个亿。看着国内市场的发展势头不错，两位先生开始思考，是否可以将产品打入国际市场。

四、进入国际市场的原因

开拓国际市场并不是一时兴起，两位先生也是经历了深思熟虑的。国际市场的首选仍是欧美市场，主要原因如下。

1. 市场的需求比较大

虽然说近几年欧美国家总体的经济形势不是很好，可正是因为对经济的消极态度，使得人们的消费观念发生了变化。以前，经济形势乐观的时候，人们经常出去消费，如空闲时间到健身房健身、选择水疗(SPA)美容放松。而现在更多的人愿意待在家里，尽量少出去消费，因此家用按摩器材的市场潜力很大。而且欧美人一般较胖，一些具有消脂功效的小型按摩器材很可能会受到他们的喜爱。

2. 电子商务为商机提供了平台

网络技术的发达，电子商务的兴起，使得处处有商机。公司决定打入欧美市场的首选是利用影响力较大的电子商务网站，使得公司的产品快速地进入国外客户的视野，而且成本也不高。而随着市场的逐渐扩大，再建立自己的官方电子商务平台，实现专业一体化的服务。

3. 优秀的员工队伍是基础

10 多年来，两位先生非常注重人才的引进和培养。公司曾在 2006 年请专业的咨询公司建立了一套非常规范的人力资源管理体系，对人才的要求、薪资、转岗、培训等方面都有很成熟的做法。每位员工都经过精心的挑选，而且尽量做到唯才是用，尽量发挥员工的长处，并给予他们定期培训甚至是出国深造的机会。近两年，由于公司有开拓欧美市场的想法，已有一批优秀的管理及业务人员被送到国外考察和学习，并且公司也聘用了一些具备国际视野的职业经理人，他们将成为未来公司国际市场开拓的精英团队。

『项目复习』

- 国际市场营销是指国际营销企业以国外消费者的需求为中心，通过一系列的活动，有计划地向国际市场上的消费者或用户提供满足其不同需求的产品和服务，最终实现长期赢利目标的过程。
- 国际市场营销组合通常包括国际市场产品策略、国际市场定价策略、国际市场渠道策略和国际市场促销策略 4 个方面。
- 国际市场经历了出口营销、国际市场营销、多国营销和全球营销 4 个阶段，全球营销是企业跨国经营的最高阶段。各国开拓国际市场的动因主要是获取更多的市场份额、避免贸易壁垒、延长产品生命周期及当地政府的推动等。
- 与国内经营相比，国际化经营的企业有着显著的特点：跨国界经营、多元化经营特点突出，资源共享与优化配置及全球战略和一体化管理等。

『职业能力训练』

一、选择题

1. 出口营销是国际营销的发展阶段之一，一般认为该阶段开始于(　　)。

A. 20 世纪 50 年代　　B. 20 世纪 60 年代

C. 20 世纪 70 年代　　D. 20 世纪 80 年代

2. 国际市场营销与国内市场营销相比，其相同之处为(　　)。

A. 两者的理论基础相同　　B. 两者的营销组合相同

C．两者面对的环境相同　　　　D．两者的营销难度相同

3．国际市场营销的全球化意识包括(　　)。

A．战略全球化　B．技术全球化　C．产品全球化　D．品牌全球化

4．多元化经营包括(　　)。

A．同心多元化　B．水平多元化　C．垂直多元化　D．混合多元化

二、填空题

1．国际市场营销面对的复杂环境主要有________、________、________及________等方面。

2．国际市场营销的主体是________。

3．国际市场营销的目的是________。

4．国际营销经历了________、________、________和________的发展阶段。

5．国际市场营销组合包括________、________、________、________。

三、思考题

1．简述国际市场营销与国内市场营销的联系与区别。

2．请简要说明国际市场营销的演变过程。

3．企业国际化经营的动机有哪些？

四、实训题

在制鞋企业遍地开花的温州，哈杉鞋业有限公司(以下简称哈杉)在国内市场上远不如浙江奥康鞋业股份有限公司、康奈集团等声名显赫。确切地说，哈杉现在的国外生意比国内大，企业 80%的利润来自海外市场，是一家名副其实的小型跨国公司。哈杉董事长王建平曾说："哈杉拥有的'HAZAN'品牌是国际市场上的新秀。"

哈杉的前身是温州恒丰皮鞋厂，创办于 1991 年，初创时只是一个拥有 10 几名工人的手工作坊。和很多企业一样，一开始哈杉只是原始设备制造商(OEM)和原始设计制造商(ODM)，给国外企业打工挣辛苦钱。1998 年亚洲金融风暴之后，王建平发现很多 OEM 的客户突然不来了，于是，他决定去海外找市场，首先选择了中亚市场。

1998—1999 年，一双成本约为 4 美元的鞋能卖 20 多美元，扣除 7 美元的中间成本，在俄罗斯还有 100%～200%的销售利润。但时间不长，国内制鞋企业大量涌入，竞相压价甩卖，利润越来越薄，不得已哈杉又将市场转向了非洲和美国，结局仍是价格战。

2003—2004 年，中国制鞋业在世界范围内开始遭遇反倾销危机。为了摆脱这种无休无止的价格战和同质化竞争，绕开反倾销，哈杉选择了海外建厂这条路，同时通过收购外国品牌的制鞋企业来打响自己的名声：在尼日利亚首期投资 200 万美元，成立哈杉(尼日利亚)大西洋实业有限公司，在当地生产哈杉牌男用皮鞋，这是中国企业第一次在尼日利亚投资建厂；收购意大利著名制鞋企业威尔逊公司 90%的股份，这一步跨出去后，哈杉才最终走上了快速发展之路。

王建平觉得，要想在世界范围内拥有过硬的品牌不能靠自己创造，唯一的捷径是收购。这一做法所产生的经济、社会效益超过预想。

哈杉在积累成功经验的同时，也在不断汲取教训。在王建平看来，中国企业国外遇冷，最大的原因是还没有掌握参与国际市场竞争的规律，还不熟悉国际化的游戏规则。一方面利

用大量的廉价产品(低于成本价)无序冲击国外市场，给当地的制造业和经济秩序造成致命的打击，他国必然会采取贸易壁垒、反倾销、甚至过激行为来应对。另一方面，国内企业不注重品牌的培养，而热衷于相互“厮杀”搞价格战，在浪费了国内大量生产资源的同时，也使自己在国际上失去了市场、利润和同盟。再有，在王建平看来，中国企业不善于融入当地，往往脱离当地实际，自我封闭地进行生产和经营，这样对企业的发展不利。

哈杉海外战略主要做了3方面的工作：一是收购与借势。2004年，从收购意大利著名鞋企威尔逊公司起步，通过精心融合、嫁接，把“乔梵尼·比思其”、“威尔逊”培育成公认的国际品牌，并让其在欧盟市场以及美国市场畅通无阻。二是整合与双赢。着力将国外著名企业的信息、研发、品牌、工艺等优势资源与国内企业进行有效整合和共享，从而使哈杉的整体竞争力得以稳步升级。三是融入所在国。哈杉在尼日利亚投资创办的哈杉(尼日利亚)大西洋实业有限公司为当地解决了近千人的就业问题，并在黑人中培养管理干部、技术骨干300多名，无偿帮助当地制鞋企业解决冷粘技术工艺，培养当地供应商、经销商数百人，向当地纳税近800万美元等，这些使哈杉在当地受到欢迎和尊重，并被列为友好合作的典范企业。HAZAN皮鞋成为政府公务员的首选，在非洲主流市场占据了主导地位。

问题：

1．哈杉走向国际化经营的原因有哪些？

2．哈杉的国际市场营销采取了哪些方式和途径？

项目 2　分析国际市场环境

『项目目标』

知识目标

1. 了解国际市场营销调研的概念、内容。
2. 掌握国际市场营销调研的方法和技术。
3. 掌握分析国际市场营销环境的方法。
4. 熟悉国际市场营销中宏观环境对企业进行国际营销的影响和重要性。

实训目标

1. 通过调研方法和技术的学习，具备国际市场调研的技能。
2. 具备分析国际市场营销宏观环境的能力。
3. 通过项目实训的学习，具备撰写《国际市场环境分析报告》的能力。

『项目实训』

实训项目

撰写《A 公司中国市场环境分析报告》。

实训背景

A 公司在进入中国市场前，需充分运用国际市场调研，分析中国市场的宏观环境。请结合 A 公司的经营现状，运用市场调研的方法与技术获取中国市场宏观环境信息，包括从政治、经济、文化及法律方面分析中国市场的环境特点，撰写《A 公司中国市场环境分析报告》。

实训内容

1. 熟悉国际市场调研方法、技术及国际市场宏观营销环境要素。
2. 通过对目标市场进行调研，了解目标市场的营销宏观环境，得出调研结论。

实训步骤

1. 由指导教师介绍实训的目的和要求，使学生了解分析国际市场环境的意义和重要性。
2. 指导教师介绍国际市场调研方法、技术及国际市场宏观环境要素并对案例进行分析。
3. 完成实训项目团队组队，每组 4～6 人，并选出组长。
4. 阅读国际市场环境典型实例作为操作参考，进行《国际市场调研报告》的撰写。

『项目知识』

任务2.1 开展国际市场调研

企业的国际市场营销涉及众多国家和地区，与国内市场营销相比，其市场营销环境差异更大、竞争更激烈，因而企业开展国际市场营销活动、寻找国际市场营销机会、进行国际市场营销决策的重要前提就是开展国际市场调研。

2.1.1 国际市场营销调研概述

1. 国际市场营销调研的概念和意义

1) 国际市场营销调研的概念

国际市场营销调研(International Marketing Research)是指企业运用科学的方法，有目的地、系统地收集、记录一切与特定国际市场营销有关的信息，对所收集到的信息进行整理、分析，从而把握目标市场变化规律，为国际市场营销决策提供可靠的依据。

知识拓展2-1

美国最早记载的市场调研活动与第一家调研机构

美国最早记载的市场调研活动是1824年由《宾夕法尼亚人报》对总统大选所进行的民意调研。正式记载的为制定营销决策而开展的第一次调研是由广告代理商艾尔在1879年完成的，这是第一次系统的市场调研。调研的目的是为农业设备制造商制订广告计划。市场研究大约在1895年进入学术领域，当时美国明尼苏达大学的一名心理学教授使用邮寄问卷调研方法研究广告，这是学术研究中开创性的研究方法。

第一家正式的调研机构在1911年由柯斯蒂出版公司(Curtis Publishing Company)建立，聘请派林(Parlin)担任该公司商业调研部经理。派林编写的《销售机会》记载了美国各大城市的人口分布，各地区的人口密度、收入水平和有关资料，提出了询问调研法、观察调研法、统计分析法等市场调研分析方法，在市场调研的理论和实践方面作出了贡献，派林被推崇为“市场调研”这门学科的先驱之一。

(资料来源：宋思根. 市场调研[M]. 北京：电子工业出版社，2008.)

2) 国际市场营销调研的意义

国际市场营销调研在国际市场营销各个阶段都发挥着重要的作用，无论是在最初的市场进入决策、产品定位或者市场营销组合决策，还是市场扩张决策，国际市场营销调研都是企业制定国外市场营销战略及实施营销方案的重要决策依据。因此，开展国际市场调研的意义重大。

(1) 企业要通过调研才能发现国际市场营销机会。国际市场瞬息万变，环境变化难以预测。一些新的产品会流行起来，而另一些产品，则会退出市场。激烈的竞争给企业进入国际市场带来困难，同时也为企业创造出许多机遇。通过国际市场营销调研，企业可以确定产品的潜在市场需求和销售量的大小，了解目标国消费者的意见、态度、消费倾向、购买行为等，据此进行市场细分，进而确定其目标市场，分析市场的销售形势和竞争态势，作为发现市场机会、确定企业发展方向的依据。

(2) 国际市场营销调研为企业制定国际营销决策提供依据。市场的情况错综复杂，仅凭借经验是难以为企业提供营销决策依据的，只有通过国际市场营销调研才能准确提供依据。当某产品在一国深受顾客青睐，可在另外一个国家却销售不畅时，可以通过市场营销调研找出问题所在，或许是因不同国家顾客的需求差异所致，也或许是不同国家文化差异导致的，无论如何，只有找到原因，才能制定出恰当的产品策略。又如，产品的价格不仅取决于产品的成本，还受供求关系、竞争对手的价格、经济大环境、价格弹性等多因素的影响。通过国际市场营销调研，企业可以及时地掌握国际市场上产品的价格态势，灵活调整价格策略。再如，产品打入目标国市场，能否制定出切实有效的促销策略至关重要，销售渠道是否畅通无阻亦同样重要。这一切都需要通过国际市场营销调研来提供国际市场信息，作为企业制定营销组合策略的依据。

(3) 国际市场营销调研是企业改进技术和增强企业的竞争力的重要途径。当今世界，科学技术发展迅速，新发明、新创造、新技术和新产品层出不穷，日新月异。通过市场调查所得到的情况和资料有助于企业及时了解世界各国的经济动态和有关科技信息，为本企业的管理部门和有关决策人员提供科技情报。同时，也只有通过国际市场调查才能及时了解各个国际市场上各种因素的变化情况，从而有针对性地采取某种应变措施去应对竞争。通过市场调查所了解的情况或所获得的资料，除了解国际市场当前状况外，还可预测未来的国际市场变化趋势。

小案例 2-1

日本花王公司是国际上著名的日化公司，该公司成功的原因之一就是非常重视市场调研。该企业的数据库中有竞争对手在经营过程中的关键数据。例如，他们在公布每年自身所用于研发的费用及研发费用占销售额的比例时，会同时列举出超过 10 家相关企业每年的研发费用和相关比例，并制作成详细的图表予以分析。

在中国，花王公司让调查公司协助他们做消费者调研。其中一个经典案例，就是他们通过拍摄中日消费者洗脸的全过程，发现两国女性“洁面”习惯迥异，因此迅速开发出一款含有 33%保湿剂(一般乳霜的保湿剂比例约为 25%)的洁面产品，并申请专利。

【分析提示】

要想在市场竞争中取得成功，市场调研是关键的一步。花王公司正是通过国际市场调研，清楚地知道竞争对手的动态及消费者的需求，这为它制定正确的营销策略打下了基础。

(资料来源：http://biz.icxo.com/htmlnews/2009/07/21/1397512.htm.)

2. 国际市场营销调研与国内市场营销调研的异同

1) 国际市场营销调研与国内市场营销调研的相同点

国际市场营销调研与国内市场营销调研程序一样，都是先制订出调研计划，然后再收集、整理、分析并说明有关信息，最后撰写出调研报告供营销决策者使用。

2) 国际市场营销调研与国内市场营销调研的差异性

(1) 国际决策比国内决策更需要充分、及时、准确的信息。因为国际市场调研环境比国内营销环境更复杂，国际市场在经济、文化、政治、法律等方面有较大差异。国际市场营销者要了解国际环境比国内营销者了解国内环境更困难，因而需要更加充分准确的信息才能做出正确合理的决策。

(2) 国际营销决策所需要的信息不同于国内营销所需要的信息。例如，选择进入国外市场的方式，企业要了解目标国外汇、外资政策，劳动力、原材料、管理经验等方面的信息。而这些信息在国内市场调研中一般是不需要的。

(3) 国际市场营销调研比国内营销调研更加困难、更加复杂。在国外市场上，有些信息是难以得到的；不同国家的统计方法、统计时间不一样，难以整理，如有的国家采用公制，有的国家采用米制；调研成本高，到国外进行调研可能要花费更多的交通费用、翻译费用等；组织调研工作比国内调研复杂，各种各样的因素都要考虑在内。

3. 国际市场营销调研的主要内容

国际市场营销调研的内容包括与国际市场营销有关的一切直接和间接的信息，无论是反映企业整体外部环境或企业内部各类管理信息，还是反映国际市场发展变化趋势、直接影响企业国际市场营销决策的信息。

1) 国际市场环境调研

国际市场环境调研指的是对国际市场上各环境因素及其变动趋势进行调查，主要包括经济发展状况调查、政治法律环境调查、社会文化因素调查、技术发展状况与趋势调查、自然资源环境调查等方面。

(1) 经济因素调研。包括人口密度、分布及增长情况，国民收入及个人收入情况，经济增长速度，总体物价水平，社会就业状况，行业平均利润率，进出口贸易等情况。

(2) 政治因素调研。包括各国家和地区的相关政策，如政府对产业的扶持政策、货币政策、地区发展规划、对外经济政策、国民经济发展规划、国家重点投资项目等。

(3) 法律因素调研。包括各种有关法律与法规，如企业法、公司法、竞争法、商标法、工商法、金融法、涉外经营法等。

(4) 社会文化活动调研。包括各种重大节日活动与庆典活动、民族分布、宗教信仰、教育和文化水平、家庭构成、风俗习惯与审美观念等。

(5) 技术发展状况调研。调研目标市场的科学技术发展水平及现状。

(6) 自然资源环境调研。指调研目标市场的地理位置、自然条件和相应的交通运输情况等。

2) 市场需求情况调研

研究和分析市场需求情况，主要目的在于掌握目标市场需求量的大小、消费结构的构成、消费者行为的特点、竞争对手的各种情况等，从而解决如何运用有效的经营策略和手段的问题，其具体内容如下。

(1) 消费需求量的调研：企业在国际市场开展营销活动受社会环境、消费者收入水平、人口数量和流行等因素影响较大。

(2) 消费者行为的调研：包括目标国消费者的心理性格、个人爱好、周围环境及消费习惯等，这些因素都在一定程度上影响了消费者的购买行为。

3) 市场营销组合调研

这主要指的是对产品、价格、销售渠道及促销进行调研。

(1) 产品调研。包括有关产品的性能、特征，产品线的更新，生命周期演进过程中国际市场和细分市场产品的总供应量、供求结构，消费者对产品的反馈，替代品和互补品情况。

(2) 价格调研。包括同类产品不同企业的定价目标和定价方法，国际市场及各细分市场上的价格总水平、价格弹性、中间商对价格的调整幅度等相关情况的调研。

(3) 销售渠道调研。包括中间商的种类、背景资料、发展趋势和各国的市场惯例的调研。

(4) 促销调研。包括促销的各种形式、种类及可利用程度，促销成本、优势和障碍分析，促销效果，促销的法律法规及惯例等。

4) 竞争者情况调研

企业要想在竞争中保持优势，就必须知己知彼。竞争者情况调查主要包括竞争对手的情况调研(如对手的市场占有率、生产能力、生产方式、价格、销售渠道、竞争策略、竞争优势劣势等)和竞争产品特征调研(如产品的品种、数量、质量、性能、包装等)。

例如，国际知名食品企业达能集团(以下简称达能)和康师傅控股有限公司(以下简称康师傅)在食品营销过程中都已经建立了成熟的市场营销调研体系。两家企业在每一种新产品推出前都要请专业公司对消费者做科学、细致的定性和定量调研。他们的调研内容一般包括产品的目标人群，目标市场，产品的口感、包装、价位、形态，产品的利益点，产品的核心传播概念，平面广告设计，电视广告创意等。这种做法大大减小了新产品上市的投入风险，能够针对目标人群进行精准的传播和推广，因此达能和康师傅几乎是推出一种产品就能创造一个品牌。当某种产品出现销售下降或出现市场问题时，同样是通过科学的市场营销调研来判断问题的根源并找出解决营销问题的方法。

4. 国际市场营销调研的程序

国际市场营销调研是一项有序的程序，概况来说主要包括以下 4 个阶段，如图 2.1 所示。

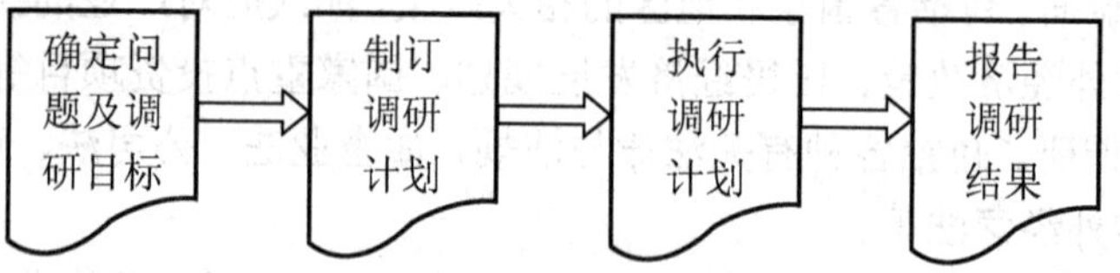

图 2.1　国际市场营销调研的程序

1) 确定问题及调研目标

调研者确定营销中存在的问题。例如，一个时期企业在某国的销售额直线下降，原因可能是产品质量下降、服务水平下降、国外代理商代理能力下降、竞争对手进入、广告媒介选择失当等。那么接下来就要寻找问题，问题可能是商品方面的，也可能是价格、市场渠道方面的。调研人员要通过观察、访问、企业内外部资料的分析来探索问题所在，确定问题及调研目标。

2) 制订调研计划

具体而言，调研计划包括以下内容。

(1) 首先确定营销决策需要哪些信息。例如，销售额下降是因为出现了强有力的竞争对手，下一步企业应采取哪些措施。需要的信息可能包括：①顾客需求变化趋势；②政治、经济、文化等因素是否变化；③本企业在该市场上的营销组合策略是否适应当地顾客的特点；④主要竞争对手的竞争策略；⑤本企业采取哪些措施来提高竞争力。

(2) 确定信息来源。确定是通过直接调研还是间接调研来获得资料。

(3) 选择调研方法。如果是直接调研，可以通过问卷调查、访谈法等；如果是间接调研，可以通过文献调研等方法。

3) 执行调研计划

根据调查方案实施调查，包括收集、处理和分析数据资料等工作，可由内部调研人员完成，也可由外部专业调研公司完成。调查资料的收集要求全面性、准确性和科学性。

分析时，要注意各国统计方法存在差异。例如，啤酒在北欧国家被视为酒精饮料，而在地中海沿岸国家被视为软饮料。因此，信息处理过程包括分类、核对、换算、调整、编校等，再用统计技术对经过处理的信息进行分析。

4) 报告调研结果

营销调研报告是对调查结果的解释和说明。编写原则应是客观、公正、全面反映事实，以求最大限度地减少营销者在决策前的不确定性。在很多情况下，对同一调研资料可能做出不同的解释与推断，调研人员应该共同讨论出最适合的解释与推断。

2.1.2 国际市场调研方法

在国际市场上开展国际营销调研活动，由于世界各国的营销环境具有多样性和差异性，企业的国际营销调研活动面临着较大的挑战，所以选择合适的调研方法尤为重要。总的来说，国际市场调研方法(Methods of International Marketing Research)分为直接调研和间接调研两大类。

1. 直接调研法

直接调研法(Direct Research)是调研人员通过实地调查获取第一手资料，具有直观、具体等特点。直接调研是市场调研中一项复杂辛苦的工作，但也是必不可少的一项工作，其质量高低将直接影响到调查结果。

1) 访问法

访问法(Interview Survey)是通过询问的方式向被调查者了解市场情况以获取资料的一种方法。

(1) 面谈调研(Face-to-Face Survey)。是以面对面的方式，调研人员直接向被调研者提出问题。这样的面对面可以是个别访问，也可以是多人的小组座谈会。该种方式的优点是灵活性强，启发性高，拒答率较低，信息准确可靠，调研过程易于控制，调研者能够进行深入、详细的调查。但是这种方式也有弊端，它费用较高、周期长、匿名性差，调研人员对被调研者的影响较多。同时，调研人员需要有较高的素质、一定的外语水平，并且了解各国风俗习惯。

(2) 电话调研(Telephone Interview)。是现代企业中比较常用的一种调研方法，是调研人员以电话为媒介询问调查对象相关问题以获取信息的一种调研方法。这种方法的优点是费用低、调研周期短、效率高、调研范围广。

电话调研有着不可忽视的局限：①拒答率高。受访者可能忙于工作而无时间受访。②准确性比较低。由于被调查者不能面对面与调研者沟通，调查者难以判断被调查者提供信息的真实性。

企业采用电话调研方式进行国际市场调研时，需要做好充足准备：①设计好问卷。电话调研的访问时间应该控制在10～15分钟，问卷内容不宜过多。②培训访问员。要培训好访问员的语言沟通技能，注意访问员的语速、语气和语调。

小案例 2-2

一家生产化妆品等日用化学品的著名厂家，为了听取客户意见，别出心裁地推出了免费电话活动，向消费者征询意见。他们在产品包装上标明该企业各分厂的 800 电话号码，顾客可以随时就产品质量等问题打电话反映情况，费用全部由企业承担。企业则对所来电话给予回复，并视情况提供奖励。仅 2001 年，该公司就接到近 25 万个顾客电话，从中得到启发而开发出的新产品的销售额近 1 亿元，而公司的电话费支付不过 600 万元。

【分析提示】

该化妆品企业通过电话调研的方法可以很好地了解顾客需求，及时做出调整，为企业创造利润。

(资料来源：http://www.cmmo.cn/article-6467-1.html.)

(3) 邮寄调研(Mail Survey)。是由调研员将已经拟定好的调查问卷寄给被调研者，由其填写后寄回。很多书籍、杂志、出版社会采用这种方法了解读者需求。现在，也有越来越多的商业部门如护肤品公司采用这种方式来了解市场需求。这种方法调研范围广泛，成本较低，匿名性好，被调查者不会受到调研员的影响，有较长时间去完成问卷。这种方法的不足是周期较长、问卷回收率低，特别是当被调研者对问卷有疑问时，调研者不能当面解释问题。回收率是邮寄调研中的最大问题，调研者需要想办法来提高回收率，如附加一些“小恩惠”，前 100 名寄回者可以享受会员待遇、获得优惠券等。

知识拓展 2-2

计算机辅助电话调查系统

CATI (Computer Assisted Telephone Interviewing System)是计算机辅助电话调查系统的简称。在发达国家，集中在某一中心地点进行的计算机辅助电话访问比传统的电话访问更为普遍。该系统通常的工作形式：访员坐在计算机前，面对屏幕上的问卷，向电话对面的被访者读出问题，并将受访者的回答结果通过鼠标或键盘记录到计算机中；督导在另一台计算机前对整个访问工作进行现场监控。利用该系统调查者可以以更短的时间、更少的费用，得到更加优质的访问数据。所得数据可被各种统计软件直接使用。

作为一种调查方法和技术，CATI 已在欧美发达国家使用了三十多个年头。如今，CATI 理论及技术已经相当成熟，并广泛地应用于多种调查研究领域。在中国，直到 1987 年，电话调查才开始被一些专业的调查机构所使用，主要用于民意测验和媒体接触率研究。近几年，中央电视台春节联欢晚会也是通过 CATI 对收视率进行即时调查的。

(资料来源：http://www.xttj.gov.cn/Article/ShowArticle.asp?ArticleID=2135.)

(4) 网络调研(Internet Survey)。随着科学技术的发展，网络调研已经成为国际上众多公司采用的重要调研方式之一。它主要是通过电子邮件的方式向被访人员发送和收回问卷，或者是在网络上建立一个调查问卷网页，被访人员直接在网页上完成问卷。网络调研还包括网络视频会议调研、网络语音调研、网络小组座谈会调研等方式。这些方式具有及时性、共享性、方便性、经济性、范围大等特点，越来越受到企业的欢迎并得到广泛使用。但是在网络调研中也存在不少问题，如安全性问题，网络调研技术尚待完善问题，网络调研专业人员匮乏问题，消费者和企业对网络调研缺乏认识等。

以上各种访问方法各有优缺点，见表2-1。因此在调研中应充分考虑其特点谨慎选择。

表2-1 各类访问方法的优缺点比较

方 法	优 点	缺 点
面谈调研	容易建立访问员与被访者之间的信任和合作关系；可以得到较高质量的样本和获取较多内容、较深问题、较高质量的数据；具有激励的效果	调研人员的综合素质要求较高；费用较高、时间较长；某些群体的访问成功率低；实施质量的控制较困难
电话调研	速度快，范围广，费用低；回答率高、误差小；在电话中回答问题一般较坦率，适用于不习惯面谈的人	被调查者不易配合；询问时间短，答案简单，难以深入；不适用电话普及率低的国家
邮寄调研	调研的空间范围大；费用支出较低；回答结果较真实(适合大范围的国际调研)	回收时间长；回收率一般较低；容易影响样本的代表性
网络调研	信息收集的广泛性、及时性和共享性、便捷性和经济性；调研结果有较强的准确性；费用较低	网络的安全性存在问题；网络普及率不高，使用受限；拒访现象大量存在

小案例2-3

Nickelodeon公司进行的一次在线访问，主题为“如何弄清每个孩子都在想什么”。以往这是以小组座谈会法及面谈调研法来进行的。但是，E-mail的发明使该公司想把孩子们带上因特网。Nickelodeon公司通过公司安排了70多名因特网观察员。孩子们在家使用个人计算机和一个调制解调器，与Nickelodeon公司或彼此之间讨论一些话题。他们可以在电脑公告板上张贴消息。每3周他们开一次定期会议。在这些会议上，因特网调研员引导他们讨论不同的话题。参与的孩子年龄为8～12岁，代表着家庭收入为3万～10万美元的家庭。估计这个系统的年平均费用为8万～10万美元，仅为传统调研方法费用的一个“零头”。

【分析提示】

通过在线访问使Nickelodeon公司可以使用此传统方法更快速、更廉价的方式得到更为详细的资料。

(资料来源：http://baike.baidu.com/view/1332768.htm.)

2) 观察法

观察法(Observational Survey)主要运用于对人的行为和客观事物进行观察。人的行为观察包括对消费者行为的观察，以了解其动机、倾向等和对经营者进行观察以获得有用的信息。对客观事物进行观察包括观察各种与调查问题相关的客观存在的实物，如相关的产品、营业场所、商品包装、广告制作等。观察法又分为直接观察法和仪器观察法。

(1) 直接观察法(Direct Observational Survey)。是指市场调研人员直接到现场观察消费者的行为来收集信息。调查者可以到商场、展销会、订货会、见面会、博览会等活动现场观察商品和顾客的相关情况。例如，日本佳能集团驻美国的经理就花费6周的时间，到美国照相器材商店和零售店了解消费者购买照相机的行为习惯和偏好要求等。调研后，该经理及其团队掌握了顾客的需求，随后成功推出了一款深受消费者喜爱的相机，十分畅销。雇人充当顾客的影子是美国一些市场调查公司的杰作，这些公司专门为各商场提供市场调查人员。当这些人员接受商场聘请后，便时刻不离顾客左右，设法了解顾客购买了哪些商品，停留多久，多少次回到同一件商品前，以及为什么在挑选很长时间之后还是失望离去。许多美国企业得益于这一类市场调查公司，并因此使经营具有针对性，更贴近消费者。

(2) 仪器观察法(Apparatus Observational Survey)。是指调研人员通过特定仪器(摄像机、照相机、录音笔等)把调查对象的行为记录下来，从中获取所需要的调研信息。例如，在设计新产品包装时，调研人员可以用摄像机等仪器记录消费者对同类产品中哪种颜色、形状、大小等的包装感兴趣，从而得出新产品包装设计的思路。

3) 实验法

实验法(Experimental Survey)是调研者在一定范围内通过有目的地控制一个或几个因素的变动来研究某种市场现象在这些因素的影响下发生变化的调研方法。实验法是比较科学的调研方法，能够取得比较准确可靠的资料。因而企业在进行市场调研时，在可能的情况下，也倾向使用这种方法。但是实验法费时久、成本高。

2. 间接调研法

国际市场调研的间接调研法(Indirect Survey)主要指的是案头调研，又被称为二手资料调研或文献调研，即查寻并研究与调研项目有关的资料的过程。这些资料是经他人收集、整理的，有些是已经发表过的。

1) 间接调研的资料来源

(1) 企业或公司的内部资料。内部资料包括会计账目、销售记录和其他各类报告 3 个部分，如采购要求、销售记录、财务报告、产品设计与技术资料、企业的客户名单、推销员代理商的销售情况报告、顾客的函电等。

(2) 政府机构。调研人员可以从本国政府机构和东道国的有关机构收集到相关资料，如本国驻外国商务处和大使馆。若要获取有关中国的情况，可以到中国国际贸易促进委员会查找相关贸易统计资料，像关税和海关情况、进口商、零售商、制造商名录、进口要求和程序等。

(3) 国际组织。一些国际组织会定期出版或者发布大量的市场信息资料，即使不公开发表，也可以通过与主管部门联系获取相关资料。在国际市场营销中，比较常用的国际组织有国际贸易中心(International Trade Center，ITC)、联合国(United Nations，UN)、联合国粮食及农业组织(Food and Agricultural Organization of the United Nations，FAO)、经济合作与发展组织(Organization for Economic Co-operation and Development，OECD)、联合国贸易和发展会议(United Nations Conference on Trade and Development，UNCTAD)、联合国经济委员会(United Nations Economic Commissions，UNEC)、国际货币基金组织(International Monetary Funds，IMF)。

(4) 行业协会。定期收集、整理、出版有关本行业的生产及销售信息，发行对象主要针对本协会成员，但有些行业协会的信息可能不太准确，或者有个别大企业并不参加行业协会，那么其资料将难以获得。

(5) 调研机构。指各国的市场调研公司、咨询公司。这些公司往往收费比较高但调研经验丰富，收集的资料很有价值，如麦肯锡公司、尼尔森公司等。

(6) 银行。一些银行愿意向自己的客户提供信息和帮助。一些著名的国际银行还有出版物，免费寄送给自己的客户。这些出版物能够提供关于经济、金融、贸易等方面的有用信息。著名的国际银行有巴克莱银行、劳埃德银行、花旗银行等。

(7) 消费者组织。世界上很多国家都有消费者协会组织，消费者协会组织会向公众报告各企业产品的测试结果。

(8) 竞争对手的公司。企业调研者也可以通过间接方式索取竞争对手的产品目录、价格单、产品说明书、经销商名单、年度财务报告等资料，作为参考。

(9) 数据库。指按照一定要求收集且具备相关性的数据的集合体。一些商业机构会向调研者提供这些数据库并收取一定的费用。

(10) 报纸、杂志等大众传媒。在报纸、杂志中，企业调研者可以获取丰富的经验信息，但是这些信息往往缺乏系统性，需要调研者去细心积累和整理。

小案例 2-4

日本人在20世纪60年代通过间接调研的方法获取了我国大庆油田的位置、产量等情报，在国际炼油设备招标会上，几乎拿下了所有的合同，让其他国家的企业大为震惊。那么，日本人是怎样获得有关信息的呢？

原来，日本人在我国的公开刊物《中国画报》上看到铁人王进喜的照片，从照片中王进喜的穿着和背景，判断出大庆油田在东北地区，并根据《人民日报》关于工人从火车站将设备人拉肩扛运到钻井现场和王进喜在马家窑的言论报道，知道了大庆油田的确切位置——东北平原一个人迹罕至的小地方。从王进喜出席人大代表会，北京公共汽车上不带煤气包，判定大庆油田肯定出油了。在此基础上，日本人判断我国将在随后几年急需进口大量的炼油设备，肯定会向国际招标。因此，日本石油化工设备公司立即组织人力、物力，按照我国油井的特点设计了有关设备，并做好了投标的一切准备，从而在谈判中一举击败了技术力量雄厚的欧美各国竞争对手，使其设备顺利打入我国市场，因为他们的设备都是针对我国需要设计的。

【分析提示】

本案例说明，报纸中同样可以获取丰富的信息，尽管信息零散，只要细心积累和分析，也能获取有用的资料。

(资料来源：杨勇. 市场营销：理论、案例与实训[M]. 北京：中国人民大学出版社，2011.)

2) 间接调研的缺陷

尽管间接调研具有省时间、省费用的优点，但间接调研也有很多缺陷。调研时需要注意一些问题。首先，资料的可获得性，所需要的资料是否能够通过间接调研获得，是否已经具有现成的资料。其次，资料的时效性，资料是否在要求的时间取得的。再者，资料的可靠性，在调研中要尽量避免使用估计数，这些资料是从何处收集的，是否与其他地方的资料或者国际资料相符合。

2.1.3 国际市场调研技术

国际市场调研技术(Techniques of International Marketing Research)包括调查对象选择技术和调查问卷设计技术等内容。

1. 调查对象选择技术

在国际市场营销调研中，常用的调查对象选择技术是抽样调研。

抽样调研有很多优点。首先，抽样调研具有科学性，它的误差可控、主观影响小。其次，调查费用的经济性，由于调查工作量小，能够节省费用。再次，信息获取的时效性，由于不需要大规模进行调研，调研者能够在较短时间得出调研结果。最后，调查结果的准确性，科学的随机抽样能够保证推断的客观性，同时这也是目前企业广泛采用的国际市场调研技术。

但是抽样调研也存在缺点。例如，抽样技术方案设计要求高，一般人员难以胜任，而且如果抽样技术方案设计存在严重的缺陷，往往会导致抽样调查的失败。

抽样调研分为随机抽样和非随机抽样。

1) 随机抽样

随机抽样(Random Sampling)是按照随机原则抽选，排除了人的主观因素，给予每一个个体平等的被抽取的机会，抽取的样本大致可以代表总体，还可以通过概率计算客观地评定调查结果的可靠程度。随机抽样包括以下 4 种。

(1) 简单随机抽样(Simple Random Sampling)。指的是用抽签法或者随机数表法随意地抽取样本。目前国际市场调研中广泛采用的简单随机抽样工具是计算机生成号码和选择样本。简单随机抽样是其他抽样方法的基础，因为它容易获取和实施，但是在实际调研中，如果总体数量太大，那么简单随机抽样就不是很容易办到。首先它要求有一个包含全部 N 个单位的抽样框；其次用这种抽样得到的样本单位较为分散，调查不容易实施。因此，在实际国际市场调研中直接采用简单随机抽样的并不多。

(2) 分层随机抽样(Stratified Sampling)。指的是在抽样总体中按生物个体划分为若干个层(组)，对每层分别抽取一组随机样本，然后通过加权对总体参数做出估计。分层抽样能够产生更精确的样本统计量并且能够对感兴趣的特定的集合特征进行调研。例如，一家钻石戒指制造商想要执行一项针对不同收入阶层的产品销售研究。如果采取其他抽样方法，收入最高阶层仅占总人口的 4%，有可能无法被抽取出来，但是通过分层抽样，这个阶层就可以被抽取出来了。分层抽样就能够使营销者感兴趣的每一个子集都得到被抽取的机会。

例如，某企业要对 300 家用户进行抽样调查，按照用户的企业规模，可分为大、中、小 3 层，其中大用户 60 家，中用户 100 家，小用户 140 家。若确定抽取 60 家进行调查，则各层应抽取的样本数量为

$$\text{大用户抽取样本数}=60\times60\div300=12$$
$$\text{中用户抽取样本数}=60\times100\div300=20$$
$$\text{小用户抽取样本数}=60\times140\div300=28$$

(3) 系统随机抽样(Systematic Random Sampling)。是最普遍的随机抽样方式之一。它是在总体中先按一定标志顺序排列，并根据总体数目和样本数目，将二者相除计算出抽样间隔，然后从头开始随机抽出第一个样本，再按照间隔距离依次抽出全部样本。系统随机抽样可以使抽取的个体比较均匀地分布在调查总体中，尤其是进行大规模调研时，不可能抽取更多的样本时，这种方法更加有效，因此它是国际市场调研中广泛应用的一种调研技术。

(4) 整群随机抽样(Cluster Sampling)。是把总体按照一定相似性分成不同的群，尽量让不同特性的个体均匀分布在这些群中，这样各个群中有差异，但是群与群之间的差异不大，然后再从中随机抽取样本。例如，在地区抽样中，调研员将调查总体划以城市、区为单位的分层地区，然后选择其中一个地区进行随机抽样。

2) 非随机抽样技术

非随机抽样技术(Non-random Sampling)是按一定的主观标准抽选，每个个体不具有被平

等抽取的机会，无法借助概率计算判断抽样误差，只是通过人的经验、能力来主观判断调研结果的可靠程度。非随机抽样由于根据主观判断或方便原则进行，因此调查容易实施，成本较低，但是样本的代表性较差，抽样推断缺乏客观性。

(1) 方便抽样(Convenience Sampling)。又称为偶遇抽样、任意抽样，是指研究者根据现实情况，以自己方便的形式抽取到偶然遇到的人作为对象，或者仅仅选择那些距离最近，最容易找到的人作为对象。常见的街头随访或拦截访问、邮寄式调查、杂志内问卷调查以及网络调查都属于方便抽样的方式。方便抽样是所有抽样技术中花费最小(包括经费和时间)的。这种方式与简单随机抽样的方式本质的不同在于，它没有像简单随机抽样那样保证每个个体都有均等被抽取的机会。在方便抽样中，调研员最先遇到的那个个体极有可能成为样本个体。对于方便抽样，人们无法判断入选的元素是否是目标总体的代表即使增加样本容量也不能使其具有代表性。

(2) 判断抽样(Judgment Sampling)。是指研究者依据自己的主观分析和判断，来选择那些适合研究目的的个体作为调查对象的一种抽样方法。判断抽样法适用于调查总体构成单位极不相同，调查单位总数比较少，样本总数很小的情况。判断抽样的主要优点在于可以充分发挥研究人员的主观能动作用，特别是当研究者对研究总体的情况比较熟悉，研究者的分析判断能力较强、研究方法与技巧十分熟练、研究的经验比较丰富时，采用这种方法往往十分方便。例如，要对中国旅游城市状况进行调查，那么调研人员可以直接根据经验判断，选取北京、杭州、苏州、青岛等城市作为调研对象。

(3) 配额抽样(Quota Sampling)。是指调查人员将调查总体样本按一定标志分类或分层，确定各类(层)单位的样本数额，在配额内任意抽选样本的抽样方式。也就是说，配额抽样是根据总体的结构特征来确定样本分配定额或分配比例，以取得一个与总体结构特征大体相似的样本。例如，根据人口的性别与年龄构成确定不同的性别、年龄的样本量。配额保证了在这些特征上样本的组成与总体的组成是一致的。一旦配额分配好了，选择样本单位的自由度就很大了。唯一的要求就是所选的样本单位要符合所控制的特性。因而，配额抽样较之判断抽样加强了对样本结构与总体结构在“量”的方面的质量控制，能够保证样本有较强的代表性。

例如，假设某高校有 2 000 名学生，其中男生占 60%，女生占 40%；文科学生和理科学生各占 50%；一年级学生占 40%，二年级、三年级、四年级学生分别占 30%，20%和 10%。现要用定额抽样的方法依上述 3 个变量抽取一个规模为 100 人的样本。依据总体的构成和样本规模，可得到下列定额表，见表 2-2。

表 2-2　定额表

单位：人

	男生(60)								女生(40)							
	文科(30)				理科(30)				文科(20)				理科(20)			
年级	一	二	三	四	一	二	三	四	一	二	三	四	一	二	三	四
人数	12	9	6	3	12	9	6	3	8	6	4	2	8	6	4	2

(4) 滚雪球抽样(Snowball Sampling)。是先选择一组调查对象，通常是随机选取的，访问这些调查对象之后，再请他们提供另外一些属于所研究的目标总体的调查对象。根据这些调查对象所提供的调查线索，选择此后的调查对象。这一过程会继续下去，形成一种滚雪球的效果。此调查的主要目的是估计被调查对象在总体中是十分稀少的。例如，单亲家庭、特殊生活习惯人群等。

2. 调查问卷设计技术

调查问卷是调查者根据一定的调查目的和要求，按照一定的理论假设设计出来，由一系列问题、调查项目、备选答案及说明所组成，向被调查者收集资料的一种工具。问卷调查的诞生使市场调查获得了质的飞跃，它使问题的用语和提问的程序都标准化了，从而大大降低了统计处理的难度，否则调查者将面临一堆零乱无章的数据，这将使统计工作很难进行。

1) 调查问卷的组成

一份问卷通常由 3 部分组成，包括问卷前言、问卷主体和问卷结束语。

(1) 问卷前言。主要是对调查目的、意义及填表要求等的说明，包括问卷标题、调查说明及填表要求。例如，问卷标题可以是“广州市场汽车消费状况调查”、“中国市场红酒消费状况调查”。引言部分一般是解释说明问卷的，如“您好，我是××汽车有限公司的市场调查员。我的访问大概只需要几分钟的时间，您提供的信息将作为我公司的产品研发的参考信息资料，希望能够得到您的支持与帮助，谢谢。”调查前言部分文字须简明易懂，能激发被调查者的兴趣。

(2) 问卷主体。是市场调查所要收集的主要信息，它是问卷最重要的部分。通过主体部分问题的设计和被调查者的答复，市场调查者可以对被调查者的个人基本情况和对某一特定事物的态度、意见倾向及行为有比较充分的了解。

(3) 问卷结束语。主要表达对被调查者合作的感谢，记录下调查人员的姓名、调查时间、调查地点等。

2) 调查问卷的设计程序

(1) 确定调研目的、来源和局限。国际市场调研经常是在当产品要进入新市场前或者是新产品要进入市场前，市场部经理、品牌经理或新产品开发专家做决策时感到所需信息不足时发起的。首先要确定的就是本次调研的目的是什么，资料的来源是什么及调研的局限性。尽管可能是品牌经理发起的市场研究，但受这个项目影响的每个人，如品牌经理助理、产品经理，甚至销售部经理都应当一起讨论究竟需要一些什么数据。询问的目标应当尽可能精确、清楚，如果这一步做得好，下面的步骤会更顺利、更有效。

(2) 确定数据收集方法。数据的收集方法有多种，在 2.1.2 小节中已经讨论过如何获得数据，可以是面谈调研、电话调研、邮寄调研、网络调研等多种方式。但是每种方式都有各自的优缺点，也会对问卷设计带来影响。例如，街上拦截访问有时间上的限制，那么问卷的长度就需要把握好，不可以过长；邮寄调研则要求问卷设计得非常清楚，而且相对较短，因为访问人员不在场，没有澄清问题的机会；电话调研经常需要丰富的词汇来描述一种概念，以肯定应答者理解了正在讨论的问题等。

(3) 确定问题回答形式。问卷的问题类型有 3 种，分别是开放式问题、封闭式问题和量表应答式问题。

① 开放式问题是一种应答者可以自由地用自己的语言来回答和解释有关想法的问题类型。也就是说，调研人员没有对应答者的选择进行任何限制。例如，您不考虑购买二手车，有什么顾虑？

② 封闭式问题是给予受访者问题选项，受访者从中选择一种答案的问题。

例如，您会出于什么原因选择某个品牌的汽车？

A．性价比高　　B．经济、耗油少　　C．外观漂亮、大气　　D．品牌知名度高

③ 量表应答式问题则是以量表形式设置的问题。

例如，请您对本次体验课程的评价在适当的空格上打钩。

	非常好	比较好	一般	比较差	非常差
教学质量	______	______	______	______	______
课室环境	______	______	______	______	______
教学教材	______	______	______	______	______
课程顾问态度	______	______	______	______	______

(4) 决定问题的措辞。问题必须清楚明了，无诱导性语言，把自己放在受访者的角度思考，充分考虑受访者的回答能力和意愿。

(5) 确定问卷的流程和编排。问卷的问题顺序要有逻辑性，不得随意编排，否则会影响答题和最终的受访结果。

(6) 评价问卷和编排。问卷草稿设计完成后，设计人员要反复思量问卷设计是否合理。在问卷评估过程中，要考虑问题是否必要、问卷长度是否合理、问卷是否已经列出所需要的调研信息、问卷说明是否清晰等。

(7) 获得各方面的认可。当问卷草稿完成后，要交给相关部门查看，以求获得各方面的认可。问卷的认可环节再次确认了做出营销决策时所需要的信息，以及它将如何获得。例如，假设新产品的问卷询问了形状、材料及最终用途和包装，而没有提及颜色，这表明，一旦该问卷得到新产品开发经理的认可，意味着经理已经知道“什么颜色用在产品上”或“这次决定用什么颜色”并不重要。

(8) 预先测试和修订。当问卷已经获得管理层的最终认可后，还必须进行预先测试。通过预先测试，可以知道问卷中还存在的问题并且能够及时修改。在进行实地调研前应当再一次获得各方的认同，如果预先测试导致问卷产生较大的改动，应进行第二次测试。

(9) 准备最后的问卷。这一过程包括问卷的打印、监督、折叠和装订等。

(10) 实施。问卷可以根据不同的数据收集方法并配合一系列的形式和过程，以确保数据可以正确地、高效地、以合理的费用收集。这些过程包括管理者说明、访问员说明、过滤性问题、记录纸和可视辅助材料。

3) 调查问卷设计的注意事项

调查问卷中的问题设计必须做到科学、准确，应掌握以下几个技巧。

(1) 提问的内容尽可能短。从整体上看，一份问卷中的问题不宜过多，每个问题的内容也要避免过长，否则会占用被调研者更多的时间，在问题的理解上也就更容易造成偏差。

(2) 用词要确切、通俗。用词应避免含义不清或过于笼统，避免使用过于专业化的术语，时间范围需清楚。

例如，您最近一段时间使用什么品牌的洗发水？应改为，您最近一个月使用什么品牌的洗发水？

(3) 一项提问只包含一项内容。如果在一项提问中包含了两项以上的内容，被调研者就很难回答了。

例如，您对这种空调的价格和服务质量满意还是不满意？应改为，您觉得这种空调的价格怎么样？您觉得这种空调的服务质量怎么样？

(4) 避免诱导性提问。问卷中提出的问题不能带有倾向性，而应保持中立态度。

例如，海尔冰箱连续 3 年荣居冰箱类销售榜首，您觉得它怎么样？应改为，您觉得海尔冰箱的质量怎么样？

(5) 避免否定形式提问。一般情况下，人们习惯肯定陈述的提问方式，而不习惯否定陈述的提问方式。

例如，您觉得这种产品的价格不合理吗？应改为，您觉得这种产品的价格合理吗？

(6) 要注意受访者的隐私。如果问卷涉及填卷人的心理、习惯和个人生活隐私而不愿回答的问题，即使将其列入问卷也不易得到真实结果。遇到这类问题，如果实在回避不了，可列出档次区间或用间接的方法提问。如调查个人收入，如果直接询问，不易得到准确结果，而划分出不同的档次区间供其选择，效果就比较好。

例如：

请问您的家庭月平均收入是(　　)。

A. 4 000 元以下　　B. 4 000～6 000 元　　C. 6 000～8 000 元

D. 8 000～10 000 元　　E. 10 000 元以上

任务 2.2　分析国际市场宏观环境

国际市场宏观环境指对企业营销活动造成市场机会和环境威胁的主要社会力量。分析宏观营销环境的目的在于更好地认识环境，通过企业营销努力来适应社会环境及变化，达到企业营销目标。国际市场宏观环境主要包括经济环境、文化环境、政治环境、法律环境、自然资源环境及科学技术环境。

2.2.1　国际市场营销的经济环境

国际市场营销的经济环境(Economy Environment of International Marketing)是指各种直接或者间接影响和制约国际市场营销活动的经济因素的集合。一个国家所处的经济发展阶段不同，居民收入高低不同，消费者对产品的需求不同，从而直接或者间接地影响到国际市场营销活动。经济发展水平较高的国家，在市场营销方面强调产品款式、性能及特色，大量进行广告及销售推广活动，品质竞争高于价格竞争；而在经济发展水平较低的国家，则偏重产品的功能及实用性，它的推广主要靠口头传播和介绍，价格因素要比产品品质更为重要。因此，对不同经济发展阶段的国家，应采取不同的市场营销策略。一般来说，经济环境对国际市场营销活动的影响最大，它直接影响企业产品的销售去向、方式及数量，因此，对经济环境的分析显得尤为重要。

对国际市场经济环境的认识主要从 3 个方面展开：①全球经济环境，即从整个世界的层面来认识经济环境；②区域经济环境，即区域组织的经济环境；③东道国经济环境，即营销者所进入的具体国家的经济环境。

1. 全球经济环境

当前全球经济环境主要体现为国际投资与国际贸易迅速发展，各国经济相互依赖性加强，市场竞争程度提高，各国关系的复杂性提高。

1) 经济全球化

经济全球化(Economic Globalization)是指商品、劳务、技术、资金在全球范围内流动和配置。经济全球化是当今世界经济和科技发展的产物，在一定程度上适应了生产力进一步发展的要求，促进了各国经济的较快发展。经济全球化有利于各国生产要素的优化配置和合理利用，促进了国际分工的发展和国际竞争力的提高，有利于经济结构的合理优化，促进了世界经济多极化的发展。

2) 世界贸易组织

世界贸易组织(World Trade Organization，WTO)是一个独立于联合国的永久性国际组织。其目标是建立一个完整的，包括货物、服务、与贸易有关的投资及知识产权等内容的，是更具活力、更持久的多边贸易体系。中国于2001年正式加入WTO，成为其第143个成员国。中国加入WTO有利有弊，但总体上是利大于弊。如今，WTO作为重要的国际组织，在国际市场营销中发挥着不可忽视的作用。

2. 区域经济环境

区域经济环境(Regional Economic Environment)是由一定地理区域范围而结成某一特定经济联盟的国家或地区的经济环境，是国际市场营销者跨国经营所面临的重要经济环境，对企业国际市场营销产生直接影响。

1) 区域经济一体化的组织形式

区域经济一体化的组织形式可以根据市场融合的程度分为自由贸易区、关税同盟、共同市场、经济同盟及完全经济一体化。其具体区别见表2-3。

表2-3 不同经济共同体的特征比较

一体化的阶段	取消关税和配额	一致的关税和配额体系	取消对要素流动的限制	经济、社会和法律政策的综合协调
自由贸易区	是	否	否	否
关税同盟	是	是	否	否
共同市场	是	是	是	否
经济联盟	是	是	是	是
完全经济一体化	是	是	是	是

除以上分类外，近年还有学者根据成员国构成的不同，把经济一体化组织分为以下3类。

(1) 发达国家型：由发达国家组建的经济一体化组织，如欧洲联盟(European Union，EU)。

(2) 发展中国家型：由发展中国家组成的经济一体化组织，如东南亚国家联盟(Association of Southeast Asian Nations，ASEAN)。

(3) 南北型：由发达国家和发展中国家共同组建的经济一体化组织，如北美自由贸易区(North American Free Trade Area，NAFTA)。

这3类组织虽然形式上有相似之处，但在组织目标、运行机制和发展历程等方面都有明显的不同。

2) 全球主要的区域经济一体化组织

(1) 欧盟。由欧洲共同体(European Communities)发展而来的，是一个集政治实体和经济实体于一身、在世界上具有重要影响的区域一体化组织。目前欧盟有27个成员国，人口4.55亿。

(2) 北美自由贸易区。由美国、加拿大和墨西哥3国组成。3国于1992年8月12日就《北美自由贸易协定》达成一致意见，并于同年12月17日由3国领导人分别在各自国家正式签署。1994 年 1 月 1 日，协定正式生效，北美自由贸易区宣布成立。协定的宗旨：取消贸易壁垒；创造公平的条件，增加投资机会；保护知识产权；建立执行协定和解决贸易争端的有效机制，促进三边和多边合作。《北美自由贸易协定》的签订，对北美各国乃至世界经济都产生了重大影响。

(3) 亚太经济合作组织(Asia-Pacific Economic Cooperation，APEC)。是一个区域性经济论坛和磋商机构，经过十几年的发展，已逐渐演变为亚太地区重要的经济合作论坛，也是亚太地区最高级别的政府间经济合作机制。到目前为止，APEC 成员已发展至 21 个，人口达到 25 亿人，约占全球人口总数的 40%。它在推动区域贸易投资自由化，加强成员间经济技术合作等方面发挥了不可替代的作用，也是亚太区域国家与地区加强多边经济联系、交流与合作的重要组织。

(4) 东南亚国家联盟，简称东盟。成立的宗旨是“提倡以平等及合作精神共同努力，促进东南亚地区的经济成长。现在的东盟已经逐步转为以政治、经济合作为主的区域集团。

(5) 中国-东盟自由贸易区(China-ASEAN Free Trade Area，CAFTA)。于 2010 年 1 月 1 日建成，这是中国对外洽谈的第一个自由贸易区，也是世界上由发展中国家组成的最大贸易区。中国-东盟自由贸易区覆盖人口近 19 亿人，约占世界的 1/3，从国内生产总值和贸易总量来衡量，中国-东盟自由贸易区是仅次于欧盟和北美自由贸易区的世界第三大自由贸易区。

(6) 大阿拉伯自由贸易区(The Greater Arab Free Trade Area，GAFTA)拥有 22 个成员国，在推动阿拉伯国家经济一体化中发挥着重要作用。

3) 区域经济一体化对国际市场营销的影响

区域经济一体化对国际市场营销的影响深远，其影响主要包括以下 3 个方面。

(1) 它促进了区域集团内部的贸易自由化，从而对各成员国企业间的国际市场营销提供了相对宽松的经济环境，使区域内各个成员国相互间进行国际市场营销时有更多的便利条件。

(2) 地区经济一体化具有不同程度的保护性与排他性，非成员国企业的国际市场营销会在无形中受到阻碍。由于其对集团内部成员有优惠政策，而集团外成员国却无此优惠，那么区域外部的企业则会受到歧视，难以进入区域内部的国家开展国际市场营销活动。

(3) 区域内的企业有种种优势，可以扩大企业生产规模，以替代区域外部的企业，从而使得外部企业没有机会进入区域内进行国际市场营销。

小案例 2-5

美国和日本之间的贸易争端一直存在。日本贸易壁垒多，关税也高，因而美国的制造商在日本的销售额一般会比日本公司在美国的销售额低。例如，日本人认为日本的雪比较特殊，必须用日本国产的滑雪橇；认为美国的棒球质量不好，不适宜用于日本的棒球运动。

再如，美国的保养品品牌露得清，若向俄罗斯出口该商品，可以先试想一下这家公司的营销经理所面临的挑战。该产品到达俄罗斯后，俄罗斯海关可以把这些产品归为 3 种不同的产品，从而征收不同的关税。若是药品，则关税为 5%；若是香皂，关税为 15%；若是化妆品，关税为 20%。

【分析提示】

无论是关税还是非关税壁垒，都是国际市场营销者所面临的一大问题。

(资料来源：[美]菲利普·R·凯特奥拉，玛丽·C·吉利，约翰·L·格雷厄姆. 国际市场营销学[M]. 14版. 赵银德，等译. 北京：机械工业出版社，2010.)

3. 东道国经济环境

东道国经济环境是指企业所在国的经济环境，它对企业的行为及消费者的消费行为发生直接的影响。

1) 人口环境

人口环境(Population Environment)主要包括人口数量、人口密度、人口结构等内容。

(1) 人口数量(Population)。人口是构成市场的第一位因素。市场是由那些想要购买商品同时又具有购买力的人构成的。因此，人口数量会直接决定市场的潜在容量，人口越多，市场规模就越大；反之，人口越少，其潜在规模也就越小。这也是世界上各国企业都认为中国、印度是拥有巨大潜力的市场的原因了。企业在开展国际市场营销时必须重视对目标国人口环境的研究，密切注视人口特性及其发展动向，不失时机地抓住国际市场营销机会，当出现威胁时，应及时、果断调整营销策略以适应人口环境的变化。

(2) 人口密度(Population Density)也是应该关注的人口因素，在一些发展中国家，人口分布不均匀，大量人口集中分布在大城市，大城市人口密度极大且多为青壮年，而小城市人口密度小且多为年老者和小孩，那么在进行国际市场营销时，应该根据产品情况选择目标市场。

知识拓展 2-3

世界人口稠密城市排行

2010年，美国福布斯杂志公布全球人口最稠密城市排行榜，深圳以17 150人/平方千米的人口密度，仅次于孟买、加尔各答、卡拉奇、拉各斯，列于第五位，并成为名副其实的全国“最拥挤”城市。在全球人口最稠密的城市排行前20名中，中国有5个城市“榜上有名”，分别是深圳、台北、上海、北京、天津。排在世界第一位的印度的金融娱乐中心孟买，人口密度为29 650人/平方千米。

(资料来源：http://news.cnnb.com.cn/system/2010/01/15/006392646.shtml.)

(3) 人口结构(Population Structure)包括人口的年龄结构、教育结构、家庭结构、性别结构和民族结构等多种因素。

① 年龄结构。人口的年龄结构直接关系到各类商品的市场需求量，以及企业目标市场的选择，是人口结构中最重要的因素。消费者在他们的生命周期中，有着不同的需求和购买力。老年人和青年人的需求有很大差异。这样，市场营销人员就必须分析目标国市场上人口的年龄分布，来评估潜在市场。

在相同人口规模的不同国家，不仅存在着不同的潜在市场，还需要不同类型的商品和服务。目前，人口结构上一个重要趋势就是人口老龄化，尤其是在一些发达国家，这一问题已经是严重的社会问题。作为国际营销者，应该要关注这一趋势，并把握机会适时调整营销策略，如研究如何开发老年人市场问题。中国曾经有一个出口玩具厂，该厂洞悉到西方国家人口出生率不断下降，人口老龄化日渐严重，于是该厂把目光投向了老年人市场，转而生产老年人需要的轮椅，并在这一市场上取得了一席之地。

② 教育结构。人口受教育程度不同，对市场也会产生一定的影响。例如，如果目标市场的人口普遍受教育程度低，公司在做促销宣传时就要少用文字，多用形象化的电视广告；如果目标市场的消费者受教育程度高，便可以通过互联网技术来做广告，如博客营销、微博营销等。

③ 家庭结构。家庭结构对营销的影响也不容忽视。家庭是构成社会的最基本单位，也是构成市场的最基本的消费单位。从生活必需品、日常用品到耐用消费品，绝大多数商品都是以家庭为单位被购买和消费的，如空调、洗衣机、电视剧、电脑等。

④ 性别结构。要关注男性消费者和女性消费者对商品的不同需求。例如，我国市场上，女士通常购买家里的日用品、衣服、鞋子、小孩的用品等，而男士则负责购买大件物品等。2008 年年底我国男女比例为 51.5∶48.5，男性人口比女性人口多 3 912 万人。从人口数量看，男性市场潜力更大，但是女性市场更有挖掘潜力。那么不同的产品在做营销推广时，也应该针对不同群体而做宣传。

⑤ 民族结构。民族结构也是营销者在进行国际市场营销时应该关注的。例如，中国人口是由多民族构成的，企业在进行国际市场营销时要调查研究这种人口动向，因为不同民族的消费者有不同的风俗、生活习惯和需要。我国除了汉族以外，还有 50 多个民族。民族不同，其生活习性、文化传统也不相同，反映到市场上就是各民族的市场需求存在着很大的差异。因此，企业营销者要注意民族市场的营销，重视开发适合各民族特性、受其欢迎的商品。

【名人名言】

国际广告协会前任主席卡波尔(Kabore)到中国讲学时曾说，以男性为主的消费主义正在转变为以女性为中心的消费主义。

小案例 2-6

犹太人说，女人的钱最好赚。因为女人花钱太感性。众商家也说，女人的钱最好赚。英国酒店行业的一项市场调查表明：如果不针对女性服务，就会失去大约 40%的客源。因此，许多英国酒店从每一个细节入手，包括梳妆台、化妆镜、洗手间、灯光等方面，都无微不至地为适应女性顾客的需求而进行调整。德国汽车商发现商界女强人喜欢开敞篷车，于是便委托研究机构在市场调查的基础上，建立了“敞篷车·女性”类型学，开发出“保时捷 911·女企业家”、“美洲豹 XK8·女经纪人”、“奔驰 SLX·成功的管理者”等系列。

【分析提示】

随着社会的发展，女性在商家眼中的地位逐渐上升，聪明的企业家早已发现女性在消费中的重要性。企业在国际市场营销中，要关注性别结构，从而制定出不同的营销策略。

(资料来源：http://www.u88.cn/chuangyegushi/11553_2.htm.)

2) 经济发展水平

市场由人口构成，但是人口还必须具有购买力，而购买力最直接和最决定性的影响因素就是经济。了解一国经济处于何种发展阶段，是企业确定目标市场的前提。由美国经济史学家沃尔特·W·罗斯托(Walt W. Rostow)所提出的“经济成长阶段论”，对人们分析、判断世界各国经济发展所处的阶段具有很大的指导意义。

(1) 传统社会。处于传统社会阶段的国家，生产力水平普遍较低，人们的知识文化水平也普遍较低，不能够采用现代科学技术从事生产。这样的市场就是一个十分有限的国际营销市场。

(2) 起飞前夕。是经济起飞阶段的过渡时期。运输、通信、电力、教育、保健等公共事业已经开始发展。但是这些国家通常存在收入和财富分配不均，贫富悬殊的状况。因此，进口产品的种类和档次差异很大。

(3) 起飞阶段。处于起飞阶段的国家，经济开始稳定增长，人力资源和社会福利得到发展，农业和工业的现代化导致其经济规模迅速扩大。这类国家工业发展具有一定规模，国民生产总值增长比较快，工业占国民生产总值的比例越来越大。这些国家往往需要进口先进的机器设备等，以完善自己的工业体系。

(4) 趋向成熟阶段。在起飞阶段之后，经济持续发展，现代技术开始应用于各项经济活动中，并开始参与国际经济。趋向成熟阶段的国家都能多方面地参加国际市场营销活动。在这些国家，消费者注重产品的特性和质量，喜欢高质量和高档次的产品。同时，这些国家的出口产品多、进口产品也多，进口产品包括原料、半成品、劳动密集型产品、奢侈品等。这样的市场就是国际营销规模较大的市场。

(5) 大众高消费阶段。在大众高消费阶段，由于消费者个人收入猛增，同时公共设施、社会福利设施日益完善，整个经济呈现大量生产、大量消费状态，注重永久性消费产品及各项服务业的发展。此外，在这些国家中，消费者贫富差距小，实际人均收入达到较高水平，大量居民拥有相当规模的可自由支配的收入。因而消费者偏重理智动机，极少情绪动机，产品必须既经济又可靠。

总体来看，前3个阶段具有如下营销特征：工业品市场偏重多使用劳动力及节省资金的劳动密集型生产设备；消费品市场则侧重产品的功能和实用，推广活动受到文化水平低和媒体少的限制，消费者对价格比对质量更敏感。而后两个阶段的营销特征：工业品市场侧重于资本密集型和技术密集型设备；消费品市场强调款式、功能、特色，适合进行大规模的广告宣传，消费者对质量比对价格更敏感。

3) 收入状况

收入状况(Income Situation)是反映一个国家市场吸引力的重要指标，它不仅影响市场的规模和潜力，也影响市场的结构、消费行为等。通常有两种衡量收入大小的方法，被用来估计潜在市场的规模，即人均收入(Per Capita Income)和国民生产总值(Gross National Product，GNP)。这两个指标分别描述了目标国市场购买力的不同侧面。

(1) 衡量消费品市场的指标——人均收入，是按人口计算的收入量。其水平的高低直接影响一个国家的生活消费水平、消费结构及消费方式。它是衡量一国消费品市场规模，确定进入商品的种类、数量、销售价格的重要依据。

研究人均收入必须区分个人总收入、个人可支配收入、个人可任意支配收入和家庭收入等几个基本概念。个人总收入中扣除纳税等非商业支出后的剩余部分是个人可支配收入。个人可任意支配收入是个人可支配收入中扣除日常必不可少的开支，如房租、水电费、保险费、债务等，剩下的为个人可任意支配的收入。个人可任意支配收入的多少是除基本生活必需品以外的其他消费品的主要购买力来源，这一部分是消费中最活跃的因素，也是国际营销者应重点关注的收入部分。

(2) 衡量工业品市场潜力的指标——国民生产总值，是衡量一个国家经济实力与购买力的重要指标。从国民生产总值的增长幅度，可以了解一个国家经济发展的状况和速度。一般来说，工业品的营销与这个指标有关，而消费品的营销则与此关系不大。国民生产总值增长越快，对工业品的需求和购买力就越大，反之，就越小。

人均收入与国民生产总值作为市场指示器的收入数据具有各自的用途与限制。做一个典型的比较，如丹麦与印度。丹麦的人均收入超过 1 1000 美元，是印度的 40 倍，不考虑巨大的人口差异，对于某些商品来说，丹麦的市场要比印度大。例如，丹麦比印度需要多 2 倍以上的小汽车，需要更多的彩电和电话等。从国民生产总值方面来说，印度是丹麦的 3 倍多，它就需要消费更多的工业用品，如印度比丹麦最起码需要多 3 倍的卡车、公共汽车、钢铁和水泥。这就可以发现，用收入数据来估计市场规模时，应根据不同产品进行具体分析。

4) 居民储蓄与信贷

消费者储蓄(Savings)一般有两种形式：一是增加现有银行的存款额；二是购买有价证券。当消费者收入一定时，储蓄越多，其现实消费量就越小，但潜在消费量愈大；反之，储蓄越少，现实消费量就越大，但潜在消费量愈小。企业营销人员应当全面了解消费者的储蓄情况，尤其是要了解消费者储蓄目的的差异。储蓄目的不同，往往导致潜在需求量、消费模式、消费内容、消费发展方向的不同。这就要求企业营销人员在调查、了解储蓄动机与目的的基础上，制定不同的营销策略，为消费者提供有效的产品和服务。

西方国家广泛存在的消费者信贷(Credit)对购买力的影响也很大。所谓消费者信贷，就是消费者凭信用先取得商品使用权，然后按期归还贷款，以购买商品。这实际上就是消费者提前支取未来的收入，提前消费。西方国家的居民信贷主要用于购买住宅和昂贵消费品，只要企业能实时关注信贷业务的动向，了解贷款大众的普遍需求，就能发掘出潜在的市场，也为企业制定市场营销路线提供了依据。

5) 城市化程度

城市化程度(Urbanization Level)是指城市人口占全国总人口的百分比，它是一个国家或地区经济活动的重要特征之一。东道国的城市化程度是影响营销的环境因素之一。在许多国家和地区，尤其是发展中国家，城乡差距仍然很大，这意味着两种不同类型的消费者群，两种不同类型的市场营销环境。国际市场营销人员似乎更喜欢“城里人”。这是因为，城乡居民之间存在着某种程度的经济和文化上的差别，进而导致不同的消费行为。城市居民一般受教育程度高，思想较开放，容易接受新生事物，而农村相对闭塞，农民的消费观念较为保守，故而一些新产品、新技术往往首先被城市所接受。截至 2011 年年底，中国的城市化率约为 51%，已达到世界平均水平，但是城乡差距依然很大。企业在开展国际市场营销活动时，要充分注意到这些城乡居民消费行为方面的差异，相应地调整市场营销策略。

知识拓展 2-4

内地城市化发展为香港个体户带来商机

2011 年是我国“十二五”规划的开局年，城镇发展将提速，为小商家带来无限商机。香港贸易发展局经济师曾诗韵指出，“十二五”规划是国家转变经济的蓝本，具有重要意义。她特别指出中国需要加快推进城镇化进程，将城镇化率提高至 2015 年的 51.5%。这将令很多人从农村迁移至城镇居住，平均每年有超过 1 000 万人口由农村转移到城市居住。曾诗韵说：“内地的城市发展方式，是由大城市带动周边中小城市和小城镇一起发展，所以将会出现很多新的中小城市和小城镇，多数人口在这些地方居住，当中城市有很多规划、道路建设、基础设施建设发展的机遇，同时也需要很多生活配套设施和服务，如衣、食、住、行各方面，以及教育、超市、便利店等，将会为港商特别是个体户提供机会。”

(资料来源：http://www.hktdc.com/sc/.)

6) 基础设施

任何一个企业的国际市场营销活动都离不开当地市场的交通、通信、能源，以及具有销售辅助功能的情报、财务、销售网络等机构或部门。因此，基础设施(Infrastructure)的状况是衡量国外市场营销环境优劣的重要因素之一。基础设施主要包括交通运输条件、能源供应、通信设备及商业和金融的基础设施等诸多方面。

(1) 交通运输条件。指各种运输方式，如铁路、公路、水路、航空运输等交通设施是否完备，效率的高低，以及满足企业运营发展需要的程度，直接决定了企业在分销方面所花费的成本。一般来说，发达国家往往有着良好的交通运输条件，企业产品分销顺畅、成本也会低些，如德国，它拥有四通八达的公路网和铁路网，这为企业开展国际市场营销提供了不少便利。

(2) 能源供应。是指煤、油、电、气等各种能源供应是否充分及成本高低等，发展经济、进行国际市场营销都需要有稳定的能源供应，对于国际营销者来说，首选固然是有着稳定能源的市场，这样才能保证其经营的效率。

(3) 通信设备。通信设备的水平和规模对商业信息的传播、广告媒介和促销工具的选择都有重要影响。在世界各国，电话、报纸、电视、广播等信息传递方式的发达程度差别很大。而通信条件很大程度上决定着沟通效率，进而影响着营销效率。企业与企业之间沟通需要通信，企业与消费者沟通也需要通信。企业进行广告宣传更是需要电视、广播、邮政等方面的支持，若这些方面存在不足，将会给企业的营销推广带来极大的困难。只有良好的通信设备水平，才能保证企业与各界沟通顺畅，企业的营销与促销推广有保障。

(4) 商业和金融与基础设施包括各种信用和银行机构、广告代理机构、商业网络、营销调研组织等的可获性，便利程度及其效率，直接影响企业在国外市场的营销效率。一般来说，发达国家及一些发展中国家，商业设施较好，企业进行国际市场营销也便利不少，而在设施落后的国家，企业将会遇到不少麻烦。

总的来说，经济发展水平越高的国家，基础设施越完善，相反在经济欠发达的国家，基础设施发展比较落后，甚至有些方面十分短缺。因此，国际营销人员在进入不同的目标市场的同时，必须要对其基础设施状况加以研究和分析。

7) 目标国的经济制度

(1) 经济制度的类型，包括3种：计划经济制度(Planned Economy System)、市场经济制度(Market Economy System)、混合经济制度(Mixed Economy System)，见表2-4。

表2-4 经济制度的类型及特点

类 型	主 要 特 点
计划经济制度	又称指令型经济制度，在这种体系下，国家在生产、资源分配及产品消费各方面，都由政府或财团事先进行计划。由于几乎所有的计划经济体制都依赖政府的指令性计划，因此计划经济也被称为“指令性经济”。在这样的制度下，企业并没有太多的自主权，一切行动要听从指挥
市场经济制度	是产品和服务的生产及销售完全由市场所引导，而不是像计划经济一般由国家所引导。在市场经济制度下，企业有很大的自主权，企业要通过市场竞争才能体现自身价值

续表

类 型	主 要 特 点
混合经济制度	是指既有市场调节，又有政府干预的计划经济制度。在混合经济制度中，决策结构既有分散的方面又有集中的方面；相应地，决策者的动机不仅可以是由市场自发形成的，也可以是被动地接受上级指令；同时，整个经济制度中的信息传递也同时通过价格和计划来进行。中国目前就是混合经济体制

(2) 经济制度的营销意义。不同经济制度调节经济的方式不同，经济环境宽严不同，那么企业在进军目标国市场时所面临经济环境的复杂程度不同。对于国际营销者而言，一定要把握好东道国的经济制度做出合适的营销策略。否则，就会面临巨大的挑战甚至失败。

2.2.2 国际市场营销的文化环境

国际市场宏观环境还包括国际市场营销的文化环境(Culture Environment of International Marketing)。文化是人类环境中的“人为”部分，即人类作为社会成员所掌握的知识、信仰、艺术、道德、风俗及其他能力或习惯的总和。文化与某一人群的生活方式相关，因而学习市场营销学，特别是国际市场营销，必须了解一个国家或地区的文化。文化贯穿一切营销活动，包括定价、促销、分销渠道、产品、包装及产品式样。无论是认可、抵制还是拒绝，对营销者所作所为的评判都是在一定的文化背景下进行的。这些所作所为与文化间的相互作用会极大程度上影响营销的成败。

国内外营销环境的不同与文化环境的差异有重要关系。在国际市场营销活动中，可以根据文化环境的差异判断各国顾客需求的差异性。各国文化背景的不同，导致了各国顾客需求的不同。企业要想在国际营销中满足外国顾客的需求，就必须首先进行文化分析。从营销实践来看，重视文化环境分析的企业往往可以获得成功，否则多数面临失败。

小案例 2-7

(1) 美国的金宝牌浓缩罐头汤，在美国十分畅销，在美国同类产品中，占有 90%的市场份额。由于英国人与美国人的口味不一样，同样的产品在英国却没有任何销路，几年时间，金宝公司损失了 3 000 万美元。

(2) 在美国家庭有烘烤蛋糕的习惯，需要大量蛋糕配料，但是日本家庭却没有烘烤蛋糕的习惯，在家中一般也没有烘烤机，美国公司将蛋糕配料原封不动地运往日本后，结果发现根本没有市场，该公司损失了几百万美元。

(3) 日本的企业在中国市场上出售车辆时，利用中国的文化特点开展广告宣传活动，三菱汽车公司的代表性的广告语是“有朋自远方来，喜乘三菱车”，丰田汽车公司的广告语是“车到山前必有路，有路必有丰田车”。

【分析提示】

企业在开展国际市场营销时，必须了解东道国的文化环境，这将会在一定程度上决定企业国际营销活动的成败。

(资料来源：http://doc.mbalib.com/view/cdaf067f396eeafc92dec98a2ff83c9a.html.)

1. 沟通

企业进行跨国界经营活动，必然要与国外的政府、顾客、中间商、雇员等各方面进行沟通，特别是与顾客的沟通(Communication)：了解顾客的需求，向顾客介绍企业和产品，说服顾客购买。企业在进行沟通时，要注意国别间语言文字、网络沟通与语境沟通的差异。

1) 国别间语言文字差异

语言文字是人们在国际营销中相互沟通的主要工具，它是文化的核心组成部分之一。不同国家、不同民族往往都有自己独特的语言文字，即使同一国家，也可能有多种不同的语言文字，即使语言文字相同，也可能表达和交流的方式不同。广告宣传、通信联系、洽谈合同等都离不开语言文字。因此，企业在开展国际营销活动时，应尽量了解东道国的文化背景，充分重视对语言文字的研究。

要搞好国际营销必须十分注意语言文字的适用性，尤其要注意语言文字的翻译问题。例如，美国通用汽车公司生产的“Nova”牌汽车，在美国很畅销，但是销往拉丁美洲却无人问津，原因是拉丁美洲许多国家都讲西班牙语，而“Nova”一词在西班牙语中译为“不动”，试想一下，谁愿意买“不动”牌汽车呢？这样品牌的汽车在原来是西班牙殖民地的那些拉丁美洲国家中就难以销售。中国的白象牌汽车配件，按照字面翻译为“White Elephant Auto Parts”，而“White Elephant”在英语中的意思是“废物”，试想一下，有谁会去买一堆废物的配件呢？相反，“Benz”和“BMW”这两个汽车品牌在翻译成中文时却翻译得恰到好处，“Benz”译为“奔驰”，“BMW”译为“宝马”，“奔驰”和“宝马”都给人一种飞驰的感觉，而且品牌名称和汽车很相符合，让人听起来舒服，也会让人联想到车的性能。

2) 网络沟通差异

随着网络技术的发展，越来越多的企业把自己的网站作为让外国消费者了解自己的重要方式，那么网站的语言文字就需要国际化。网站上除了使用本国语言，还需要有英文或者是目标国的语言文字，以方便消费者通过互联网寻求到自己所要的信息。网站的语言文字翻译同样要考虑到目标国的文化背景等问题。除了语言要友好，还要审核网页上符号、图标及其他非语言表达方式，看是否传递了错误的信息。例如，如果企业网页中使用举手击掌的图标，在希腊消费者看来，这是一种侮辱；如果企业网页中使用由拇指和食指表示的“OK”手势图标，则会激怒巴西消费者。

3) 语境沟通差异

美国国际市场营销领域权威作者凯特奥拉和格厄姆提出沟通主要靠语境，在国际市场营销中要注意强弱语境问题。

美国著名人类学家爱德华·霍尔(Edward Hall)对跨文化的有效沟通作了精辟的论断，他将交际过程分为强交际语境文化和弱交际语境文化。强交际语境文化强调以间接方式表达思想、观点和其他交流内容，尤其在讨论问题、提出不同观点或向对方提出请求时，强交际语境文化交际者言语表达婉转、含糊，担心会冒犯对方。强交际语境文化要求听者根据交际语境理解交际内容和说话者的言外之意。强交际语境文化国家包括中国、日本、韩国、墨西哥等。

弱交际语境文化强调通过语言表达进行沟通与交流，所有信息或观点都反映在语言表达之中，而且表达方式直截了当。在弱交际语境文化国家里，沟通的目的是彼此交流信息，所以他们说话直来直去，说话内容都在言语之中。弱交际语境文化国家有美国、加拿大、德国、澳大利亚等。

例如，一家中国企业请一位外国客户代表吃饭，饭后询问食物如何，如果这位客户是日本人，那么他就可能回答："非常好，谢谢！"如果这位客户是德国人，他就可能如实回答："不是很好。"虽然有人或许会认为日本人的回答不够真实，但是从日本人的角度看，他是在力图维持和谐的关系，这也是一个强交际语境国家在文化上的反映。而德国作为一个弱交际语境国家，德国人仅仅是真实地把观点反映在语言中。对国际市场营销者来说，只有清楚了解强弱语境的区别，在工作中才不会造成不必要的误解。

2. 宗教

宗教(Religion)经常是造成社会个人和群体不同行为的原因，因此，为了解社会文化因素及其导致的个人行为，或为了解这些对国际营销活动的影响，就必须对宗教有所了解。在一些信奉宗教的国家和地区，宗教信仰对市场营销的影响力非常大。据统计，全世界信奉基督教的教徒有 10 多亿人，信奉伊斯兰教的教徒有 8 亿人，印度教徒 6 亿人，佛教徒 28 亿人。各大宗教都有其主要流行的地区：基督教主要在欧洲、美洲和澳大利亚地区，伊斯兰教主要在西亚、北非地区，佛教主要在亚洲地区。概括起来说，宗教对企业国际市场营销活动的影响，主要表现在以下几个方面。

1) 宗教戒律和文化倾向影响人们的消费行为

不同的宗教有不同的宗教戒律和文化倾向，直接影响到人们认识事物的方式、行为准则和价值观念，进而影响着人们的消费行为。

不同宗教的教徒有着不同的信仰和观点，在营销中必须小心对待，只有尊重不同宗教的信仰，才能够取得好的营销效果。在印度教徒中，等级观念、家庭观念及守旧观念等都是历代传承的，因此，他们对新产品接受速度慢，需要耐心进行宣传。佛教的核心思想是四大皆空，宣扬人生充满苦难，因此，在信奉佛教的国家销售高档消费品、奢侈品、享乐用品等必须小心翼翼。天主教要求教徒绝对依从教会、传教士及教物。因此，在天主教盛行的国家里进行营销活动，要把握这一特点，首先与当地教会、传教士建立良好的关系，取得他们的支持和信任，这样，这一地区的其他消费者就会支持和信任这个企业及其产品，营销效果就可事半功倍。同时，对教会、传教士、教物等要特别尊重，产品设计、包装、广告等方面都不要与之冲突。伊斯兰教的主要经典是《古兰经》，凡是《古兰经》未提到的事情，都有可能被教徒所放弃。伊斯兰教信徒禁食猪肉、禁止饮酒，所以猪肉食品和烈性酒的制造厂家在开拓国际市场时，千万不要选择伊斯兰教的国家。

知识拓展 2-5

伊斯兰教的禁忌

在饮食方面，伊斯兰教禁吃自死物、禁止食血液、严禁吃猪肉、严禁食用诵非安拉之名而宰杀的动物及禁食一些面目可憎而凶恶的动物。此外，还禁用致醉和有毒的植物饮料。

在服饰方面，伊斯兰教禁止男性穿戴高贵服饰及佩戴金银等豪华奢侈品；严禁妇女显露美姿和服饰；严禁改变人类原造的矫饰行为；忌讳穆斯林穿外教服装；禁止男子模仿妇女、妇女模仿男子的行为和装束等。

在婚姻方面，伊斯兰教严禁与有相近血缘、亲缘、婚缘和乳缘关系的人结婚；禁止与外教人结婚；严禁娶有夫之妇；禁止视离婚为儿戏等。

在商业活动中，伊斯兰教严禁重利盘剥；禁止在商品中掺假、以次充好；禁止囤积财富、垄断市场；禁止缺斤少两；禁止发誓推销商品；禁止购买偷窃、抢夺来的东西；严禁出售违禁物品；严禁窖藏金银，阻止货币闲置；禁止经商中使用欺骗手段等。

(资料来源：朱越利，等. 少数民族宗教信仰与禁忌[M]. 北京：民族出版社，2007.)

2) 宗教节日是最好的消费品销售季节

宗教的节日在各国之间变化很大，但这也是企业推销产品的大好时机。企业要懂得掌握好各个宗教的节日，适时制订出营销计划。

例如，墨西哥有 98%的人信奉天主教，但是却与西班牙、意大利等国有所不同：万圣节是所有天主教国家的重要仪式日，而墨西哥仪式是一种异教徒与天主教传统的奇怪结合。他们把万圣节称为“死者节”，相信死者在这一天会回来赴宴。因此，许多墨西哥人把死者生前喜爱的食物放在坟上祭奠死者。万圣节前，面包店的货架上堆满了骨头和棺材形状的面包，糖果店出售头盖骨形状的糖果和其他特制糕点，以纪念这个日子。此外，在伊斯兰国家，朝圣季节是消费品生意最好的时期。因为，当地人习惯在前往麦加参拜时，购买家庭用品或衣服等。圣诞节是信奉基督教国家的重要节日，在此期间，许多商品的销量会急剧上升。印度每到披纱节时，纱的销量都会剧增。所以，企业如果能够及时抓住有利时机，在宗教节日之前到货销售，则会取得较好的经济效益。

小案例 2-8

一位美国经理于某年 10 月中旬到达沙特阿拉伯，准备与当地一家公司签订一份提供医疗设备的合同。几个月前，他已与该公司在纽约就各项条款达成初步协议，这次到沙特阿拉伯他准备在两三天内完成合同，然后返回美国。然而，时间过了几天，他与当地公司谈了几次，但是对方总是不理睬合同问题。最后他无功而返。实际上，这位美国经理不懂得伊斯兰教文化，他到达沙特阿拉伯的时候，正是莱麦丹月，这是伊斯兰教最重要的节日之一，在这种时候，该地区一切其他活动都要停止，尤其是做生意。

【分析提示】

不同的宗教有不同的宗教戒律和文化倾向，在与外国企业进行营销活动时，必须要对其宗教了解，否则会给营销活动带来麻烦。

(资料来源：http://wenku.baidu.com/view/4d2003da6f1aff00bed51e36.html.)

3. 价值观

价值观(Values)是人们对社会生活中各种事物的态度、评价和看法。不同的文化背景下，人们的价值观差别是很大的，而消费者对商品的需求和购买行为深受其价值观的影响。

1) 时间价值观

对待时间的态度，会随着文化的不同而不同。每种文化对时间和严格守时的重要性的态度是各不相同的，这可能是国际营销管理人员遭受失败或产生误会的根源之一。例如，在美国，人们喜欢在一定时间内完成某项业务并且高度守时。但在西亚和北非地区，一位拜访者可能要等待很长时间才能获得对方的接见。过去中国人时间观念淡薄，但是现在中国人“时间就是金钱”的观念愈发强烈。人们与其他文化背景下的成员打交道时，必须了解这种对时间的差异，这对于国际营销决策会有多方面好处。例如，在高度工业化的发达国家，生活节奏较快，人们的时间价值观念浓厚，因此对于节省劳动、节省时间的商品和服务的需求强烈，如邮购、网上购物、快餐、家务劳动社会化和机械化等。在经济欠发达国家，如拉丁美洲、非洲的一些国家，时间观念较差，办事效率较低。对于不同的情况，营销人员对此必须有充分的思想上和措施上的准备，才能掌握主动，赢得生意。

2) 财富价值观

有的民族崇尚俭朴，有的民族则习惯于高消费；有的喜欢张扬个人拥有的财富，有的则喜欢深藏不露，这直接影响到消费的更替速度、一次性消费品的流行程度、高档名牌商品的销售规模等众多方面。在西方国家，人们注重追求个人享受和悠闲的生活，从而形成了对文化娱乐性产品和劳务的大量需求，刺激了游乐中心和旅游事业的发展。当然，这样的财富价值观，也会随着国家经济发展状况、人口的年龄结构等而改变。在中国，“80 后”、“90 后”作为强有力的消费者，他们的财富价值观及消费方式和“60 后”、“70 后”就有明显的差异，他们或喜欢张扬个人财富，或喜欢追求新产品。因而把目标消费群定位在“80 后”、“90 后”的企业，要懂得把握他们的心态，才能取得成功。

3) 新生事物价值观

各个国家的消费者因受其特定传统、环境等的影响，对新生事物所持的态度明显存在差异。有些国家如美国，喜欢接受新生事物，追求新鲜感，这一观念自然也会表现在他们的消费行为上，敢于接受新产品，勇于接受新事物。有些国家如印度的消费者，则对所使用的商品感情深厚，对新的升级或替代产品排斥心理较重，不愿冒险更新或尝试使用。因此，企业在进入这些国家进行营销前，要充分了解消费者的价值观，对这些国家的消费者的促销宣传重点是应建立消费者的购买信心，增强顾客对其产品的安全感。

4. 教育

教育水平是指消费者受教育的程度。一个国家、一个地区的教育水平与经济发展水平往往是成正比的。不同文化修养的消费者，购买商品的选择原则和方式不同，因而国际营销者做出的营销策略也有所不同。教育(Education)与国际市场营销的联系可以从以下 3 个方面具体表现出来。

1) 教育水平对人们的消费行为的影响

一般来说，受教育程度较高的消费者在购买过程中理性购买程度高，做出购买决策的过程也相对复杂，往往追求高品质、高性能、环保型产品，因此在教育水平较高的市场上，商品一般具有先进、精密、复杂、多功能等方面的特点。而受教育程度较低的消费者对产品质量要求相对较低，可能此类消费者对价格、实际功能等因素更为敏感。所以，对于不同教育水平的国家，企业必须考虑其对产品的不同需求，所售产品一定要适应一国具体的教育文化水平，否则，势必导致营销失败或效果不佳。

2) 教育水平对产品决策的影响

一般来说，教育水平较高的地区，所需产品的复杂程度比较高，技术性能比较高，着重文字说明，产品包装上的文字及产品目录和产品说明书等要求比较详细。而在教育比较落后的地区，有的家庭连遥控器都不会操作，更看不懂一些机器上的说明。所以，对于受教育程度较低的地区，产品包装说明应该力求通俗易懂，文字简单。雀巢集团曾在非洲市场上推出婴儿奶粉，由于最初忽略了当地妇女的文化程度，导致当地消费者根本无法读懂产品说明，不知道如何正确使用产品，影响了奶粉的功效。为此，雀巢集团不得不花费大量人力、物力才挽回影响。

3) 教育水平对广告媒介的影响

教育水平比较高的地区，利用报纸、杂志做广告宣传效果更好。在教育水平比较落后的地区，更加强调电视广告、无线电广告及现场示范广告。可口可乐公司在拉丁美洲国家做宣传时，就充分考虑到当地的文化程度，理智地选择采用现场品尝的方式做宣传，让消费者直观地感受到可口可乐的味道，获得了很好的促销效果。

5. 风俗习惯

风俗习惯(Custom)是人们根据自己的生活内容、生活方式和自然环境，在一定的社会物质生产条件下，长期形成并世代相传的约束人们思想和行为的规范。它在人们的衣、食、住、行、用、时间、空间、数字、颜色、图案、物质、文化、友谊交往等方面都表现出独特性。不同的国家、不同的民族有不同的风俗习惯，它对消费者的消费嗜好、消费模式、消费行为等具有重要的影响。因而了解目标市场消费者的禁忌、习俗、信仰、伦理观念等，是企业进入国际营销的重要前提。下面主要从对国际市场营销影响较大的几个方面讨论风俗习惯。

1) 饮食习惯

各国或各地区的饮食习惯不同，购买商品的品种结构也就不同。例如，中国人往往只是在正餐时才喝酒，而西方人常把酒当作饮料，随时饮用。法国是世界上人均酒水消费量最高的国家。法国人的饮酒习惯是，早晨把酒倒进咖啡中饮用，上午10点的小吃也要喝酒，午餐、晚餐要喝两次酒，饭前要喝开胃酒，饭后要饮“白兰地”。此外，日本人喜欢的饮料是葡萄汽水、柠檬酸汽水；哥伦比亚人则喜欢奶油苏打水；中国人习惯饮茶，很少喝咖啡。

2) 节日

不同的国家有不同的节日和节日庆祝方式。例如，在中国，重要节日有春节、端午节、元宵节、中秋节等传统节日。泰国华人较多，也有春节、清明节、端午节等节日。日本小朋友不仅过“六一”国际儿童节，女孩3月3日还要过女孩节，凡有女孩的家庭大多会购置成套的人形娃娃，陈列在家中；3月5日是男孩节，凡有男孩的家庭在家里悬挂用纸或者布制作的旗帜。在美国，重要的节日有圣诞节、复活节、万圣节、感恩节等。

3) 社交礼仪

不同国家有不同的社交礼仪。例如，中国人收礼时，喜欢稍做推让，并且认为在客人面前打开所收礼物是不礼貌和贪婪的；但欧美人则在收礼时表示高兴，要在客人前面打开礼物并称赞它，以表示对客人的谢意。

在社交场合交换名片时，日本人讲究接递名片都要站立，但中国人则不拘一格。

西方人习惯遵循“女士优先”的原则，在演讲时先称呼女士，再称呼先生；乘车时，男士打开车门，让女士先上等。

以上这些受各种文化习俗影响形成的风俗习惯，必然影响人们的消费行为，因此，不同文化背景、不同地区、相同收入水平条件下的消费需求和市场规模明显不同。企业在选择目标市场，进行国际市场营销活动时，应注意这些差别，灵活调整营销策略和营销规划。

6. 审美观

审美观(Aesthetic)表现为该文化所崇尚的美是什么。美学观念常常与艺术一起被人关注，如人们对数字的观点、对色彩的好恶、对花卉和图形的理解、对衣着的偏好等。

美学观念主要涉及颜色、数字、产品设计 3 个方面的问题。

1) 颜色的偏好和禁忌

中国人喜欢红色，认为红色代表吉祥和好运，而泰国人喜欢黄色，印度人喜欢红色或橘黄色。大多数亚洲人都不喜欢黑色、白色，因为这样的颜色会让人联想到丧葬病痛。马来西亚人忌讳深绿色，常常将深绿色与病患联系在一起。

由于不同的国家对颜色有自己的偏好，因此，进行产品设计、广告色彩的运用、包装色彩选择等方面，需要注意各种文化中对色彩的偏好和禁忌，见表 2-5。

表 2-5 部分国家的色彩偏好和禁忌

国　家	喜	忌
中国	红色	白色、黑色
美国	—	红色
日本	柔和与鲜艳的颜色	绿色
英国	—	黑色
法国	鲜艳的颜色	墨绿色
埃及	—	黄色、蓝色
沙特阿拉伯	绿色	蓝色
巴西	红色	紫色、黄色、棕色

(资料来源：顾春梅，李颖灏. 国际市场营销学[M]. 上海：上海财经大学出版社，2010.)

2) 数字的偏好和禁忌

日本人在数字上忌用“4”和“9”，因在日语发音中“4”同“死”相近，“9”同“苦”相近。中国人喜欢“6”、“8”，“6”有着“六六大顺”之意，“8”和“发”谐音。非洲的摩洛哥人民欣赏“3”，他们认为“3”有积极意义，会给人带来兴旺。大部分阿拉伯人民比较喜欢“5”，他们认为“5”可以给人们带来吉祥。白俄罗斯人不仅喜欢“7”，更喜欢“7”的倍数如14、21、28 等。俄罗斯人则认为“7”是吉祥数字。

3) 产品设计

产品的式样、设计风格是产品审美功能的重要组成部分，产品设计应该符合东道国目标顾客的审美情趣。国际企业的产品设计有两种策略：①标准化的产品策略。将产品原封不动地打入国际市场。②差异化策略。在不同的国家采用不同的产品策略。例如，上海丝绸要进入日本市场，可以请日本服装设计师根据日本人的审美观点、着装习惯设计丝绸时装，然后再进入日本市场；对于美国，可以选择从唐人街进入美国市场，美国人或许出于对东方文化的喜爱，也会购买丝绸产品。

2.2.3 国际市场营销的政治环境

国际市场营销的政治环境(Political Environment of International Marketing)是国际市场宏观环境的重要内容之一。政府对环境的影响是通过政策、法令规定及其他限制性措施而起作用的。政府对外商的政策和态度反映出其改善国家利益的根本想法。因此，企业在进入一个国家之前必须尽可能评估该国的政治环境。

1. 政治局势

政治局势是指企业营销所处的国家或地区的政治稳定状况。一个国家的政局稳定与否会给企业营销活动带来重大的影响。稳定的政治局势，有利于企业进行国际市场营销，为企业创造良好的营销环境。而动荡的局势，不仅会影响经济发展和人民的购买力，而且对企业的营销心理也有重大影响。在国际市场上，主要有 4 种影响政治局势的因素。

1) 政府组织形式

政府是国家权力机关的执行机关。世界上大多数政府类型可以分为共和制和君主制。共和制是国家最高权力掌握在由选举产生、并有一定任期的国家机关或公职人员手中的政权组织形式。采取共和制的国家比较多，如美国、墨西哥、巴西、阿根廷、埃及、印度尼西亚等。国际营销人员要注意了解现任政府的构成及其对经营和外商的主要政策。

政党类型主要分为一党制和多党制。国际营销者要了解各政党(包括执政党和在野党)的主张，特别是对外商和外国政府的态度；了解当地政府是反资本主义还是反社会主义的；或者是敌视外国的。例如，在霍梅尼掌权期间的伊朗和卡斯特罗执政期间的古巴，几乎没有外国企业的存在。还要关注执政党更替对国际营销政策的变化。

2) 文化分裂

文化分裂指的是目标市场国内的不同文化激烈冲突造成的动乱、流血甚至战争等，引发政局的不稳定，这是一个严重的政治问题。例如，由于文化的差异，斯里兰卡境内泰米尔族与锡克族之间发生了许多流血冲突。在印度，当政府将印度语与英语并用为官方语言时，也发生过纷争。

3) 东道国政局

东道国不稳定的政局直接影响企业国际营销活动，在政权更替频繁的国家开展营销活动，企业风险大，要尽量避免。不稳定性主要表现形式为频繁发生暴力事件，治安混乱和示威游行等。

4) 民族主义

民族主义是一种强烈的民族自豪感和团结心，是人民对祖国的一种自豪感。这种自豪感可能带有排斥外国企业的偏见，即使不竭力赞成但也会支持对外国企业进行干预和控制。民族主义的表现形式多种多样，包括号召人民“只买国货”，限制进口、限制性关税及其他贸易壁垒。

2. 政府在经济中的作用

政府在经济中的作用主要是通过制定各种经济政策干预或者调节本国的经济运行。

1) 经济事务的参与者

(1) 政府垄断某一行业的发展，而这些行业往往是国民经济中的重要部门，如电力、铁路。

(2) 政府是产品和服务的最大买主。例如，在日本和瑞士，政府支出占国内生产总值的比重约为 19%，美国的比重为 25%，丹麦、瑞典的比重为 45%，比利时和荷兰的比重更是高达 58%。政府支出包括国防、社会保障、教育、公共卫生等。

(3) 政府直接与外商建立合资企业。在一些国家，国际市场营销者只能与东道国的政府合作，才能进行投资和营销。

2) 政府制定经济法规

(1) 制定国家的货币政策和财政政策。

(2) 规定外来企业的经营方式、经营范围。

(3) 限制企业的营销组合策略的运用。

(4) 政府的对外开放政策。

3. 全球经营的政治风险

政治风险是指由于政策的不连续性、政局的不稳定性、政府干预的强制性和政治事件的突发性使企业的国际营销活动具有许多不确定性，增加了国际营销活动的困难。

1) 政治风险的类型：没收、征用和国有化

没收指的是政府强制要求外国企业交出财产，并对没收的外国企业不给予任何补偿。

征用是指对征用的外国资产给予一定的补偿，可能将外国企业交由本国私人企业接管。

国有化是指将外国企业的资产收归国有，由政府来接管。例如，为了保护本国工业避免外国势力阻碍等，将外国企业收归国有。

知识拓展 2-6

相关历史资料

1937 年，墨西哥政府接管了所有外国人经营的铁路系统，于 1938 年接管了整个石油工业；1953 年危地马拉接管了外国人在本国的香蕉种植园；1960 年古巴将所有工业收归国有；1962 年巴西政府接管了美国公司拥有的发电厂；1969 年秘鲁没收了美国标准石油公司在该国的资产；1979 年伊朗没收了所有外来投资；1983 年法国将所有银行收归国有。

近 30 年来，采取没收、征用和国有化措施的国家越来越少。原因在于各国政府都已经意识到外来投资的重要性，若政府采取极端措施，将会遭到国际社会的强烈反对。

(资料来源：http://wenku.baidu.com/view/f3a849db6f1aff00bed51ebf.html.)

(1) 外汇管制。是指一国政府为平衡国际收支和维持本国货币汇率而对外汇进出实行的限制性措施，是一国政府通过法令对国际结算和外汇买卖进行限制的一种限制进口的国际贸易政策。外汇管制源于一国所持外汇发生短缺。一旦发生短缺，会有大量资本流出本国，那么政府可能会对所有的资本流动或者针对那些容易受政治影响的公司有选择地对资本流动实行管理。对外国投资者而言，需要做到的是将利润汇出东道国而不发生损失，但是当货币贬值时，损失便发生了。此外，当外汇管制发生时，投资者的原材料、机器设备等生产经营物品也不能自由进口。

(2) 进口限制。指的是政府所采取的限制进口的各种措施，如进口许可证制度、外汇管制、关税、进口配额制等。它包括两类：一类是限制进口数量的各项措施；另一类是限制外国产品在本国市场上销售的措施。政府进行进口限制的主要目的在于扶持本国企业，确保本国企业在市场上的竞争优势。

(3) 税收政策。指的是对政府限制的行业征收特别税收。例如，对某些产品征收特别税或高额税，则会使这些产品的竞争力减弱，给经营这些产品的企业效益带来一定影响。

(4) 价格管制。指的是减少通货膨胀压力，规定外国企业产品的价格上限和下限，对生活必需品进行价格管理，政府一般对土地、石油、电力、邮电、通信有明确的价格管理。政府实行价格管制通常是为了保护公众利益，保障公众的基本生活，但这种价格管理直接干预了外国企业的定价决策，使得企业的收益减少，影响外国企业的营销活动。

2) 降低政治风险的措施

由于政治风险会对企业的国际市场营销活动产生重大影响，企业必须在政治风险发生之前采取有效的措施，在风险发生后积极寻求解决方案，将政治风险带来的危害降至最小。政治风险的防范措施如下。

(1) 寻求当地合作者。一方面，当地合作者较了解本国的政策法规，与东道国有关部门有着一定的联系；另一方面，东道国政府也会顾及当地投资者的利益，采取极端措施时会有所顾忌。

(2) 在当地融资。由于东道国政府要顾及本国资本的利益，不会轻易采取没收、征用、国有化等强制性措施。

(3) 保持子公司对母公司的依赖性。国际企业可以通过将产品的研发放在母国进行，使东道国无法得到生产必需的关键技术，从而使子公司在技术上形成对母公司的依赖性，这样即使在外的子公司被东道国没收，由于无法得到关键性技术，子公司无法独立运行，东道国政府因不能实现目标而放弃没收等行为。

(4) 减少固定资产的投资。让东道国当地合伙人拥有固定资产，而核心技术等无形资产掌握在母公司手中，这样国际企业被接管的可能性就会减少。

(5) 开展公共关系活动。如果国际企业与当地公众搞好公共关系，就可在当地公众中建立良好的形象，赢得当地公众的好感，面临的政治风险就要小得多。

2.2.4 国际市场营销的法律环境

对企业来说，法律是评判企业营销活动的准则，只有依法进行的各种营销活动，才能受到国家法律的有效保护。因此，企业开展市场营销活动，必须要遵守本国的法律制度，还要了解和遵守东道国的法律制度和有关的国际法规、国际惯例和准则。这方面因素对国际企业的营销活动有深刻影响。

国际市场营销的法律环境(Legal Environment of International Marketing)的构成因素包括本国法规、国际法规和东道国法规3个部分。

1. 本国法规

从事国际市场营销活动的企业首先要遵守本国的法律法规，只有依法进行的营销活动才会受到法律的保护，否则会受到法律的制裁。例如，我国从事国际营销的企业，首先必须了解并遵循我国政府颁布的关于经营、贸易、投资等方面的法律法规，如《中华人民共和国合同法》、《中华人民共和国商标法》、《中华人民共和国专利法》、《中华人民共和国对外贸易法》、《中华人民共和国产品质量法》、《中华人民共和国广告法》、《中华人民共和国食品卫生法》、《中华人民共和国环境保护法》、《中华人民共和国反不正当竞争法》、《中华人民共和国消费者权益保护法》、《中华人民共和国进出口商品检验法实施条例》等。

小案例 2-9

一家名为DPC的医疗公司由于在中国行贿160余万美元而受到总额480万美元的罚款。DPC在天津的分公司——天津德普公司从1991年到2002年期间向中国的实验室工作人员及国有医院医生行贿162.3万美元的现金，用来换取这些医疗机构购买DPC公司的产品和服务。DPC公司因此违反了美国国会1977年通过的《海外反腐败法》，该法严禁美国公司向外国有关人员行贿。

【分析提示】

案例中，该美国企业尽管是在中国进行国际营销活动，由于违反了本国的法律而被罚重金。企业在国际市场营销活动中，要遵守本国的法律。

(资料来源：http://www.china.com.cn/chinese/law/868549.htm.)

2. 国际法规

国际法规，是指国与国之间(双边或多边)签订的条约、公约和协定的总和，这些条约、公约和协定在一定程度上对于缔约国具有法律约束力。国际法规主要有4类。

(1) 保护消费者利益的立法，确定生产者和销售者对其生产或出售的产品所应承担的责任，保护消费者的合法权益，如《关于产品责任适用法律的公约》。

(2) 保护生产制造者和销售者的立法(工业产权法)，包括专利法和商标法，如《保护工业产权巴黎公约》、《专利合作条约》等。

(3) 保护公平竞争的立法，又被称为反托拉斯法，如国际反托拉斯法、限制性商业惯例、保护竞争法。

(4) 调整国际间经济贸易行为的立法，包括各种国际公约、条约、惯例、协定、议定书、规则等。如《关税与贸易总协定》、《联合国国际货物销售合同公约》。

3. 东道国法规

企业在进行国际营销时要注意东道国所属法系。英美法系和大陆法系是当今世界两大主要法系。

英美法系的基础是传承过去的做法及法院通过对条例、法规与过去的裁决的解释而所做的判例。这个法系现时主要包括美国、加拿大、印度、巴基斯坦、孟加拉、马来西亚、新加坡及非洲的个别国家和地区。

大陆法系属于成文法，以法律条文为依据，以法典为法律渊源，强调法律的概念，区分大前提和小前提原则。这个法系现时主要由欧洲大陆的国家(如法国、意大利、德国、荷兰等)及其他受上述国家影响的国家(如日本)采用。

大陆法系与英美法系在法律编撰、法律结构、法律适用及诉讼程序方面都不尽相同。这样的本质差异会引起麻烦。例如，在美国法律中，不能履行合同并非一定可以不遵守合同的条款，除非不能履行的原因是由于不可抗力。洪水、闪电、地震及类似灾害通常被人们认为是不可抗力。但是在大陆法系中，不可抗力还包括对合同履行无法避免的干预，这种干预除了自然因素外，还可能是无法预见的人类行为，如工人罢工与骚乱等。

东道国法律对国际营销的影响主要有以下几个方面。

1) 对产品策略的影响

在国际营销中应特别注意法律对以下几个方面的要求：产品的安全性应该符合的标准、各国对产品的包装(颜色、材料、标签等)要求、对售后服务的要求、对品牌名称及注册保护的要求。

2) 对价格策略的影响

注意东道国对价格实行控制的产品范围。一般来说，发展中国家对价格控制得较为严格，而发达国家则一般鼓励在定价方面进行自由竞争。在控制价格的手段上，各国亦不相同。有些国家是直接控制价格本身，而另外一些国家则采用控制利润的做法，如加纳政府曾按不同行业，把生产企业的利润率规定为25%～40%。

3) 对分销策略的影响

一般来说，分销受到法律约束是最小的，企业可以根据实际情况自由选择分销渠道，但是要注意东道国对销售渠道设置方式的规定及注意经销商终止合同的法律规定。

4) 对促销策略的影响

各国对产品的促销活动制定了相应的法律法规，对企业的广告宣传、推广等促销活动做了严格规定。在国际营销中关于广告的争议最多，而且广告也最容易受到控制。大多数国家都制定了有关广告的法律规定，许多国家的广告组织也有自己的约束准则。国际企业营销者要注意东道国法律对广告媒体的限制、对广告时间的限制、对广告内容的限制、对广告产品的限制、广告信息的限制。例如，在比利时、瑞典和丹麦等国，电视上禁止播放广告。法国规定每个频道每天电视广告不得超过13分钟，德国规定不得超过27分钟，瑞士却可以达到150分钟，美国更为宽松，广告时间长达180分钟。在科威特，由政府控制的电视网每晚只有32分钟的广告时间。在德国，企业不可以以赠品方式促销；在意大利，商家不可以通过现金折扣方式促销。

知识拓展 2-7

各国关于广告的法律规定

(1) 法国于1991年颁布了对酒精类广告进行限制的《艾文法》。在美国频繁出现的比较类别广告，在英国和德国被禁止使用。

(2) 许多国家的广告法都禁止在电视广告中使用儿童形象。例如，斯里兰卡禁止电视广告使用儿童作为模特儿来推销商品。

(3) 在科威特，广告中不能出现最高级的描述、不雅的文字、骇人听闻的场景、不体面的衣着或舞蹈、复杂性的镜头，而且为灯具、药品、酒类、飞机航线、巧克力或其他糖果做广告也是非法的。

(4) 阿拉伯国家还禁止有关算命和占星的广告，会干扰或吓到儿童的广告，场景中出现女人的广告。

(资料来源：贺雪飞. 文化差异：跨文化广告传播中的变量[J]. 新闻记者，2006(6).)

2.2.5 国际市场营销的自然资源环境

国际市场营销的自然资源环境(Natural Resources of International Marketing)是国际市场宏观环境的重要内容之一。一个国家或一个地区的自然地理环境包括该地的自然资源、地形地貌和气候条件，这些因素都会不同程度地影响企业的营销活动，有时这种影响对企业的生存和发展会起决定的作用。企业要避免由于自然地理环境带来的威胁，最大限度地利用环境变化可能带来的市场营销机会，就应不断地分析和认识自然地理环境变化的趋势，根据不同的环境情况来设计、生产和销售产品。

1. 自然资源

营销学上的自然资源(Natural Resources)，主要是指自然界提供给人类的各种形式的物质财富，如矿产资源、森林资源、土地资源、水力资源等。

自然资源是进行商品生产和实现经济繁荣的基础，与人类社会的经济活动息息相关。由于自然资源的分布具有地理的偶然性，分布很不均衡。因此，企业到某地投资或从事营销必须了解该地的自然资源情况。如果该地对本企业产品需求大，但缺乏必要的生产资源，那么，企业就适宜向该地销售产品。但是如果该地有丰富的生产资源，企业就可以在该地投资建厂，当地生产就地销售。可见，一个地区的自然资源状况往往是吸引外地企业前来投资建厂的重要因素。

2. 地形

地形(Landform)指一国领土的表面特征，由平原、山脉、江河、湖泊、森林、沙漠等因素构成。地理环境会影响企业营销过程中的运费、保险费用和交货期。

地形对企业营销活动的影响包括：地势平坦国家，公路和铁路运费比较低；山路崎岖的国家则运费较高；沙漠、森林地形会给企业的分销带来困难。不同地形地区的人们消费习惯也不一样。例如，住在海边的居民饮食中餐餐有海鲜；而住在山里的居民，饮食中餐餐有野菜。

3. 气候

气候(Climate)表明某个国家或地区的气温、干湿度，以及大风、降雨、降雪等条件。

气候对营销活动的影响表现在：疆域较小的国家，气候比较单一，疆域较大的国家，气候不一样。不同的气候对企业营销有不同的影响，在气温较高地区，人们对空调的需求大；在气温较低地区，人们对暖气的需求比较大；在炎热干旱地区，人们对水的需求量很大。例如，欧洲北部国家寒冷与南美洲国家炎热的气候，对产品会有不同的需求。在寒冷的欧洲北部国家，对抗寒产品，如羽绒服需求大；而在气候炎热的南美洲国家，对降温产品(冷饮、电风扇、空调、电冰箱)的需求较大。

4. 自然环境的变迁趋势与影响

地球上的某些资源将日益短缺。曾经被人类称为“取之不尽，用之不竭”的空气遭到污染。“有限但可以更新的资源”——森林和耕地资源在逐渐减少，大量耕地被工业用地和生活用地占有，农业用地日渐减少。还有那些“有限又不能更新的资源”——石油、煤、铀、锡、锌等矿产资源也正在减少。

这样的变迁影响着人类的生产，也带来新的营销机会。以矿产品为原料的企业生产成本增加，竞争力下降，作为营销者，应该看到新的营销机会的出现。由于这类资源供不应求或在一段时期内供不应求，必须寻找替代品。在这种情况下，就需要研究与开发新的资源和原料，这就给某些企业带来了新的市场机会。例如，在我国西北部建设太阳能发电基地，开辟一条“电力丝绸之路”；在内蒙古地区推广风力发电，就是充分利用了草原上丰富的风力资源。

5. 环境污染

环境污染日益严重，消费者对环保产品需求增加，环保技术需要大力开发。企业必须积极从事研究开发，尽量寻求新的资源或替代品。同时，企业在经营中要有高度的环保责任感，善于抓住环保中出现的机会，推出“绿色产品”、“绿色营销”，以适应世界环保潮流。例如，控制污染的技术及产品，如清洗器、回流装置等将创造一个极大的市场，并探索一些不破坏环境的方法去制造和包装产品。

6. 绿色营销

绿色营销(Green Marketing)，广义的解释是指企业营销活动中体现的社会价值观、伦理道德观充分考虑了社会效益，既自觉维护自然生态平衡，更自觉抵制各种有害营销。狭义的绿色营销主要指企业在营销活动中，谋求消费者利益、企业利益与环境利益的协调，既要充分满足消费者的需求，实现企业利润目标，也要充分注意自然生态平衡。在发展中国家，目前还无法真正实现对所有消费需求的“绿化”，仅在部分食品、家电等方面可以实现“绿化”。而在西方国家，消费者对绿色产品的需求相当广泛，市场潜力巨大。

2.2.6 国际市场营销的科学技术环境

国际市场宏观环境还包括国际市场营销的科学技术环境(Science and Technology Environment of International Marketing)。科学技术是人类在生产和科学实践中积累起来的经验、知识及体现这些经验、知识的劳动资料的总和。

1. 科学技术环境对国际市场营销的影响

当今社会，科学技术对企业开展国际市场营销的影响巨大而且是多面的。

1) 科学技术的发展为提高营销效率提供了更新更好的物质条件

首先，新的交通运输工具的发明或旧的运输工具的技术改进，使运输的效率大大提高，企业可以更快捷地把商品送到客户手中；信息、通信设备的改善，更便于企业组织营销，提高营销效率。现代商业中自动售货、邮购、电话订货、电视购物等方式的发展，既满足了消费者的要求，又使企业的营销效率更高。

其次，科学技术的发展，使得促销措施更有效。例如，广播、电视、网络等传播媒介的发展，可使企业的商品信息及时准确地传送到全国乃至世界各地，有利于本国和世界各国消费者了解这方面的信息，并起到刺激消费、促进销售的作用。

2) 技术进步对产品策略的影响深远

产品生命周期缩短，产品进入市场到被市场淘汰的周期缩短。国际市场一体化和竞争的日益激烈，使得企业要在国际市场立于不败之地，必须利用新技术不断对产品进行创新。根据有关调查显示，当前最受年轻人欢迎的产品是iPod、iPhone、iPad。而这3种由苹果公司出品的产品就是高科技的产物，苹果公司为保持竞争力，不断推出升级产品。

3) 技术进步对分销策略的影响深远

在科技发展方面，由于人们受教育程度的提高，其价值观和生活方式差异扩大，由此商家需要建立许多的特色商店和各种专卖店。技术进步催生了自我服务商店，由于有了条形码和无人监控技术的支持，超市销售发展成主要的购物形式。技术的发展使得从厂商到消费者的直接销售形式有了可能。中国“80后”一代很多人喜欢的购物方式是网络购物。网络购物的产生也正是由于技术进步，使得网络进入千家万户，网上银行的便捷支付功能方便了网店的卖家和买家，足不出户便可以购遍世界各地，还有优于实体店铺的折扣。网络上不少商家也正是直接的厂商，通过网络了解客户需求，厂家直接生产然后在网络上直接销售给客户。

4) 科技发展对人们消费模式的影响深远

随着科技的发展，新技术的出现，人们的消费模式也发生了变化。科技给消费者和企业带来的影响和变革不容忽视，未来企业要想在国际市场上站稳脚跟必须把握科技发展动态。在过去的几十年，科技已经让消费模式发生了翻天覆地的变化。例如，美国电脑、电话系统的发展推动了电视购物和网络购物，消费者只需要在家里看电视或者通过电脑，看到自己喜欢的商品，拨打电话或者通过网络支付，商家就会把货物送到消费者手中。再者，由于汽车工业的迅速发展，使美国成了一个“装在车轮上的国家”，现代美国人的生活方式，无时无刻不依赖于汽车。所以，企业在组织市场营销时，必须深刻认识和把握由于科学技术发展而引起的社会生活和消费模式的变化，看准营销机会，积极采取行动，并且要尽量避免科技发展给企业造成的威胁。

小案例 2-10

英国超市巨头乐购公司的韩国分支超市 Home Plus 在首尔的汉江镇地铁站设立了第一个“虚拟超市”试点，把摆满百货商品的超市货架海报张贴在月台墙上，每样商品下方除了名称、价格外，还有一个二维码。该“超市”推出的产品还有生鲜肉、蔬菜等，主打“上班路上买好菜，下班回家即可做饭”的居家概念。“虚拟超市”的购物过程就像网络购物一样简单：人们只需用智能手机拍下站台墙上的虚拟商品二维码，供应商就会把相应产品快递到手机用户家中。据悉，这间“虚拟超市”刺激零售额增长了 130%，网络会员数量增加了 76%。

【分析提示】

虚拟超市就是科技发展改变消费方式的例子，企业要把握科技发展引起的社会生活和消费方式的变化，才能在营销中找到机会，避免威胁。

(资料来源：http://www.cnr.cn/newscenter/gjxw/201108/t20110804_508323393.shtml.)

2. 互联网与国际市场营销

互联网力量正迅速渗透到人们生活中的方方面面，并带来社会经济、人们生活方式的重大变革，人类已开始步入网络化社会。愈来愈多的企业认识到国际互联网对企业经营发展的作用，纷纷抢占这一科技制高点，并将之视为未来发挥竞争优势的主要途径。目前，在美国，有超过 40%的企业在利用互联网开展营销业务；美国《财富》杂志统计的全球前 500 强企业几乎全都在网上开展了营销业务。网络营销量逐年迅速上升，美国国际电信联盟和国际数据公司曾统计，全球互联网上的交易额 1996 年为 30 亿美元，1997 年为 134 亿美元，1998 年为 313 亿美元，2010 年网络贸易额占全球贸易总额的比重达到了 42%。可见互联网内蕴藏并孕育着无限的商机，网络营销必将成为 21 世纪企业营销的主流。

1) 创意

互联网能够打破各种限制，可以通过创意文字、声音、动画和影像等多媒体功能来吸引消费者。网络广告的形式有静有动，传递的信息多，传播的范围广，沟通的效率比传统媒体高得多，信息反馈直接、准确、及时，据此可为顾客设计个性化的广告内容和创意。

2) 营销观念

互联网上的营销是一对一和交互式的，顾客可以参与到企业的营销活动中来，因此互联网更能加强企业与顾客的沟通和联系，直接了解顾客的需求，引起顾客的认同。面对日益激烈的国际市场，企业要在国际竞争中生存并立于不败之地，唯有了解和满足目标顾客的需要和欲望，树立以顾客为中心、以顾客为导向的服务观念。网络营销不仅要满足4P理论，即产品策略(Product)、定价策略(Price)、渠道策略(Place)、促销策略(Promotion)。更是对4P理论提出了新的要求，即4C理论：产品以用户的需求和欲望(Customer’ s needs and wants)为导向、促销以与用户沟通(Communication with customer)为前提、渠道以方便用户购买(Convenience to buy)为原则、价格以用户为满足其需求和欲望愿意付出的代价(Cost and Value to satisfy customer’s needs and wants)为基础定价。由上述网络营销和传统营销的比较可知，网络营销很好地满足了4C理论的要求。

3) 产品

并非所有产品都适合在网上销售，如需要根据嗅觉、味觉、触觉等测试的结果才能做出购买决策的产品，而有些产品特别适合在网上销售，如计算机软件等数字化产品。一般而言，适合在互联网上销售的产品通常是消费者可以自行在网上搜索信息并做出购买决策的产品，以及网上售价比实体店售价低的产品。由于互联网具有很好的互动性和引导性，用户通过互联网在企业的引导下对产品或服务进行选择或提出具体要求，企业可以根据顾客的选择和要求及时进行生产并提供及时服务，使得顾客跨时空得到满足要求的产品和服务；另一方面，企业还可以及时了解顾客需求，并根据顾客要求组织及时生产和销售，提高企业的生产效益和营销效率。

如美国戴尔电脑公司(DELL，以下简称戴尔公司)，在1995年还是亏损的，但在1996年通过互联网销售电脑，在美国国内的销售额比1995年度激增71%，一举扭亏为盈，当年的盈利高达5.18亿美元。该公司的做法是顾客通过互联网在公司设计的主页上选择和组合电脑，公司的生产部门马上根据顾客要求组织生产，并通过邮政公司寄送，因此公司可以实现零库存生产，在电脑部件价格急剧下降的年代，零库存不但可以降低库存成本还可以避免因高价进货带来的损失。

4) 分销渠道和过程

网络营销带来了营销渠道的革命，弱化了中间渠道的作用，甚至很多产品生产者完全无须借助各类中间商就可直接将产品出售给最终用户。典型的网络营销通路：生产者→网站→物流系统→消费者。由此，企业不仅大大缩短了分销过程，节约了大量的分销成本，而且紧紧将命运掌握在了自己的手中，同时，由于减少了大量的交易环节，也大大降低了交易成本，消费者也可以获得性价比更高的产品。

『项目实例』

巴黎欧莱雅集团在中国的市场环境分析报告

1. *政治法律环境*

中国对美容化妆品市场的整顿源于近几年，中央电视台“3·15晚会”对美容化妆品市场存在的问题多次曝光，如有害成分严重超标、铅汞中毒等。针对美容化妆品市场存在的突出问题，旨在保障消费者健康安全权益的中国消费者协会“健康·维权”年主题美容化妆品消费调查活动于2005年启动。中国消费者协会在全国范围内开展美容化妆品消费调查，并同期开展消费教育活动。调查期间，联合地方消费者协会揭露美容化妆品行业中的虚假、夸大宣传行为，公布损害消费者权益的典型案例和消费者对美容化妆品市场的满意程度。

通过这一活动，推动相关标准和制度的建立，促进美容化妆品行业健康发展，维护广大消费者的健康与安全权。美容化妆品行业屡遭消费投诉致使该行业信任危机重重，但通过对美容化妆品市场近两年的研究发现，美容化妆品市场并没有因为信任危机萎缩，反而增长更为迅速，并有向国际知名品牌集中的趋势，消费更加理性。另外，目前我国的美容化妆品市场规范程度不高，假冒伪劣商品和虚假宣传屡禁不止，缺乏规范性的行业管理制度和服务标准，消费者因使用化妆品和接受美容服务而引起的纠纷日渐增多。

巴黎欧莱雅集团(欧莱雅)工厂生产的产品中 94%获得 ISO9001：2000 认证。欧莱雅品质体系(标准化和一致性)确保在全球所有工厂实施相同的严格标准。内部审核及由美国食品和药品管理局等机构开展的外部审核对产品品质实施严格的监督。欧莱雅同时监督生产流程的每一个步骤，包括原材料的接收、制造和包装流程及成品发送前的库存管理。

欧莱雅以保障消费者的安全为己任。基于对消费者安全的高度重视，集团对所有新产品和成分均实施严格的安全测试。欧莱雅认真对待产品安全，并通过集团毒物学和医疗专家团队与科学界的密切合作，保障所有产品的安全性能。

作为开发人造皮技术的先驱，欧莱雅自 20 世纪 80 年代以来已经开始使用人造表皮和真皮进行产品安全性和功效的评估。1989 年，欧莱雅颁发相关政策，在集团内全面禁止使用动物进行测试。

禁止动物测试的政策在所有化妆品的安全评估中得以贯彻实施，在保障消费者安全使用化妆品的同时也推动了欧莱雅持续推出创新产品。与此同时，欧莱雅也要求集团产品在其销售的所有 130 个国家中必须达到或超过相关政府制定的所有安全法律规定。

近百年来，欧莱雅始终坚持在全球范围生产和经销安全、高效的美容产品，并因此赢得了消费者的高度满意。

2. 经济环境

随着改革开放，中国经济快速增长，人民的生活得到改善，中国拥有约 13.7 亿人口，并且都有储蓄的习惯，这样就形成了一种潜在的消费力量，中国人的化妆品需求市场变得庞大；接着中国加入 WTO，更成为一个很好的契机，外国的知名化妆品公司纷纷把目光投向了中国。中国经济的腾飞，意味着中国人购买力的上升，中国市场的容量扩大！

农村化妆品消费呈现购销两旺、快速增长的态势，突出体现两个“普及”的特点：一是农村化妆品的消费需求、消费人群迅速普及，化妆品从原来的青年女性普及到中老年女性和中青年男性；二是化妆品多品类、多品种消费需求的迅速普及。大中城市化妆品品牌竞争日趋激烈，中高档品牌市场及程度进一步提高，名牌产品在市场的集合程度空前高涨，高档品牌市场份额、市场占有率快速提升。世界知名化妆品品牌一致看好中国市场，几乎无一遗漏地进驻中国市场，中国本土化妆品公司也控制着中低档市场。中国化妆品市场呈现割据一方的局面。

欧莱雅为了在这样的经济环境中抢占市场份额，一方面在产品设计方面苦下功夫，保持欧莱雅集团产品高质、独特，领先和丰富的文化内涵；另一方面，实施独特的市场定位策略，不放过任何一个细分市场。欧莱雅进入中国的品牌定位于中高档，其中包括高档产品和大众产品。其高档产品已经在国内独占鳌头，而大众产品只占国内市场的小份额，为了开始中低市场的争夺，欧莱雅收购“小护士”和“羽西”两大国内知名品牌，其中“小护士”本身在农村市场的知名度比较高，它在国内低端产品排行第三位，仅次于“玉兰油”和“大宝”。而且走的是低价的路线，在国产品牌中是一个充满竞争力的产品品牌，拥有它为欧莱雅扩展中低市场提供了很大的支持。

欧莱雅懂得根据市场经济环境的变化来实施一些适应市场变化的营销策略；随着经济的快速发展，男士顾客作为社会的经济支柱，越来越发现形象的重要性，也越来越注重皮肤的保养；并且男士的购买力是最高的，它无疑变成了一个充满潜力的市场，因此欧莱雅针对男士肌肤研发出一套专为男士设计的保养品，并请来知名男星做广告，争取先得到这个庞大的市场。

3. 社会文化环境

1) 审美观

在中国，由于南北地区，东西地区气候、习俗、文化等差异，人们对化妆品的偏好具有明显的差异。例如，南方由于气温比较高，人们一般喜欢清淡的装饰或者比较少化白日妆，因此比较倾向于淡妆；而北方由于气候干燥及文化习俗的缘故，一般比较喜欢浓妆。中国和其他亚洲的女子一样都主要以白为美。

分析：

针对中国内地市场，欧莱雅就曾进行长达 6 年、非常细致地针对中国女性皮肤的研究。例如，欧莱雅希望了解四川女性皮肤与哈尔滨女性皮肤是否一样，研究结果表明确实不一样，因为她们的饮食习惯和所处的气候条件不一样；欧莱雅还发现，中国女性油性皮肤的比例比其他地区的人略高一些；同时，中国女性对彩妆大色彩下面的小色调的追求也不一样。欧莱雅敏锐地意识到这些，按照不同地区推出不同的主打产品；还有根据中国女性以白为美的特性，欧莱雅在中国市场的产品中都添加了更多的美白成分。

因为每个国家的人们拥有不同的审美观或者价值观，除了生产产品来迎合不同顾客的爱好之外，也可以尝试改变一些顾客的观念。例如，中国顾客开始的时候很难接受染发的观念，他们认为染发并不适合中国人，而且会令自己看起来缺少职业精神。欧莱雅为了帮助中国消费者了解染发产品，邀请了国内知名艺人作为广告模特。通过广告，欧莱雅想让越来越多的人知道，通过染发可以使自己更美丽。所以染发不再是中国人不能接受的，而只会是很自然的。欧莱雅邀请知名艺人作为品牌代言人，目的是与中国消费者更好地沟通。改变当地消费者的一些观念，从而达到欧莱雅实现销售的目的。

2) 习惯

在其他发达国家，化妆品已经成为了女性消费者不可或缺的一部分。她们习惯到超市去选购自己需要的化妆品，就像买普通日用品一样；但在中国，很少女生有化妆的习惯，因此有很多女性顾客不懂怎样使用化妆品。

分析：

1996 年欧莱雅登陆中国的时候，发现了这样一个问题的存在，要中国的女性消费者有化妆的习惯，那就必须有人指导她们如何使用化妆品。并且在指导的过程中，让顾客看到因为化妆自己变得更美丽，从而养成化妆的习惯。针对中国消费者的习惯特点，欧莱雅还建设了一支专门在商场中讲解如何使用化妆品的美容顾问队伍，并邀请第三方调查机构开始了一个名为“神秘访客”的调查，即派人假扮顾客到各地购买欧莱雅和其他品牌的化妆品，然后衡量其服务水平。根据回馈的数据表明，从 2002 年开始，欧莱雅的美容顾问队伍和服务水平已经跃升为全行业最佳。

3) 公益

中国是一个拥有悠长历史的国家，非常注重一家企业的文化发展，同时也很看重企业形象。因此要在中国建立一个健康的企业形象，一定要对中国的公益事业作出一份贡献；让中国的顾客看到一个值得信赖的企业形象。

分析：

在公益方面，欧莱雅比很多企业都做得更好，如支持艺术，赞助“天水无居”诗迪绘画作品展；鼓励科研，设立“中国青年女科学家奖”；推动教育，设百万巨资助学金等；欧莱雅在企业形象的建立上以尊重中国文化为基础，向中国顾客展示了一个健康的企业形象。

文化是多姿多彩的。不同国家的消费者对美、对化妆品和个人护理品都有着不同的认知，且这一认知还将随时间不断发生变化。消费者对头发造型、护肤、彩妆和香水产品的个性化选择表达了个体的独特性。

欧莱雅尊重个体差异，并以多样化的产品和品牌满足各类消费者的需求是开展业务的基础。

4. 技术环境

在化妆和护肤品行业中，真正抓住顾客的心的往往不是营销策略，而是实实在在的化妆品效果，如果效果不好，消费者用了一次就不会再光顾第二次了。因此，在这种美丽行业中，能够在市场上屹立不倒的往往就是拥有高品质产品的商家。同时高品质主要来源于高技术，当然也少不了好的原料。

欧莱雅成功的秘密是拥有雄厚的科研力量。在过去 10 年中，欧莱雅用于研究和发展的费用达 32 亿美元，高于它所有的竞争对手。这些研究花费使欧莱雅每 3 年更新近 50%的生产线，平均每年申请 300 项专利。在不断需要新产品的化妆品行业，这是欧莱雅的一项优势。欧莱雅每年会投入其总营业额的 3%大搞科研和开发，不断提升公司的研发能力，稳固其“科学美容公司”的时尚形象。欧莱雅前总裁欧文曾说：“我们十分清楚地意识到，只要在技术上有一点点突破，就要将其变成产品卖出去。”而且，欧莱雅还在世界各地设立测试中心，对不同人的皮肤特征进行系统研究，从而为其奉献适合的护肤美容品。例如，欧莱雅研究出一种超微粒子技术，应用于护肤品配方中，将抗皱的维生素原 A 包裹在其中，可以有效渗透进表皮内部，最大限度地保护了维生素原 A 的活性，并且完整地运送到皮肤深层，使其发挥最佳的抗衰老作用。欧莱雅公司开发出另一个抗衰老护肤品配方技术是被称作活力紧肤素的成分，它的功能主要是防止皮肤中弹性纤维的变性老化，从而有效防止皮肤皱纹的产生，同时可以提升松弛的皮肤。就是这些高技术成就了欧莱雅惊人的销售量。

『项目复习』

- 国际市场营销调研是指企业运用科学的方法，有目的地、系统地收集和记录一切与特定国际市场营销有关的信息，对所收集到的信息进行整理、分析，从而把握目标市场变化规律，为国际市场营销决策提供可靠的依据。
- 国际市场调研常用的调查对象选择技术是抽样调研，包括随机抽样和非随机抽样。
- 国际市场调研是一项技术性很强的工作，直接关系到调研的效果。国际市场调研方式包括直接调研法和间接调研法。直接调研法包括访问法、观察法、实验法。间接调研主要指的是文案调研，它主要是进行二手资料收集、整理和研究。
- 国际市场宏观环境指对企业营销活动造成市场机会和环境威胁的主要社会力量。国际市场宏观环境主要包括经济环境、文化环境、政治环境、法律环境、自然资源环境及科学技术环境。

- 企业在进行国际市场营销时，要根据国际市场调研进行宏观环境分析，才能更好地认识营销环境，从而通过营销努力来适应社会环境及其变化，达到企业的国际市场营销目标。

『职业能力训练』

一、选择题

1. 能够反映一个国家或地区经济状况和金融政策的综合指标是(　　)。

A. 自然资源　　B. 基础设施　　C. 通货膨胀率　　D. 外国投资状况

2. 国际营销活动中政治风险多种多样，其中最严重的是被当地政府(　　)。

A. 没收　　B. 征用　　C. 国有化　　D. 管制

3. (　　)途径获得的信息属于二手资料。

A. 通过访谈　　B. 通过调查问卷

C. 通过市场试验　　D. 通过报刊、杂志

4. 国际文化环境中最敏感的因素是(　　)。

A. 语言　　B. 宗教　　C. 教育水平　　D. 社会组织

5. 高科技产品的营销对下列哪个文化因素比较敏感(　　)。

A. 语言　　B. 宗教　　C. 教育水平　　D. 物质要素

6. 下列行为中不属于政治干预的是(　　)。

A. 没收、征用和国有化　　B. 外汇管制

C. 政治冲突　　D. 本国化

7. 东道国的“号召人民只买国货；限制进口；限制性关税”等观念和行为是(　　)的表现。

A. 民族主义　　B. 政局不稳定　　C. 文化分裂　　D. 经济主义

8. (　　)是以便利为基础的一种抽样方法，街头访问是其最普遍的应用。这种抽样方法偏差很大，一般用于准备性调查。

A. 判断抽样　　B. 任意抽样　　C. 配额抽样　　D. 随机抽样

9. (　　)是营销调研中使用最普遍的一种方法，它把研究人员事先拟好的调研项目问题以某种方式向被调查者提出，然后要求给予回答，由此获取信息。

A. 观察法　　B. 实验法　　C. 访问法　　D. 判断法

二、判断题

1. 一个国家所处的经济发展阶段不同，居民收入高低不同，消费者对产品的需求不同，从而直接或者间接地影响到国际市场营销。(　　)

2. 受过较高教育的消费者购买过程中理性购买程度低，做出购买决策的过程也相对简单。(　　)

3. 人口结构包括人口的年龄结构、教育结构、性别结构和民族结构等多种因素。(　　)

4. 人口的多少直接决定市场的潜在容量，人口越多，市场规模就越大；反之市场规模就越小。(　　)

5. 文化差异是目标市场国内的不同文化激烈冲突造成的动乱、流血甚至战争等，引发政局的不稳定，这是一个严重的政治问题。(　　)

6．法律是评判企业营销活动的准则，只有依法进行的各种营销活动，才能受到国家法律的有效保护。（　）

7．自然环境的全部含义在于地貌特征和气候条件。（　）

8．互联网上的营销是一对一和交互式的，顾客可以参与到公司的营销活动中来，因此互联网更能加强与顾客的沟通和联系，直接了解顾客的需求，引起顾客的认同。（　）

9．文化适应是指企业的营销决策要适应东道国文化的特点，不触犯当地的文化传统、生活习俗、宗教禁忌，而且能比竞争者更好地满足当地消费者的需求，取得竞争优势。（　）

10．各国的商业习惯必须严格遵守、照搬照套。（　）

11．企业从事的行业和提供的产品与企业在东道国面临的政治风险有关系，但企业的规模与政治风险的关系不大。（　）

12．问卷设计时如果采用两项选择题回答起来简单，也易于整理，但有时可能不能完全表达出应答者的意见。（　）

13．配额抽样可保证各类样本的比例，但是它比判断抽样的代表性弱，实际上运用不多。（　）

14．电话调研法是调研人员以电话为媒介工具询问被调查者并获取信息的一种调查方式，其费用较低、效率高。（　）

15．实验室调研法对研究因果关系十分有效，操作难度不大，效率高，见效快。（　）

三、思考题

1．国际市场营销与国内市场营销的差异主要有哪些？

2．国际市场营销调研的主要内容有哪些？

3．影响国际市场营销的文化因素有哪些？

4．列举因为语言问题导致国际市场营销失败的案例，并说明原因。

四、实训题

1．实训主题：国际市场营销宏观环境分析。

2．实训目的：了解国际营销环境包含的内容，了解国际营销环境分析的意义，掌握国际营销环境分析的方法。

3．实训内容：分析国际知名××培训机构在广州市设立新培训中心的市场环境，看是否能够建立该中心。

4．实训工具：相关报纸、杂志、网络信息。

5．实训过程：进行案头调研，从媒体渠道掌握信息；进行第一手调研，从经济、文化、政治、法律、科学技术等方面分析建立该语言培训中心的可能性。

6．实训报告：《××语言培训机构在广州营销的宏观环境分析报告》。

项目3　规划国际市场营销战略

『项目目标』

知识目标

1. 了解国际市场进入模式的影响因素。
2. 熟悉国际市场进入模式的不同类型及其优缺点。
3. 掌握国际市场营销战略和竞争战略制定的基本理论。

实训目标

1. 通过国际市场进入模式的学习，具备选择国际市场进入模式的技能。
2. 通过国际市场基本竞争战略模式的学习，具备确定国际市场竞争战略的技能。
3. 通过本项目的学习，具备规划国际市场营销战略的技能。
4. 通过项目实训的学习，具备撰写《国际市场战略报告》的能力。

『项目实训』

实训项目

撰写《A公司中国市场战略报告》。

实训背景

撰写《A公司中国市场战略报告》，明确描述A公司在中国市场欲采取的进入模式及发展方向，并拟定欲在中国市场采取的竞争战略及具体部署。

实训内容

1. 分析国际市场进入模式的不同类型及其优缺点。
2. 分析国际市场进入模式的影响因素。
3. 分析国际市场营销战略和竞争战略。
4. 撰写《A公司中国市场战略报告》。

实训步骤

1. 规划国际市场营销战略。
2. 指导教师点评各组完成的任务。

『项目知识』

任务 3.1 选择国际市场的进入模式

3.1.1 国际市场的进入模式概述

国际市场的进入模式(International Market Entry Modes)是指企业对进入目标国市场的产品、技术、工艺、管理及其他资源进行的规划部署。在目标市场选定后，选择正确的市场进入模式对企业实现市场目标极为重要。企业应根据本国及目标国的政治经济、企业的自身资源及全球战略等综合情况选择合适的进入模式。国际市场进入模式包括 5 种形式：出口进入、契约进入、投资进入、国际战略联盟进入和网络营销进入。

1. 出口进入模式

出口进入模式(Export Entry Modes)是指国内企业把其产品通过适当的销售渠道销往国外市场。长期以来，出口一直被作为企业进入国际市场的重要模式，其经营的对象是有形产品。出口进入模式可分为间接出口和直接出口两种。`

1) 间接出口

间接出口(Indirect Export)是指企业通过本国的中间商从事出口业务。本国的中间商拥有现有的销售渠道，可以全权处理单证、保险和运输等出口业务。

(1) 间接出口的主要形式包括以下几点：①国际贸易公司。生产企业将产品卖给国际贸易公司，由国际贸易公司负责在国际市场销售。现代典型的国际贸易公司是日本的综合商社。②国内专业外贸公司。生产企业与国内专业外贸公司是买卖关系，产品所有权已经转移。国内专业外贸公司凭借自身的人才、资金、销售渠道、多年积累的信誉、灵敏的信息网络等，负责把产品销往国外市场。③出口管理公司。作为中间商，出口管理公司管理企业的出口业务并收取一定的佣金。④合作出口。合作出口有两种形式：第一种形式是指一家企业利用另一家出口企业已经建立的国外渠道和出口能力，两者之间的关系可以是买卖关系，也可以是委托代理关系。第二种形式是由若干小企业组成合作组织，以该组织名义从事出口业务。⑤跨国采购中心。跨国采购中心是指在一国经济相对发达的地区设立进行商品采购的一个固定场所。跨国采购中心以国际跨国企业为终端，将产品出口到国际市场。跨国采购中心的运作模式有两种。

第一种模式是跨国企业在某一国家的某一经济中心设立采购中心，其目标是采购企业生产经营所需要的商品，如通用电气公司、西门子股份公司、联合利华集团、沃尔玛百货有限公司、家乐福集团等跨国公司在中国设立的国际采购中心。

第二种模式是在一个国家的某一中心城市，建立为全球跨国企业提供采购服务的相对固定的场所。例如，上海市于 2002 年建立“全球采购中心”，帮助中国产品拓展全球贸易渠道，为“中国制造”走向世界提供现实有效的解决方案。

小案例 3-1

新西兰恒天然集团实质上是一家乳品合作社，由约占新西兰奶农总数 90%的 1 万余位奶农共同拥有股份。令世人感到惊奇的是，这家将众多奶农的利益整合在一起的合作社竟能成为世界最大乳品出口企业，控制着当今世界上 1/3 的乳品贸易。

【分析提示】

合作就是力量，合作铸就成功。新西兰 1 万多名奶农因为拥有合作组织的所有权，在产业链中的地位和收益有了保障。这种利益分配格局，使得所有奶农都特别注重产品质量，并联合支持出口发展。

(2) 间接出口的主要优点包括以下几点。

① 经营费用低。不必具有办理专门出口业务的机构和人员，无须负担国际市场调研、渠道建立等多项营销费用，节约了运作出口业务所需的大量成本费用。

② 可避免外汇风险及各种借贷风险，减轻在交易中资金方面的负担。

③ 出口业务如各种单据、证明、运输、保险均由中间商代为办理，减少可能发生的纰漏和延误。

④ 充分利用中介商的信息、市场经验和国际销售渠道，迅速将产品销往国外。

⑤ 对于缺乏国际市场营销知识和经验的企业来说，是逐步学习出口经验的有效途径，为以后转化为直接出口模式奠定基础。

⑥ 具有高度的灵活性。当国际国内市场变化或企业实力改变时，企业可以灵活进退国际市场或调整国际营销渠道。

(3) 间接出口的主要缺点包括以下几点。

① 企业严重依赖出口中间商，不能亲身参与海外经营，不利于企业自身国际经营经验的积累。

② 由于必须让利给中间商，企业的实际赢利水平下降。

③ 企业对国外市场的控制程度很低，或根本不能控制。

④ 难以建立企业及产品在国际市场的声誉，并以此作为扩大国际市场销售的基础。

⑤ 企业无法与国外消费者直接沟通，国外消费者的反馈必须经过中间商才能到达企业。另外，信息的堵塞可能会使企业无法全面及时了解国际目标市场的行业动态，不利于新产品的设计、开发和调整。

综上所述，企业以间接出口为进入模式，只需负责提供产品、售后服务等，并不参与国际市场的营销过程，是首次进入全球市场或以全球营销为发展方向的中小型企业采用的主要出口模式。当然，一些实力雄厚、国际市场经验丰富的大企业，往往同时采取多种模式进入国际市场，间接出口也是其中的一种模式。

2) 直接出口

直接出口(Direct Export)是指企业不通过本国中间商，直接将产品销往国外客户。在这个过程中，出口所涉及的一系列问题如收集国际市场信息、建立分销渠道、办理出口业务等都由企业自行解决。

(1) 直接出口的主要形式包括以下几种。

① 国外的经销商和代理商。国外经销商直接购买企业的产品，拥有产品所有权，通过低买高卖赚取利润。国外经销商与企业是买卖关系。国外代理商是代表企业在国际市场推销企业产品，不实际掌握货物的所有权，但要提取佣金。国外代理商与企业是委托关系。

② 设立企业的国内出口部门。在国内设立企业的出口部门负责对外销售等所有有关出

口的业务，甚至还可能成为企业的销售子公司，单独计算赢利。

③ 设立驻外办事处。设立办事处实质是企业向目标国的延伸。办事处的主要职能是提供销售、服务等“一条龙”服务。其优点一是可以直接接触国际市场，及时准确了解市场动态，提高客户服务水平；二是可以避免经销代理商同时经销代理几家企业的产品，而集中力量服务某一个目标市场。但其缺点是设立驻外办事处需要不少资金投入。

④ 建立国外营销子公司。国外营销子公司的职能与驻外办事处相似，所不同的是，子公司作为一个独立建立的当地公司，具有企业法人资格，依法独立承担责任。这说明企业已经进一步深入国际营销活动。

(2) 直接出口的主要优点包括以下几点。

① 直接出口使生产企业对国外目标市场的控制程度比较高。企业采用直接出口模式，对该企业产品的国际营销和服务活动具有较大的控制权，有利于积累跨国营销经验和培养国际人才。

② 直接出口使生产企业能够更直接、更迅速地取得国外目标市场的信息。摆脱对出口中间商的依赖，生产企业可直接掌握国外市场动态，从而更有利于企业改进产品和调整营销策略，提高产品对国际市场的适应性和竞争力。

③ 直接出口可以更好地保护企业的商标、专利、信誉和其他无形资产。国内中间商在出口多个企业的多种产品的情况下，是没有能力也没有办法完全维护好每个出口生产企业的利益的。相比之下，国外中间商与出口企业联系更密切，将能更有效地维护企业利益。

(3) 直接出口的主要缺点包括以下几点。

① 需要自己寻找客户和建立分销渠道。而建立高效的分销渠道是一项费时费力的工作。

② 成本和投入要比间接出口高。采用直接出口，需要增设专门的外销机构和人员，承担直接营销费用，程序复杂，增加了市场经营费用。

③ 风险较大。企业必须亲自经营出口业务，工作量大，国际市场一切环境变化所带来的风险均由企业自己承担。

(4) 直接出口与间接出口的比较：①从对国际市场经营的控制方面看，直接出口表现的控制程度更高。②从企业的获利能力方面看，直接出口潜在的获利能力较大。③从开展业务的经营难度方面看，直接出口相对要复杂。④从企业经营风险方面看，直接出口的风险较高。

3) 出口进入模式的优缺点

出口进入模式与其他进入模式相比较，需要资金投入较少，可以帮助企业实现地域优势和规模经济优势，是获取出口经验的有效途径，具有高度的灵活性。但是，出口进入模式难以保持企业对当地代理商和市场需求的监控，遇到的关税与非关税壁垒容易导致出口产品失去与当地产品的竞争优势，同时出口模式不仅使出口产品到达当地市场的时间过长而且需要支付高额的运输成本。

2. 契约进入模式

契约进入模式(Contractual Entry Modes)是指企业通过与目标国法人单位签订长期的、非股权联系的合作契约来转让技术，工艺和服务等无形产品而进入目标国际市场。契约进入模式主要有 5 种类型：许可证贸易、特许经营、管理合同、合同生产和承包合同，其经营对象为无形产品(包括技术、管理和服务等)。

1) 许可证贸易

(1) 许可证贸易(Licensing)指企业(许可方)在一定时期内向国外法人单位(被许可方)转让其工业产权(如专有技术、专利、商标等无形资产)的使用权，并获得被许可方支付的报酬。

(2) 许可证贸易的类型按照授权程度和方式分为以下几种类型。

① 独占许可(Exclusive License)。即在契约规定的区域和期限内，被许可方对许可证协议项下的工业产权享有独占的使用权，许可方和任何第三方不得使用该种工业产权制造和销售产品。为此，被许可方需向许可方支付相当高的报酬。这种方式的授权程度最高，转让的费用也最高。

② 排他许可(Sole License)又称为全权或独家许可，即在契约规定的区域和期限内，许可方和被许可方在协议有效期内对许可证协议项下的工业产权都享有使用权，但许可方不得将此种权利转让给第三方。其独占程度比普通许可高，比独占许可低。

③ 普通许可(Simple License)又称为非独占许可合同。许可方和被许可方在契约规定的区域和期限内享有使用许可证的标的权利，但是，许可方有权把许可证的标的再转让给第三者。即在契约规定的区域和期限内，被许可方不是独占这种权利，许可方可以再转让给第三方、第四方等。普通许可由于许可方保留了再转让权利，因此其转让费也比独占许可和排他许可要低。

④ 从属许可(Sub-License)又称为可转让许可。许可方和被许可方在合同规定的范围内有权使用许可证的标的产销相关产品，被许可方有权以自己的名义在规定的范围内再转让给第三方。

⑤ 交叉许可(Cross-License)又称为互换许可。即在互惠互利的基础上，许可方和被许可方相互交换工业产权的使用权。一般情况下，双方无须支付费用。

(3) 许可证贸易的主要优点包括以下几点。

① 低成本。可节省高昂的运销费用，不需要进行大量投资或参与管理，是一种低成本的国际市场进入模式。

② 风险小。例如，许可方的资金没有进入国际市场，减少了被许可方所在国的外汇管制风险；纯粹的技术使用权许可，不存在独资或合资的企业被目标国没收、征用的政治风险；由被许可方利用技术进行产销活动，使市场竞争与汇率变动等风险转移到被许可方身上。当企业由于风险过高或者资源方面的限制而不能在目标市场直接投资时，许可证贸易不失为一种好的代替模式。

③ 绕开目标国贸易壁垒的限制。例如，避开配额制度或关税的困扰，通过许可证贸易便能顺利地涉足于某些产品的当地生产与经营领域。

④ 使小型制造企业也能进入国际市场。只要小型制造企业掌握某项对市场有吸引力的技术，虽然企业资金实力不够雄厚，难以采用直接投资的模式在国外生产经营产品，但同样可以通过许可证贸易的方式进入国际市场。

⑤ 帮助服务性企业进入国际市场。例如，各种类型的咨询公司、技术服务公司等企业本身并不制造产品，但许可证贸易可以为它们的无形产品(技术)进入国际市场提供便利可行的方案。

(4) 许可证贸易的主要缺点包括以下几点。

① 要求企业必须具备一定的优势条件。如果企业不具备外国客户感兴趣的技术、商标、商誉等，就无法采用此模式。

② 许可方的纯收益会受到被许可方在目标国家经营状况的制约。如果采用按收益提成的

办法计算转让费用，许可方的纯收益的多少就要由产品在目标国家的销售数量、赢利水平来决定。

③ 许可方对被许可方在目标国家的市场经营难以控制。许可证贸易双方等同于买卖关系，因此许可方不能对被许可方加以直接控制，被许可方相当于许可方在国外的经销商，市场经营状况不佳可能会对许可方及其产品的声誉造成不良的影响，甚至还有可能因为权利和责任问题陷入纠纷、诉讼。

④ 许可方有可能将被许可方培养成强劲的国际竞争对手。许可证贸易实际上是许可方让出了一部分现实市场和潜在市场，这是许可方的损失。而且当被许可方在目标市场发展成熟后，有可能甩开许可方。因此，在技术出口之前就要权衡利弊，估算这种损失风险，拟定补救的办法，最后再做出决策。

小案例 3-2

1928 年，美国华特·迪士尼公司(以下简称迪士尼)推出米老鼠系列动画片，立刻在世界各地获得巨大成功。接着，迪士尼把影视业作为价值链的上游，利用以米奇、唐老鸭等卡通形象而闻名的世界知名品牌，通过品牌授权许可逐渐向其他产业渗透扩展，其他产业反过来又促进影视业蓬勃发展，从而使整个价值链良性运转。经过多年发展，迪士尼已经成为一个世界著名的跨国集团，其业务涉及影视、音像、媒体网络、主题公园、日用消费品等多个领域。

【分析提示】

成功的品牌授权为授权方和被授权方同时带来许多可观的机会和经济效益。迪士尼在世界各地赚得盆满钵满的时候，他的授权商也会分得一杯羹。

2) 特许经营

(1) 特许经营(Franchising)指企业(特许方)将其工业产权如专利、商标、 包装、产品配方、公司名称、技术诀窍和管理服务等无形资产许可给国外企业(持证人、被特许方)，被特许方使用特许方的无形资产投入经营，遵循特许方制定的经营规则。特许合同双方的关联程度高，特许人应该给被特许方一个完整的商业方案，并统一被特许方的经营政策、风格、管理和服务。作为回报，被特许方除向特许方支付初始费用以外，还定期按照销售额的一定比例支付报酬。

(2) 特许经营与许可证贸易的区别包括特许经营进入模式与许可证进入模式很相似，所不同的是，特许方要给予被特许方在技术、品牌、管理、培训等运营方面的指导和帮助。被特许方利用统一的品牌、服务来经营，最后双方按照约定来分享商业利益。也就是说，特许经营更强调对持证人提供整个经营承包的终身指导和扶持。

(3) 特许经营的主要优点包括以下几点。

① 特许方对被特许方的经营具有一定的控制权。它有权监督指导被特许方各方面的经营。如果被特许方未能达到协议标准或预期的销售量，甚至损害其产品形象时，特许方有权终止合同。

② 特许方向目标国进行低成本快速扩张并获得可观的收益。

③ 标准化营销独具特色，容易扩大市场影响。

④ 政治风险较小。

(4) 特许经营进入模式的主要缺点包括以下几点。

① 相对于投资进入模式，特许方的控制权利较低。特许方难以对被特许方进行全面有效的管理控制，众多的特许方很难在各自市场上保证一致的品牌形象，特许方声誉和形象会受个别经营不好的被特许方的影响。

② 特许经营的适用范围较小，如零售业、餐饮业等商业行业运用收效显著，但在技术密集型企业难以运用。

③ 容易把被特许方培养成自己未来强劲的竞争对手。

④ 相对投资进入模式，特许经营获利较低。

小案例3-3

宣称“7种赛百味三明治的脂肪含量低于6克”的赛百味三明治连锁餐厅(以下简称赛百味)诞生于1965年，目前是美国最大的特许经营快餐连锁机构。截至2011年12月29日，赛百味在全球98个国家内拥有35 786家店铺，在全球门店总数上已经取代了麦当劳的领先地位。

【分析提示】

特许经营是指由特许经营者向特许方支付一定的转让费而获得的专利、商标、产品配方，以及关键原料、管理方法等有价值的工业产权，特许方不控制战略和生产决策，但是必须对整个经营提供终身的指导和扶持。赛百味通过特许经营加盟的国际市场进入模式在全球获得快速扩张。

3) 管理合同

(1) 管理合同(Management Contract)是指具有管理优势的国际企业根据合同规定委派其管理人员到目标国企业承担经营管理工作，以获取管理费、利润或以某一特定价格购买该目标国企业的股票作为报酬。管理合同实际上是一种国际性的管理技术贸易，具有管理优势的国际企业不享有目标国企业的所有权，但可以得到合同所规定的管理费，这笔管理费可以是固定数额，可以根据利润额或销售额的一定比例提取，也可以在固定数额之外再加上分红。典型案例为希尔顿酒店集团、喜来登酒店集团等为国外酒店提供管理服务。

(2) 管理合同的主要优点包括：①低风险，无需资金投入，企业可以利用管理技能而获取收益。②利于企业掌握当地市场行情，为业务进一步扩张奠定基础。

(3) 管理合同的主要缺点包括：①由于所有权和经营权的分离、管理合同双方不同的经营目标与获利目标容易造成双方内在的利益冲突。②有可能将对方培养成今后的竞争对手。

4) 合同生产

(1) 合同生产(Contract Manufacturing)是指企业为了开拓目标国市场，与目标国生产商签订订货合同，一方面向其提供零部件由其组装、提供原材料由其加工生产或向其提供详细的规格标准由其仿制，但另一方面主要由企业负责营销的一种合作形式。合同制造实际上是把生产厂设置在销售目标国，当地生产，当地销售，使国际生产与国际销售紧密结合。

(2) 合同生产的主要优点包括以下几点：①充分利用当地的资源优势，减少大量生产资金投入。②合同制造能使企业快速进入国际市场，其风险极小。③不仅可以输出技术或商标等无形资产，而且还可以输出劳务和管理等生产要素，以及部分资本。④利用合同生产方式，企业将全部或部分生产的工作与责任转移给合同的对方，可以将精力集中在营销上，因而是一种有效的扩展国际市场的方式。

(3) 合同生产的主要缺点包括：①有可能把合作伙伴培养成潜在的竞争对手。②有可能对产品生产过程失去控制导致产品质量问题或延期交货，从而影响企业全盘经营规划。

知识拓展 3-1

外　　包

在21世纪初期，世界已经进入知识经济时代。工业时代流水线所体现出的企业分工协作已经扩展到企业、行业之间，那种传统的纵向一体化和自给自足的组织模式已经不能适应时代的要求。将公司部分业务或机能委托给外部公司的“外包”正成为一种重要的商业组织方式和竞争手段。

外包的英文为 outsourcing，是指企业动态地配置自身和其他企业的功能和服务，并利用企业外部的资源为企业内部的生产和经营服务。通过外包，企业将“非核心业务”委托给外部的专业公司，以便更专注于核心业务。外包是一个战略管理模型。

外包的优点包括避免组织过度膨胀，集中人力资源降低成本；利润提升，成本降低，资金可以获得更高效益率；可以集中资金提高企业竞争力，提升效益与客户满意度；不受限于既有的专业知识技能，企业运作更灵活。

外包按地理分布状况分为两类：①境内外包是指外包商与其外包供应商来自同一个国家，因而外包工作在国内完成。②离岸外包则指外包商与其供应商来自不同国家，外包工作跨国完成。由于劳动力成本的差异，外包商通常来自劳动力成本较高的国家，如美国、英国和日本，外包供应商则来自劳动力成本较低的国家，如印度、菲律宾和中国。在考虑是否进行离岸外包时，成本是决定性的因素，技术能力、服务质量和服务供应商等因素次之。

外包按工作性质分类分为两类：①“蓝领外包”指产品生产外包。随着经济竞争全球化，特别是当产品的有效销售时间明显短于产品设计时间时，许多跨国公司纷纷将制造基地外移到包括中国在内的亚洲区域。例如，世界著名电子制造加工服务集团富士康科技集团和伟创力集团为拥有电子产品品牌的苹果公司、戴尔公司、爱立信公司、摩托罗拉公司、诺基亚公司、西门子公司、微软公司、爱普生公司、富士施乐株式会社等企业，提供生产、采购、部分设计及物流等一系列服务。它要求承包商提供的服务必须涵盖产品的整个供应周期：即从产品的设计开始，到系统的生产、满足客户的要求，到最终的产品包装、外运等物流管理。②“白领外包”亦称“服务外包”，指技术开发与支持其他服务活动的外包。技术开发与支持的外包一般采用一次性项目合同的方式寻求第三方专业公司的服务，称为“合同外包”；其他服务活动的外包多通过签订长期合同的方式交由专业外包提供商进行，称为“职能外包”。目前，服务外包广泛应用于信息技术服务、人力资源管理、金融、会计、客户服务、研发、产品设计等众多领域，服务层次不断提高，服务附加值明显增大。

(资料来源：http://wiki.mbaib.com.)

5) 承包合同

(1) 承包合同(Contract)是指国际企业作为承包人与目标国的政府部门、公司、企业或项目所有人(又称业主)签订项目承建合同，承诺为业主建立一个工程项目(桥梁、道路、政府房屋、学校等)，并同时承担全部的设计、建造、安装及试运行等任务，试行成功后再将整个工程移交给业主经营管理。国际承包工程项目建设过程中，包含有大量的技术转让内容和培训业主的技术人员以保证项目的正常运行，同时还可能涉及承建工程所需要的原材料和设备进出口贸易。

(2) 国际承包合同的主要类型包括以下几种。

① 分项工程承包合同，即只承包国外总工程中的一部分。

②“交钥匙”工程承包合同，即承包国外某一项工程的全部工作，包括勘察、可行性研究、设计、建设等，整个工程试运转和试生产合格后，再移交给外国工程业主。“交钥匙”工程的特点是责任重、风险大、利润高。

③“半交钥匙”工程承包合同，即不负责试运行的“交钥匙”合同。

④“产品到手”工程承包合同，即不仅负责“交钥匙”所包括的所有项目，而且负责工程投入使用后一定时间内的技术服务，如技术指导、设备维修、技术培训等，使产品质量达到稳定后，再移交给工程业主。

(3) 承包合同的优缺点。承包进入方式是劳动力、技术、管理甚至是资金等生产要素的全面进入和配套进入，这样有利于发挥工程承包者的整体优势。工程承包进入方式最具吸引力之处在于，它所签订的合同往往是大型的长期项目，利润颇丰。但正是其长期性使得这类项目的不确定性增加，如遭遇政治风险、经济风险等。例如，通货膨胀导致业主所在国工资和物价大幅上涨、对固定总价的承包合同影响很大。

小案例 3-4

利比亚是中国海外承包工程项目的重要市场之一。从 2007 年开始到 2011 年 2 月发生政治动乱之前，利比亚国内正掀起一轮建设高潮。众多中国建筑企业参与承建了 50 个工程承包项目，涉及金额 188 亿美元。政治动乱爆发后，利比亚基础设施遭到严重损毁，在建项目搁浅，中国在利比亚的投资受到严重威胁。2011 年 9 月 12 日，利比亚国家过渡委员会承诺履行与中国的合约，表示欢迎中国企业恢复在利比亚的在建投资项目。

【分析提示】

工程承包往往是大型的长期项目，利润丰厚。但其长期性会带来许多风险，承包工程的企业应该建立应急机制，加强承包工程项目外部(如政治、文化、经济和自然环境等)和内部(技术和非技术)的风险控制和管理，尽可能地把风险降到最低。

3. 投资进入模式

投资进入模式(Investment Entry Modes)是指企业通过投资获得目标国企业的部分或全部所有权，从而部分或全部控制目标国企业的生产和销售，达到进入国际目标市场的目的。投资进入模式的经营对象是资本。根据投资形式，投资进入模式可分为直接投资和间接投资两种形式；而根据企业拥有股份的多少，投资进入模式又可分为合资经营和独资经营两种形式。

1) 直接投资

(1) 直接投资(Foreign Direct Investment)是指企业将资金直接投入到国外投资项目中，通过投资目标国企业以获得其部分或全部所有权，并对投资项目具有经营控制权。设立跨国公司经营是直接投资的主要形式。

(2) 与出口、契约进入模式比较，直接投资进入模式具有以下主要优点。

① 受到目标国的欢迎。因为直接投资带来一定的资金、技术、人才和先进的管理经验，可以改善目标国企业治理机制、增强其活力和竞争力，解决当地劳动力就业问题，推动当地产业结构的调整与升级。

② 企业对目标国企业的经营管理拥有更大的控制权。知识成本的转移可以增强目标国企业的竞争优势。企业采用许可证贸易的进入方式难以对被许可产品的产销进行严格的监督管理，出口进入方式也缺乏当地生产企业在售后服务上的优势。

③ 向目标国市场渗透的程度更深，更有利于熟悉国际市场行情，可尽快有效提高产品对当地市场偏好的适应性。

④ 能够节省运输费用、海关关税等，同时充分利用目标国廉价的劳动力、土地等资源，最终导致产品成本的降低，提高市场竞争力。

(3) 直接投资进入模式的主要缺点包括以下几点。

① 风险大。由于大量的资源投入，其政治、经济、公共关系、经营管理等风险都远远大于其他进入方式。

② 投资成本高，企业的战略调整灵活性不高。成功的投资进入决策所需的信息量远远超过出口和许可证贸易，这就需要投入大量市场调研等前期准备工作所需要的人力、物力和财力，导致前期成本过高，还有经营目标国企业需要高昂的费用，这些将导致回收资本的时间较长，企业的战略调整灵活性较差。

2) 间接投资

(1) 间接投资(Indirect Investment)是指发生在国际资本市场中的金融投资，主要形式是证券投资。证券投资是指企业到目标国的证券市场购买债券或股票等有价证券的活动。

(2) 直接投资和间接投资的主要差异包括以下几个方面。① 对国外企业经营权的控制程度不同。直接投资既全部或部分地拥有国外企业，又直接或间接地经营国外企业。间接投资是国外企业的所有权和经营权分开，对国外企业经营活动无控制权。② 投资的形式不同。直接投资是输出资本、设备、技术和经营等的经济行为，需要在目标国建立生产经营性实体企业。间接投资是国际金融投资，只是单纯资本形态的转移，投资具有虚拟性。③ 资本的流动灵活性不同。直接投资直接参与外国企业的生产经营，生产周期长，要抽出资本比较困难，资本流动灵活性较差。间接投资与国外企业生产经营活动无关(因为无控制权)，证券可以在证券市场自由买卖，资本具有较大的流动灵活性。

知识拓展 3-2

风险投资

风险投资(Venture Capital，VC)一般指对以高新技术为基础，生产与经营技术密集型产品的项目投资。风险投资通常采取投资基金的方式来运作。

风险投资兼具直接投资和间接投资的双重特性，它以权益资本的形式向那些新兴的快速发展的小企业(通常为高科技企业)提供创业资金。它是一种直接投资，因为它提供的是权益资本，而且常常占有受资企业的大部分股权；风险投资不仅为企业提供资金，而且提供技术和经营上援助，帮助企业发展业务计划，促成企业成长；风险基金在投资时必须对风险企业有全面的了解，从技术水平到产品的市场前景乃至管理团队的综合素质等，只有这样，才能对企业的发展潜力有适当的判断。同时，它也是一种间接投资，因为风险投资的目的不是控股，也不是直接经营企业，而是通过资金和技术的帮助，促进受资企业的发展，从而使资金得到增值。受资企业的经营管理仍是由原管理层负责，即使风险投资者可能是大股东，原管理层也不必担心失去企业的控制权；从风险投资的退出看，风险资本越来越多地通过企业上市、管理层收购、大企业收购等途径退出，反映了其追求资本增值的本性；风险投资往往通过组合投资的手段同时投资于多家不同领域的风险企业，以降低风险。

(资料来源：钱茜. 浅析国际直接投资和间接投资的融合[J]. 经济师，2005(1).)

3) 合资经营

(1) 合资经营(Joint Venture)亦称股权式合作经营，是指投资者与目标国企业，或第三国企业，或其他经济组织在目标国内建立企业，双方共同出资、共同经营、按各自的注册资金比例共负盈亏、共担风险。

(2) 合资经营的主要优点包括以下几点。

① 收益较大。企业对生产经营拥有控制权并能及时得到市场信息的反馈。

② 可以避开目标国贸易政策的限制。为了扶持民族工业和保护国内市场，一些发展中国家的政府禁止和阻止独资经营进入是合资经营进入模式产生的最主要原因。不过，合资经营进入模式有利于分散各种与政治、经营、市场有关的风险。在一个高度竞争和不确定的环境中，这种进入模式无疑是具有吸引力的。

③ 有利于降低经营风险。由于合资企业中有东道国企业的参与，容易得到东道国政府和消费者的认可，并可能得到东道国政府的优惠政策。

④ 可以充分利用目标国合资方提供的人员、生产设施、分销渠道、熟悉当地法规和商业惯例等资源优势，快速占领目标市场，提高企业经营效益。中国政府规定中国汽车制造行业不能有外商独资企业，必须是合资企业，而且外资比例不能超过50%。因此国际一线汽车品牌，在中国都选择与中国本土汽车公司合资经营，如上海大众汽车有限公司、长安福特汽车有限公司、广汽本田汽车有限公司等。

(3) 合资经营的主要缺点包括以下几点。

① 投资者对合资企业无法拥有全部的控制权。

② 合资经营双方之间容易在社会文化、经营管理和利益分配等方面发生冲突，不利于贯彻公司的经营策略，加大合资企业内部交易成本。为了维持合资企业的生存，外国投资商有时不得不迁就当地合伙人的利益。

③ 不利于保守商业秘密和技术秘密。因此，合资经营成功的最关键因素是要尽可能找到经营目标与经营观点一致的合伙人。

4) 独资经营

(1) 独资经营(Sole Proprietorship)是指企业独自到目标国投资建厂，进行产销活动。其组建方式可以是收购兼并当地企业，也可以是直接创立新厂。独资经营是企业对外直接投资的最典型方式，随着国际市场竞争的激烈化，独资经营在对外投资中起着越来越重要的作用。

(2) 独资经营的主要优点包括：①保证国内母公司具有绝对控制权和经营决策权，可以确保公司整体战略决策的迅速实施，更好地控制产品的质量。②避免合资企业中双方经营管理方法、市场目标等方面的差异，以及培养潜在市场竞争对手等不利因素。③保护国际营销企业的商业秘密和技术秘密。④降低企业对目标市场供应产品的成本(运费、进出口关税、当地廉价资源等)，缩短供货时间，提高产品在国际市场上的竞争力。⑤在某些经营领域形成垄断。

(3) 独资经营的主要缺点包括：①需要投入大量资金。如果资金不到位，企业的扩展和大规模经营会受到严重制约。②投资风险较大。缺乏合资经营伙伴的有力帮助，独资企业面临的组织、经营、政治、经济风险等加大。

4. 国际战略联盟进入模式

现代企业之间竞争越来越激烈，单独一家企业仅凭自身实力是难以招架的。尤其是那些希望更进一步提高市场份额但实力有限的公司，如果不联合起来，就很可能被其他大公司逐个击破。自20世纪80年代以来，国际战略联盟已被跨国公司所广泛运用。

1) 国际战略联盟

国际战略联盟(International Strategic Alliances)是指两个或两个以上的跨国公司为了实现自己在某个时期的战略目标，在保持各自独立的基础上，通过股权或非股权联盟形式结成长期或短期的联合体，以实现资源优势互补、节约成本、降低风险、提高竞争力及扩大国际市场、利益共享的目的。以国际战略联盟模式进入国际市场比较适合于国际化经验丰富的企业。

2) 国际联盟的主要形式

由于跨国公司自身优势和所处市场竞争环境等不同，跨国公司之间所形成的战略联盟形式也呈现出多样性。既可以是正式的合资投资经营，也可以是加盟多方为了一个特定项目而形成的短期松散合作，如技术许可生产、供应协定、服务协定等，总之，可归纳为两种形式：股权型联盟和非股权型联盟。

(1) 股权型联盟是以兼并、收购或加盟为主，各方通过相互购买并持有彼此的股份形式以建立一种长期的相互合作关系。

小案例 3-5

自从20世纪80年代日本经济泡沫破灭后，日本日产汽车公司(以下简称日产)开始转入经营不善的状态。为筹集巨额资金与更好地扩展市场特别是欧洲市场，日产与希望能进入亚洲市场并提升国际地位的法国雷诺汽车公司(以下简称雷诺)采用相互交叉持股的方式组建成为紧密合作型的雷诺日产汽车联盟，雷诺获得日产44.4%的股份，日产获得雷诺13.5%的股份。双方既不是兼并也不是重组，而是保持各自的身份和公司经营战略；但在运营层面上，雷诺与日产共同分享生产工厂，联合研发，以便最大化地降低成本、促进销售。

2010年，雷诺日产汽车联盟和戴姆勒集团共同宣布，将以交叉持股3.1%的形式，形成一个非紧密型的战略联盟。为保证合作项目营运，雷诺日产汽车联盟和戴姆勒集团成立一个新的管理委员会以共同协调战略关系。

【分析提示】

国际战略联盟旨在促使双方优势资源互补、加强品牌知名度、提高市场竞争力。“国际战略联盟”开创了21世纪跨国公司商业发展的新模式。

(2) 非股权型联盟主要以联合技术研发、生产、市场销售和服务合作为主，是一种契约性的合作协定，并不要求建立独立的公司。具体形式：许可证协议、销售代理协议、生产制造协议、技术交换与联合开发协议等。

3) 国际战略联盟与合资经营、国际合作经营的区别

(1) 国际战略联盟形式和组织管理更加灵活、多样化，对市场反应更加快速、高效。

(2) 地位平等、自主经营。在合资、合作经营的合伙人关系上，存在着地位上的主次之分，贡献较大的一方占据主导地位。而在国际战略联盟中，合伙人之间的关系是平等的。战略联盟双方基于共存共荣、共同发展的双赢原则，通过平等合作，把各方的决策都纳入自身利益与共同利益相一致的轨道上来。

5. 网络营销进入模式

随着信息技术的发展和网络时代的来临，数字化信息革命的浪潮日益深刻地影响人类的工作方式和生活方式。当今时代，全球互联网用户数量呈正指数增长趋势，至 2010 年年底全世界范围内网民数量已经达到 20 亿人。飞速发展的互联网已经成为报纸、广播、电视以外的新媒介平台。百姓购物、看新闻、咨询日常生活问题等，也会通过互联网了解信息并寻求答案。庞大的网民数量给商家创造了十分诱人的商机。在欧美国家，网络营销(Internet Marketing)已经融入大多数企业的生产与经营中，90%以上的企业已经建立了自己的网站，通过网络营销寻找自己的客户并提供一定的服务。网络营销不仅为企业提供了低成本、高效益的精准营销思路，同时对原有的国际市场进入模式提出了新的机遇与挑战。

1) 网络营销

网络营销是指企业通过互联网销售产品。即企业营造网上经营环境的过程，综合利用各种网络营销方法、工具、条件并协调彼此之间的相互关系，从而更加有效地实现企业营销目的的手段。

2) 网络营销与电子商务的区别

网络营销是企业整体营销战略的一个组成部分，重点在交易前的市场进入与推广，它本身并不是一个完整的商业交易过程，而只是促进商业交易的一种手段。电子商务主要是指交易方式的电子化，它是利用互联网进行的各种商务活动的总和。可以将电子商务简单地理解为电子交易，发生在电子交易过程中的网上支付和交易之后的商品配送等问题并不属于网络营销所能包含的内容。

然而电子商务与网络营销实际上又是密切联系的，网络营销是电子商务的组成部分，实现电子商务一定是以开展网络营销为前提。

3) 网络营销的种类

网络营销有很多种，但主要有企业向企业销售产品(B to B)，即企业间的商品购销；企业向个人销售(B to C)，即网上零售；以及企业向政府采购销售(B to G)等。

4) 网络营销的主要优点

(1) 低成本和低经营风险。网络营销需要的启动资金少，设立企业网站无需大量金额。在互联网上开店不需要建立实体店，节省装修费和店铺租金。网店可以在接到顾客订单后，再向工厂拿货，实现“零库存”，降低库存压力，减少占用企业的流动资金。网络营销甚至不需要经营人员，能节省大量的促销和流通成本费用。与传统媒体相比，在获得同等的宣传效应前提下，网络宣传的成本明显低于传统宣传媒体。较低的经营成本使网店商家可以降低商品价格使网络消费者得到价格低廉的优质商品和服务。

(2) 高效、互动性强。国际互联网覆盖全球市场，企业可通过它无时间和地域限制、方便快捷地进入任何国际目标市场。互联网更有利于企业收集用户的信息资料，通过监测数据系统跟踪浏览者的行动，准确把握受众信息，迅速获取商机。促销更具有生动性和针对性，更

易于与消费者建立长期良好的关系。企业通过网络收集顾客的意见，让顾客参与产品的设计、开发、生产，及时调整，有效服务，实现一对一的个性化营销，从根本上提高了顾客满意度。

5) 网络营销的主要缺点

(1) 技术与安全性问题。网络营销对互联网技术的要求很高，其效果甚至取决于技术的高低。许多地区的网络发展水平不高，覆盖率低，在很大程度上制约了网络营销的发展。由于网页设计技术水平的限制，网页难以全面地表达商家的真实意图。网络购物安全也是网络购物发展所必须解决的一大难题。

(2) 缺乏生趣。网络购物，面对的是冰冷的、没有感情的机器，缺乏人们之间面对面的亲切交流。相对商场购物而言，网络购物缺乏足够的生趣。

(3) 可信度不高。人们对网络上虚拟的物品缺乏信任，还是比较愿意相信眼见为实的物品。因看不到实物而缺乏踏实感，消费者就会产生诸如万一遇到物品质量问题怎么办，应该找谁，如何找，何时得到答复的问题，这些费时费力的问题往往会阻止消费者进一步进行网络购物。

(4) 容易引起价格战。充分的网络信息使消费者很容易进行“货比三家”，而后对商家压价，从而引起商家的“价格战”，导致营业利润降低。

综上所述，网络营销潜力巨大，可是要完全开发却也不易。按照目前互联网的发展现状，传统国际市场进入模式还是会占主导地位，企业可以利用网络营销作为辅助手段以促进销售。

6) 网络营销的常用工具

网络营销的常用工具包括搜索引擎注册与排名、网络广告、交换链接、病毒性营销、信息发布、博客营销、邮件营销、软文营销、会员制营销、网上商店等。

3.1.2 影响国际市场进入模式选择的因素

企业在选择国际市场进入模式的时候，所受影响因素很多。企业应对影响国际市场进入模式的各种因素进行具体分析，从而做出相应的选择。影响国际市场进入模式选择的因素包括外部和内部两种因素，外部因素包括目标国和企业所在国各自的市场、生产、政治、经济、社会文化、地形等环境因素；内部因素主要指企业的产品、技术、资源等因素，如图 3.1 所示。

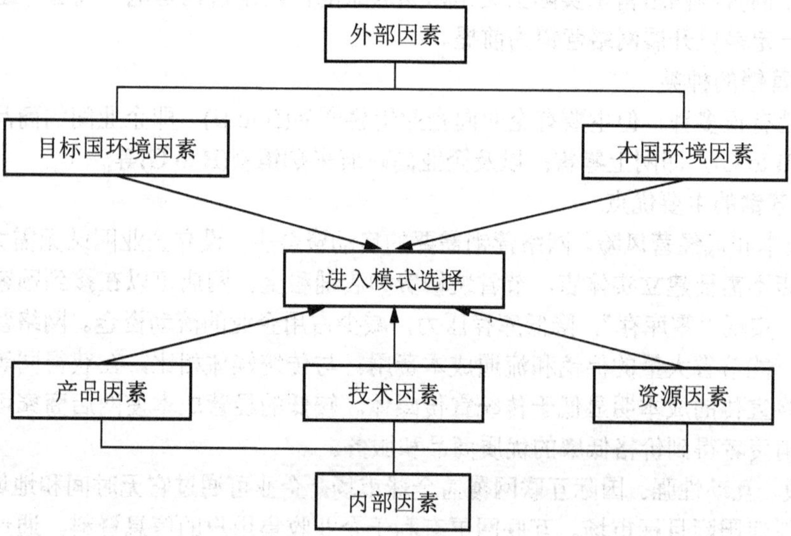

图 3.1 选择国际市场进入模式的影响因素

1. 目标国环境因素

1) 目标国的市场因素

目标国的市场因素包括市场规模、市场竞争结构和营销基础设施3个方面。

(1) 从市场规模方面看，如果目标国的市场规模或者市场潜力不大，那么企业可以考虑以出口模式或契约模式进入，反之则可以考虑以投资模式进入，以保证企业资金及其他资源的有效使用。

(2) 从市场竞争结构方面看，如果目标国的市场竞争结构是垄断或寡头垄断型，企业应考虑以契约模式或投资模式进入，以使企业有足够的能力与实力雄厚的当地企业竞争，如果目标国的市场结构是自由竞争型(各参与企业都不占支配地位)，则以出口模式为宜。

(3) 从营销基础结构方面看，如果目标国的营销基础设施较好且较容易获得，例如，可以得到当地有实力的代理商或经销商的支持与配合，则考虑采用出口模式进入，反之，则应考虑以契约模式或直接投资模式进入。

2) 目标国的生产因素

生产因素是指企业组织生产所必需的各项生产要素(如原材料、劳动力、能源、交通基础设施等)供应及应用情况。如果目标国的生产成本较低、当地原材料易得、交通基础设施较完备，则有利于采用契约模式或投资模式进入；否则应采取出口模式。

3) 目标国的环境因素

目标国的环境因素主要包括政治、经济、社会文化、地理等方面。如果目标国的政局稳定，法律法规较完善，贸易与投资政策相对宽松，人均国民收入较高，汇率稳定，社会文化特征与本国接近，则可以考虑以直接投资模式进入，反之，则以出口模式或契约模式进入为宜。从地理环境方面看，如果目标国和公司所在国家距离遥远，采用直接出口进入模式会导致运输成本过高，这时可以考虑契约模式或投资模式。

2. 本国环境因素

1) 本国的市场因素

如果本国市场竞争结构属于垄断竞争或寡头垄断，而企业在国内已经发展到具备一定规模和实力时，企业可以考虑以契约模式或投资模式进入外国市场；如果本国市场竞争结构属于自由竞争，市场容量很大则企业可以采用出口模式。

2) 本国的生产因素

如果本国的生产因素易得并且价格较低，则企业可以采用出口模式进入外国市场。反之，则考虑采用契约模式或直接投资模式进入外国市场。

3) 本国的环境因素

如果企业所在国的政府对出口采取鼓励和扶持的态度，相应地限制海外直接投资，则可以采用出口或契约进入模式；反之则可以考虑直接投资进入模式。

3. 企业内部因素

企业内部因素包括产品、技术及资源等因素，它反映了企业的竞争优势所在。与外部因素不同的是企业可以控制内部因素对国际市场进入模式选择的影响。

1) 产品因素主要包括产品要素的密集度和价值高低

(1) 劳动密集型和自然资源密集型产品适合在具有丰富的廉价劳动力和自然资源的国家

或地区进行生产，如果目标国具备这些条件，那么可以采取投资进入模式，就地设厂，以节省出口的中间费用。

(2) 如果企业生产的产品价值高、技术复杂，那么目标国市场的需求量可能不大，同时当地技术、交通、基础设施等配套能力较差，则以出口模式为宜。如果企业生产的产品属低值快销产品，如家庭日用产品、食品等，则可以考虑采用直接投资进入模式。另外，如果目标国的用户对产品的当地适应性和售后服务要求较高，则一般以契约模式或投资模式为宜，以保证能根据当地用户需要而做适当的产品结构调整，同时确保提供高质量的售后服务。

2) 技术因素

如果公司产品所包含的专有技术含量和差异化程度高，且竞争对手难以模仿，则公司就会倾向于使用控制度强的独资进入模式，以确保这些资产不被外人利用，如医药行业等。当企业的竞争优势建立在管理诀窍上时，以管理技巧为基础的大多是服务性企业(如肯德基国际控股公司、希尔顿国际酒店集团等)，这些企业宝贵的财富是它们的品牌，而品牌是受国际标准化法律保护的，因此可以采取特许经营和建立子公司相结合的方法。

3) 资源因素

企业所拥有的资本、技术、生产技巧和国际经营经验等资源越多，可承担的风险能力也就越强，那么企业可以选择的国际市场进入模式也越多。相反，企业所拥有的资源越少，可承担的风险能力越弱，这些企业通常选择资源承诺低的进入模式，如出口模式和契约模式。

任务 3.2　确定国际市场竞争战略

3.2.1　国际市场基本竞争战略模式

在市场经济环境下，市场竞争是指企业从自身利益出发，运用各种资源与竞争对手争夺交易机会，追求利润的活动。竞争有助于企业的发展，日趋激烈的竞争需要企业运用竞争战略来指导和管理具体战略经营的计划和行动。美国哈佛大学著名教授迈克尔·E·波特(Michael E. Porter)提出了 3 种基本竞争战略模式：总成本领先战略、差异化战略和集中化战略。

1. 总成本领先战略

总成本领先战略(Overall Cost Leadership)又称低成本战略，是指在较长时期内，通过规模化经营，持续保持企业的全部成本低于行业平均水平或主要竞争对手，以获得同行业平均水平以上的利润和赢得竞争优势的竞争战略。总成本领先战略要求企业建立起大规模、高效率的生产设施，在经验的基础上全力以赴降低生产成本，以及最大限度地降低和控制管理、营销、服务等方面的经营成本，使企业产品的总成本减少到最低水平，从而扩大市场份额。成本领先战略依赖于规模经济效益化和学习经验效益化。

1) 总成本领先战略的优势

实行总成本领先战略，可以使企业抵挡住现有竞争对手的对抗，以较低的价格扩大销售且提高市场占有率；使企业有较大的降价空间从而在价格战中仍能获利；面对强劲客户压价时，处于低成本地位的企业在进行交易时仍可获得足够的利润；在大批量采购原材料时有很强的议价优势；企业可以凭巨大的生产规模和成本优势以形成行业进入壁垒，使潜在的新进入者望而却步，并有利于企业采取灵活的定价策略，将竞争对手排挤出市场；在与替代品竞争时，低成本的企业往往比本行业中的其他企业处于更有利的竞争地位。

2) 总成本领先战略的适应条件

当然，企业实施该战略需要具备一些前提条件，包括外部条件和内部条件。

(1) 在以下外部条件具备时实施总成本领先战略较容易获得成效：①现有竞争企业之间的价格竞争很激烈。价格是决定客户购买的主要因素，客户转换购买产品基本不需要什么成本，并且客户有很强的降价谈判能力。②客户不追求性能领先的高端产品，而是要简易便宜的大众产品。产品基本上是同质化，而且产品差异化的可实现途径很少，多数客户使用产品的方式相同。如钢铁、煤炭、石油、水泥、化肥等行业的产品。

(2) 实施该战略必须满足的企业内部条件：①持续的资本再投资和良好的融资渠道，以维护成本领先地位。②先进的生产设备和工艺。③严格控制一切费用开支以最大限度地降低生产及经营成本。④产品易于制造，适用于大批量生产企业，产量达到经济规模。⑤要有较高的市场占有率。

小案例 3-6

格兰仕集团(以下简称格兰仕)创建于1978年，前身是一家生产羽绒制品的厂家。1992年，格兰仕大举闯入微波炉行业，采用总成本领先战略扩大竞争优势，迅猛成为中国第一并发展到世界第一：1993年，格兰仕试产微波炉1万台；1995年，以25.1%的市场占有率登上中国市场第一席位；1999年，产销突破600万台，跃升为全球最大的专业化微波炉制造商。至今，格兰仕仍然保持中国微波炉市场销量及占有率第一的双项桂冠。

【分析提示】

格兰仕在总成本领先战略的指导下，通过与众多跨国公司合作与提供贴牌(巧妙地避开反倾销反垄断的嫌疑)，以大规模制造和精细的流程管理，使其成本比竞争对手低许多而赢得足够大的利润空间，从而支撑格兰仕大打价格战把竞争对手阻挡在微波炉门外，最后垄断了微波炉行业。

(资料来源：林伟. 格兰仕成本领先战略分析[J]. 出国与就业·就业教育，2010(22).)

3) 总成本领先战略的风险

(1) 生产技术的变革或新技术的出现可能使得过去的设备投资或产品研发和生产管理经验变成无效用的资源，企业原先具有的成本优势瞬间消失。

(2) 企业的生产和经营缺乏壁垒，行业中新进入者或者追随者通过模仿、总结前者经验或购买更高效的设备以更低的成本起点加入竞争，后来居上。

(3) 采用成本领先战略的企业由于将注意力集中在降低产品成本，忽视了客户的需求变化，一旦未来市场发生变化，企业会受到很大冲击。

(4) 需要同竞争对手保持足够大的价格差，一旦这种价格差造成的优势不能抵御竞争对手采用差异化战略带来的差异化优势，这一战略就会被打败。

(5) 遭遇外部环境的变化如国际反倾销或通货膨胀等。通货膨胀使生产成本上升，削弱了产品成本的价格优势。

知识拓展 3-3

倾销与反倾销

倾销(Dumping)，是指一国(地区)的生产商或出口商以低于其国内市场价格或低于成本价格将其商品抛售到另一国(地区)市场的行为。

反倾销(Anti-Dumping)，指对外国商品在本国市场上的倾销行为所采取的抵抗措施。一般是对倾销的外国商品除征收一般进口税外，再增收附加税，使其不能廉价出售，此种附加税称为“反倾销税”。

中国商品近年来在国际市场上屡屡遭受反倾销阻击，其问题的根源在于我国企业简单地把成本优势直接体现在价格优势之上。中国企业完全可以利用自己的成本优势，将更多的服务或功能注入产品中，把利益通过其他要素让渡给国外的消费者，而不是仅仅直接体现在价格上。例如，可以聘请世界一流的设计师进行产品设计、采用最优质的材料进行生产，甚至购入世界一流的品牌以帮助企业进入国际市场。这样，中国企业在保持其商品竞争力的同时，也绕过了外国企业的反倾销壁垒。

(资料来源：黄丹. 成本领先的战略迷局[J]. 管理学家，2006(8).)

2. 差异化战略

差异化战略(Differentiation Strategy)是指为使企业产品、服务、形象等与竞争对手有明显的区别，在整个产业范围中独具特色以获得竞争优势而采取的战略。在竞争激烈、细分市场已成必然的当今时代，差异化战略是提高企业的竞争能力和利润率的有效战略。凡是差异化战略，都把成本和价格放在第二位考虑，首要重视的是能不能做到独具特色。

成功的差异化战略能够吸引品牌忠诚度高且对价格不敏感的顾客，从而获得超过行业平均水平的收益。总成本领先战略的主要目的是为提高市场占有率，而差异化战略更瞄准获得比总成本领先战略更高的利润率。

1) 差异化战略的优势

实行差异化战略，可以增强企业竞争优势，使企业避免与竞争对手发生尖锐的正面冲突，从竞争对手相对薄弱的环节进行突破，迅速占领市场，是赢得较高利润的有效手段。具体优势如下。

(1) 差异化本身可以给企业产品制定一个较高的价格，从而使企业获得较高的利润。产品的差异化程度越大，所具有的特性或功能就越难以替代和模仿，这是因为客户会认为这种差异化的产品有额外的价值，因此愿意支付这个价钱。

(2) 有产品差别就会引起垄断。产品差别越大，其垄断程度越高。差异化的产品和服务是竞争对手不能提供的，因而明显地削弱了客户的讨价还价能力，降低了客户对价格的敏感度，使客户不大可能转而购买其他的产品和服务，从而使企业避开价格竞争。

(3) 采用差异化战略有助于建立起客户对企业的忠诚。这种忠诚一旦形成，消费者对价格的敏感程度就会下降。

(4) 产品差异化会形成一定的产业进入壁垒。在产品差异化越显著的行业，因产品差异化所形成的进入壁垒就越高。

2) 差异化战略的适应条件

当今社会信息技术的飞速发展和人员流动的频繁使知识共享变得更加容易，从而不可避免地产生激烈的同质化竞争。为避免同质化，许多企业盲目追求实行差异化战略，无论自身和外围条件具备与否，结果可能会遭遇不同程度的损失。因此，企业实施差异化战略应具备一定的外部和内部条件，见表3-1。

表3-1 企业实施差异化战略应具备的一些条件

外部条件	(1) 市场上客户的需求是多样性并且不断变化的，标准化的产品难以覆盖所有的市场。 (2) 企业所创造的产品或服务的差异化优势能够得到客户的认可与接受。 (3) 企业所创造的产品或服务的差异化优势必须使客户容易识别与区分。 (4) 企业所创造的产品或服务的差异化优势不易被竞争对手模仿和复制
内部条件	(1) 企业具有很强的研究开发能力，研究人员要有创造性思维。 (2) 企业具有使其产品质量或技术领先的声望。 (3) 企业在这一行业有悠久的历史或吸取其他企业的技能并自成一体。 (4) 企业具有很强的市场营销能力。 (5) 企业研究开发及市场营销等职能部门之间具有很强的协调性

3) 差异化战略的形式

实现差异化战略可以有许多形式：设计或品牌形象、技术特点、外观特点、客户服务、经销网络，及其他产业价值链的任何一个环节都有可能成为差异化的基础。常见的差异化途径有以下几种形式。

(1) 产品差异化。是最常见的差异化方式，它是指企业的产品在特征、性能、质量、设计式样等方面明显优于竞争对手。例如，宝洁公司飘柔洗发水专注于“去屑”，农夫山泉公司宣传其矿泉水“农夫山泉有点甜”、珠海格力电器股份有限公司推出“睡梦宝空调机”等，它们通过产品的差异化创建特有的优势。

(2) 服务差异化。主要包括送货、安装、维修等因素。在中国家电零售连锁行业同质化激烈竞争，拼货源、拼降价的促销时期，苏宁电器(以下简称苏宁)却坚定地选择服务差异化战略作为其竞争优势。苏宁每进驻一个城市，都是“店门未开，服务先行”——进入社区为居民免费清洗抽油烟机、免费检修日用家电，以真诚的服务赢得客户的信赖。服务，让苏宁站稳脚跟，独领风骚。

(3) 渠道差异化。是差异化战略的重要特点，需要公司根据产品不同的特点，采用不同的销售渠道，合理配置资源，从而形成稳步增长格局。安利公司在营养保健食品行业采用直销形式，区别于该行业绝大多数厂商通过中间商进行分销的模式。惠氏公司是世界制药行业的巨头，与各大医院一直保持着良好的战略合作关系。惠氏公司利用医院这一良好的渠道，通过医生向家长推荐惠氏的婴幼儿奶粉，一方面可以大大提升惠氏婴幼儿奶粉的可信度与权威性；另一方面，惠氏公司可以节约巨额的广告费。

(4) 采购差异化。近年来，中国保健品行业非直销领域第一品牌“汤臣倍健”的成长速度良好，市场销量稳步增长。取自全球的原料采购差异化优势是汤臣倍健股份有限公司的核心竞争优势之一，并奠定了企业高速增长的基础。

(5) 制造差异化。在20世纪90年代中期，中国瓶装水市场竞争硝烟弥漫，但是乐百氏纯净水在各种媒介推出的以制造过程差异化为卖点的广告“乐百氏纯净水经过27层净化！”，在众多同类产品的广告中迅速脱颖而出，乐百氏纯净水的纯净给观众留下了深刻印象，并且很快家喻户晓。

(6) 人员素质差异化。是指由于公司员工的素质、服务态度方式等因素而形成的差异。人员素质差异化可以为客户提供特色服务，形成具有差异化特点的营销队伍。例如，中国联通集团展开“微笑从心开始，服务由心而发”活动，为用户提供满意的服务，受到用户的欢迎。

(7) 品牌差异化。是指为品牌在消费者心目中占领一个特殊的位置，以区别于竞争对手品牌的卖点和市场地位。品牌的差异化不仅可以引起消费者的共鸣与认同，阻碍竞争者，还可以提高消费者的忠诚度，从而建立起稳固的品牌偏好。“耐克”通过长期精心推广，成为在运动鞋中的畅销品牌，被视为人类征服自然和超越自我的象征。与此同时，“耐克”品牌的销量和价格也是同类品牌中最高的。

4) 差异化战略的实施风险

(1) 与竞争对手的成本差距过大导致丧失部分客户。维持差异化战略的高成本不被买方所接受，过大的价格差距使客户认为不值得而转向采购更便宜的产品以节省费用。

(2) 客户的差异化需求下降。当用户变得老练而导致忽略差异时，就会不愿意为特色而支付溢出的价格。

(3) 差异化形成的高额利润会吸引竞争者和潜入者模仿，而大量模仿者的出现会减少产品之间的差异，同时利润降低。随着产业的成熟，这种情况发生几率很大。

(4) 不能准确把握市场偏好，追求不必要的差异化或创造的差异化太小而被客户忽略。

(5) 只注重产品差异化，忽视了产品的其他重要方面或忽视整个价值链的作用。差异化战略实施过程中，企业的各个方面要相互配合，如果存在严重缺陷，就会大大削弱差异化的效果，企业不能长期取得差异化战略竞争优势。

3. 集中化战略

集中化战略(Market Focus Strategy)又称目标集中战略、专一化战略等，是指企业将目标集中在特定的细分市场，在产业中很小的竞争领域内建立独特的竞争优势。特定的细分市场可以是某一特殊的客户群、也可以是某一产品线的细分区段或某一地区市场。

采取集中化战略的企业，往往回避与行业内强势对手的正面竞争，而开拓、选择一个竞争相对薄弱的细分市场，集中企业的有限资源效力于这一细分市场，在此前提下再运用差异化优势，或成本领先优势，或者二者兼而有之。这样可以避免大而弱的分散投资局面，容易形成企业的核心竞争力。

企业实施集中化战略的关键是“选定目标市场”，即尽可能地选择竞争对手最薄弱环节、最不易受替代产品冲击并且可以攻破的目标市场。

1) 集中化战略的形式

集中化战略有两种基本形式，即企业在目标细分市场中采用差异集中化战略和成本集中化战略。

(1) 差异集中化战略是指企业可以向特定细分市场的客户提供特殊的产品和服务以满足其特殊的要求，由此获得差异化优势。例如，爱马仕(Hermes)是法国著名时装及奢侈品的品牌，它的品牌形象建立于其一贯的高档、高质原则和独特的法兰西风格，在此基础上融入时尚因素，产品只供应那些高收入的人群。

(2) 成本集中化战略是指企业服务于特定细分市场的成本比竞争对手更低，由此获得成本领先优势。

小案例 3-7

当前智能手机市场发展迅猛，全球智能手机出货量将超过非智能手机，而非智能手机将逐渐淡出手机市场。苹果公司、摩托罗拉公司与我国台湾宏达国际电子股份有限公司(HTC Corporation)等在高端智能手机领域的实力很强，而中端市场又有索尼移动通信等。与巨头错位竞争，深圳中兴通讯股份有限公司(以下简称中兴)瞄准了数量极为庞大的低端智能手机市场并屡获成功，成果丰硕，

【分析提示】

全世界智能手机组装工厂和零配件生产商大部分设在中国，这意味着中兴可以采购价格低廉的零配件，并实现低成本的整合。中兴凭借成本集中化战略，着眼于低端智能手机领域获得成本领先优势。

2) 集中化战略的适应条件

实施成本集中化战略还是差异集中化战略都应需要具备以下一些条件。

(1) 整个行业存在许多不同的细分市场，各个细分市场没有被完全开发，没有任何一家企业具备足够的实力以占据所有细分市场。

(2) 目标市场在市场容量、持续性发展潜能、获利情况等方面具有相当大的吸引力。

(3) 没有其他的竞争对手在相同的目标市场采用相似的战略。

(4) 企业的资源或能力有限，不允许选定多个细分市场作为目标。

(5) 企业具备针对目标市场所采用战略所需要的持续性的资源和能力。

(6) 企业在目标市场通过战略实施构筑起的壁垒可以防御行业中的挑战者和潜在进入者。

4. 集中化战略与总成本领先战略、差异化战略的差别

(1) 总成本领先和差异化战略着眼于整个市场、整个行业，从大范围谋求竞争优势。

(2) 集中化战略实质是针对某特定细分市场而采取的成本领先战略或者差异化战略。

(3) 总成本领先战略的主攻方向是市场份额，而差异化战略的主攻方向是利润率，集中化战略则是主攻一个特定目标市场并在这个目标市场取得市场份额或利润率的优势。

(4) 中小型企业多采用集中化战略。

3.2.2　不同市场地位企业的竞争战略

商业社会竞争无处不在。在同一目标市场上竞争的企业，因营销目标和资源实力不同，各自拥有的竞争地位也就不同。每个企业应该根据自己的目标、资源和环境，以及在目标市场上的地位，来制定合适的竞争战略。按不同的竞争地位，竞争者被分为 4 种类型：市场领先者、市场挑战者、市场跟随者、市场补缺者。

1. 市场领先者的竞争战略

市场领先者(Market Leader)是指整个行业中在同类产品的市场上占有率最高的企业，是行业的带头者。

市场领先者在价格变化、新产品开发、分销渠道和促销强度等方面，对同行业其他公司起着强势带头作用，如世界著名的市场领先者有美国通用汽车公司(汽车)、可口可乐公司(软饮料)、吉列公司(剃须刀片)和沃尔玛百货有限公司(零售百货)。

市场领先者常常是竞争的导向者，有实力的挑战者往往会利用它的弱点发起攻击。如果市场领先者公司疏忽大意，就非常容易在竞争的某些方面造成失误、最后失去领先者的地位。

市场领先者为保持作为领先者既有的领先地位和市场份额，往往采取以下 3 种市场竞争应对策略：扩大市场总需求、保护现有的市场份额、扩大市场份额。

1) 扩大市场总需求

当一种产品的市场总需求扩大时，受益最大的是处于领先地位的企业。市场领先者通常从以下 3 种途径扩大市场需求总量。

(1) 不断增加新用户。每一类产品都有增加用户数量的潜力，只是可能有些消费者并非真的明白自己想要什么，或对某种产品还不甚了解，或产品价格不合理或缺少某些性能等。市场领先者可从 3 个方面增加新用户：市场渗透(如说服不使用香水的妇女使用香水)、市场开发(如吉列公司开发男性护肤市场)、地域扩展(如雀巢集团在全球的扩张)。

(2) 不断开辟产品的新用途。市场可以通过发现产品的新用途而扩大。杜邦公司的纤维材料——尼龙提供了一个利用新用途扩大市场的典型故事。每当尼龙的加工变成一个成熟阶段的产品时，某些新用途又被发现了。尼龙最初是降落伞的合成纤维，然后作为妇女丝袜的纤维，再然后作为男女衬衣的主要原料，然后，它又用于制作汽车轮胎、沙发套和地毯，每一种新用途都意味着该产品进入新的生命周期。凡士林最初问世时被用做机器润滑油，之后，一些使用者发现凡士林可用做润肤脂、药膏和发胶等。

(3) 增加现有用户的购买数量和使用场合。例如，内蒙古伊利实业集团股份有限公司不仅鼓励人们早餐饮用牛奶，而且宣传临睡前饮用有助睡眠。

2) 保护现有的市场份额

在努力扩大市场总需求的同时，处于领先地位的公司还经常面临竞争对手的挑战和侵犯，这些竞争对手企图侵占或瓜分领先者现有的市场份额。市场领先者为保护它的优势和现有的市场份额，就必须不断创新，力争保持产品创新、产品质量、客户服务、分销效益和成本降低等方面的领先地位，同时采取适当的防御战略(包括阵地防御、侧翼防御、先发制人的防御，反击式防御、运动防御及收缩防御等)以防进攻者侵入。

3) 扩大市场份额

市场领先者可以通过进一步增加市场份额来增加收益并保持市场领先地位。一般而言，市场份额越大，投资报酬率越高，盈利率也就越高。

知识拓展 3-4

营销战略对利润的影响

1972 年，美国战略规划研究所开始对几百家企业(大部分是世界 500 强企业)的经营进行多年的分析研究，形成营销战略对利润的影响(Profit Impact of Marketing Strategy，PIMS)的研究报告。PIMS 研究项目发现，盈利率是随着相关市场份额线性上升的。市场份额在 10%

以下的企业，其平均投资报酬率在 11%左右；市场份额相差 10%，税前投资报酬率将有 5%的差异；市场份额超过 40%的企业将得到 30%的平均投资报酬率，或者它的投资报酬率是市场份额在 10%以下企业的 3 倍。哈佛商学院的一项研究表明，市场份额领先者的资产回报率比第五位以后的公司高 3 倍。各种研究和经济实践也能证明利润率与市场份额之间是成正比例关系的。

(资料来源：刘金材，顾丽琴. 浅析市场份额的价格与非价格竞争策略[J]. 商场现代化，2005(28).)

2. 市场挑战者的竞争战略

市场挑战者(Market Challenger)是指在行业中仅次于市场领导者的一些企业，为增加市场份额和提高企业在行业中的地位而攻击市场领先者或其他企业，以夺取更多的市场份额。

市场挑战者如果要向市场领先者和其他竞争者挑战，必须经过系统的竞争分析，确定自己的挑战目标和挑战对象，然后还要选择适当的挑战战略。

1) 确定挑战目标

明确挑战可以达到的目标。例如，以多大的代价扩大多少市场份额或提高多少盈利率等。

2) 确定挑战对象

确定挑战对象，即准备向谁发动挑战以获得利益。挑战对象有 3 种类型。

(1) 进攻市场领先者。攻击市场领先者，挑战者需仔细调查研究领先企业的弱点和失误：有哪些未满足顾客的需要，有哪些使顾客不满意的地方。找到领先者的弱点和失误，确定主攻方向。

(2) 进攻同规模同地位的企业。对这种竞争企业发动攻击的时机，常常选在其经营不善或发生财务问题的时候。

(3) 进攻小企业。兼并一些经营不善、财务困难的小企业，夺取其顾客和市场份额。北京燕京啤酒股份有限公司能成长到目前的规模，就是靠兼并一些小企业，夺取其市场份额而达到的。

3) 确定挑战策略

采取的挑战策略有价格竞争、产品竞争、服务竞争、渠道竞争等。

小案例 3-8

从 20 世纪 80 年代开始至 21 世纪初，整个中国的口香糖市场几乎就是被美国箭牌糖果有限公司(以下简称箭牌)完全垄断。但是自 2002 年以来，在日本占据约 70%口香糖市场份额的乐天集团，开始以其独有产品“木糖醇无糖口香糖”四处出击，在中国的市场上稳扎稳打，对箭牌构成很大的冲击。目前乐天集团系列产品已稳居中国口香糖市场第二位，并使口香糖市场由“美味型”向防蛀护齿、提神醒脑等“功能型”转变。

【分析提示】

随着生活水平的提高，消费者对口香糖的要求也在逐渐变化，注意力从追求口味的多样化转移到了健齿防蛀等附加功能上来。乐天集团看到箭牌的“软肋”，将有防蛀功能的“木糖醇”作为市场的切入点，携此产品从占据中国口香糖市场绝大部分市场份额的箭牌口中分食，从根本上改变了中国口香糖市场的格局。

3. 市场追随者的竞争战略

市场追随者(Market Follower)是指一大批在竞争实力上远远不如市场领导者或市场挑战者的企业参加竞争但不扰乱市场竞争格局，以“和平共处”的方式跟随、效仿市场领先者，为市场提供相似的产品，并维持一个相对稳定的市场份额的企业。

1) 市场追随者的特点

市场追随者的竞争战略最大特点是风险较小。追随者很少创新，一般不需要投入大量人力、财力、物力，不用冒很大风险，跟随、效仿市场领先者，然后用低价销售，也能获得相当的利润。

小案例 3-9

2007 年夏天，全球最大的方便食品和饮料公司之一的百事公司面向中国消费者推出混合果汁饮料——“果缤纷”。“果缤纷”以独特的混搭配方、多元化复合口感，一改中国原果汁市场纯果汁饮料一统天下的平凡、单一局面，受到消费者的热烈欢迎。中国许多小的饮料厂看到混合果汁饮料非常好卖，于是纷纷推出类似系列产品。

【分析提示】

贸然进入一个新的市场意味着容易造成失败甚至血本无归。而资本雄厚的市场领先者经过长期调查分析后决定开辟新的市场，而且获得良好的市场反馈。这时，作为一个市场跟随者进入就不会有太大风险。

2) 市场追随者的竞争战略

市场追随者有 3 种竞争战略：紧密追随策略、保持距离追随策略和选择追随策略。

(1) 紧密追随策略。这种策略是在各个细分市场和市场营销组合方面模仿领先者，从领先者的积极开拓中获得好处。这种跟随者有时似挑战者紧密跟随，但它又把握分寸不侵犯到领先者的地位，不与领先者发生直接冲突，所以有时被看成是市场寄生者。

(2) 保持距离追随策略。这种追随是注意与领先者保持一定差异，在目标市场、产品创新、价格和分销渠道等方面追随领先者。这种追随者可通过吞并小企业而发展壮大。

(3) 选择追随策略。这种追随策略择优在某些方面追随领先者，而在另一些方面又走自己的路，在追随的同时还保持自己的特色，但避免直接竞争。在这些追随者中，有些可能成为挑战者。

4. 市场补缺者的竞争战略

市场补缺者(Market Nicher)是指大多数行业中都有许多小企业，虽然竞争实力不强，不追求整个市场或较大的细分市场，但注意在市场缝隙中寻找生存与发展机会，以细分市场中的空缺位置为目标，通过专业化经营为其提供产品或服务的公司。

1) 空缺市场的特征

空缺的市场具有以下特征。

(1) 被大企业忽视、顾及不到或放弃的小市场。

(2) 有足够的市场规模和购买力而足以赢利。

(3) 有稳定的发展前途。

(4) 小企业有服务于该市场所需要的有效资源。

(5) 小企业凭借既有的信誉与实力足以对抗竞争者。

2) 市场补缺者竞争战略

市场补缺者获得成功的关键是实施专门化，即凭借集中自己有限的资源于某些专门的领域来补缺以获得竞争优势。换一个角度，市场补缺者在这些专门的领域又恰恰是领先者。根据这些专门领域的不同把市场补缺者竞争战略划分为以下几种主要的形式。

(1) 按客户规模专业化。专门为某一种类规模(大、中、小)的客户服务，许多补缺者为小客户服务，因为小客户常被大企业因获利太少所忽视。

(2) 按服务项目专业化。专门提供某一种或几种其他企业没有而市场急需的服务项目。

(3) 按质量和价格专业化。例如，专门生产高质量高价格产品或低质量低价格的产品。

(4) 按特定客户专业化。只为一个或几个主要客户提供服务。

(5) 按分销渠道专业化，专门为某一类分销渠道服务。例如，专门生产适于超市销售的产品。

(6) 产品或产品线专门化，即生产一种产品或一类产品。例如，专门制造精密仪器的某一零件。

(7) 按客户订单定制专门化，如定做服装、皮鞋、手机等。

(8) 按地理区域专业化，如专为国内外某一地区服务。

知识拓展 3-5

维珍集团：永远的“市场补缺者”

从 1970 年到现在，维珍集团(以下简称维珍)成为了英国最大的私人企业，旗下拥有 200 多家大小公司，涉及航空、金融、铁路、唱片、婚纱甚至避孕套，俨然半个国民生产部门。维珍集团创始人布兰森曾经说过，如果有谁愿意的话，他可以这样度过一生：喝着维珍可乐长大，到维珍唱片大卖场买维珍电台放过的唱片，去维珍院线看电影，通过 virgin.net 交一个女朋友，和她坐维珍航空去度假，享受维珍假日无微不至的服务，然后由维珍新娘安排一场盛大的婚礼，幸福地消费大量维珍避孕套，直到最后拿着维珍养老保险进坟墓。当然，如果不幸福的话，维珍还提供了大量的伏特加以供选择。

红白相间的维珍品牌在英国的认知度达到了 96%，从金融服务业到航空业，从铁路运输业到饮料业，消费者公认这个品牌代表了质量高、价格廉，而且时刻紧随时尚的消费趋势，这是其他品牌无法与之相比的。维珍在“英国男人最知名品牌评选”中排名第一，在“英国女人最知名品牌评选”中位列第三。但是，维珍在所处的每一个行业中都不是名列前茅的“老大”或“老二”，而是“做一只跟在大企业屁股后面抢东西吃的小狗”，但以鲜明的创新风格、自己独特的品牌内涵，为特定的目标客户服务。可以说，在它进入的每一个行业，维珍都成功地扮演了“市场补缺者”和“品牌领先者”的角色。

维珍进入每一个行业时，很多分析家认为该市场已经很成熟，被一些大集团瓜分得差不多了。维珍在这个时候进入市场先天就已经落后了，如果不想捡别人剩下的东西吃，只能找到“利基市场”，只能创新。

布兰森认为，在一个成熟的市场环境里竞争，竞争的压力反过来加剧了企业间的相互模仿，追求标准、降低成本、回避风险成了企业的游戏规则，企业自身的创新潜力受到了压制，而消费者只能在价格上进行比较。这导致了相当糟糕的局面：管理者思想僵化、新的创意越来越少。这正是维珍的机会。维珍提供给目标顾客的是那些“老大”没有想到，或者是不愿意去做，而消费者其实很欢迎、很需要、能够从中得利的产品和服务。

虽然维珍的产品众多，涵盖了生活的方方面面，但是它的一个战略是将所有产品和服务的目标客户群都锁定在了“不循规蹈矩的、反叛的年轻人”身上，向他们提供那些行业领导者没有意识到或不屑于做的空白市场的产品。维珍创出了足够多的新产品准确地填补这些市场缺口，既与已有市场上竞争激烈的产品不同，又与目标顾客的需求非常吻合，如维珍航空，维珍移动通信，维珍可乐等。另一个就是高超的品牌战略，维珍在年轻人心目中扮演了“品牌领先者”的角色，保证顾客不会为一时的产品失误而拔腿就走。

战略规划协会的一项研究发现，中小市场的投资回报率达到了 27%，超过大市场投资回报率为 16%。这是一项很惊人的发现，研究者认为，造成这个结果的主要原因就是服务于中小市场的公司往往和顾客的沟通更多，更加了解顾客的想法和需要。维珍就是把自己定位在了“服务于年轻人的专家”，由此在不同的领域所向披靡。

(资料来源：王伟群，等. 弱势者的营销战略：挑战 追随 补缺 扰乱[J]. 成功营销，2003(8).)

『项目实例』

鞍山金海安建材有限公司国际市场战略报告

1. 公司介绍

鞍山金海安建材有限公司(以下简称金海安公司)为中美合资企业，成立于 1997 年，全部设备和技术均从美国引进，属国际先进水平，现为东北地区规模最大的人造石生产制造企业，拥有资产 2 000 万元，员工 120 人。目前主要生产“金鞍”人造石系列产品，包括大理石系列、花岗岩系列和玛瑙系列，产品广泛应用在酒店、宾馆、银行、展览中心等公用场所及家庭等装饰领域。经过多年的努力，公司现已成为国内人造石领域的重要企业，已占据东北人造石市场 60%的份额，黄河以北的北方市场约占有 30%的市场份额，在不断稳固北方市场的前提下还将继续扩大规模。考虑到国内市场竞争状况、国际市场的巨大空间及企业自身的优势，金海安公司选择应用国际化战略，主动进军国际市场，这是符合公司“务实、高效、与时俱进”的发展原则和“服务新生活”的经营宗旨，也符合公司的长远发展利益。

2. 国际市场进入模式的选择

1) 分析国际市场的进入模式

确定何种进入模式是一个涉及广泛的决策，需全面评估后才能决定正确的进入战略。针对现状，金海安公司进入国际市场的模式主要有以下 3 种。

(1) 间接出口，指企业将其产品卖给国内的中间商，由其负责出口。间接出口的优点首先是进入国际市场快，其次是费用节省，最后是风险小，但对海外市场缺乏控制，利润有限。

(2) 直接出口，企业直接把产品卖给国外的中间商或最终用户，途径主要是利用国外经销商、代理商和建立海外销售公司。直接出口可以直接控制国外市场，信息反馈快。但成本相对较高，特别是初期建立成本。

(3) 国外生产，主要有国外组装、合同制造、许可证贸易、合营企业、海外投资生产 5 种方式，可以免去关税、配额的限制，获取更大的利润和市场控制权，但对实力要求高，进入风险大。

2）确定金海安公司进入国际市场的模式

金海安公司进入国际市场的选择有间接出口、直接出口、国外生产 3 种模式，根据不同进入模式的不同优缺点，考虑到企业的实际状况(从未进入国际市场、规模不大等)，目标市场的特点(市场成熟、贸易限制较少)，进入国际市场的成本风险及国内现有的出口格局，准备选择直接出口的模式进入国际市场。这样虽然初期投入较大，但有利于直接控制市场(对人造石这种发展变化较快的装饰石材尤为重要)，并且稳定后可以获取较多利润，公司在人员队伍上也有前期准备。间接出口依赖性较强，出口进程较慢、较长，而国外生产考虑到企业实力和国际市场的风险，现在时机尚不成熟，待出口达到一定规模并相对稳定时，再进入国际化的第二阶段——投资建厂。

3. 国际市场竞争战略

(1) 形成企业核心竞争优势。企业核心竞争优势已经日益成为企业在国内市场中竞争的关键所在，是企业长久立于市场的根本。进入国际市场面临着更激烈的竞争，企业需要打造更强的核心竞争优势，包括建立低成本运行体系、形成差别化优势等。金海安公司制定的国际市场战略必须突出企业自身特色和差别竞争优势。

(2) 建立低成本运行体系。金海安公司进入国际市场面临的竞争和国内竞争有所不同，必须在成本上有更多的优势，况且采取差异化的产品和适应性的营销组合战略需要增加一定的成本，这就需要采取价值链分析的手段进一步建立低成本运行体系，价值链分析是识别和评价企业资源和能力的有效方法。所谓价值链分析是从原材料零部件开始形成满足客户需要(价值形成)的产品，是由一系列有价值的活动构成的“链”，每个增值的活动单元费用是可以确定的，通过合理降低活动单元费用或改变活动单元的连接可以提高效率、降低成本，从而保证低成本运行。价值链由支持性作业和基础性作业构成，支持性作业包括基础管理、人力资源管理、技术开发、采购，基础性作业包括进货、生产、销售、营销、服务。

(3) 形成差异化优势。金海安公司采取的是产品差异化的适应性营销战略组合，在新产品的设计开发上必须具有较强的实力。虽然企业目前具有一定的产品设计开发能力，但为了适应国际市场，还应进一步加强其能力。增强能力的方法一是增加投入，二是寻求设计联盟。比较而言采取与设计开发能力较强的专业院校或相关企业等联盟手段，可以降低投入、增加灵活性，相对可行。

通过上述运用价值链分析手段建立低成本运行体系，采用联盟方式扩大设计开发能力，从而形成产品差异化优势。如能有效运作并强化上述管理体系，则可以形成持久的核心竞争优势，进而保证在国际市场的竞争地位。

(资料来源：姜锋. 鞍山金海安建材有限公司进入国际市场的战略研究[D]. 大连：大连理工大学，2002.)

『项目复习』

- 开展国际市场营销必须制定国际市场营销战略。本部分主要分析进入国际市场的模式、确定进入国际市场的竞争战略等问题。
- 国际市场进入模式有 5 种：出口进入模式(包括间接出口和直接出口)、契约进入模式(包括许可证贸易、特许经营、管理合同、合同生产和承包合同)、投资进入模式(包括直接投资和间接投资)、国际战略联盟进入模式及网络营销进入模式。
- 企业选择国际市场进入模式的重要影响因素包括：目标国家及企业所在国的市场因素、

目标国家的生产因素、目标国家环境因素，企业内部的产品因素、技术因素、资源因素等。企业应对这些因素进行综合分析，从而做出正确的决策。

- 美国哈佛大学著名教授迈克尔·E·波特提出了 3 种基本竞争战略模式：总成本领先战略、差异化战略、集中化战略。
- 在同一目标国际市场上竞争的企业，应该根据自己的目标、资源和环境，以及在目标市场上的竞争地位来制定相应的竞争战略。依据不同的竞争地位，竞争者被分为 4 种类型：市场领先者、市场挑战者、市场跟随者、市场补缺者。
- 选择合适的国际市场进入模式，是制定国际营销战略规划的重要组成部分。
- 企业应根据自己的特点、战略目标、所处环境及在目标市场上的竞争地位，选择适合的进入模式和市场竞争战略。

『职业能力训练』

一、单选题

1．进入国际市场的模式有多种，下列属于合同进入模式的有(　　)。

A．间接出口　　B．直接代理商
C．许可证贸易　　D．独资经营

2．许可方和被许可方在协议有效期内，都具有在规定区域内使用该项技术制造和销售产品的权利。即在规定的区域内，许可双方都有使用权，而其他厂商被排斥在外，许可方不得再将该项专有技术转让给第三方。这种许可贸易的形式是(　　)。

A．独占许可　　B．普通许可
C．交叉许可　　D．排他许可

3．(　　)是指企业通过与外国企业签订合同并完成某一大型项目，然后将项目交付给对方的方式进入国际市场。企业的责任一般包括项目设计、建造以及在交付项目之后提供服务，如提供管理和培训工人等，为对方经营该项目做准备。

A．管理合同　　B．交钥匙工程
C．合同生产　　D．特许经营

4．扩大市场需求量一般是(　　)采取的营销策略。

A．市场主导者　　B．市场挑战者
C．市场跟随者　　D．市场补缺者

5．(　　)作为一种全新的现代组织形式，已被众多当代企业家视为企业发展全球战略最迅速、最经济的方法，已成为现代企业提高国际市场竞争力的有效形式，被称为“20 世纪末最重要的组织创新”。

A．规模经济　　B．企业集团
C．国际战略联盟　　D．合资经营企业

6．胶卷行业的伊士曼柯达公司因其在行业中的地位可采用的市场竞争战略是(　　)。

A．市场追随者战略　　B．市场后起者战略
C．市场领导者战略　　D．市场挑战者战略

二、判断题

1．在大多数情况下，企业走出国门的第一步采取的进入模式是直接出口。　　(　　)

2．契约进入模式的经营对象主要是有形产品。（　）

3．许可证贸易进入模式要求许可方对被许可方的市场经营必须提供指导和培训。（　）

4．网络营销等同于电子商务。（　）

5．劳动密集型和自然资源密集型产品适合在具有丰富的廉价劳动力和自然资源的国家或地区进行生产，如果目标国具备这些条件，那么适宜采取投资进入模式。（　）

三、思考题

1．契约进入国际市场模式主要有哪些方式？

2．什么是国际战略联盟？

四、案例分析题

阅读案例材料，回答其后的问题。

20世纪中叶，美国消费者逐步把眼光从显富摆阔转移到实用性、舒适性、经济性和方便性方向上来，日本丰田汽车公司(以下简称丰田公司)根据市场变化趋势将其在美国市场的战略进行了调整。为了避免与美国三大汽车公司直接竞争，把主攻方向指向德国大众汽车公司。他们通过调查了解大众汽车的优劣之处，竭力取长补短，从而超越大众。而美国三大汽车公司对市场转向视而不见，依然生产大型豪华轿车。丰田公司抓住大好时机，在市场调研的基础上，以人口统计和心理因素进行市场细分，设计出能够满足求实心理的目标顾客需求的美式日制小汽车——花冠车(Corona)。花冠车以其小巧、价格便宜、舒适平稳、维修方便的优势轻而易举地敲开了美国汽车市场的大门，为丰田汽车挺进美国铺平了道路。

请回答下列问题：

日本丰田公司实施的是跨国公司市场竞争战略中的哪一种战略？请说明你的理由。

项目 4 分析国际市场消费者购买行为

『项目目标』

知识目标

1. 掌握国际市场营销微观环境分析的方法。
2. 掌握影响最终消费者购买行为的因素。
3. 掌握最终消费者购买行为的类型。
4. 掌握最终消费者购买行为的过程。
5. 了解组织机构消费者的类型及其特征。

实训目标

1. 通过国际市场微观环境的学习，具备进行国际市场微观环境分析的能力。
2. 通过SWOT基础知识及应用方法的学习，具备进行SWOT分析的能力。
3. 通过国际市场最终消费者购买行为相关知识的学习，具备分析国际市场最终消费者购买行为的能力。
4. 通过国际市场组织机构消费者相关知识的学习，具备分析国际市场组织机构消费者购买行为的能力。
5. 通过项目实训的学习，具备撰写《国际市场消费者购买行为分析报告》的能力。

『项目实训』

实训项目

撰写《A公司中国市场消费者购买行为分析报告》。

实训背景

根据中国市场环境的特点，分析影响消费者购买行为的因素及消费者购买行为的类型过程，并据此撰写《A公司中国市场消费者购买行为分析报告》。

实训内容

1. 分析A公司在中国的发展前景。
2. 分析中国消费者购买行为的类型和过程。
3. 分析影响中国消费者购买行为的因素。
4. 撰写《A公司中国市场消费者购买行为分析报告》。

实训步骤

1. 各项目组分析国际市场营销微观环境。

2. 各项目组对A公司进行SWOT分析并确定竞争优势。

3. 各项目组分析A公司目前的生产经营和市场发展现状及A公司所在行业在中国的市场发展现状。

4. 各项目组分析中国市场最终消费者(组织机构消费者)购买行为的类型和过程。

5. 各项目组分析影响中国市场最终消费者(组织机构消费者)购买行为的因素。

6. 各项目组撰写《A公司中国市场消费者购买行为分析报告》。

『项目知识』

任务4.1　分析国际市场微观环境

国际市场微观环境(International Marketing Micro-Environment)因素包括供应商、营销中介机构、市场、竞争对手、社会公众和企业内部因素。

4.1.1　国际市场微观环境概述

微观营销环境(Micro-Environment)又称为直接环境，是直接制约和影响企业营销活动的条件和因素。

所有微观环境因素之间相互促进又相互制约，共同影响企业的市场营销，它们之间的关系可以用图4.1表示。

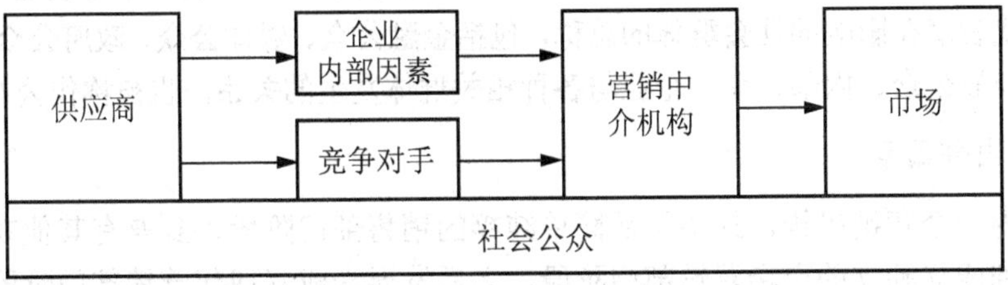

图4.1　企业的微观环境因素

1. 供应商

供应商(Suppliers)，是指向企业及其竞争者提供生产所需的资源的企业和个人，主要包括向企业提供特定的原材料、辅助材料及能源等生产资料的供货机构。广义的供应商还包括劳动力、资金和自然资源等提供机构。供应商对企业营销活动的影响主要体现在供应商供货的及时性和稳定性，供应商供货的质量水平，以及供应货物的价格变动等几个方面。

2. 营销中介机构

营销中介机构(Marketing Intermediaries)，是指在企业的营销活动过程中，提供各种服务的企业或部门的总称。营销中介机构是游离于企业之外，能够协助企业推广、销售，以及分配产品或服务给最终用户的企业、机构、个人的集合。企业的营销中介机构包括中间商实体分配公司、营销服务机构(如调研公司、广告公司、咨询公司)及金融机构(如银行、信托公司、保险公司)等。任何企业的营销活动都离不开营销中介机构。在企业营销活动中，营销中介机构发挥着弥补生产的时间、地点和所有权等缺口的作用，执行着调研、促销、联系、匹配、谈判、实体分配、财务及承担部分营销风险的功能。需要注意的是，营销中介机构与企业目标市场上的顾客不同，它们通常只是转移产品，并不拥有产品的所有权。

3. 市场

市场(Market)是所有营销工作的重点，企业所有营销决策的重点必须以市场为目标。那么什么是市场呢？有人把市场定义为买卖双方聚合的地方，在市场上企业向客户提供产品与服务，同时实现所有权的转移。也有人把市场定义为潜在购买人群对一些产品或服务的需求。

从营销的角度来看，市场应该是存在需求的人或企业，且这些人和企业拥有金钱并愿意消费。因此，对于某种产品或服务，企业需要分析以下 3 个因素：存在需求的人或企业、他们的购买力和购买行为。这是企业进行微观环境分析的重点，在此项目以后的任务中将进一步介绍这部分内容。

4. 竞争对手

竞争对手(Competitor)是指与本企业具有相似的目标顾客、生产相似的产品、制定相似的销售价格的企业。单个企业不可能垄断整个目标市场，只要市场上存在着需求向替代产品转移的可能性，潜在的竞争对手就会出现。竞争对手的广告宣传、价格、促销手段的变化，以及产品的开发、各种销售服务的加强都直接对企业造成威胁。企业要能够正确辨别自己的竞争对手，针对竞争对手的目标、策略、优势和劣势及竞争对手的反应模式，进而制定出针对竞争对手的具体策略。

5. 社会公众

社会公众(Public)是指企业营销活动中与企业发生关系的各种群体，是对企业完成其营销目标有着实际或者潜在影响的社会群体的总称，包括金融公众、媒体公众、政府公众、群众团体、当地公众、一般公众、内部公众。企业与各种相关群体发生的关系，也被称作公共关系。

6. 企业内部因素

企业作为一个营销机构，经历了从简单纯粹的销售部门阶段，到兼有其他功能的销售部门阶段，再到成立独立的市场营销部门阶段，之后发展为成立现代营销部门阶段直至今天的现代市场营销企业阶段。整个企业就是一个营销整体，由企业总裁全面负责企业的市场营销活动，企业各个部门的所有行为都必须对企业的营销活动负责。对于企业的营销部门而言，企业内部因素(Internal Factors)也是企业的营销对象，包括计划、生产、财会、供应、销售、质量检查、技术开发、后勤保障等部门。市场营销部门必须协调好整个公司的市场营销活动，协调各个部门的活动和决策，处理好与它有直接关系的部门的矛盾和冲突。可以说，营销部门在企业内部组织机构中的地位和作用、市场营销组织自身的结构模式，以及市场营销组织与其他部门的关系构成了企业内部环境的重要力量。

4.1.2 SWOT 分析法

SWOT 分析法是将企业外部环境和内部环境进行综合分析，从而寻找两者最佳组合的一种分析方法。进行 SWOT 分析的目的是确认企业当前战略与特定的优势和劣势之间的相关程度，以及企业处理和应付环境变化的能力。

1. SWOT的含义

SWOT是4个英文单词的缩写：S(Strength)代表企业具有的内部优势，W(Weakness)代表企业的内部劣势，O(Opportunity)代表企业所拥有的外部机会，T(Threat)代表企业所面临的外部威胁。

企业的内部优势是针对企业所具有的特殊的能力和有利条件，优势不仅指企业有能力干什么，而且指企业在某些方面做得更加出色。一种特殊的优势能给企业相对有利的竞争地位；内部劣势是指企业在某些方面做得很差，或无能为力，而其他企业做得相当出色，那么这些方面便是企业的劣势；外部机会，又称环境机会、市场机会、商机，是对企业经营有利的条件、时机和机遇。外部威胁又称环境威胁、市场威胁、市场风险，是对企业不利的条件和压力、困难、障碍。

2. SWOT分析的步骤

(1) 进行企业外部环境分析，列出企业的发展机会和面临的威胁。

(2) 进行企业内部环境分析，列出企业目前所具有的优势和劣势。

(3) 绘制SWOT矩阵，见表4-1。

表4-1　SWOT矩阵

内部环境 / 外部环境	内部优势(S)	内部劣势(W)
外部机会(O)	SO营销战略	WO营销战略
外部威胁(T)	ST营销战略	WT营销战略

(4) 进行组合分析。SO营销战略，依靠内部优势，利用外部机会；WO营销战略，利用外部机会，克服内部劣势；ST营销战略，利用内部优势，回避外部威胁；WT营销战略，减少内部劣势，回避外部威胁。

小案例4-1

下列几家公司构成了美国汽车行业内的主要竞争对手：3家主要的美国大公司——通用汽车公司(GM)、福特汽车公司(Ford)、克莱斯勒汽车公司(Chrysler)，以及3家主要的日本公司——丰田公司(Toyota)、日产汽车公司(Nissan)、本田公司(Honda)，每家公司都希望在竞争中获得有利位置。表4-2是克莱斯勒汽车公司所做的SWOT分析。

表4-2　克莱斯勒公司SWOT分析

内部环境 / 外部环境	内部优势(S)	内部劣势(W)
	1. 1985—1987年产品的质量提高35% 2. 劳动力成本比福特和通用低 3. 在航天工业中是行业领先者 4. 盈亏平衡点从240万辆降为150万辆 5. 拥有50%的小型面包车市场	1. 购买美国汽车公司使得负债资本比例上升到60% 2. 固定资产占40% 3. 很少有合资企业 4. 经营活动局限于加拿大、墨西哥、美国

续表

外部环境 \ 内部环境	内部优势(S)	内部劣势(W)
外部机会(O)	SO营销战略	WO营销战略
1．美元贬值 2．航天工业每年增长20% 3．利息率下降 4．通用的一款新车遇到问题	1．购买一家航天工业公司 2．增加出口50%的小型面包车	1．建立一家航天工业合资企业 2．在欧洲建立一家生产小汽车的工厂
外部威胁(T)	ST营销战略	WT营销战略
1．外国企业增加了对美国市场的占有 2．油价上升 3．福特有一款很好的新汽车推出	增加50%的广告费	—

【分析提示】

克莱斯勒汽车公司使用SWOT分析法，明确了自身的优势、劣势、外部机会和外部威胁，并据此找出了自身的SWOT战略组合策略。

(资料来源：邓镝. 营销策划案例分析[M]. 北京：机械工业出版社，2007.)

任务4.2 分析国际市场最终消费者

对国际营销者来说，消费者可以分为两类。一类是为了生活消费而购买产品或服务的个人和家庭，称为最终消费者；另一类是为了生产、经营和转售而购买产品或服务的组织或机构，称为组织机构消费者。当今国际市场的多样性，决定了消费者分析是一项至关重要的任务。

4.2.1 最终消费者的购买类型、购买角色及一般过程

1．最终消费者的购买类型

最终消费者的购买决策随其购买行为类型的不同而变化。在购买香皂、电脑、汽车和房子间，其购买行为存在很大的不同。最终消费者对花钱多、风险大、偶尔购买的产品的选择往往要反复权衡，所花的时间和精力较多，也就是高度介入的购买；反之，则为低度介入。根据最终消费者在购买过程中的介入程度及不同品牌产品之间的差异程度，最终消费者的购买行为可以分为复杂的购买行为、寻求心理平衡的购买行为、寻求多样化的购买行为和习惯性的购买行为4种。

1) 复杂的购买行为

有些产品价格昂贵，购买风险较大，不同品牌产品之间又存在明显的差异，消费者又不经常购买。对于这类产品的购买，消费者要花费大量的时间和精力，收集有关产品信息，了解产品的性能，待形成一定的信念和态度之后，才做出购买决策。这种购买就是复杂的购买行为。

2) 寻求心理平衡的购买行为

虽然购买的产品价格昂贵，但消费者认为不同品牌产品之间没有太大的差别，因此，只要价格合理，购买方便，消费者就很快做出购买决策。但是在购买以后，消费者听到赞誉其

他品牌的议论或宣传，又对自己的购买决策不太满意。为此，消费者就会收集更多的信息试图证实自己的购买决策是正确的，来达到心理上的平衡。这种类型的购买就是寻求心理平衡的购买行为。

3) 寻求多样化的购买行为

不同品牌商品之间存在明显的差异，但消费者又不愿意花费更多的时间和精力进行比较选择，而是通过购买不同品牌的商品减少购买风险。例如，购买牙膏，今天购买这种品牌产品，下次又购买另一种品牌产品。消费者更换品牌，并非对原品牌商品不满意，而是为了寻求品牌的多样化。这样的购买就是寻求多样化的购买行为。

4) 习惯性的购买行为

对于那些价格低廉、经常购买的商品，消费者购买是出于对某种品牌的熟悉或习惯，这种类型的购买就是习惯性的购买行为，如生活日用品。消费者不愿意或者不需花更多的时间或精力进行比较选择，往往进店即购买。图 4.2 显示了 4 种不同的购买类型与购买风险和品牌差异性的关系。

品牌的差异性 \ 购买的风险(介入的程度)	大	小
大	复杂的购买行为	寻求多样化的购买行为
小	寻求心理平衡的购买行为	习惯性的购买行为

图 4.2 不同的购买类型与购买风险和品牌差异性的关系

2. 最终消费者的购买角色

最终消费者虽然是以个人或家庭为消费单位，但参与购买决策的通常并非只有一个人或这个家庭的全体成员，许多时候是一个家庭的某几个成员组成了购买决策层，各自扮演着不同的角色。人们在一项购买决策过程中可能充当以下角色：发起者、影响者、决策者、购买者、使用者。

(1) 发起者：是指首先提出或有意想购买某一产品或服务的人。

(2) 影响者：是指其看法或建议对最终决策具有一定影响的人。

(3) 决策者：是指对是否买、何时买、如何买、哪里买等方面的购买决策做出完全的或部分的最后决定的人。

(4) 购买者：是指实际采购的人。

(5) 使用者：是指实际消费或使用产品或服务的人。

3. 最终消费者购买行为的一般过程

最终消费者的购买行为是消费主体的一种刺激-反应过程。它由一系列反应动作和活动构成。在从刺激到反应这一过程中，消费主体完成了通过支出(包括货币或信用) 而获得所需商品或服务的选择过程。这一过程的完成要受到形成最终消费者特征的各种因素的影响。通过分析最终消费者购买过程的各个环节，可以了解他们从见到刺激物到购物或不购物的过程是如何进行的。分析形成最终消费者特征的各种因素则可以帮助人们了解他们为什么要那么做。

最终消费者的购买行为过程可以用图 4.3 来表示。

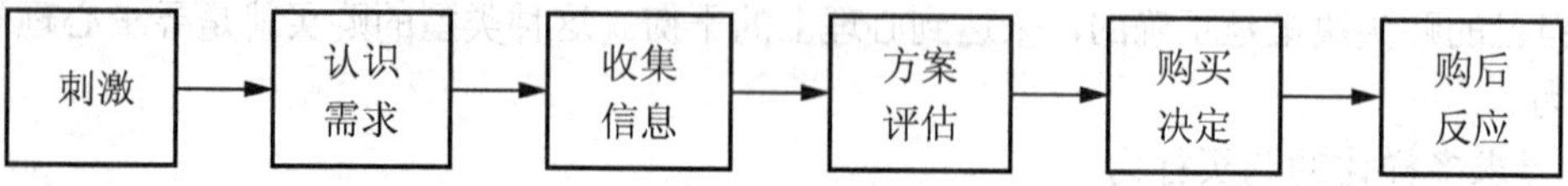

图 4.3　最终消费者的购买行为过程

1) 刺激

任何行为的产生都不是无缘无故的，总是在一定的情况下产生的。引起行为的各种因素叫做刺激(Stimulate)。刺激既可以是来自外部的物质世界或社会环境，也可以是来自内部的生理与心理因素。

引起最终消费者购买行为的刺激是指意在激发最终消费者做出购买行动的各种线索和驱动力。这些刺激除了营销者有针对性的营销策略组合活动外，还包括其他外部和内部的刺激。

一个人可能受到任何一种或多种刺激的影响。当一个人接受了充分的刺激时，那么这个人就可能产生购买行为。例如，口渴(饥饿、疲劳)是人的生理感受，当这种生理感受上升到一定界限，人就会产生要解渴的生理驱动力，从而促使人去购买能满足这种驱动力的某一类产品。如果此时康师傅红茶的广告刺激了此人，那么他／她就可能产生购买康师傅红茶来解渴的需求。然而，他最后是否购买了康师傅红茶，同时还要受到很多因素的影响，如收入、爱好、便利等。如果刺激不够，人就会忽略这一刺激线索，推迟或终止针对特定物品、服务、组织机构、人、地点或观念的购买过程。营销人员应该努力识别引起消费者产生需求和购买行为的各种刺激因素，从而有针对性地采取行动。

2) 认识需求

在刺激的作用下，最终消费者认识到：考虑之中的产品、服务、组织机构、人、地点或观念有可能解决自己短缺的问题或未曾实现的愿望。例如，家里没有洗衣粉了，“不伤手的立白”的电视广告可能使消费者认识到购买“立白”洗衣粉可以解决这个问题。

因此，认识需求(Identify Demand)是最终消费者购买决策过程的起点。营销者的目的是要使自己的产品或服务成为最终消费者心中能解决他们的短缺问题的目标。

3) 收集信息

当最终消费者认识到自己短缺的问题或未实现的愿望后，他们就会尽可能地收集能够解决眼前问题的可供选择的各种产品、服务或观念的信息。最终消费者收集信息(Collect Information)的积极度一方面取决于他所认识到的需求问题的重要性，另一方面取决于他欲购产品或服务的价格和风险。

营销者需要了解的是最终消费者需要的各种主要信息来源，以及每种信息对后来的购买决策的影响。最终消费者信息来源可分为 4 种，见表 4-3。

表 4-3　最终消费者的信息来源

个人来源	家庭、朋友、邻居、熟人
商业来源	广告、推销员、经销商、包装、展览
公共来源	大众传播媒体、消费者评审组织
经验来源	处理、检查、使用和接受产品或服务

4) 方案评估

当最终消费者从不同的渠道获取有关信息后，便对可供选择的产品、服务或观念进行分析、比较和评价，即方案评估(Assessment Programme)，并决定这些选择能否解决自己的短缺问题或满足未实现的愿望。

选择评估的标准是最终消费者认为与其选择的产品或服务有关的一系列属性，如价格、样式、质量、安全性、耐用性、知名度、售后保证等。对不同产品或服务，最终消费者感兴趣的属性不同，对各种属性的重要性的权重也不相同。例如，对于衣服，消费者感兴趣的可能是样式、颜色、质地、品牌、价格；而对于旅馆，消费者感兴趣的可能是位置、设施、卫生状况、气氛、费用。

根据属性的权重，最终消费者就可以按最满意到最不满意的顺序来评估各种选择，如果有一个或更多满意的选择，那么消费者就可以进入下一步的决策。如果所有选择都不能令人满意，那么该过程就会推迟或终止。当然，有时候这种评估很难进行，因为不同的选择方案在属性上可能有所差异，也可能差别并不明显，让人模糊难辨。如果营销人员能够准确地掌握最终消费者对自己的和竞争者的产品或服务的评估属性及其权重，自然就可以对症下药了。

最终消费者的选择评估过程实际上就是对能满足其需要的产品或服务的筛选过程。市场上有很多能够满足消费者需要的产品或服务品牌(全部品牌组)；通过收集信息，消费者熟悉了其中的一些竞争品牌及其特征(知晓品牌组)；在这些消费者熟悉的品牌中，也许只有某些品牌能适应消费者的购买标准(考虑品牌组)；当消费者收集了这类品牌的大量信息后，只有少数品牌被作为重点选择(选择品牌组)；最后，消费者根据自己经历的决策评价过程，从选择品牌组中做出最后决策。

5) 购买决定

在选定最佳的方案之后，最终消费者就准备好做出购买决定(Purchasing Decision)。购买决定包括确定购买地点、条件和供应情况。

(1) 选择购买地点。其方式同选择产品是一样的。先列出选择，再具体了解属性，然后评定优劣，选择最佳场所。

(2) 购买条件涉及价格和付款方式。一般来说，价格指一个人得到并拥有或者享用某种物品或服务而要支付的货币。付款方式指按价格付钱的形式，如现金、短期信贷或长期信贷。

(3) 供应性指顾客收到自己所购买产品的及时性。它有赖于手边的存货(或服务能力)和送货。手边存货(服务能力)与销售商应邀提供物品或服务的能力有关。对于要求送货的物品，关键要看从消费者订购到收到物品的时间，以及将物品运到使用地点是否容易。

即使这些因素消费者都可以接受，他们是否最后购买还要受到他人的态度和意外情况两个方面的影响：关系密切的人的态度有可能改变最终消费者的购买意图；一些未预料到的突发情况的出现也可能中断或改变最终消费者的购买行为。

6) 购后反应

消费者购买商品后，通过自己的使用和他人的评价，会对自己购买的商品产生购后反应(Response After Buying)。如果消费者的预期与产品的实际效用相符，他们就会感到满意；如果产品的实际效用大于消费者所预期希望的，他们就会非常满意。反之，他们则会失望或不满意。

如果消费者满意，当物品或服务耗尽或结束时消费者就会再次购买。多数情况下一种购买还会导致其他购买。例如，买了住房，导致要求购买房产保险；购买电脑，导致购买软件等；而且，还会导致那些对相同商品感兴趣的人们进行积极的交流。

如果消费者不满意，则引起更换品牌，不利沟通。不满意感往往是由于认知失调，即怀疑做出的决定是否正确。人们可能对某次购买感到后悔，或者希望另一个选择。为了克服这种失调，企业必须认识到：过程并不是随着购买就结束。随后的访问、全面的保证，以及针对购买者的广告，均能告慰消费者，减少这种心理失调。

知识拓展 4-1

认知失调

认知失调理论(Cognitive Dissonance Theory)是认知一致性理论的一种，它最早由费斯·廷格(Leon Festinger)1957 年提出。在费斯·廷格看来，所谓的认知失调是指由于做了一项与态度不一致的行为而引发的不舒服的感觉。例如，你本来想帮助你的朋友，实际上却帮了倒忙。费斯·廷格认为，在一般情况下，人们的态度与行为是一致的。例如，你和你喜欢的人一起郊游或不理睬与你有过节的另一个人。但有时候态度与行为也会出现不一致。例如，尽管你很不喜欢你的上司夸夸其谈，但为了怕他报复你而恭维他。在态度与行为产生不一致的时候，常常会引起个体的心理紧张。为了克服这种由认知失调引起的紧张，人们需要采取多种多样的方法，以减少自己的认知失调。以戒烟为例，你很想戒掉你的烟瘾，但当你的好朋友给你香烟的时候你又抽了一支烟，这时候你戒烟的态度和你抽烟的行为产生了矛盾，引起了认知失调。

(资料来源：http://wiki.mbalib.com.)

4.2.2 影响最终消费者购买行为的因素

影响最终消费者购买行为的因素很多，总体来说，可以归结为心理因素、文化因素、个人因素、社会因素和情境因素。

1. 影响最终消费者购买行为的心理因素

影响最终消费者购买行为的心理因素主要包括心理动机、心理过程和心理特征。通过对这些因素的研究，可以了解购买者行为的起因。

1) 心理动机

具体来讲，心理动机(Psychological Motive)包括需求、动机、兴趣和世界观等。需求，是指客观刺激物通过人体感官作用于人的大脑而引起的某种失衡状态。当这种状态达到一定程度时，便产生需求，而需求又引起动机，动机是引起人的行为、支配人的行为的直接原因和动力。

人们的需求不仅是多样的，而且是分层次的。美国著名心理学家马斯洛在 1954 年发表的《动机与个性》著作中提出了“需求层次论”。他认为，人类的需求可以分为由低到高的 5 个层次：生理需求、安全需求、社交需求、尊重需求和自我实现的需求。当第一个层次——生理需求得到满足后，就要求满足第二层次——安全需求，依此类推，需求层次逐步提高。当然，各种需求层次不一定严格按梯级方式出现。

根据马斯洛的这一理论，企业在进行国际营销时，应该了解目标市场的需求满足状况，哪些需求还未满足，从而有针对性地进行营销决策。

兴趣是一种对事物进行深入认知的需要。世界观则对人的需要进行调节和控制。因此，企业营销要想达到自己的目标，应设法通过一定的刺激物来引发消费者的需求及动机，引起消费者的兴趣，进而促使消费者采取购买行为。

小案例 4-2

华龙面业集团有限公司(以下简称华龙)根据农村消费者和城市消费者的不同需求，采用了不同的营销策略。针对农村市场，华龙简化了包装及调料包，以 0.6 元的低价格立足农村市场，经过三四年的发展，这家默默无闻的小企业异军突起，创下了令人吃惊的发展速度：年生产能力由 1 600 吨猛增到 16 万吨；月平均销售收入由 58 万元增到 3 400 多万元；固定资产由 218 万元飚升到 2.5 亿元；紧随“康师傅”、“统一”，位居第三位。

显然对于相对低端为了满足“生理需求”的消费者而言，购买方便面是为了填饱肚子，所以“防光照”的包装、味道再好的调料包都不能成为他们关注的焦点，相反，华龙方便面便宜的价格，产品质量有保证，这就很容易受到欢迎。而在大中城市，华龙方便面推出“今麦郎”弹面，包装、口味、产品特色都在质量的基础上有所突破，而且还聘请某知名艺人为形象代言人，这些策略就上升至第三层次乃至更高。

【分析提示】

华龙方便面营销的成功就在于充分运用了“需求层次论”，准确把握了农村消费者和城市消费者不同的需求层次，并根据不同的需求层次，结合产品特点制定了不同的营销策略。

知识拓展 4-2

马斯洛的“需求层次论”在营销学中的应用

马斯洛理论把人类的需求分为生理需求、安全需求、社交需求、尊重需求和自我实现需求 5 类，依次由较低层次到较高层次，从企业经营消费者满意(Customer Satisfaction，CS)战略的角度来看，每一个需求层次上的消费者对产品的要求都不一样，即不同的产品满足不同的需求层次。将营销方法建立在消费者需求的基础之上考虑，不同的需求也即产生不同的营销手段。

根据 5 个需求层次，可以划分出 5 个消费者市场。

(1) 生理需求→满足最低需求层次的市场，消费者只要求产品具有一般功能即可。

(2) 安全需求→满足对“安全”有要求的市场，消费者关注产品对身体的影响。

(3) 社交需求→满足对“交际”有要求的市场，消费者关注产品是否有助于提高自己的交际形象。

(4) 尊重需求→满足对产品有与众不同要求的市场，消费者关注产品的象征意义。

(5) 自我实现→满足对产品有自己判断标准的市场，消费者拥有自己固定的品牌。需求层次越高，消费者就越不容易被满足。

(资料来源：http://baike.baidu.com/view/690053.htm.)

2) 心理过程

心理过程(Psychological Process)包括认知、学习、态度及意志等。

(1) 认知(Cognitive)。是收集、整理信息的过程，也是人们解释或了解周围世界的方式。当找到选择方案时，认知在购买决策过程中就扮演了一个重要的角色。

人们每天都会接触到大量的营销刺激，不过，选择性认知帮助人们得以面对这个高度商业化的市场环境。

① 人们会非常注意例外事物。在所有感官接触到的营销刺激中，只有那些能够引起人们注意的刺激才有可能被认知。消费者的感知会变得迟钝，尤其是定期刺激之后。这种现象称为“选择性注意”。

② 接受信息时，人们会把新信息和个人现有资料进行比较，如果发现不一致，新信息可能被曲解，以顺应已建立的信念。这种现象被称为“选择性扭曲”。

③ 人们仅存自己选择性认知的信息。例如，80%的美国人无法在 24 小时后仍能记住一般性的电视商业广告。这种现象称为“选择性记忆”。

在选择性注意过程中，有很多内容值得沟通并予以把握。例如，为吸引消费者的注意力，广告应该能够深入刺激消费者寻找信息的过程。如果广告太过平常，就会被消费者所忽视。另一方面，如果广告过于复杂，就会被认为不值得花费时间和力气去研究。因此，可用模棱两可的第一印象来提高消费者的兴趣。

选择性曲解让人们认识到即使事实正确的广告信息也有可能被消费者所曲解，即传达的信息和接受的信息不一样。在设计广告信息时，需要考虑观众目前已有信息与该信息定位之间的差异。如果差异过大，较中庸的诉求可能比有戏剧性的诉求要好一些，其可信度也要相对高一点。

即使消费者没有曲解所接受到的信息，也会受选择性保留的剔除。所以，广告多次出现，反复曝光，让信息烙在消费者的记忆中。这就解释了为什么大家非常熟悉的箭牌口香糖愿意每年花费一亿美元做广告。

知识拓展 4-3

1. 选择性注意

选择性注意又称为选择性暴露，即受传者是否注意到媒介及其信息。这是受众心理选择过程的第一个环节。受众对媒介的接触具有很强的选择性，他们往往从自己原有的意见、观点和兴趣出发，将自己“暴露”在经过选择的传媒及其内容的面前。受众更倾向于接触与原有态度较为一致的信息，而尽量回避那些与己见不合的信息。这样，对传播者来说，最为重要的便是使自己所传递的信息对受众更具吸引力。

2. 选择性记忆

选择性记忆是指受众对信息的记忆也是有所选择的，这是受众心理过程的最末环节。事实上，留在人们记忆中的信息量一般会少于他们所接收和理解的信息量，他们有时甚至还竭力使自己去忘记某些信息。

3. 选择性扭曲

选择性扭曲是指人们有选择地将某些信息加以扭曲，使之符合自己的意向。

选择性扭曲是一种倾向，它将信息加以扭曲，使之合乎自己的意思，并以符合自己的预想的方式理解信息。

即使刺激引起了人们的注意也不一定能达到预期的目标。这是因为人们面对客观事物，有一种把外界输入的信息与头脑中早已存在的模式相结合的倾向。这种按人们已有的想法来解释信息的倾向，就是选择性扭曲。例如，某一商品在消费者心目中已树起信誉，形成品牌偏好，即使一段时间该品牌的质量下降了，消费者也不愿意相信；而另一新品牌即使实际质量已优于前者，消费者也不会轻易认可，总认为原先的那个品牌更好些。总之，人们倾向于用自己已有的观念解释信息，而非与自己的偏见作斗争。

(资料来源：http://wiki.mbalib.com.)

(2) 学习(Learning)。在营销中，可以直接用到的一种消费者学习理论是刺激-反应理论。根据刺激-反应理论，当某人以某种行为方式对某一刺激做出反应并且因反应正确而受奖赏或反应错误而受罚时，就会促进个体产生学习的愿望，当对某一刺激做出重复的正确反应时，就产生了行为模式，或所谓的学习。

从营销人员的角度来看，学习结果可能是消费者想要或不想要的。以想要的学习为例，营销人员需要教会消费者对某些反应做出回应。例如，超级市场的走道底部提示有特价品出售；商店橱窗告示牌指出店内有廉价品出售；报纸广告的特大商品显示其价格特别低廉等。

一旦消费者建立行为模式就有可能成为习惯，并且会替代有意识的行为。这就意味着消费者跳过购买决策过程的数个阶段，一旦认知需求后就会直接进行重复购买。

很多因素都可能影响到消费者，所以学习并不能完全预知消费者会产生哪种行为。例如，由于想转换品牌，消费者可能停止购买相同品牌的产品，或因临时缺钱或没有时间而产生不同于以往的行为。

(3) 态度(Attitude)。是以一种持续喜欢或不喜欢的方式看待事物的一种倾向。态度是从学习中来的，具有稳定性、方向性和强度，一旦形成，则直接影响人们的行为。

知道消费者的态度，但并不一定能根据其态度来预测其购买行为。有人可能喜欢某一产品，但因某些因素而无法购买。一般无法购买的原因可能是资金不够，或者想购买时该产品已经没有了。在这些情况下，购买行为和态度就不太一致了。

态度的转变可能很难或几乎不可能，可能需要耗费很多时间或金钱才能改变。当初人们认为汽车装备安全气囊是很荒谬的想法，花了很长时间才接受安全气囊，不过，现在很多人都要求必须装备安全气囊。

(4) 意志(Will)。人不仅能认识事物，还能在认识的基础上确定目标，并为实现目标而有意识地支配和调节自己的行为，这就是意志。乐观的情绪、坚强的意志能提升人们认知的积极性与创造的热情。

小案例 4-3

日本三叶咖啡店的老板发现不同颜色会使人产生不同的感觉，但选用什么颜色的咖啡杯最好呢？于是他做了一个有趣的实验：邀请了30多人，每人各喝4杯浓度相同的咖啡，但4个咖啡杯分别是红色、咖啡色、黄色和青色。最后得出结论：几乎所有的人认为使用红色杯子的咖啡调得太浓了；使用咖啡色杯子认为太浓的人数约有2/3；使用黄色杯子的感觉浓度正好；而使用青色的杯子的都认为咖啡太淡了。从此以后，三叶咖啡店一律改用红色杯子盛咖啡，既节约了成本，又使顾客对咖啡质量和口味感到满意。

【分析提示】

错觉在营销中经常会被用到，所谓错觉是歪曲的知觉，也就是把实际存在的事物被歪曲地感知为与实际事物完全不相符的事物。咖啡店老板正是利用颜色对比错觉，提高了经济效益。

(资料来源：http://baike.baidu.com/view/1790.htm.)

知识拓展 4-4

错觉在陈列中的应用

利用空间错觉，丰富商品陈列，可以降低经营成本。一位行人路过一家房顶悬挂各种灯具的商店，各式各样的灯具连成一片，璀璨夺目，吸引他不由地走了进去，看着看着才发现这个商店并不大，只是由于周围全镶上了镜子，从房顶延伸下来，使整个店好像增加了一倍的面积，由于镜面的折射和增加景深的作用，使得屋顶上悬挂的灯具也陡然增加了一半，显得丰盛繁多，给人以目不暇接之感。这就是空间错觉在商业中的妙用。在寸土寸金的商场中，如何陈列商品，直接关系到商品的销售效果。如果借鉴以上做法，在商品的陈列中充分利用镜子、灯光之类的手段，不仅能使商品显得丰富多彩，而且能减少陈列商品的数量，降低商品损耗和经营成本。在一些空间较小的区域，利用镜子、灯光等手段使空间显大，不仅能调节消费者的心情，而且也能使销售人员以好的心情为消费者服务，避免由于心情不好而造成主顾间的矛盾冲突。

(资料来源：http://baike.baidu.com/view/1790.htm.)

3) 心理特征

心理特征(Psychological Characteristics)包括能力、气质和性格等。

能力使人们可以顺利地完成自己的各种行为。气质与性格统称为人格。人格是人对事物的稳固的态度和习惯化的行为方式，是那些使人独一无二的内在、持久的心理特质的总和。有的人沉着冷静，有的人急躁焦虑，有的人坚毅果敢，有的人优柔寡断。这体现了人格的不同。人格对个体行为有着强烈的影响，一个自信且善于交际的人所购买的物品和服务及其购买方式往往不同于一个压抑、冷淡的人。

2. 影响最终消费者购买行为的文化因素

影响消费者购买行为的文化因素主要是指文化、次文化、社会阶层等。

1) 文化

文化(Culture)即作为人类在社会发展过程中所创造的物质财富和精神产品的文化，不仅表现着人类智慧和人类文明发展的历程，而且直接影响着人们的欲望和行为。影响消费者购买行为的文化因素是指消费者所形成的价值观、信仰、道德、风俗习惯，不同的价值观、道德观、信仰和风俗习惯是影响人们的消费行为的深层原因。不同群体的人们创造了自己特有的文化，同时也被自己的文化所塑造，人们通过文化学习掌握社会认为恰当的行为和信仰。中国人的行为体现出中国文化的影响。例如，多民族融合、历史悠久、家族制度、孝的文化、士的文化等这些都是典型的中国文化特征。

2) 次文化

每种文化都有很多的次文化(Subculture)组成，通常可以分为民族次文化、宗教次文化、种族次文化、地理次文化。而消费者则可以被划分为不同的次文化群体，每个群体的社会成员往往具有共同的价值观念、生活习俗和态度倾向。次文化对消费者购买行为的影响更直接更为明显。例如，在地理次文化群体中，生活在中国北方的人偏好面食和口味重的食物，而生活在南方的人偏好稻米和口味清淡的食物；中国人偏爱数字6，表示“六六大顺”，喜欢数字8，因为8同“发财”的“发”谐音，忌讳数字4。

3) 社会阶层

社会阶层(Social Class)指的是社会中根据某种等级排列的具有相对同质性和持久性的群体。由于社会阶层的不同，人们具有多种多样的经济地位、姿态及价值观，这种经济地位、姿态及价值观对他们的购买行为起着重要的影响。一般处于同一社会阶层的人们具有相似的经济地位、姿态及价值观，因此，对产品或服务、品牌及公众宣传媒体有着较类似的想法和看法。对于市场营销管理者来说，社会阶层无疑是一种进行市场细分的很好的依据和提供消费者购买行为式样的有效的工具。不同的社会发展阶段，划分社会阶层的依据是不同的。在过去，社会阶层是根据人们所拥有的财富、财产状况及社会威望来划分社会阶层的。处于不同社会阶层的人们的经济状况、兴趣和态度及价值观等各不相同。这种经济状况、态度和兴趣、价值观决定了人们购买行为的多样性。市场营销管理者应该识别不同社会阶层的消费者，以便更好地满足他们的需要。

例如，美国社会学家依据人们的贫富程度，将美国社会划分为上上阶层、次上阶层、中上阶层、中产阶层、工作阶层、次下阶层和下下阶层7个阶层。上上阶层属社会精英，生来就富有，金钱不会成为其购物的阻碍，地位稳定；次上阶层通常是商家的头脑人物或专业人士，收入较高，是自己挣来的财富，社会活动积极，地位不稳定，消费十分引人注目；中上阶层以职业为重，地位与职业和收入相关联，购买质量过硬的产品，具有体面的生活；中产阶层属典型的美国人，一般是普通收入的白领工人和高层蓝领工人，受人尊敬，有道德，做事规矩，追求拥有自己的家，关注家庭；工作阶层在工作中更多的是寻求稳定而非发展，忠于品牌并追求名牌，不特别看重地位；次下阶层多数是无技术或半技术的工作群体，收入低，生活水平刚好处于或略强于贫困线；下下阶层则是收入、受教育程度和住房条件最差的阶层。可见，不同阶层的人在消费内容、消费水平和消费偏好等方面存在着明显的区别。

小案例4-4

有一个美国商人要到东京与一家日本公司谈判签约。他的行程安排仅有一个星期的时间，要在一周内签订合同，然后返回美国。星期一，他抵达东京的第一天，日商邀请他去打高尔夫球，结果，他赢了日商两杆。星期二，他想该谈判了吧，但日商还要打高尔夫球，于是，他们又去了高尔夫球场，并且他又赢了。星期三，当日商再次提出打高尔夫球时，他有些不满，随口说道：“我们什么时候才能干正事呢？”日商大吃一惊，回答说：“我们一直在谈正事呀！”在他的坚持下，星期三他们坐在会议室开始了会谈，并于星期六签订了合同。但是，由于他急于达成协议，随着他自己确定的期限临近，不得不在一些方面做出了让步，签订了一份他并不满意的合同。

【分析提示】

商务谈判中，一般习惯于5～10分钟的寒暄后便进入谈判主题，而这对日本人来说是不太合适的。在与日本人谈判时，他们通常会将谈判地点选在饭馆、高尔夫球场等非正式场所。一位日本高级主管人员说，商务谈判中98%的话题与体育、政治和家庭有关，只有2%和商业有关。

(资料来源：http://wenku.baidu.com/view/co21d5e/9689680203d825bb.html.)

3. 影响最终消费者购买行为的个人因素

影响最终消费者购买行为的个人因素主要包括年龄和生命周期阶段、职业、经济状况、生活方式、个性和自我概念等。

1) 年龄和生命周期阶段

年龄和生命周期阶段(Age and Family Life Cycle)描述的是一个人如何从单身演变到寂寞退休生活的各个不同阶段。在各个阶段，人的需求、经验、收入、家庭构成和采取共同决策的情况是在不断变化的。对消费者购买行为的影响，在不同类型的家庭中其影响是有区别的。

一般可以将家庭生命周期分为8个阶段，不同阶段的消费需求是不同的。

(1) 单身阶段。年轻、独身几乎没有经济负担，是新观念的带头人。男人喜欢购买时尚服装、健身体育用品、音响设备、摄影器材等，女人喜欢购买化妆品、时尚服装、时尚工艺品等。

(2) 新婚阶段。年轻、无子女，购买力高。需要购买成家立业所需的各种商品。

(3) 满巢阶段1。最小的孩子不到6岁，此时是家庭用品采购的高峰期。一般需要购买洗衣机、烘干机、婴幼儿用品、玩具等。

(4) 满巢阶段2。最小的孩子在6岁以上，此时家庭经济状况得到改善。一般需要购买孩子需要的生活和教育用品(如自行车、钢琴、绘画用品、家教支出等)。

(5) 满巢阶段3。年长的夫妇和尚未独立的子女同住，全家人都有工作和收入，经济状况较好。一般需要置换家具、汽车及耐用消费品，外出旅游和购置旅游用品等。

(6) 空巢阶段1。年长的夫妇，无子女同住，仍在工作且是工作单位的骨干力量，经济状况良好。一般需要购买自我充实和提高的物品、药品、保健用品等。

(7) 空巢阶段2。年老夫妇，无子女同住，已退休，经济收入锐减，赋闲在家。一般需要购买有助于健康、睡眠、消化和护理保健用品。

(8) 鳏寡阶段。夫妇双方中的一方已故，收入减少，需求也迅速下降。一般需要维持日常生活的必需品、保健品、药品等，特别需要关心、情感和安全保障等。

2) 职业

一个人的职业(Occupation)也影响其消费模式。例如，工人一般愿意购买有实用价值的中低档商品，对高档商品有一定需求，且是保值商品(金银首饰品)；农民一般喜欢购买朴实、耐用、符合他们审美观的商品；文艺工作者一般喜欢标新立异、不落俗套、抽象、浪漫与具有特色的商品，是高档消费品的主要消费群体；知识阶层一般喜欢购买与自己的身份相符的商品，是各类专业书籍、文学艺术类商品、高中档耐用消费品和日用消费品的广大购买者。

3) 经济状况

经济状况(Economy Situation)好坏直接决定了消费者的购买力大小，从而决定他们能够购买哪些商品和购买的数量。个人经济状况主要取决于可支配收入的水平、储蓄、资产、借贷能力，以及对花费和储蓄的态度。如果某个人有足够的可支配收入、储蓄、借债能力，他更喜欢花钱而不是储蓄，那么，这个人是高档、时尚商品的购买者。

4) 生活方式

生活方式(Lifestyle)是一个人在生活中所表现出来的活动、兴趣和思想见解的综合模式。来自同一社会阶层、同一亚文化群体、甚至同一职业的消费者，可能具有不同的生活方式。例如，一个手机制造商发现其商品的目标顾客是具有成就型的知识工作者。

5) 个性和自我概念

个性(Personality)是指一个人经常的、稳定的、本质的心理特征的总和。消费者的个性是在各自市场实践活动中表现出来的、稳定的个性的特殊性。正是稳定的、各自独特的个性，构成了消费者千差万别的购买行为。例如，有些人走进商店，喜欢与售货员交谈，开玩笑，表情外露，这些人容易受售货员的宣传而购买商品。而有些人走进商店，沉默寡言、动作迟缓、内心活动复杂而感情不外露，这些人不容易受售货员的宣传而购买商品。一个人的个性通常可用自信、自主、顺从、保守、适应、交际等性格特征来描述。

自我概念或称自我形象(Self-concept)，是指个人对自己的能力、气质、个性等个性特征的自我评价。自我概念分为 3 种：第一种是理想自我概念，即他希望自己应该怎样；第二种是实际自我概念，即他如何看待自己；第三种是他人自我概念，即他认为别人如何看待自己。

例如，有些人购买服装时，只要自己认为这种服装的式样、颜色符合自己的要求，不管他人看法如何，立即购买。而有些人购买服装时，见到一种服装的式样、颜色比较符合自己的要求，他不会立即购买，先要征求其他人的意见。如果有人说不好看，他就不会购买，反之，则立即购买。可以看出，消费者在选购商品时，自我概念会影响其购买行为。

小案例 4-5

美国青年设计师巴罗士设计了一种电脑玩具，取名“椰菜娃娃”。他将“椰菜娃娃”当作有生命的孩子来看待，使购买者感到他是在“领养”而不是在购买。每个这样的玩具娃娃都各有特色，各不相同，并且各有自己的出生证，出生证上有娃娃的手印、脚印，娃娃的屁股上还有接生员的印记，一切都与真孩子出生时的境遇一样。“椰菜娃娃”出了毛病(故障)，不能去电脑铺修理，而要去专门设置的“电脑娃娃医院”挂号接受门诊。大人外出，玩具娃娃要寄放在“托儿所”。20 世纪 80 年代，美国社会离婚案件剧增，独身男女十分思念孩子。此时，“椰菜娃娃”强烈的情感化、形象化、拟人化，在一定程度上满足了独身男女在情感上的需求，他们在心理上认同这种玩具是孩子的化身。“椰菜娃娃”一上市，人们争相购买，引起轰动，单价从几美元猛涨到 25 美元，黑市中甚至高达 150 美元。设计者巴罗士亲自签名的“椰菜娃娃”单价高达 3 000 美元。

在美国，各国生产的娃娃有成百上千种，其中不乏式样美观、功能先进的玩具娃娃，为什么唯有“椰菜娃娃”供不应求，价格暴涨？

【分析提示】

“椰菜娃娃”之所以供不应求，价格暴涨，是因为巴罗士懂得：人们买它并不是在购买一种玩具，而是在满足独身男女思念孩子的情感寄托。

(资料来源：http: //www.doc88.com/p-073410707657.html.)

4. 影响最终消费者购买行为的社会因素

影响最终消费者购买行为的社会因素主要有参照群体、家庭和住户等。

1) 参照群体

参照群体(Reference Group)是指能够直接或间接影响消费者行为和价值观的群体。参照群体有 3 种类型，见表 4-4。

表 4-4 参照群体的 3 种类型

群体类型	群体人员	接触方式	影响度
主要团体	家庭成员、同窗好友、同事同窗	较亲密、直接、非正式	不断地相互影响
崇拜性群体	某一方面的专家、领袖，希望去从属	直接或间接、正式	模仿、信任
职业群体	宗教、行业协会等	直接或间接、正式	影响较少且非持续性

参照群体深深地影响着许多商品和服务的购买情形，它对消费者购买行为的影响主要有 3 个方面：一是影响消费者的生活方式，进而影响其购买行为；二是引起消费者的购买欲望，从而促成其购买行为；三是影响消费者对产品品牌及商标的选择。这些群体的影响在进行市场营销时都要考虑到。找到最能影响消费者看法的参照群体，企业就能使其战略更有针对性。

研究报告显示，在选购产品或转换品牌选择上，参照群体的口碑比广告和销售人员的作用更大，尤其信息来自于消费者认为对产品了解的人或者其信赖的人，那就更有影响力。

广告使用名人代言就是借用参照群体的影响力。职业运动员、音乐家、模特儿和演员都能对某些人群施加影响。例如，耐克公司邀请著名的自行车选手阿姆斯特朗作为代言人。

小案例 4-6

据调查，在西方发达国家，40～70 岁的中老年人才是奢侈品消费的主力。而我国奢侈品消费的主力主要集中在 40 岁以下的年轻人。他们将金钱花费在香水、服饰、手表等个人用品上。奢侈之风甚至刮进了中学校园，高二学生小黎将和同学参加香港购物游，她的购物预算为 1.5 万人民币。“女生用的化妆品档次越高，她在班上就越有面子”，小黎告诉记者。

【分析提示】

对于在校学生的奢侈品消费，复旦大学心理研究教授孙时进指出，一些经济实力并不雄厚的人群纷纷进入奢侈品消费的行列，很大程度上是受媒体渲染、身边奢侈消费者“榜样”吸引所致。热衷奢侈品消费的群体中，有一部分尚不具备奢侈品消费实力，他们购买奢侈品的目的在于效仿社会地位较高的人群，寻找一份“感觉”。

(资料来源：http://wenku.baidu.com/366d06dbd15abe23482f4df4.html.)

知识拓展 4-5

参照群体的运用

1. 名人效应

名人或公众人物，如影视明星、歌星、体育明星，作为参照群体对公众尤其是对崇拜他们的受众具有巨大的影响力和感召力。对很多人来说，名人代表了一种理想化的生活模式。正因为如此，企业花费巨额费用聘请名人来促销其产品。研究发现，用名人做支持的广告较不用名人的广告评价更正面和积极，这一点在青少年群体上体现得更为明显。

运用名人效应的方式多种多样。例如，可以聘请名人作为产品或企业的代言人，即将名人与产品或企业联系起来，使其在媒体上频频亮相；也可以聘请名人做证词广告，即在广告中引述广告产品或服务的优点和长处，或介绍其使用该产品或服务的体验；还可以采用将名人的名字使用于产品或包装上等做法。

2. 专家效应

专家是指在某一专业领域受过专门训练、具有专门知识、经验和特长的人。医生、律师、营养学家等均是各自领域的专家。专家所具有的丰富知识和经验，使其在介绍、推荐产品与服务时较一般人更具权威性，从而产生专家所特有的公信力和影响力。当然，在运用专家效应时，一方面应注意法律的限制，例如，有的国家不允许医生为药品做证词广告；另一方面，应避免公众对专家的公正性、客观性产生质疑。

3. “普通人”效应

运用满意顾客的证词证言来宣传企业的产品，是广告中常用的方法之一。由于出现在荧屏上或画面上的证人或代言人是和潜在顾客一样的普通消费者，这会使受众感到亲近，从而使广告诉求更容易引起共鸣。例如，宝洁公司、北京大宝化妆品有限公司都曾运用过“普通人”证词广告，应当说效果还是不错的。还有一些公司在电视广告中展示普通消费者或普通家庭如何使用广告中的产品解决遇到的问题，如何从产品的消费中获得乐趣等。由于这类广告贴近消费者，反映了消费者的现实生活，因此，它们可能更容易获得认可。

4. 经理型代言人

自20世纪70年代以来，越来越多的企业在广告中用公司总裁或总经理作为代言人。例如，克莱斯勒汽车公司的前总裁李·艾柯卡(Lee Iacocca)在广告中对消费者极尽劝说，获得很大成功。同样，雷明顿(Remington)公司的执行总裁维克多·凯恩(Victor Kiam)，马休特连锁旅店的老总比尔·马休特(Bill Marriott)均在广告中促销其产品。我国桂林三金药业股份有限公司，在其生产的桂林西瓜霜上使用公司总经理和产品发明人邹节明的名字和图像，也是经理型代言人的运用。

(资料来源：http://wiki.mbaib.com.)

2) 家庭和住户

家庭和住户(Family and Household)是具有血缘、婚姻或领养关系的两个以上个体居住在一起所组成的基本社会单位。人一生大多会经历两个家庭(即出生家庭和婚姻家庭)，甚至经历更多家庭。出生家庭对人的主要价值观和态度有决定性影响，而婚姻家庭在特定购买上具有更直接的影响力。例如，家庭规模对汽车购买就存在很重要的影响。

在消费品市场中，消费者的购买活动80%以上是以家庭为中心开展的，家庭对消费者的购买行为和购买习惯的形成，有着不可低估的影响。

(1) 老年人在购买决策中起的作用。老年人在家庭中有特殊的地位，在家庭购买决策中有不可忽视的作用。老年人若文化素养较高，在家庭购买决策中有较大发言权；老年人若经济收入较高，特别是对家庭购买某些商品有较大补贴作用时，则对是否购买及购买何种品牌商品有较大影响力。一般来说，在购买传统商品时，家庭其他成员愿意听取老年人的意见。老年人由于年龄大，行动不便，实际购买职能一般不由他们执行，并且随着年龄的增长，影响力日趋下降。

(2) 丈夫和妻子对购买决策的作用。丈夫和妻子是家庭经济收入的主要来源，并掌握着家庭经济权，因而他们对购买决策有举足轻重的作用。随所购商品的不同而不同，多为丈夫使用的商品，丈夫的决策影响力大；多为妻子使用的商品，妻子的决策影响力大。

(3) 孩子对购买决策的作用。孩子是一个家庭的希望和未来，特别是独生子女家庭。孩子在3岁以前，各种商品的购买均是家长做主。从3岁开始，孩子的自我意识逐渐增强，对某些商品的购买有了一定的要求。随着年龄的增长，购买商品的独立意识进一步增强，当家长想要给孩子购买某种商品时，孩子希望按自己的要求进行选择。因此，孩子的选择对家庭购买决策产生影响。

5. 影响最终消费者购买行为的情境因素

人们常常会发现自己所处的环境对购买行为有着很大的影响。例如，休假时所买的纪念品回到家后就有可能觉得不合适。这就是情境影响的作用。所谓情境影响因素，即在购物环境下的临时性力量，这种因素也会影响消费者的购买行为。

1) 购物环境

购物的实体环境与人的感觉相关，如灯光、气味、气温与声音。在商店设计中，背景音乐设计非常重要。根据一项对超市购物者的实验表明，背景音乐节拍对购物者行为的影响非常大，虽然购买者几乎不会注意背景音乐，但在慢节奏音乐背景下的销售量比快节奏要多出38%。

购物环境(Shopping Environment)包括了购物场所其他消费者的特征和行为。例如，你可能不会去一家客人很少的餐厅用餐；在一家人潮拥挤的商店，你可能会少问店员一些问题，比较商品的时间也会相应少许多。

2) 购物条件

购物条件(Shopping Conditions)及消费者愿意参与的与交易有关的活动都将影响消费者的购买行为。例如，过去只有高价商品零售店才会提供信用卡付款服务，而今天顾客可以在很多商店使用信用卡消费。消费者使用信用卡不仅是因为可以分期付款，更多是为了方便。

有些企业在试验将一些销售功能或活动转移给消费者。例如，消费者越来越愿意自行组装产品，愿意购买整箱产品，这都是为了省钱的缘故。

3) 购物心情

有时消费者会因临时的突发情况而改变购买决策。例如，在生病或害怕迟到时，你可能不愿意排队或不在意使用某项附加服务。很显然，购物心情(Shopping Mood)好坏会影响购买决策，生气或兴奋时可能会购买一些原本不会购买的产品。例如，在摇滚音乐会上，你可能会比平时愿意花更多的金钱购买一件T恤衫留念。

任务4.3 分析国际市场组织机构消费者

最终消费者的购买是为了个人、家人或家居生活之用，而组织机构消费者(Organization Consumer)采购物品和服务是为了进一步生产、投入使用，或再销售给他人。组织机构消费者可以划分为4个主要类别：生产商、中间商、政府或其他非营利性机构。他们与最终消费者的购买行为有很大的区别，具体见表4-5。

表 4-5　组织机构消费者与最终消费者的区别

采购差异
(1) 组织机构消费者的采购为的是进一步生产、经营使用或转卖给他人，而最终消费者的采购则是为个人、家人或居家使用。 (2) 组织机构消费者通常采购设备、原材料或半成品，而最终消费者却很少采购这些商品。 (3) 组织机构消费者采购常常参考规格和技术资料，而最终消费者常常参考的是说明、时尚和风格。 (4) 组织机构消费者比最终消费者更经常地采用多重采购和依据小组决策采购。 (5) 组织机构消费者更适合于使用正式的价值和卖家分析。 (6) 组织机构消费者更经常地租赁设备。 (7) 组织机构消费者更频繁地采用竞争性投标和谈判
市场差异
(1) 组织机构消费者从最终消费者身上衍生获得需求。 (2) 组织机构消费者需求状态比最终消费者的需求更容易有周期性波动。 (3) 组织机构消费者同最终消费者相比，数量上更少，地理位置更集中。 (4) 组织机构消费者通常雇有采购专家。 (5) 与面向最终消费者的营销相比，要求较短的分销渠道。 (6) 组织机构消费者可能要求同卖家有特殊的关系。 (7) 组织机构消费者与最终消费者相比，更有可能自己生产产品和承担服务，以替代采购物品和服务

(资料来源：刘红燕. 国际市场营销新教程[M]. 北京：中国劳动社会保障出版社，2002.)

4.3.1　作为消费者的生产商的购买行为

生产商就是生产产品或提供服务的工商企业。组成生产商市场的主要行业包括农业、林业、渔业、采矿业、制造业、建筑业、运输业、通信业、金融业、服务业。

1. 生产商的购买决策

1) 购买决策的参与者

生产商对生产资料的购买，一般由专职的采购员和非专职的采购员组成“采购中心”。而企业的“采购中心”一般由下列 5 种人组成：使用者、影响者、采购者、决定者、控制者。应该指出的是，并不是所有的企业采购任何产品都必须有上述 5 种人员参加决策。一个企业的采购中心的规模和参加的人员，会因欲购产品种类的不同和企业自身规模的大小及企业组织结构不同而有所区别。

2) 购买决策的过程

生产商购买生产资料与最终消费者购买消费资料一样，也有决策过程，但没有一个统一的模式支配所有生产商的实际购买过程。一般认为，生产商的购买过程分为 8 个阶段。

(1) 提出需要。研究并提出本单位需求，提出解决方案。

(2) 确定需要。指确定所需产品的数量和要求。

(3) 产品规格。指由专业技术人员对所需产品的规格、型号、功能等技术指标做具体分析，并做出详细的说明，供采购人员参考。

(4) 物色供应商。为了选购满意的产品，采购人员要通过工商企业名录等途径，物色服务周到、产品质量高、声誉好的供应商。

(5) 征求报价。对已物色的多个候选供应商，购买者应请他们提交供应建议书，尤其是对价值高的产品，还要求他们写出详细的说明，对经过筛选后留下的供应商，要他们提出正式的说明。

(6) 选择供应商。在收到多个供应商的有关资料后，采购者将根据资料选择比较满意的供应商。

(7) 发出正式订单。当供应商选定后，企业便向他们发出写有所需产品规格、数量、交货日期、退货、保修等内容的正式订货单。

(8) 购后评价。产品购进后，采购者还会及时向使用者了解其对产品的评价，考查各个供应商的履约情况，根据了解和考查的结果，决定今后是否继续采购该供应商的产品。

2. 生产商的购买行为

1) 生产商购买活动的主要类型

按购买情形来划分，生产商市场的购买活动主要有 3 种基本类型。

(1) 新购(New Purchase)。是生产企业第一次采购某种产品或服务。新购风险大，费用较高，决策过程也比较复杂，要经过上述 8 个阶段。新购必须在调查研究的基础上进行分析论证，特别是从国外购买，更需要在广泛与外国供应商磋商的基础上进行可行性论证。对于国际营销者来说，新购为其带来了市场机会，是其营销活动的重点对象。作为供货方，应和新购生产商进行深入的接触，解答购买者提出的疑问，耐心地与购买者磋商，并充分宣传自己的产品，以促使交易成功。

(2) 直接重购(Direct Repurchase)。指生产商的采购部门根据过去的一贯性需要，按原有的订货目录供应关系所进行的重复购买。由于这类购买是惯例性的，决策简单，投入的人力、物力、财力也较少。这种购买表明供求双方有良好的业务关系。从国际营销的角度看，寻求长期稳定的重复购买者，是国际营销者的重要任务。

(3) 修正重购(Correction Repurchase)。指生产商为取得更好的采购效果而进行的修正采购方案，如改变产品规格、型号、价格、数量或其他条件，或采用新的供应商等情形。修正重购给原来的供应商造成了威胁，为新的供货者带来了机会，供应商的竞争更加激烈。

2) 影响生产商购买行为的因素

生产商在做出购买决定时，受到许多因素的影响，美国的韦伯斯特(Webster)和温德(Wende)将影响生产者购买行为的各种因素概括为 4 个主要因素，即环境因素、组织因素、人际因素和个人因素。

(1) 环境因素(Environmental Factors)。在影响生产商购买行为的诸多环境因素中，经济环境是主要因素。生产资料购买者受当前经济状况和预期经济状况的严重影响。当经济不景气或前景不佳时，生产者就会缩减投资，减少采购，压缩原材料的库存。此外，生产资料购买者也受科技、政治和竞争发展的影响。营销者要密切注意这些环境因素的作用，力争将问题变成机遇。

(2) 组织因素(Organizational Factors)。每个企业的采购部门都会有自己的目标、政策、工作程序和组织机构。生产商市场营销者应了解并掌握购买者企业内部的采购部门在它的企业中处于什么地位：是一般的参谋部门，还是专业职能部门；它们的购买决策权是集中决定还是分散决定；在决定购买的过程中，哪些人参与最后的决策等。只有对这些问题做到心中有数，才能使自己的营销有的放矢。

(3) 人际因素(Social Factors)。是企业内部的人事关系的因素。生产资料购买的决定，是由公司各个部门和各个不同层次的人员组成的“采购中心”做出的。“采购中心”的成员由质量管理者、采购申请者、财务主管者、工程技术人员等组成。这些成员的地位不同、权力各异，他们之间的关系亦有所不同，而且对生产资料的采购决定所起的作用也不同，因而在购买决定上呈现较纷繁复杂的人际关系。生产资料营销人员必须了解用户购买决策的主要人员、他们的决策方式和评价标准、决策中心成员间相互影响的程度等，以便采取有效的营销措施，争取用户的光临。

(4) 个人因素(Individual Factors)。生产商市场的购买行为虽为理性活动，但参加采购决策的仍然是一个一个具体的人，而每个人在做出决定和采取行动时，都不可避免地受其年龄、收入、所受教育、职位、个人特性及对风险态度的影响。因此，市场营销人员应了解生产商市场采购员的个人情况，以便采取“因人而异”的营销措施。

4.3.2 中间商的购买行为

中间商是指在制造商与消费者之间“专门媒介商品交换”的经济组织或个人。中间商可以按照不同的标准进行分类，按照中间商是否拥有商品所有权，可将其划分为经销商和代理商；按照销售对象的不同，中间商被分为批发商和零售商。

1. 中间商采购决策的参与者

(1) 企业的最高管理层：可以决定转卖商品类别和购买规模。

(2) 采购部门：负责向谁采购、采购何种货色商品等。它们利用一些掌握市场行情和本单位经营状况的专家对有关产品和供应商进行评估和筛选。

(3) 营业员和客户，他们提出的建议也会影响决策。

2. 中间商采购决策的内容

中间商首先是顾客的采购代理，然后才是生产者的销售代理。因此，中间商必须按照顾客的要求来制订采购计划，指导购买决策行为。

中间商的采购决策内容主要包括经营范围与产品搭配、采购价格和采购条件及供应商的选择等。其中，经营范围与产品搭配主要有 4 类：一是独家搭配，即只经营一家厂商所生产的各种规格、型号的产品。例如，家电商店只经营海尔空调。二是深度搭配，即经营许多厂家所生产的同类产品。例如，某家电商店经销海尔、春兰、格力等各种品牌空调。三是广泛搭配，即经营多种系列的产品，但并没有超越中间商经营的正常范围。例如，某商店不但经销空调，而且经销电视机、冰箱、微波炉等产品。四是混合搭配，即同时经营许多互不相关的产品。例如，某家电商店还经营自行车、摩托车等产品。

中间商的产品搭配是最重要、最基本的购买决策，它会影响中间商的供应商组合、市场营销组合和顾客组合。

3. 中间商采购的类型

(1) 忠诚采购者即年复一年地忠实于同一货源，不轻易更换供应者。

(2) 机会采购者即善于从备选的货源中选出符合企业长期利益和发展前途的供应者。

(3) 最佳交易采购者即专门选择在一定时间内能够给予最佳交易条件的供应者成交。

(4) 创造型采购者即经常对交易条件提出一些创造性的想法并要求供应商接受的采购者。

4.3.3 作为消费者的政府与非营利性机构的购买行为

1. 政府与非营利性机构购买行为的特点

政府和非营利性机构(Non-profit Institutions)的购买行为都是为了维持正常运作和履行职能而购买产品和服务。其购买具有以下特点。

1) 购买受预算制约

预算决定了政府或社会集团的购买总量及购买结构，并且这一总量和结构具有法律意义。

2) 需求基本上是一种最终需求

政府和非营利性机构的购买是为了保证实现其职能的需要，是一种社会消费，从其性质上来看和个人消费本质上是一样的。因此，它和个人消费品市场一样，是一种最终消费。

3) 购买目的的非营利性

政府或非营利性机构的购买是为了完成一定的国家职能或社会职能，其购买目的主要是考虑社会利益，而不是为了自己本身能否赢利。

4) 政府购买受国际政治局势影响较大

政府作为社会公共利益的代表，其购买受社会政治经济局势影响较大。例如，国际政治局势趋紧，或者出现战争威胁时，对军用物资的购买就会增加。如果受到世界经济衰退的威胁，政府可能会通过购买国货计划，或利用互购方式增加对本国产品的购买。

5) 政府购买的倾向性

由于政府购买往往倾向于照顾本国的企业，所以许多跨国企业总是与东道国的供应商联合投标。

6) 政府和非营利性机构购买受社会的监督

各级政府与社会团体的购买活动都或多或少地受到本国企业和有关团体的监督，但由于社会制度的不同，其受社会监督和检查的程序也就不同。因而政府购买的程序和公开化程度在不同的国家往往有很大区别。这也是国际营销者必须注意的问题。

2. 政府与非营利性机构购买的主要决策者

政府与非营利性机构的购买决策体系比其他类型的购买决策体系更为复杂，其复杂性并不在于具体的购买过程，而是在于确定购买多少及购买什么的预算的制定过程中，这个过程是由一定的政治程序来完成的。一般地讲， 参与这个决策体系的人员主要有以下几种。

1) 编制预算的行政官员

编制预算的行政官员主要包括各级行政长官及议会的预算委员会官员等，他们是直接编制预算的人员，因而对预算有较大影响。

2) 各利益集团的代表

在西方各国，这种利益代表是由议会来体现的。他们负责编制或审查、通过或批准预算，因而对预算安排具有较大影响力。

3) 各利益集团的院外活动人员

这些人员代表各利益集团对各级政府官员、政策决策者及预算编制者进行游说活动，以使预算安排符合自己所代表的集团的利益。上述人员在决定政府与其他非营利性机构购买对象和购买数量方面起决策作用，但其具体购买的实现则主要由预算执行单位的首脑、有关技术人员、采购人员及使用人员发挥作用。

3. 政府与非营利性机构购买的方式

1) 公开招标

公开招标(Open Tender)就是政府或社会团体的采购部门或代理机构在报纸上刊登招标广告，或直接向潜在供应商发出邀请函，说明拟购买商品的品种、规格、数量、交货时间等具体要求，约定招标有效期，邀请供货厂商投标。参加投标活动的厂商，应在规定的有效期内填写标书，密封后交给招标者。招标者在约定的日期开标，选择中标厂商。

2) 协议合同

协议合同(Agreement Contract)就是政府或非营利性机构采购部门与一家或几家公司接触，并就项目和交易条件与其中一家公司进行直接谈判。这种采购类型主要发生在与复杂项目有关的交易中，经常涉及巨大的研究与开发费用及风险，或发生在缺乏有效竞争的场合。合同方式有多种多样。当供应商的利润显得过高时，则合同履行情况可公开复审或重新谈判。

3) 零星采购

零星采购(Sporadic Stock)方式主要适用零星项目的购买，或日常用品的购买。

政府与非营利性机构的购买受到环境、组织、人际和个人因素的影响，政府采购的独特之处在于它受到外界公众的密切关注。由于政府支出决策要受到公众的评论，所以政府组织要做大量文书工作，在批准采购之前，必须填写并签署一些内容详尽的表格。同时，它们也经常要求供应商提供大量的书面材料。供应商应该尽可能地了解、掌握这些规则，并设法找到突破繁琐程序的捷径。另外，非经济标准在政府采购中的作用日益加强，要求政府采购者支持不景气的工商企业和地区、小型工商企业，以及那些废除了种族、性别、年龄歧视的工商企业，销售商在决定同政府进行业务来往时需要牢记以上这些因素。

从国际营销的角度来讲，企业应注意收集政府或非营利性机构的购买信息，并采取相应的营销策略，以期成为政府或非营利性机构购买的供货者。

知识拓展 4-6

招　标

招标(Invitation to Tender)是指招标人(买方)发出招标通知，说明采购的商品名称、规格、数量及其他条件，邀请投标人(卖方)在规定的时间、地点按照一定的程序进行投标的行为。招标方式分为公开招标、邀请招标和议标。

公开招标，又叫竞争性招标，即由招标人在报刊、电子网络或其他媒体上刊登招标公告，吸引众多企业单位参加投标竞争，招标人从中择优选择中标单位的招标方式。按照竞争程度，公开招标可分为国际竞争性招标和国内竞争性招标。

邀请招标，也称为有限竞争招标，是一种由招标人选择若干供应商或承包商，向其发出投标邀请，由被邀请的供应商、承包商投标竞争，从中选定中标者的招标方式。

议标也被称为非竞争性招标或指定性招标，由业主邀请一家最多不超过两家知名的单位直接协商、谈判。这实际上是一种合同谈判形式。

知识拓展 4-7

歧视性政府采购政策

歧视性政府采购政策(Discriminatory Government Procurement Policy)又称为“购买国货政策”(Buy-National Policies)，是指一些国家通过法令或虽无法令明文规定，但实际上要求本国政府机构在招标采购时必须优先购买本国产品，从而导致对国外产品歧视与限制的做法。

主要发达国家都有相应的歧视性政府采购政策规定。美国从 1933 年开始实行，并于 1954 年和 1962 年两次修改《购买美利坚合众国货法案》(*Buy American Act*)就是一例。该法案规定凡是美国联邦政府所要采购的货物，应该是美国制造的，或是用美国原料制造的。只有在美国自己生产的数量不够，或者国内价格过高，或者不购买外国货物就会损害美国利益的情况下，才可以购买外国货物。为了达到限制进口的目的，美国国防部和财政部甚至往往采购比进口货物贵 50%的美国货。由于发达国家政府采购的数量非常庞大，因此，这是一种相当有效的限制进口的非关税壁垒措施。英国限定通信设备和电子计算机要向本国公司采购。日本也有几个省规定，政府机构需用的办公设备、汽车、计算机、电缆等不得采购外国产品。

为限制各成员运用歧视性政府采购政策限制进口，关税与贸易总协定(GATT)在东京回合多边贸易谈判中制定了《政府采购协议》，该协议现已成为世界贸易组织框架下的多边协议之一。

(资料来源：http://baike.baidu.com/view/144430.htm.)

『项目实例』

宜家公司中国的消费者购买行为分析报告

1. 宜家公司简介

1943 年，17 岁的英格瓦·坎普拉德(Lngvar Kamprad)在瑞典南部的斯马兰创建了宜家公司(以下简称宜家)。1951 年，英格瓦集中力量生产低价格的家具，为人们今天所熟知的宜家从此诞生了。1974—2005 年，宜家已经从拥有 10 家店铺，扩大至在 34 个国家拥有 251 家店铺，销售额达 138 亿欧元的大型家具零售企业。如今宜家在全球的 65 个国家设有工厂，有 2 500 多家供货商。1998 年 1 月，宜家在中国的第一家店——上海店开业。经过 10 余年的发展，宜家在中国市场取得了骄人的业绩，在上海、北京、广州等地建立了 7 家商店。

2. 中国家居市场现状

1) 市场状况

中国家具市场规模庞大，按“生产产值＋进口－出口”的简单公式推算，2001 年内地家具市场规模约为 1 092 亿元人民币(工业生产值 1 400 亿元，进口 21 亿元，出口 329 亿元)。近年内地房地产热和住宅装修热带动了家具需求的上升。

当时，内地人均家具消费仅 5.48 美元，即使是人均收入较高的上海、北京、广东，人均家具消费也仅 32 美元、24.5 美元和 13 美元。而人均家具消费最高的德国达到了 371 美元，亚洲地区人均家具消费最高的新加坡达到了 233 美元，我国香港地区和台湾地区分别达到了

80美元和54美元，即使菲律宾和马来西亚也有24美元和14美元，相对于这些国家和地区，内地人均家具消费明显偏低，随着经济的高速发展，内地家具市场极具发展前景。

2) 竞争形势

内地家具市场主要以国产家具为主，约占90%，家具工业的区域经济特征十分明显，生产企业主要分布在华南、华东、华北和东北等地区，尤以广东省最为集中。2000年广东省有家具生产企业6 000多家，占全国家具生产企业单位数的12%，工业总产值达360亿元，占全国家具工业总产值的30%，家具出口18亿美元，占全国家具出口总额的50.5%，其他主要的家具生产基地还有浙江、福建、上海、江苏、天津、山东、北京、辽宁和吉林等。

2002年以来，内地进口家具关税已经从2001年的22%降至2002年的11%，依照业内许多人的推断，这样一来国外家具一定会大幅度涌入内地，对内地企业和市场造成直接威胁。但令人奇怪的是，国外家具进口非但没有增长，反倒减少了：2002年1—4月内地家具出口18.3亿美元，同比出口增长30.2%；进口4 080万美元，同比进口减少了23.65%。又据公布，一直是内地家具行业弱项的办公家具，2002年1—4月也呈现出10%以上的增长。据分析，办公家具生产出口呈上升趋势，与办公条件的改善和互联网促进办公方式的改变相一致。

3. 中国消费者购买行为分析

随着中国经济的飞速发展，大众在满足了基本温饱需要后，继而转向更高的精神层面的需求。消费者需要的不仅是产品与服务，而且是一种精神层面的深刻的愉悦体验，是他们愿意花高出产品或服务本身价值几倍甚至几十倍的价钱去购买的一种感觉。这符合中国消费者现今的品位和需要，所以体验营销显得日益重要。

1) 分析中国最终消费者购买行为的过程

消费者购买决策的过程一般分5个阶段：确认问题，信息收集，备选产品评估，购买决策，购后过程。

在确认问题阶段，根据消费者的需要，体验营销的内容和目标得以确定，进而设计诱因，增强刺激，使消费者对本品牌有所关注。

在信息收集阶段，营销人员的任务是：①了解消费者的信息来源；②了解不同信息来源对消费者的影响程度；③设计信息传播策略，通过邮寄手册，制作并播放52集的电视系列片“宜家美好生活”，每周一集，每集8分钟，解决观众在家居装饰中经常遇到的难题，使其在轻松愉快的气氛中更加了解宜家的产品和服务，欣赏宜家的创意，获得灵感。这是宜家进驻中国市场4年以来首次使用电视这一媒介，这一步是宜家管理层经过深思熟虑后才做出的，同样这也是宜家扩大市场份额的需要。

在备选产品评估阶段，体验式营销通过使消费者在卖场进行全面的亲身体验，例如，拉开抽屉、打开柜门、在地毯上走走、试一试床和沙发是否坚固等，使其对其他产品的评价行为的要求更高，有利于产品的销售。

在购买决策阶段，消费者的购买意向虽已形成，但是否实际购买还有其他因素影响，如他人的态度和意外因素，体验式营销有利于获得他人的赞美和认可，销售人员向服务人员的转变使得消费者的不满意度下降，售货员的全程陪同无非在顾客需要时提供同样的信息和一些顾客不需要的东西。这样的服务方式除了使顾客有一个轻松自在的购物经历、增加了从购物过程中所获得的满足感和成就感，也降低了对销售人员的需求，降低了销售费用，这样就更好地抓住了顾客的心，得到了他们的认同，坚定了他们购买此商品的信念，为企业创造更高的效益。

在购后过程阶段，因为消费者是亲身试用要购买的产品，近距离接触和使用，保养、安装产品等的说明使得他们全方位地了解所买商品，这样就很少会出现售后顾客对质量、性能、外观、价格等的不满，会减少售后维修、退货等费用，最重要的就是使宜家的信誉和知名度激增，易吸引更多的潜在消费者。

2) 分析影响中国消费者购买行为的因素

(1) 体验式营销。宜家鼓励顾客在卖场“拉开抽屉，打开柜门，在地毯上走走，或者试一试床和沙发是否坚固”。这种方式叫做“体验式营销”或叫“朋友式营销”。宜家的这种证明自身产品质量过硬的手段完全抓住和满足了具有生理需要的消费者的需求，获得了良好的口碑，为其树立了品牌形象。

(2) 宜家的产品做得非常的人性化和精致。宜家的产品充分考虑到使用的方便性和舒适性，且风格独特，这是宜家开展体验式营销有力的产品设计能力，符合现代社会人们的个性化需要。

(3) 拒绝主动服务，让顾客了解更多。拒绝主动服务，给顾客营造轻松氛围，顾客信息指导，让顾客了解更多，这无疑使顾客的社会需要、尊重需要和自我实现需要得以实现，顾客自然想要购买宜家的产品。

(4) 构建愉快的购物环境。宜家规划了婴儿换衣房、儿童娱乐区域和餐厅，还有适合中国人口味的食品。这些无一不让顾客深深体验着宜家购物的美妙过程。

3) 分析消费者购买行为的类型

顾客购买家具的行为是属于减少失调感的消费者购买类型。减少失调感的消费者购买行为指消费者并不广泛收集产品信息，也不精心挑选品牌，购买决策过程迅速而简单，但是在购买以后会认为自己所买产品具有某些缺陷或其他同类产品有更多的优点，进而产生失调感，怀疑原先购买决策的正确性。此类产品价值高，不常购买，但是消费者看不出或不认为某一价格范围内的不同品牌有何差别，无需在不同品牌之间精心比较和选择，购买决策过程迅速，可能会受到与产品质量和功能无关的其他因素的影响。例如，价格便宜、销售地点近而决定购买。购买之后，会因使用过程中发现产品的缺陷或听到其他同类产品的优点而产生失调感。

(资料来源：http://wenku.baidu.com/view/c02112697e21af45b307a862.html.)

『项目复习』

- 最终消费者的购买行为可以分为复杂的购买行为、寻求心理平衡的购买行为、寻求多样化的购买行为和习惯性的购买行为 4 种。
- 人们在一项购买决策过程中可能充当以下角色：发起者、影响者、决策者、购买者和使用者。
- 最终消费者的购买行为是消费主体的一种刺激-反应过程。它由一系列反应动作和活动构成，包括刺激—认识需求—收集信息—方案评估—购买决定—购后反应几个阶段。
- 影响消费者购买行为的因素很多，总体来说，可以归结为心理因素、文化因素、个人因素、社会因素和情境因素。
- 分析国际市场微观环境，要综合考虑企业内外部因素，并熟练运用 SWOT 分析法，画出 SWOT 矩阵图进行分析。
- 分析国际市场消费者购买行为，首先要将消费者分为最终消费者和组织机构消费者，然后再根据各自的分析方法进行分析。

『职业能力训练』

一、选择题

1．需求层次理论是20世纪50年代由美国心理学家(　　)提出的。

A．波登　　B．赫杰特齐　　C．马斯洛　　D．温德尔·斯密

2．人们在社会中生活，每个人都希望有亲人，希望有知心朋友，希望获得关怀和友谊，这属于马斯洛需求层次理论中的(　　)。

A．生理需求　　B．安全需求　　C．社交需求　　D．尊重需求

3．消费者购买行为过程的起点和终点是(　　)。

A．一手钱一手货，交换结束，购买行为就结束

B．从顾客向售货员询问到交易完双方道别

C．从走进商店到交易完走出商店

D．从刺激认识需求到对所买商品的最终评价

4．下列(　　)因素属于影响消费者购买的社会因素。

A．消费者的年龄　B．角色　　C．生活方式　　D．社会阶层

5．在消费者购买决策中，对是否买、为何买、如何买、何处买等购买决策做出最终决定的人是(　　)。

A．购买者　　B．发起者　　C．使用者　　D．决策者

6．一般来说，消费者经由(　　)获得的信息最多。

A．公众来源　　B．个人来源　　C．商业来源　　D．经验来源

7．西方人婚礼喜欢穿白色的礼服，而中国人偏爱红色，这是在(　　)差异上的表现。

A．亚文化　　B．文化　　C．观念　　D．个性

二、判断题

1．参照群体是影响消费者行为的一个重要的文化因素之一。　(　　)

2．社会阶层是相对同质但相对不稳定的群体。　(　　)

3．寻求心理平衡的购买行为一般发生在购买昂贵、品牌差异大的产品时。　(　　)

4．复杂的购买行为在做出购买决策时比较谨慎，进行选择的时间也比较长。　(　　)

5．消费者一旦购买了商品就意味着购买行为过程的结束。　(　　)

6．一般而言，人类的需要由低层次向高层次发展。　(　　)

7．选择性记忆是指人们倾向于记住和保留那些与其态度和信念相一致的信息。　(　　)

8．消费者对经验来源、大众来源的信息最为相信，然后是个人来源，最后才是商业来源。　(　　)

9．消费者对其购买产品的满意程度直接决定着以后的购买行为。　(　　)

10．消费者市场就是最终产品市场。　(　　)

11．不同亚文化群的消费者生活方式相同。　(　　)

三、思考题

商场环境有3个决定因素：商场选址、商场布局和商场内部刺激物，请结合自己的购物经历，分析商场环境对消费者的购买行为的影响。

四、实训题

汽车消费购买行为

一直以来，跑车为大多数消费者特别是年轻人所青睐。但由于跑车价格不菲，所以许多消费者难以实现其消费愿望。1964 年福特公司推出了一种经济型轿跑车“野马”，该品牌车上市价格仅为豪华跑车价格的 1/3 左右，一时赢得了消费者的认可，取得了很好的销售成绩。之后，通用、克莱斯勒公司均以多款轿跑车陆续投放市场，但福特的“野马”车 40 年来一直是领军品牌，至今仍雄踞全球跑车单品牌车销售量的榜首。

我国同样有不少酷爱跑车的消费者，但是进口跑车价格十分昂贵，对此吉利控股集团推出了经济型跑车。这种跑车具有相当低的价位，性价比很高，具有找空隙进入市场的营销思路和满足这类消费群体意愿的服务理念，因此也受到了消费者的喜爱。

桑塔纳轿车系列被俗称为“普桑”的老车型，虽然属于淘汰车型，但现在每年仍然可以销售 10 万辆左右，市场占有率较大。这就是具有保守性购买动机的消费群体的消费区域。“普桑”的价格已降低了一半多，生产成熟，品质稳定，而且消费者购买中级车会享受经济车的消费，维修市场零配件充足适宜，维修工对车型最为熟悉， 另外车型老、不起眼，用得安心、放心。

在对购买汽车 90 天内同品牌每百辆车出现缺陷数的统计中，最初奔驰品牌缺陷数量少，很快日本的凌志成为最佳，美国汽车也通过努力赶到前面。但是奔驰在人们心目中依旧是第一品牌汽车，2001、2002 年奔驰的品牌价值均在 210 亿美元以上。

20 世纪 80 年代末，日产汽车公司在美国市场推出豪华轿车“无限”(Infinity) 。在电视广告中见不到靓丽的车型，代之以反复呈现的大自然、原野、雷雨、大海和森林。广告词则为“所谓的豪华是指一种多彩的自然感觉， 所谓的美是指一种密切的个人关系”。这种在视觉、听觉上给予的豪华和美丽观念给许多消费者留下了深刻的印象，这正符合他们的信念。Infinity 轿车从此屡屡名列美国各品牌轿车年销售量的榜首或前几名。

思考：

请根据以上资料分析汽车消费的购买类型和不同购买类型的消费心理。

项目5　选择国际目标市场

『项目目标』

知识目标

1. 了解市场细分的含义、作用和原则。
2. 掌握市场细分的标准、方法及步骤。
3. 掌握目标市场选择策略。
4. 熟悉市场定位的方法。
5. 掌握市场定位的操作步骤及策略。

实训目标

1. 通过市场细分方法的学习，具备进行有效市场细分的能力。
2. 通过国际目标市场选择方法的学习，具备选择国际目标市场并制定国际目标市场策略的能力。
3. 通过定位方法和步骤的学习，具备确立产品及品牌市场定位的能力。
4. 通过项目实训的学习，具备撰写《国际目标市场选择与定位报告》的能力。

『项目实训』

实训项目

撰写《A公司中国目标市场选择与定位报告》。

实训背景

根据对中国市场环境和消费者购买行为的分析，运用市场细分、目标市场选择与定位的方法对中国市场进行细分、选择与定位，撰写《A公司中国目标市场选择与定位报告》。

实训内容

1. 运用市场细分的方法对消费者市场进行明确细分。
2. 选择A公司在中国的主要目标市场。
3. 各项目组进行所选择产品的定位。
4. 确定A公司市场定位策略。

实训步骤

1. 各项目组运用市场细分的方法对消费者市场进行明确细分。
2. 列出A公司想要进入的主要目标市场及主要目标市场的特征。

3. 选择A公司的市场定位策略。

4. 各项目小组根据A公司采用的不同定位策略，进一步进行具体策略和方法的选择。

『项目知识』

任务5.1 国际市场细分

满足国际市场的顾客需求是企业国际营销活动的关键。然而，世界上有200多个国家和地区，不同区域的消费者需求特点差异很大，企业难以同时满足所有消费者的需求。因此，必须依照一定标准对众多的国家和地区进行划分，选出企业能够满足其消费者需求的细分市场。

5.1.1 国际市场细分概述

1. 国际市场细分的定义

市场细分是1956年由美国市场学家温德尔·斯密(Wendell Smith)提出来的一个重要概念，是随着目标市场营销阶段的到来而最后形成的。所谓市场细分，就是企业根据总体市场的不同消费者明显的需求特性、购买行为和购买习惯，把它们细分为彼此有区别的不同的子市场，每个子市场由需要与欲望相同的消费群组成，其内部需求特点相类似。

市场细分的依据是消费者明显不同的特性。细分过程是通过辨别不同欲望和不同需求的消费者群并加以分类，把整体市场分割成两个以上的子市场。细分的目的是选择和确定企业的目标市场，然后针对目标市场的需求，从产品计划、分配渠道、价格政策直至促销宣传，采取相应的整套市场营销策略，使企业经营的产品更符合各国不同消费者阶层和集团的需要，从而在细分市场中提高竞争力，增加销售，提高市场占有率。

市场细分的关键在“分”字上。首先，根据“分”观点，企业才能把整体市场看成多元的分割体；其次，通过“分”才能把市场竞争由价格竞争转变为产品差异化和服务多样化的竞争；最后，在“分”的基础上，企业才有可能选择目标市场。

国际市场细分(International Market Segmentation)，顾名思义，就是市场细分概念在国际营销中的运用。但由于国际营销的特殊性和复杂性，国际市场细分需分成两步进行：第一步是宏观细分。世界市场上有近200个国家和地区，各国在政治、经济、文化、地理等方面的状况不尽相同，企业究竟进入哪个或哪些国家，这就需要根据一定的标准将世界市场细分为若干个子市场，每个子市场均在基本相同的营销环境中，企业可以选择一个或几个国家作为自己的宏观目标市场。第二步是微观细分。企业进入某一个国家或地区的市场以后，针对该国顾客千差万别的需求，再按一定的标准对该国的市场继续进行细分，根据自己的条件满足一个或几个市场的需求。

2. 国际市场细分的发展阶段

市场细分策略思想的形成大约经过大量营销、产品差异化营销和目标市场营销3个发展阶段。

(1) 大量营销，就是企业以所有购买者为总体市场，通过大量生产、大量分销、大量宣传推广某一产品，吸引所有消费者的营销方式。其经营策略是把消费者看成具有相同需求的整体市场，力求降低生产成本，提高产量，采用最普遍的营销渠道，单一的广告形式，尽可能多地提供价格低廉的某种产品。市场上，企业间的竞争主要是价格竞争。

(2) 产品差异化营销，就是企业考虑到购买者多样化的消费需求，生产两种或两种以上不同产品，使产品具有不同特点、品质、规格、式样等的营销方式。这种经营思想是为消费者提供多样的产品以便其有较大的选择余地。此阶段企业还未能有意识地根据细分后各自市场的需求特性设计、生产、销售产品，不过在市场营销的实践中，已经突破了价格竞争的框框。

(3) 目标市场营销，就是企业把整个市场按一定因素细分为许多不同的子市场，然后从中选择某些市场作为自己的营销对象，从而开发不同的产品或采用不同的市场营销方法，尽量获得较大的市场占有率。

市场细分是企业在研究市场环境和消费者购买行为的基础上，选择和确定目标市场的重要手段。经过细分的每个市场之间，消费者的需求存在明显的差别；而每个细分市场内，需求差别则是微小的。

在现实的市场营销实践中，上述3种营销方式并非只能单独存在，而是可以同时采用的。因为不同的产品有不同的适应性，不能只限于采用一种市场营销策略。在当今剧烈的国际市场竞争中，大多数企业，特别是西方的企业，大都采用目标市场营销方式，千方百计发掘市场潜力，最大限度地寻找销售商品的潜在市场，提高企业产品的市场占有率。20世纪50年代中期以来，市场细分的营销策略在西方市场竞争中得到了充分的运用。因此，我国出口产品要打开国际市场，不能单凭运气，只有充分了解国际消费需求的变化，把总体市场分成不同的消费者群，切实解决市场细分问题，才能有的放矢地发展目标市场需要的产品，正确调整价格、分销路线及广告宣传，更好地发掘市场营销机会，有效地争取目标市场。孙子云："知己知彼，百战不殆。"只有摸清目标市场的需求特性，才能在残酷的市场竞争中出奇制胜。

3. 国际市场细分的意义

国际市场细分是企业选择国际目标市场和制定国际市场营销策略的必要前提。

(1) 有利于企业发掘国际市场机会，开拓国际市场。企业在市场调研的基础上进行市场细分，有利于对各细分市场的需求状况进行了解，即了解各细分市场上消费者需求的满足程度：哪些细分市场中产品的需求已得到满足，哪些细分市场中产品的需求未得到满足或未完全满足，从而可以从中发现市场营销机会。

(2) 有利于企业集中人力、物力和财力投入国际目标市场，以获取局部竞争优势。在市场经济条件下，企业的生产取决于市场需求的大小。如果在某一市场上某种产品有较好的销路，不可避免地会吸引多家企业参与竞争。企业要想在国际市场竞争中取胜，只有将其有限的资源集中到特定的国际目标市场获取局部的竞争优势才行。

(3) 有利于企业调整国际市场营销策略。国际市场范围广阔，各个区域消费者需求和竞争者状况不断变化。企业通过对国际市场进行细分，可以有针对性地观察和收集细分市场信息，对各个细分市场实行差异化的营销策略。当某个目标市场的需求特征和竞争态势发生变化时，企业可以及时地调整营销策略。

(4) 有利于企业分配国际营销预算，提高国际营销效益。企业在对国际市场进行细分后，可以根据各细分市场的市场潜量、竞争状况来合理地分配国际营销预算，使得在每一个子市场的投入都能得到相应合理的回报，从而提高企业的国际营销效益。

小案例 5-1

HIS 是日本国际廉价机票服务旅行社的简称，创始于 1980 年。当时，日本到海外旅游的人数每年不过三四百万，且以团体旅游为主，日本大型旅行社的主要业务就是经营团体旅游。HIS 创业者泽田秀雄看准了当时日本个人旅游尚未被重视的市场空隙，异军突起，打出了以接待散客，尤其以接待青年学生为主的经营旗号，同时建立了一个比正规国际机票便宜的廉价机票销售机制。开办 30 多年来，HIS 依靠经营廉价机票和国际旅行社服务取得了令人刮目相看的绩效。

【分析提示】

泽田秀雄以有限的资源瞄准细分市场，通过充分为这一细分市场提供服务，建立了自己的事业。任何一个企业，其资源都是有限的，为了使企业资源得到最有效的利用，就必须对企业所面临的市场范围加以界定，从而使企业能够集中有限资源，更好地服务于特定目标市场。

(资料来源：邓镝. 营销策划案例分析[M]. 北京：机械工业出版社，2007.)

5.1.2 国际市场细分的标准

一般而言，企业可以采用不同方式细分市场，而且不同市场的细分标准可以有所不同。通常将潜在市场分成两大类：消费者市场和组织市场。

1. 国际消费者市场细分

国际消费者市场，由于受消费者所在地理区域、年龄、性别、宗教信仰、收入水平、生活方式和购买行为等多种因素的影响，不同的消费者群具有不同的需求特征。这些不同的需求特征是细分国际消费者市场的依据。在国际市场营销学中一般将其概括为地理细分标准、人口细分标准、心理细分标准和行为细分标准四大类。

1) 地理细分标准

所谓地理细分标准(Geographic Segmentation Standard)，就是企业按照消费者所在的地理位置、地理环境等变数来细分市场，然后选择其中一个或几个子市场作为目标市场。

(1) 地理位置(Geographical Position)。在许多跨国公司的国际市场营销实践中，习惯于按照地理位置把国际市场划分为北美、拉丁美洲、非洲、西欧、亚洲等几大市场。之所以这样划分，一方面是由于同一地理区域具有相似的自然条件和宗教文化背景，另一方面是二战后区域性经济贸易一体化的迅速发展，使得区域性经济贸易组织内部的营销环境渐趋一致。比较有代表性的区域性经济贸易组织包括欧盟、北美自由贸易区、东南亚国家联盟等。同时还应注意的是，企业如果想进行更为精确的细分，还可以把上述较大的地理区域作进一步划分。

(2) 地理环境(Geographical Environment)。在进行地理细分时，除地理位置以外，地理环境也是一个重要的参考因素，如地形、气候。在地形、气候不同的地区，种植农作物的品种就不一样，同时居民的饮食结构也存在差别。

在应用地理细分时应注意的是，地理因素是一种静态因素，对消费者的区分较为笼统，且处于同一地理区域的消费者在需求上也存在明显差异，因此还必须结合其他因素进行市场细分。

2) 人口细分标准

所谓人口细分标准(Population Segmentation)，就是按照人口总量、性别、年龄、文化程度、收入水平、家庭状况、宗教信仰、民族等人口统计学特征细分市场。由于人口因素直接影响消费者的需求特征，而且较其他因素更易于辨认和衡量，因而是国际消费品市场中最常用、最主要的细分标准。而在人口细分的诸因素中，又以人均收入、人口总量、年龄特征、宗教信仰4项最有参考价值。

(1) 人均收入。一般来说，收入高低直接决定了收入的水平和构成。根据人均收入不同，可以将各国消费者的收入分为高收入、中等收入、低收入3个层次。目前，较为广泛接受的是世界银行按照各国人均国民生产总值对国家进行的划分。世界上的高收入国家除日本外，大部分都分布在西欧和北美。

(2) 人口总量。国民收入与居民人均收入水平的高低直接影响国际市场的规模。在国际市场中，对于许多低值易耗的消费品来说，人口总量往往是比人均收入更为重要的细分变量。典型的例子就是中国和印度。值得注意的是，像中国和印度这样人口众多但人均收入较低的国家，仍有一批比例较小但绝对数可观的高收入消费者，从消费水平上看，这些消费者已接近或达到了中等发达国家消费者的水平，从消费总量看，也相当于一个小型的中等发达国家。因而这种情况也是在进行人口细分时应当考虑的。

(3) 年龄。按照年龄大小可以将人生划分为婴幼儿、儿童、少年、青年、中年、老年6个阶段。处于不同年龄阶段的消费者，由于生理状况、兴趣爱好的不同，对商品的需求也不同。随着社会经济的发展及居民收入的提高，各阶段消费者的需求发生了巨大变化，这是国际市场细分不能忽略的因素。

(4) 宗教信仰。世界范围内有三大宗教：基督教、伊斯兰教和佛教，另外还有许多种区域性宗教。不同宗教信仰的消费者在需求特征上也表现出差异。例如，在巴基斯坦伊斯兰教为国教，信徒占全国人口的95%以上。信徒严格遵守伊斯兰教传统，禁绝饮酒，在该国销售酒类商品就是错误的。

小案例 5-2

随着女性社会地位的提高和都市白领女性的不断涌现，有专家指出，未来10年约6%的新车将由女性购买。面对汽车市场这一变化，一些精明的汽车制造商通过捕捉男女间的细微差别设计出了更适合女性驾驶的车型，具体表现为：行李箱更容易开启，座位更易调整，安全带更舒适。同时，由于与男人相比，女性更注重安全，他们还加强了汽车的安全设施，如气袋和遥控门锁等。

【分析提示】

与传统的按照消费者收入水平细分汽车市场(高档汽车、中档汽车和低档汽车)的做法不同，性别细分为众多汽车制造商提供了一片新的发展天地。

(资料来源：邓镝. 营销策划案例分析[M]. 北京：机械工业出版社，2007.)

3) 心理细分标准

所谓心理细分标准(Psychological Segmentation)，是指企业按照心理因素(如生活方式、个性、价值观等)来细分国外消费者市场。

随着社会经济的发展，广大居民生活水平的不断提高，消费者的需求从生理需求向心理需求转化，这一点在经济发达国家尤为明显。因而消费心理因素成为国际市场尤其是发达国家市场细分的重要因素之一。在西方国家，贫富不均、两极分化严重，富有者追求的往往是稀罕难得的产品，他们要求所购产品能显示自己的身份，不计较价格。相反，收入低的消费者只要求购买满足基本生活要求的产品，对价格很在乎。

例如，富有的女性追求时髦、豪华型的皮鞋，贫穷的女性则希望买到大方、耐用型的皮鞋。在国际市场营销中，许多企业都按照心理因素来细分国际消费品市场，这不仅有利于企业针对不同生活方式和个性的消费群的需要与偏好来设计不同的产品，制定不同的国际市场营销组合策略，也有利于企业从市场细分中发现新的市场机会，拓展国际市场。

4) 行为细分标准

所谓行为细分标准(Behavioral Segmentation)，是指企业依据消费者的购买动机或使用某种商品所追求的利益、使用者状况及使用频率、对品牌的忠诚状况，以及对各种营销因素的敏感程度等因素来细分国外消费者市场，一般认为这些行为变量是消费者市场有效细分的最佳依据。

(1) 购买时机(Purchase Occasion)。按消费者购买和使用产品的时机细分。例如，某些产品和服务项目专门适用于某个时机(春节、中秋节、圣诞节、寒暑假等)，企业可以把特定时机的市场需求作为服务目标。例如，旅行社可以专为某种时机提供旅游服务，文具商店可在新学期开始前专门为学生准备学习用品等。

(2) 寻求利益(Seek the Benefits)。消费者购买商品所要寻求的利益往往各有侧重，这也可以作为细分市场的依据。利益细分法需要做好以下工作：首先，必须了解消费者购买某种产品所寻求的主要利益是什么；其次，要调查寻求某种利益的消费者是哪些人；再次，要了解市场上的竞争品牌各自适合哪些利益，以及哪些利益还没有得到满足。学者哈雷(Halley)对牙膏市场的分析，是运用利益细分法取得成功的一个范例。他发现牙膏使用者寻求的利益主要有 4 类：价廉物美、防治牙病、洁齿美容、口味清爽。根据以上分析，牙膏公司可明确自己将为之服务的目标市场及特征是什么，主要的竞争者是什么品牌，市场现有品牌缺少什么利益，从而决定改进自己现有的产品，或另外再推出某种新产品，以适应牙膏市场上未满足的需要。

(3) 使用状况(Using Condition)。产品可按使用状况，将消费者分为“从未用过”、“曾经用过”、“准备使用(潜在用户)”、“初次使用”、“经常使用”5 种类型，即 5 个子市场。通常大公司对潜在使用者感兴趣，而一些小企业则只能以经常使用者为服务对象，对使用状况不同的顾客，在广告宣传及推销方式等方面，都应有所不同。

(4) 使用频率(Using Frequency)。即先将服务地区的居民划分为使用者和非使用者，然后再把使用者分为小量使用者和大量使用者。例如，据美国的一项调查，在总住户中有 68%是啤酒的非使用者，32%是啤酒的使用者，其中小量使用者和大量使用者各半，但 16%的大量使用者却占总销量的 88%，而小量使用者只占 12%。又据调查，啤酒的大量饮用者多数是劳动阶层，年龄约为 25～50 岁(少量饮用者则在 25 岁以下或 50 岁以上)，每天看电视约 3.5 小时以上(少量饮用者则少于 2 小时)，较常看体育节目。这些资料有助于企业制定价格，做出广告及媒体选择等决策。

(5) 忠诚程度(Loyalty)。消费者的忠诚程度包括对企业的忠诚和对品牌的忠诚，亦可作为细分依据。这里只探讨品牌忠诚度。假定某市场共有 A、B、C、D、E 5 个品牌，依消费者忠诚度不同，可分为4类：一是专一的忠诚者，始终购买同一品牌；二是动摇的忠诚者，同时喜好两种或两种以上的品牌；三是转移的忠诚者，经常转换品牌偏好，不固定忠于某一品牌；四是犹豫不定者，从来不忠于任何品牌，可能是追求减价商品，或是追求多样化，喜新厌旧。

每个市场都不同程度地同时存在着上述4类消费者，企业对自己市场上的消费者类型进行分析，可发现营销中存在的问题，便于及时采取相应措施。例如，研究专一忠诚者的特征，可较清晰地知道自己的目标市场都是一些什么人；分析动摇的忠诚者，可发现哪些品牌是主要的竞争者，设法改善自己的市场地位，或采取比较型广告，突出本企业产品的优点；研究正在转移的购买者，可了解自己营销工作中的弱点，以便及时克服和弥补；至于那些犹豫不定的顾客，则可考虑用特殊的促销奖励办法来吸引他们。

(6) 待购阶段(Readiness Stage)。消费者对各种产品特别是新产品，总是处于各种不同的待购阶段。例如，对于微波炉，有些人根本不知道它的存在，有些人有一定的了解，有些人知之甚详，有些人已有较大兴趣，有些人已产生购买欲望，有些人即将购买。企业对处于不同待购阶段的顾客群，要有不同的营销策略，并且要随着待购阶段的进展而随时修改营销方案。

(7) 态度(Attitude)。消费者对产品的态度可分为5种：热爱、肯定、冷淡、拒绝和敌意。针对不同的态度，可采取不同的营销对策。例如，对抱有拒绝和敌意态度者，不必浪费太多时间来扭转他们的态度；对态度冷淡者则应尽力争取，设法提高他们的兴趣。

应该注意的是，消费者的购买行为特征较为抽象，具体的数据较难采集。为了有效地运用这种细分方法为企业的国际市场营销决策提供依据，企业一方面要进行深入的市场调查，对消费者的行为特点进行定量的统计分析，另一方面还应结合其他的细分方法来进行双重或多重细分，以保证市场细分的有效性。

小案例 5-3

美国曾有人通过研究钟表市场，发现手表的购买者分为3类：大约23%侧重价格低廉，46%侧重耐用性及一般质量，31%侧重品牌声望。当时美国各著名钟表公司大多把注意力集中于第三类细分市场，竞相制造豪华昂贵的手表，并通过珠宝商店分销。唯有天美时公司(Times)独具慧眼，选定前两类细分市场作为营销目标，全力推出一种价廉物美的“天美时”牌手表，并破天荒地利用一般商店大量推销，结果大获成功，使该公司成为销量最大的钟表公司。

【分析提示】

天美时公司能够大获成功，就是采用了利益细分法对钟表市场进行了细分。

(资料来源：http://wenku.baidu.com/view/d1ea709b51e79b896802269a.html.)

2. 国际组织市场细分

细分国际组织市场的标准一般与细分国际消费者市场的标准基本相同，如地理标准、行为标准等。但由于国际组织市场具有不同于国际消费者市场的某些特点，如购买的数量大、次数少，购买者地理位置集中、专业要求高等，企业还需运用其他一些新的标准来进行国际组织市场细分(International Organization Market Segmentation)。

1) 根据最终用户标准来细分市场

在国际市场营销中，企业通常使用最终用户这个标准来细分国际组织市场。这是因为不同的最终用户常常对产品及营销策略有不同的需要，他们的利益不同。例如，轮胎公司可以根据用户的最终用途将轮胎市场细分为飞机用轮胎市场、军用轮胎市场、一般工业用轮胎市场、农业用轮胎市场等子市场。

2) 根据顾客规模与购买力大小来细分市场

顾客规模与购买力大小也是企业细分国际组织市场的重要因素。工业企业常根据客户数量和大小来细分市场。不同类型的顾客，他们对产品质量、需求数量、服务等方面均有不同的要求，企业可以根据顾客规模大小进行细分。例如，美国某大型办公用具公司根据用户大小将市场分为大客户(如 IBM 公司、福特汽车公司)及其他小客户等子市场。

3) 根据购买组织的特点来细分市场

购买组织的特点，是指企业的组织结构和组织系统，购买决策产生的过程和程序，什么人参与购买决策，他们在购买决策过程中充当什么角色，起什么作用。由于在国际组织市场上的购买属于集团购买，因而购买集团或组织的特点是市场细分的重要因素。

一般来说，参与企业购买决策的人员和规模大小同所购买的产品、企业的规模和管理模式有关。如果一个企业采购少量低值的原材料，参与决策的人会很少；但如果采购的是大型成套设备，那么就会有经营管理人员、技术人员、采购人员等众多的人参与决策。在通常情况下，大企业参与购买决策的人多，小企业参与决策的人少；民主管理式企业参与购买决策的人多，家族式集中管理企业参与决策的人少。

5.1.3 国际市场有效细分的条件

1. 细分标准必须可以衡量

细分标准即用以衡量细分市场的特征，这些标准应该可以明确细分出来，而且描述这些市场特征的资料应该能够获得。例如，消费者的年龄不但可以衡量，而且资料可得，就可以作为一个细分标准。相反，“生态环保型产品”可能是细分除草机市场的一个细分标准，但该标准不易衡量，资料也难以获得，因此，不能算作一个好的细分标准，或者说细分出来的细分市场对营销的意义不大。

2. 细分出来的子市场应该可以进入

在企业现有的资源条件下，企业能够利用现有营销力量(中间商、广告媒介、企业销售人员)进入细分后的某个细分市场。为了利用市场细分的好处，大多数全国性杂志都在出版地方版，这样广告商可以针对特定区域刊登广告，而不必把钱浪费在非目标市场上。

3. 细分市场具备给企业带来赢利的潜力

每一个细分市场必须足够大，能够保证企业在其中经营可以赢利。宝洁公司曾经细分出一个低卡路里糖果消费市场，不过该市场太小，不足以支付一条糖果生产线的投资成本。理论上，企业可以将每一个客户视为一个独立的细分市场，这被称为个体营销。个体营销比较适合一些特定的消费市场，如定制住宅。不过对消费者市场进行细分时，企业不应开发过多的产品种类，不必过分追求样式、颜色、尺寸和价格的多种多样，这样做很容易造成制造成本和库存成本过高，影响企业的赢利能力。

5.1.4　国际市场细分的步骤

有些营销人员根据直觉或经验来细分市场，判断预测各个细分市场的潜力。有些营销人员则根据竞争者或市场领导者来细分市场。例如，在非酒精饮料市场上，由于需要快速补充身体水分，桂格公司开发了佳得乐运动饮料。继佳得乐成功之后，可口可乐公司的劲力运动饮料和百事可乐公司的All Sport运动饮料也试图进入这一细分市场。还有一些营销人员根据营销研究结果进行市场细分，并评估各个细分市场的市场潜力，这种方法比前两种方法更能深入地分析市场，找到潜在商机，花费也不会很多。以下具体讲述细分市场的步骤。

1. 界定市场中的现实需求和潜在需求

仔细分析市场可以发现以下3种需求：能被现有产品满足的需求、现有产品无法完全满足的需求和尚未被发现或发掘的需求。这一步可能需要访问或观察消费者，也可能需要访问一些企业，进而确定消费者需求的满足程度和失望程度。以手表为例，消费者的共同需求是确定准确时间，当然，所有手表的显示必须准确。但有些消费者将手表当成流行装饰品，有些消费者需要全球定位、运动计时或约会时间提醒等功能，还有一些消费者希望手表具有电脑、留言机、脉搏探测器、电视接收器或电话功能。可以说，每一种需求都代表着一个手表细分市场。

2. 发掘每一个细分市场的需求特征

该步骤的重点在于发掘同一细分市场内消费者的共同需求特征，而且这些需求特征应该不同于其他细分市场的需求特征。对企业来说，这种需求特征可能是实体特点(如规模或地点)；对消费者来说，这种需求特征可能是态度或行为模式。这一步的结果是可针对各个细分市场规划营销组合(包括产品构想)，并进一步分析这些营销组合。

3. 评估各细分市场的规模和满足市场需求的程度

细分市场的最后一步是预测每个细分市场的竞争程度和需求程度。根据这些预测，企业可以判断哪些市场值得进一步开发或值得进入。例如，美国运通公司推出了网上银行业务，客户可以线上存款、购买定存单和支付账单等。虽然此项服务面对来自传统银行和其他信用公司的激烈竞争，但该公司信用卡持有者已经形成了一个具有吸引力的细分市场。

5.1.5　国际市场细分应该注意的问题

国际市场细分应该注意以下问题。

(1) 细分国际市场标准个数取决于消费者需求差异的大小。对于消费者需求特征差异较小的产品或服务可采用单一标准进行细分，如果消费者需求特征差异较大，则应采取双重或多重标准细分，以保证细分的有效性。

(2) 细分国际市场的标准也不是越多越好。因为若对某市场采用了过多的标准进行细分，会导致各子市场过小，既给企业选择目标市场带来困难，又会使得企业的营销活动缺乏效率。

(3) 应把握市场细分的动态性。国际市场上的消费者需求和竞争者状况每时每刻都在发生变化，企业应注意信息的收集，在必要时进行市场细分的调整。

任务 5.2　选择国际目标市场的步骤、方法及策略

国际目标市场就是企业决定进入的那部分市场，即企业所选择的准备以相应的产品和服务满足其需要的那部分购买者群体，本任务主要讲述选择国际目标市场的步骤、方法及国际目标市场的营销策略。

5.2.1　选择国际目标市场的步骤

1. *对所有国家的市场进行筛选*

企业在选择国际目标市场时，首先要对各个国家进行初步选择，确认选取哪些国家的市场。其目的主要在于缩小选择的范围，降低进一步评估的成本。在进行初步筛选时，暂时不需要考虑进入模式的选择。筛选过程可分为以下 4 个具体步骤。

1) 宏观考察一个国家的竞争优势

根据 M·波特(M. Porter) 的“钻石理论”(Porter's Diamond)决定一个国家竞争优势的 4 个因素如下。

(1) 生产要素情况(Production Factors)。是指这个国家在指定行业的竞争中所必需的基本生产要素方面(如劳动力、基础设施等)的地位。例如，沙特阿拉伯王国在全球石油工业中有很强的竞争优势，因为它能提供大量高质量原油。

(2) 需求情况(Demanding)。是指这个国家的消费者对指定行业的产品和服务的需求的特点，例如，日本电子产品消费者和美国软件产品消费者都是难以对付的消费者。

(3) 相关、支持行业的情况(Relevant and Support Industry)。是指这个国家内与指定行业相关的和支持的行业存在与否、强弱情况，美国是计算机和软件行业的“领头羊”，原因之一是有硅谷这样的地方给国内计算机公司提供科学技术专家和不断改进的零配件。

(4) 企业战略、结构和竞争情况(Enterprise Strategy，Framework and Competition)。是指这个国家如何驾驭企业的创立、组织和管理及国内竞争的特点。例如，在多数国家国有企业越来越被私有化，因为很多国家都看到国有企业经营上的弊端。

2) 分析一个国家的消费者特征

对消费者特征的分析包括消费者的年龄、性别、收入水平、消费结构、消费者所处的社会阶层及其生活方式的特点。对组织市场用户特征的分析包括使用本产品的行业的特征，典型客户的规模和组织结构，本企业所生产的产品或提供的服务在客户的价值链中处于哪一环节，起什么作用。通过对现有的或潜在的消费者或用户的消费行为和特征进行分析，企业可以选择有利于充分发挥企业竞争优势的市场作为目标市场，利用较为集中的营销资源投入，迅速和有效地占领目标国家市场。

3) 估计市场规模

估计市场规模的主要方法是从企业能够获得的统计资料和目标市场国家的宏观经济指标入手，找出影响产品市场前景的各项因素，并分析各项因素对产品市场前景影响的具体程度。然后，依据企业对各项影响因素的预测，推算出未来一定时间内产品在目标市场的销售前景。

4) 做出决策

在对上述资料有了较全面的掌握和较系统的分析后，企业就可以初步做出接受或放弃的

决策。具体可以运用市场选择指数法：首先确定影响企业在某细分市场上销售前景的影响因素，然后赋予其相应的权数并对各影响因素的现状进行评分，最后以各个细分市场的加权得分作为市场选择指数，从而选择得分高者作为企业的国际目标市场。

2. 评估目标国家内行业的市场潜力和市场吸引力

1) 行业的市场潜力

经过第一阶段的初步筛选，企业已经选择出为数较少的国家或地区。对于这些国家或地区市场，企业需要进一步对其市场潜力做出较深入的评估。这一评估主要是预测在特定时期、特定国家或地区某个行业在未来相当长的时间内行业最大的销售量。在评估行业的市场潜力时，要同时考虑两个方面的情况，一方面是市场的现实规模，另一方面是行业在企业的战略计划期内的增长率。

在选择目标市场时，应在现有市场规模和市场增长率之间进行权衡。如果一个区域具有较大的现实市场规模和较高的增长率，是最理想的目标市场；相反，如果该区域不仅现实规模较小，而且市场增长率较低，则属于被淘汰的对象。而对于一方面情况较好但另一方面情况较差的区域，选择判断较为困难，因此，对于目标市场的选择主要取决于企业的战略目标。如果企业的战略目标取决于现实的市场规模，那么应选择市场规模较大的国家或地区作为目标市场；如果企业的战略目标偏向于未来的增长潜力，则应选择市场增长率较大的国家或地区作为目标市场。

2) 行业的市场吸引力

行业的吸引力也是企业选择目标国家内目标细分市场时应该考虑的因素。波特认为，行业的吸引力由6种力量决定。

(1) 细分市场内竞争的威胁。如果某个细分市场已经有了众多的、强大的或者竞争意识强烈的竞争者，那么该细分市场就会失去吸引力。价格战、广告争夺战、新产品不断推出，使得企业要参与竞争就必须付出高昂的代价。

(2) 潜在的新参加者的威胁。潜在的新参加者多的细分市场往往会失去吸引力，尤其是进入该市场的壁垒低而退出市场的壁垒高时。根据行业利润的观点，最有吸引力的细分市场应该是进入的壁垒高、退出的壁垒低。在这样的细分市场中，新的企业很难打入，但经营不善的公司可以安然撤退。

(3) 替代产品的威胁。如果某个细分市场存在着替代产品或潜在的替代产品，那么该细分市场吸引力就会减少。替代产品会限制细分市场内价格和利润的增长。

(4) 购买者讨价还价能力加强的威胁。如果某个细分市场中购买者的讨价还价能力很强或正在加强，细分市场就会失去吸引力。购买者便会设法压低价格，对产品质量和服务提出更高的要求，使竞争者互相斗争，所有这些都会使销售商的利润受到损失。

(5) 供应商讨价还价能力加强的威胁。如果一个行业内的供应商——原材料和设备供应商能够提价或降低产品和服务的质量，或减少供应数量，那么这个行业细分市场就会失去吸引力。

(6) 其他影响者的威胁。如果公共事业、银行、工会等的政策或行动对细分市场不利，那么这个细分市场就没有吸引力。

3. 考虑企业的目标和资源

在评估了行业细分市场后，企业要选定最后的目标细分市场，还要将细分市场的情况与企业自身的经营目标和资源结合在一起考虑。即使某个细分市场具有一定的市场潜力和吸引力，但如果它不符合企业的长远目标，那么也不得不放弃。即使这个细分市场符合企业的长远目标，企业也必须考虑是否具备在该细分市场获胜所必需的技术和资源。

5.2.2 选择国际目标市场的方法

1. 国际目标市场的范围模式选择

通过对有关细分市场的评估，企业会发现一个或几个值得进入的目标市场。此时，企业需要进行选择，确定进入哪些细分市场。一般地讲，企业选择目标市场范围的模式，主要有以下 5 种。

1) 产品专业型

产品专业型是指企业生产一种产品，满足几个细分市场的各类顾客群的需要。该模式有利于企业摆脱对个别市场的依赖，降低风险，同时有利于发挥生产技能，在某一产品领域树立较好的声誉。

2) 市场专业型

市场专业型是指企业向同一细分市场的顾客群供应不同种类的产品。这一模式有助于发展和利用与顾客之间的关系，降低交易成本，并在这一类顾客群中树立良好的形象。

3) 选择专业型

选择专业型是指企业决定有选择地进入几个不同的细分市场，为不同的顾客提供各种不同的产品。这是一种多元化经营的模式，可以较好地分散企业的经营风险。但是，采用这种模式应当十分慎重，必须以几个细分市场均有相当的吸引力为前提。

4) 单一集中型

单一集中型是指企业生产一种产品，集中供应一个细分市场的顾客群。这种模式一般适于小企业或初次进入市场的企业采用。

5) 全面进入型

全面进入型是指企业决定全方位进入各个细分市场，为所有顾客群提供他们所需要的不同种类的系列产品。这是实力雄厚的大企业为在市场上取得领导甚至控制地位而通常采用的模式。

在运用上述模式时，企业一般首先进入最有吸引力、最有利可图的细分市场，只有在条件和时机成熟时，才会逐步扩大目标市场覆盖范围，进入其他细分市场。

2. 国际目标市场的进入方式选择

企业进入目标市场的方式，通常有如下 3 种。

1) 企业依靠自身力量

采取这种方式进入目标市场的企业，须自身实力强大，方可通过调查研究、设计、制造并推销符合目标市场需要的产品。尽管采取这种方式进入目标市场，企业承担的风险较大，但是，这有利于巩固该企业的市场地位。

2) 收购已进入目标市场的企业

利用这一方式进入目标市场的企业，往往对于这一行业的准备还不足，仅仅依靠自身力量进入新市场，将遭到种种阻碍，如专利权、经济规模、原料及其他所需物资供应的限制等，会贻误尽快进入新市场获利的时机。但是利用这一方式进入目标市场，也可能存在没有适当的企业可供收购，或者收购的对象要价过高，以及其他各种收购障碍的问题。

3) 同其他企业合作

采用这种方式进入目标市场的企业，通过企业合作，可以互相取长补短，发挥协作的作用，形成大于单个企业经营能力总和的新的能力，从而使单个企业无力开拓的市场成为可以利用的机会，并使风险由于合作分担而降低。由于有这些好处，同其他企业合作进入目标市场，已被企业界广泛接受。企业间的合作可以是生产企业之间的合作，也可以是生产企业与销售企业的合作。这两种合作方式在我国已渐趋普遍，且已扩大到与外资合作，前者如各种形式的中外合资经营企业，后者如与外国的进口商、经销商的合作。合作方式的选择要根据对销售量、成本、利润的分析，选择对企业最有利的合作方式。

5.2.3　国际目标市场营销策略

国际市场经过细分后，企业面对许多不同的细分市场，有的企业国际目标市场(International Target Market)比较狭窄，集中服务于少量细分市场，而有的企业则面对众多的消费者，甚至所有的消费者。企业的目标市场范围不同，采取的营销策略也会有所差别。企业的国际目标市场策略应该根据具体情况，选择无差异性营销策略、差异性营销策略和集中性营销策略。

1. 无差异性营销策略

1) 无差异性营销策略的定义

无差异性营销策略(Non-differentiated Marketing Tactics)是指企业把整体市场看作一个大的目标市场，认为市场上所有消费者对于本企业产品的需求不存在差别，或即使有差别但差别较小可以忽略不计，因此，企业只向市场推出单一的标准化产品，并以统一的营销方式销售。它凭借广泛的销售渠道和大规模的广告宣传，旨在人们的心目中树立该产品的一个良好形象。可口可乐公司的早期营销，就是无差异营销的一个例子，该公司面向全世界所有的购买者，生产同一瓶装、同一口味的饮料。

快餐业常常运用这种策略开拓市场，许多国际快餐企业都是运用这种方法走向世界的。例如，不管在哪个国家的“麦当劳”店，都是一样可爱的麦当劳叔叔。

2) 无差异性营销的优缺点

无差异性营销的理论依据是成本的经济性。它被当作是“制造业中的标准化生产和大批量生产在营销方面的化身”。单一的产品线可以降低生产、存货和运输成本。无差异的广告方案则可缩减广告成本，而不进行市场细分又可减少营销调研和计划工作，从而降低市场调研和产品管理的成本。这种策略对于需求广泛、市场同质性高，且能大量生产、大量销售的产品比较合适。

然而，大多数情况下，无差异市场营销策略并不一定合适。

首先，消费者需求客观上千差万别并不断变化，一种产品长期为所有消费者和用户所接受的情况非常罕见。

其次，当众多企业如法炮制，都采用这一策略时，会造成市场竞争异常激烈。例如，过去美国的一些汽车公司都认为消费者偏好大型轿车，长时间实行无差异市场策略。结果几家公司竞争激烈，销售受到限制。

再次，如果对市场反应不灵敏，在变化频繁的市场上企业适应能力差，那么就容易受到竞争企业的攻击。当其他企业针对不同细分市场提供更有特色的产品和服务时，采用无差异策略的企业，可能会发现自己的市场正在遭到蚕食，但又无法有效地予以反击。例如，消费者对小型轿车的需求日益增长，美国汽车公司却不能迅速适应这种变化，结果被日本的小型轿车占领了美国市场。正由于这些原因，世界上一些曾经长期实行无差异性营销策略的大企业最后也被迫改弦更张，转而实行差异性营销策略。被视为实行无差异营销典范的可口可乐公司，面对百事可乐等品牌的强劲攻势，也不得不改变原来的策略，一方面向非可乐饮料市场进军，另一方面针对顾客的不同需要推出多种类型的新可乐。

3) 采用无差异性营销策略的前提条件

采用这种市场营销战略，需具备下列前提条件：产品的市场需求面要宽，要能适应各个市场上不同购买者的需要，如食盐、毛巾等；产品既能大批量生产，又便于销售、储存和运输，适于同时向多个市场投放，例如，对某些鲜活产品，不宜采用无差异性策略；产品销售渠道要足够宽和足够长。

2. 差异性营销策略

1) 差异性营销策略的定义

差异性营销策略(Differentiated Marketing Tactics)是将整体市场划分为若干细分市场，针对每一细分市场制定一套独立的营销方案，以满足不同消费者的需求，扩大销售成果。随着经济不断发展和技术的不断进步，国际生产领域和消费领域对商品的要求趋于多样化、专业化，企业如果只生产一两种产品就不能适应广泛需要，难以在市场竞争中取得有利地位。在这种情况下，应考虑采用差异性营销策略。

例如，当年通用汽车公司就是采用差异性营销策略赶超福特公司的。福特公司当时采用无差异的销售策略，生产的汽车全是黑色“T”型的。通用汽车公司则把市场细分为富裕阶层、中产阶层和普通大众，分别推出“凯迪拉克”高级轿车、“奥尔兹莫比勒”轿车和价廉物美的“雪佛兰”，结果大获成功。

2) 差异性营销策略的优缺点

差异营销策略的优点：小批量、多品种，生产机动灵活、针对性强，容易打开相关的市场；有利于企业在市场竞争中获得更大的市场占有率；便于企业综合利用各种资源和生产能力，分别满足不同地区消费者的需求，增加产品的总销售量，提高经济效益；企业可占有不同的细分市场，容易获得消费者的欢迎，在消费者心目中树立良好的企业形象，增强企业的市场竞争能力。另外，由于企业是在多个细分市场上经营，一定程度上可以减少经营风险。

差异性营销策略的不足之处主要体现在两个方面：一是增加营销成本。由于产品品种多，管理和存货成本将增加；由于公司必须针对不同的细分市场发展独立的营销计划，会增加企业在市场调研、促销和渠道管理等方面的营销成本。二是可能使企业的资源配置不能有效集中，顾此失彼，甚至在企业内部出现彼此争夺资源的现象，使拳头产品难以形成优势。

3) 采用差异性营销策略的前提条件

采用差异性营销策略的企业必须具备如下条件：有一定的规模，人力、物力、财力比较雄厚；企业的技术水平、设计能力能够适应不同细分市场的需求；企业的经营管理素质比较好。

3. 集中性营销策略

1) 集中性营销策略的定义

无论实行差异性营销策略还是无差异性营销策略，企业均是以整体市场作为营销目标，试图满足所有消费者在某一方面的需要。集中性营销策略(Concentrated Marketing Strategy)不是以整体市场作为营销目标，而是选择一个或几个细分化的专门市场作为营销目标，集中企业的总体营销优势，实行专业化生产和销售，充分满足某些消费者的需要，以开拓市场。

采用这种市场策略的企业，不是追求在整体市场上占有较小的份额，而是为了在一个或几个较小的细分市场上取得较大的占有率，甚至居于支配地位。它们的具体做法，不是把力量分散在广大的市场上，而是集中企业的优势力量，对某细分市场采取攻势营销战略，以取得市场上的优势地位。例如，生产空调器的企业不是生产各种型号和款式，面向不同顾客和用户的空调机，而是专门生产安装在汽车内的空调机，就是采用此种策略。

2) 集中性营销策略的优缺点

集中性营销策略的优点是能够有效地使用企业资源，集中企业优势，占领空隙市场或边角市场。能够帮助实力有限的中小企业避免与实力强大的大型企业的正面竞争，追求在大企业尚未顾及或不想占领的较小细分市场上的较大市场占有率。并且，随着生产、分销渠道、广告宣传等的专一化，不仅能使企业的营销成本降低，赢利增加，而且能够提高商品和企业的声誉。

集中性营销策略的局限体现在两个方面：一是市场区域相对较小，企业发展受到限制。二是潜伏着较大的经营风险，一旦目标市场突然发生变化，如消费者趣味发生转移，或强大竞争对手进入，或新的更有吸引力的替代品出现，都可能使企业因没有回旋余地而陷入困境。例如，在宝洁公司推出海飞丝洗发水的前几年，已经有几家小企业生产防止头皮屑的洗发水。海飞丝通过很多大型的促销活动突出自己的品牌，很快这个新品牌就占有了一半以上的市场份额。原有的几家一直集中在这个细分市场的小企业在一年之内就破产了。因此，采用这种策略切忌过于集中，应该根据实际情况把“鸡蛋”分散在几个“篮子”里，以分散风险。

3) 采用集中性营销策略的前提条件

一般而言，资金雄厚的大企业、大公司都应力争市场多元化，以便确保“失之东隅，收之桑榆”。集中性营销策略一般适用于实力有限的中小企业。因为它可以适合企业专业化生产，使产品精益求精，降低产品成本，从而使企业在某一个或某几个细分市场上站稳脚跟，从总体上的弱者变为局部上的强者，进而在整个市场竞争中处于有利地位。这些企业往往能较好地满足购买者的需求，赢得消费者对其产品的喜爱，如果所选细分市场适当，企业可以赚取较高的利润。例如，红牛集团从1995年进入中国市场，便在众多市场中选择唯一的一个子市场——青年人市场作为自己的目标市场，并只生产一种产品——“红牛”功能饮料，满足这一市场，产品的唯一性塑造了“红牛”饮料的贵族形象。可口可乐公司在20世纪60年代以前也只从事一种产品——“可口可乐”的生产，供应给老年人、青年人和儿童，取得了很大的成功。

表5-1对以上3种国际目标市场营销策略进行了比较。

表5-1 不同国际市场营销策略的比较

战略因素	无差异性营销策略	差异性营销策略	集中性营销策略
目标市场	广泛的消费者	两组或更多组精心挑选的消费者	一组精心挑选的消费者
产品	同一品牌的产品种类有限，面向所有类型的消费者	不同的品牌或版本，针对各个消费者群体	一组品牌专门针对一组消费者
价格	一个“众所周知”的价格范围	针对各个消费者群体制定不同的价格范围	针对特定的一组消费者制定一个价格范围

续表

战略因素	无差异性营销策略	差异性营销策略	集中性营销策略
促销	大众媒体	根据细分市场分别确定所有适合的媒体	所有适合的媒体
分销	所有可能的网点	根据细分市场分别确定所有适合的网点	所有适合的网点
战略要点	以统一、广泛的市场营销项目来吸引大量的消费者	通过不同的市场营销计划来满足各个细分市场，以此来吸引两个或更多不同的细分市场	通过高度专门化、但统一的市场营销项目来吸引一组特定的消费者群体

5.2.4 选择国际目标市场策略应考虑的因素

企业应该如何选定适合于本企业情况的国际目标市场策略及进入目标市场呢？总体来说，应考虑企业内部因素和外部因素两个方面。从企业本身而言，应充分考虑自己的技术力量、设备能力和产品的特性，做到扬长避短，发挥优势；从外界因素而言，应通过市场调查和预测，考虑原材料供应、产品运输和市场竞争情况等，根据不同情况制定或改变各种策略。具体来讲，企业选择国际目标市场策略应该考虑如下几种因素。

1. 企业实力

企业实力，也就是企业资源能力，包括企业的财力、物力和技术能力。

如果企业的资源能力有限，无力把整个大市场作为自己的经营目标范围，则采用集中性营销策略为宜。因为对一些资金有限、企业综合能力较差的中小型企业，只有集中资源进攻某一市场，才能充分利用有限的人力、物力，促进生产技术的提高和产品的创新，从而提高产品的市场竞争能力。如果企业资源雄厚，则适宜采用无差异性营销策略或差异性营销策略。

2. 产品的特点

不同的产品在消费需求上各自具有不同的特点，有同类性产品和差异较大的产品之分。无差异性营销策略适用于同类性产品，如生活必需品、初级产品、农副产品等，这些产品对大多数消费者来说并无多大差异性，不同消费者的需求大致相同，产品的竞争主要表现在价格上。对另外一些花色品种比较复杂的耐用品或高档消费品，如照相机、家用电器、家具等消费需求差别性很大的商品，应根据消费者的购买能力、爱好等具体要求而采用差异性营销策略或集中性营销策略。

3. 产品所处生命周期的不同阶段

产品处于投入期时，同类竞争品不多，竞争不激烈，企业可采用无差异性营销策略。当产品进入成长期或成熟期时，同类产品增多，竞争日益激烈，为确立竞争优势，企业可考虑采用差异性营销策略。当产品步入衰退期时，为保持市场地位，延长产品生命周期，全力对付竞争者，可考虑采用集中性营销策略。

4. 市场的特点

考虑市场的同类性。不同的市场有不同的特点。如果目标市场的购买者的需要、爱好及其他特点大体相同，购买量差不多，对营销组合反应也没有多大差别，即该市场的类似程度高，企业应采用无差异性营销策略。反之，如果目标市场的差异性很大，则宜采用差异性营销策略或采用集中性营销策略。

5. 竞争者的市场营销策略

企业选择目标市场策略时，一定要充分考虑竞争者尤其是主要竞争对手的营销策略。如果竞争对手采用差异性营销策略，企业应采用差异性或集中性营销策略与之抗衡；若竞争者采用无差异性策略，则企业可采用无差异性或差异性策略与之对抗。

6. 竞争者的数目

当市场上同类产品的竞争者较少，竞争不激烈时，可采用无差异性营销策略。当竞争者多，竞争激烈时，可采用差异性营销策略或集中性营销策略。

在对细分市场进行评价、选择目标市场时，还要注意考虑以下3个方面的因素。

(1) 选择目标市场的道德标准。选择目标市场有时会带来争议。当营销人员不正当地利用易受伤害的人群(如儿童)做广告或者促销具有潜在危险的产品时，公众会注意到这些情况。当出现这些问题时，营销人员需要持对社会负责的态度。营销人员不仅要考虑本企业的利益，还要考虑目标顾客及公众的利益。

(2) 细分市场间的关联性。如果企业选择了若干个细分市场，要注意各细分市场在经营要素方面的关联性。通过扩大产品种类的途径来降低固定成本，以寻求“范围经济”效应。范围经济与规模经济处于同等的重要地位。一般说来，企业不应在孤立的细分市场上开展业务，而应将多个单独的细分市场根据其关联性和协同性重组为规模相对较大而数量相对较少的超级细分市场。

(3) 细分市场顺序进入计划。即使企业计划以超级细分市场为目标，在许多情况下最好还是一次只进入一个细分市场，并隐藏自己的全盘计划。这样，竞争对手就无法知道企业所要进入的下一个细分市场。

任务5.3 明确国际市场定位

找出潜力细分市场、选择一个或几个细分市场为目标市场之后，企业下一步需要决定追求什么样的市场定位。

5.3.1 国际目标市场定位概述

1. 国际目标市场定位的概念

“定位”一词是由美国著名营销学家杰克·特劳特(Jack Trout)和艾尔·里斯(Al Reis)于1972年在《广告时代》发表名为“定位纪元”系列文章中首先提出来的，后又在成名作《定位：头脑争夺战》一书中进一步明确提出了现实产品的定位问题。特劳特和里斯认为：定位始于产品，然而定位并非对产品本身做什么行动。定位是指要针对潜在顾客的心理采取行动，即将产品在潜在顾客的心目中设定一个适当的位置。美国市场营销学权威菲利普·科特勒(Philip Kotler)认为：定位就是对企业的产品进行设计，从而使其能在目标顾客心目中占有一个独特的、有价值的位置的行动。

所谓国际目标市场定位(International Target Market Positioning)，就是根据国际目标市场的竞争情况和本企业的条件，确定本企业产品在国际目标市场上的有利的竞争地位，并相应制定一套详细的市场营销策略。具体地说，就是要在目标市场的顾客群心目中为产品创造一定的特色，赋予其特定的形象，以适应顾客一定的需要和偏爱。产品的特色和形象可以是实物方面的，也可以是心理方面的。例如，“质优”、“价廉”、“服务周到”、“高档”、“技术先进”等，都可以作为定位的概念。实际上，定位就是要设法建立一种竞争优势，以便在该细分市场上吸引更多的顾客，从而提高市场占有率。

2. 国际目标市场定位的原则

1) 有足够的需求量

所谓有足够的需求量，不仅是指市场的现实的需求量，也包含着企业去开发的潜在需求量。如果目标市场没有足够的需求量，也就无法发挥企业的生产能力，当然也就不会有什么经济效益可言了。

2) 有足够的供货能力

只有拥有较强的供货能力，才能较大面积地覆盖市场，从而提高企业和企业产品的知名度，提高市场占有率。企业的供货能力主要决定于两个因素，一是企业的货源供给能力，二是企业的生产能力。前者往往不以企业意志为转移，属于客观因素，应予以特别重视。

3) 有足够强的竞争优势

企业只有在选定的目标市场上有足够的竞争优势，才不会被竞争对手压倒，并有足够的拓宽市场的能力。一个企业在竞争中有无优势，必须注意以下方面：尽量避免竞争，在所选定的目标市场上根本没有或很少有竞争对手；虽然有一些竞争对手，但实力并不强；虽然有实力较强的竞争对手，但本企业的实力足以同竞争对手进行较量，最起码能造成平分秋色或三足鼎立的局面，并最终超过所有竞争者。只有根据本企业的实际情况考虑以上因素，才能拥有较强的竞争优势，才不会在市场上遭到排挤。

4) 拥有较理想的投资报酬率

在市场规律作用下，企业追求的最终目标是利润最大化，因此，企业在目标市场中所定位的产品必须能带来较高的投资报酬率，否则，即使企业的产品在目标市场上已达到很高的占有率，但利润微薄，对企业整体发展而言意义不大，企业必须考虑将产品重新定位或开发利润率高的新产品。

3. 国际目标市场定位的方法

好的市场定位，必须依赖于一个好的定位方法，种种定位方法的宗旨都是在寻求产品在某方面的特色优势并使这种特色优势有效地向目标市场展示。由此，可以得出如下几种常用的市场定位方法。

1) 根据产品属性和利益定位

产品本身的属性及由此而获得的利益能使消费者体会到它的定位。如大众汽车的“豪华气派”，丰田汽车的“经济可靠”，沃尔沃汽车的“耐用”。有些情况下，新产品应强调一种属性，而这种属性往往是竞争对手所没有顾及到的。这种定位方法比较容易收效。

2) 根据产品价格和质量定位

对于那些消费者对质量和价格比较关心的产品来说，选择在质量和价格上的定位也是突出本企业形象的好方法。质量取决于制作产品的原材料，或者取决于精湛的工艺，而价格也往往反映其定位。按照这种方法，企业可以采用“优质高价”定位和“优质低价”定位。

3) 根据产品用途定位

为老产品找到一种新用途，是为该产品创造定位的好方法。尼龙从军用到民用，便是一个最好的用途定位例证。

4) 根据使用者定位

企业常常试图把某些产品指引给适当使用者或某个细分市场，以便根据那个细分市场的特点创建其恰当的形象。例如，各种品牌的香水是针对各个不同细分市场的，有些品牌的香水定位于雅致的、富有的、时髦的女性，也有一些品牌的香水定位于生活方式活跃的青年人。

5) 根据产品档次定位

产品还可以定位为与其相似的另一种类型的产品档次，以便与之对比。例如，著名的丹东手表工业公司在国内大多数企业角逐中低档表市场的时候，通过对市场的调研分析发现了高档市场的潜在需求。于是，该企业大胆地进行技术攻关，果断地率先进入高档手表的生产领域，成功地将其拳头产品“孔雀”表推入市场，并以高档优质的独特形象赢得了国内消费者的青睐。

6) 根据竞争地位定位

产品可定位于与竞争直接有关的不同属性或利益。例如，无铅皮蛋，将其定位为不含铅，间接地暗示普通腌制的皮蛋含有铅，对消费者健康不利。这种定位方式关键是要突出企业的优势，如技术可靠性程度高，售后服务方便、迅速，以及其他对目标顾客有吸引力的因素，从而千方百计地在竞争者中突出自己的形象。

7) 多重因素定位

这种方式是将产品定位在几个层次上，或者依据多重因素对产品进行定位，使产品给消费者的感觉是产品的特征很多，具有多重作用或效能。例如，一些名牌饮品分别以天然原料(质量定位)，饮用、佐餐均相宜(用途定位)，适用于儿童、少年及成年人(使用者定位)等综合方法来进行产品定位。采用这种方式，要求产品本身一定要有充分的内容，“全”恰好就是它的竞争优势，是其他竞争者一时无法达到的。否则，由于需要描述的产品特性过多，反而冲淡了产品的形象，使产品显得过于平常，对消费者吸引力不大，因而难以留下深刻印象。

小案例 5-4

在日本的汽车行业中，“日产”和“丰田”是多年的竞争对手。“丰田”凭借其强大的销售网、灵活高效的批量生产体系和成功的成本控制，曾一度使得“日产”备受压力，形势相当严峻。1985 年，日本“博报堂生活综合研究所”提出一份爆炸性的报告，题为《分众时代的诞生》。该报告认为日本的消费结构已从单一的、大批量的大众式消费，转变为多样化、个性化的“分众”式消费，人们想要凭借自己的创意和构思来选择自己的生活方式。该报告断言，根据某一消费层次和年龄层次设计的商品今后将在市场上“唱主角”。这对于困境中的“日产”，相当于“雪中送炭”。因而，“日产”一捕捉到该信息，立刻对竞争进行了全面的分析。结论是，要继续与“丰田”硬拼产量与销售量，不如顺应潮流，另谋出路。于是，“日产”果断决定，对产品重新进行定位。经过慎重周密的研究，“日产”将自己的产品战略改为定位于有针对性地生产“分众式”的商品。为此，“日产”迅速集中力量，加强科研开发能力，重新进行设备投资，建立灵活有效的小批量生产体系。1988 年，“日产”推出了新型超豪华轿车“希马”。这种车以年龄 40～50 岁，月收入 50 万～100 万日元的消费者群为对象。“日产”的设计人员根据该消费群体讲究气派、豪华、高档和格调高雅的特点，设计了“希马”的外形和内部装饰，并依据这一产品的定位有针对性地做了大量广告，突出其气派、高雅、豪华的形象。结果不出所料，“希马”很快就成为了中年人抢购的对象。

正当“希马热”继续升温时，“日产”又不失时机地相继推出了新型轿车“Bel”和“色”。

前者造型如乌龟，古色古香，酷似20世纪初的欧洲轿车，受到了喜爱古典风格的消费者的欢迎，并一举夺得1989年度日本设计大奖。而后者则是针对许多人厌倦都市生活，向往田园风光而设计的，同样大受欢迎。同时，为了配合广告战，“日产”还有意识地对这些新型轿车采取了限量生产的策略，使这些汽车长期保持供不应求的状态，更加为人们所珍视。

【分析提示】

随着“日产”不断地根据市场发展及竞争状况来选择不同的市场定位方法，并以此为核心展开广告、促销及限量生产等一系列有效的战术，顾客对“日产”的青睐也就成为再自然不过的事了。

5.3.2 国际目标市场定位步骤

国际目标市场定位大致分为3个步骤。

1. 选择定位概念

对产品或企业进行定位，营销人员首先需要知道目标市场看重的是什么，之后再进行定位研究，研究结果可以用认知图来表示，即用认知图来反映相对于竞争者而言本产品在消费者感兴趣程度、产品和企业形象等方面的位置。以牛仔裤市场为例进行说明，如图5.1所示。图中，线的长度(或向量)代表这些特点的相对重要性，品牌位置与向量的距离或角度表示品牌与该特点的接近程度。例如，就向量“舒适感”和“昂贵”而言，卡尔文·克莱恩牛仔裤较盖普牛仔裤距离向量“昂贵”较近，而距离向量“舒适感”较远，因此就被认为该牛仔裤品牌比盖普牛仔裤贵一些，但舒适感要差一些。从此图可以看出，以合理价格提供舒适与耐用的牛仔裤品牌目前还没有，如果存在这种品牌，不仅可与其他品牌进行竞争，还有望脱颖而出，因此，这可能就是具有吸引力的定位选择方案。

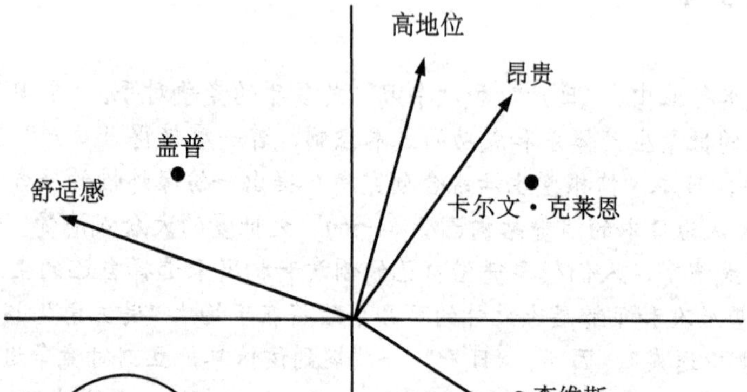

图5.1 牛仔裤市场的定位分析

(资料来源：[美]W·J·斯坦顿，B·J·沃克，M·J·埃策尔. 新时代的市场营销[M]. 13版. 张平淡，牛海鹏，译. 北京：企业管理出版社，2008.)

2. 设计有效传递定位的方式与所要表达的产品特点或特色

传递产品定位可以采用品牌名称、标语、产品外观或产品特点、销售地点、员工外表，以及其他方式。要尽量选择对消费者有吸引力的方式。另外，在传递产品定位时不可忽略一些细节。根据研究，零售商店的椅子对客户非常重要，因为椅子可以反映店主是否关心客户，可以反映店主关心客户的程度。企业的资源相对有限，因此需要决策如何最有效地传递选择的定位概念。

3. 整合营销组合传递定位

即使营销组合中只有一项或两项是传递定位的主要手段，所有营销组合项目(产品、价格、促销和分销)应该与所要传递的定位具有互补性。很多产品失败的主要原因是定位传递没有一致性，给消费者造成混淆。

5.3.3 国际目标市场定位策略

一般有以下几种产品定位策略供企业选用。

1. 反向定位策略

反向定位策略(Reverse Positioning Strategy)是在消费者心目中加强和提高自己现在的定位。例如，A公司将自己定位为汽车租赁行业的第二位，强调说："我们是老二，但我们要迎头赶上。"消费者知道这是确实可信的。生产七喜饮料的公司做广告宣传说："七喜汽水不是可乐型饮料，它是逆可乐"。

2. 填补市场空位策略

填补市场空位策略(Fill the Market Vacancy Strategy)是寻找为许多消费者所重视的和未被占领的定位，一旦找到便牢牢抓住不放。一般被称为"寻找枪眼"或者"找空子"。一旦找到市场上的空位，就将它填补上。例如，某商业银行与一些大银行竞争时，其营销人员发现大银行发放贷款往往迟缓，他们便将自己的银行定位为"行动迅速的银行"，实际上，他们依靠"行动迅速的银行"定位获得了成功。

3. 重新定位策略

产品在目标市场上的位置确定后，经过一段时间的经营，企业可能会发现某些新情况。例如，有新的竞争者进入了企业选定的目标市场，或者企业原来选定的产品定位与消费者心目中的该产品印象(即知觉定位)不相符等，这就促使企业不得不考虑采取重新定位策略(Repositioning Strategy)。

信息爆炸时代到处充斥了广告，消费者会筛选掉大部分信息，往往容易记住的是第一名的产品。对世界上一些著名的大公司稍作考察，便很容易发现这样一个共同点，许多在本行业中规模最大的公司都是"第一个"进入顾客心目中的公司。像可乐产品中的"可口可乐"，复印机行业中的"施乐"，摄影胶卷中的"柯达"等。第一种产品或第一种品牌所建立的地位几乎是不可动摇的。竞争总能证明：名列第二的公司业务量往往只是名列第一的公司的一半，而名列第三的公司往往又只有名列第二的公司的业务量的一半。因此，重新定位的企业应争取最先表达自己的特殊形象，以保证在选定的目标市场上最先让消费者接受企业产品的特色。

对于行业中绝大多数的跟随者来讲，追求“规模”上的第一绝非易事，因为“规模”的定位只有一种品牌可以获得。所以，对大部分重新定位的企业可以追求在某些有价值的属性上取得第一的定位。例如，七喜汽水是非可乐型饮料的第一名。可见，企业的市场营销人员应该具有敏锐的触觉，努力去识别并确定自己的产品品牌能令人信服地获得的某种重要的属性和利益，并且千方百计地把这种独特的形象最早告诉消费者。

小案例 5-5

作为国内保健品市场的后来者，深圳太太药业有限公司近年来取得了不俗的市场表现，它成功的关键在于市场的选择和定位的准确。面对潜力巨大的女性细分市场，深圳太太药业有限公司推出了太太口服液。该产品刚上市时，定位于治疗黄褐斑。所谓“三个女人一个黄”，产品是有一定的市场潜力的。但是，相对于女性保健需要，这一定位显然过窄，不利于企业的长远发展。

20 世纪 90 年代中期，它的产品定位转变为“除斑、养颜、活血、滋阴”。这一定位虽然全面，但与众多的其他女性保健品没有多大区别，失去了产品特色。这样的过低定位，向消费者传递的产品信息过于混乱、肤浅。1996 年以后，其产品定位逐渐稳定于“令皮肤重现真正的天然美”。通过重点强调产品中含有阿魏酸，能够调理内分泌来突显产品特色，并邀请某著名女影星做广告代言，最终成就了企业的辉煌。

【分析提示】

太太口服液从上市之初的低迷到现在的成功，靠的不是产品改进，而是市场定位的调整，这一点的确耐人寻味。

(资料来源：邓镝. 营销策划案例分析[M]. 北京：机械工业出版社，2007.)

4. 高级俱乐部策略

企业如果不能取得第一名和某种很有意义的属性，便可以采取高级俱乐部策略(Senior Club Strategy)。竞争者可以宣传说自己是三大公司之一，或者是八大公司之一等。三大公司的概念是由美国第三大汽车公司——克莱斯勒汽车公司提出的，八大公司的概念是由美国第八大会计公司提出的(市场上最大的公司不会提出这种概念)。其含义是俱乐部的成员都是“最佳”的。因此，《幸福》杂志公布的 500 家大公司当中的一家公司的财务主管认为最保险的办法就是在这八大会计公司中选择一家来对公司进行审计。但如果这位财务主管选择其他公司，并且发生了问题，人们就会批评他因偏离八大公司而犯了错误。

『项目实例』

上海通用汽车有限公司中国目标市场选择与定位报告

1. 中国汽车市场分析

(1) 在上海通用汽车有限公司(以下简称上海通用汽车)进入市场的时候，中国汽车市场正处于大变革的前夕。

(2) 从长远来看，中国汽车市场潜力巨大。

(3) 随着中国汽车市场的快速发展，中国已经成为全球第三大汽车消费市场，中国的消费者对于汽车产品的需求与日俱增。

(4) 世界汽车企业诸强逐步进入中国，国际竞争国内化的格局全面呈现。

2. 通用汽车的SWOT战略分析

通用汽车的SWOT战略分析，见表5-2。

表5-2　上海通用汽车的SWOT战略分析

内部环境 / 外部环境	内部优势(S)	内部劣势(W)
	世界一流的精益生产体系，完整的采购、物流、制造、销售和售后服务体系和质量管理体系，坚固耐用	只允许生产大排量产品；对中国消费者需求及地域差别的把握不够清晰
外部机会(O) 消费者对于汽车产品的需求与日俱增；中国汽车市场大变革	SO营销战略	WO营销战略
外部威胁(T) 世界汽车诸强逐步进入中国；国际竞争国内化的格局全面呈现	ST营销战略	WT营销战略

3. 上海通用汽车的市场细分和主要目标市场选择

经过分析，上海通用汽车根据人口和心理因素细分出以下几个市场作为主要目标市场。

(1) 具有胆识、远见、开拓领先的高收入阶层。

(2) 低调的成功人士，强调个性且崇尚内敛的生活方式。

(3) 事业比较成功，追求生活品质的年轻新贵或偏好精湛工艺且口味时髦、乐于张扬个性的消费群体。

(4) 普通老百姓，买得起汽车。

4. 上海通用汽车的目标市场定位

上海通用汽车的目标市场定位，见表5-3。

表5-3　上海通用汽车的目标市场定位

品牌系列	定　位	目标市场特征
凯迪拉克	敢为天下先、“美国派”的豪华车	具有胆识、远见、开拓领先的高收入阶层
萨博	个性化、崇尚内敛	低调的成功人士，为高档进口车消费者群中强调个性且崇尚内敛生活方式的消费者提供另一种选择
欧宝	年轻新贵、欧洲精品车	事业比较成功，追求生活品质的年轻新贵或者偏好精湛工艺且口味时髦、乐于张扬个性的消费群体
别克	大气沉稳、激情进取	中国年轻商务精英人士的中高档座驾
雪佛兰	适合中国普通老百姓的、值得信赖的大众化的国际品牌	买得起车的人群

5. 采取差异化的市场运作策略

通用汽车对中国市场细分清晰，群体定位准确，根据不同的目标市场特征采取差异化的营销策略。

(资料来源：http: //wenku.baidu.com/view/0471d9a2b0717fd5360cdc96.html.)

『项目复习』

- 所谓市场细分，就是企业根据总体市场的不同消费者明显的需求特性、购买行为和购买习惯，把它们细分为彼此有区别的不同的子市场，每个子市场由需要与欲望相同的消费群组成，其内部需求特点相类似。
- 市场有效细分必须满足以下 3 个条件：细分标准必须可以衡量，细分出来的子市场应该可以进入，以及细分市场具备给企业带来赢利的潜力。
- 企业的目标市场策略应该根据具体情况，选择无差异性营销策略、差异性营销策略和集中性营销策略。
- 所谓国际目标市场定位，就是根据国际目标市场的竞争情况和本企业的条件，确定本企业产品在目标市场上的有利的竞争地位，并相应制定一套详细的市场营销策略。
- 国际目标市场定位策略包括反向定位策略、填补市场空位策略、重新定位策略、高级俱乐部战略。

『职业能力训练』

一、选择题

1. 某服装企业为“朴素女性”、“时髦女性”、“有男子气的女性”等分别设计和生产女性服装。这种市场细分属于(　　)。

A. 地理细分　　B. 人口细分　　C. 心理细分　　D. 行为细分

2. 某烟草公司将其顾客分为少量使用者、中量使用者、大量使用者。这种市场细分属于(　　)。

A. 地理细分　　B. 人口细分　　C. 心理细分　　D. 行为细分

3. 不适合作为某生产消费品企业的市场细分依据的是(　　)。

A. 地理细分　　B. 人口细分　　C. 最终用户　　D. 行为细分

4. 当彩色电视机进入成熟期后，海尔集团最好采用(　　)。

A. 无差异性营销　　B. 差异性营销

C. 集中性营销　　D. 大量市场营销

5. 在以下(　　)的情况下最适合于采用无差异性营销策略。

A. 顾客需求多样化，企业能够批量生产　　B. 市场需求同质，企业能够批量生产

C. 市场需求同质，企业产品有特色　　D. 顾客需求多样化，企业产品有特色

6. 市场细分的根本依据是(　　)。

A. 消费需求的共同性　　B. 消费需求的差异性

C. 产品的共同性　　D. 产品的差异性

7. 当强大的竞争对手采用无差异性营销策略时，企业应实施(　　)营销策略。

A. 无差异性　　B. 差异性　　C. 集中性　　D. 差异性或集中性

8．某跨国集团将其目标市场划分为欧盟、北美自由贸易区、东盟等，其划分依据属于(　　)。

A．地理细分　　B．人口细分　　C．心理细分　　D．行为细分

二、判断题

1．目标营销从市场定位开始。　　(　　)

2．对企业来说，规模大、增长快的细分市场就是好的市场。　　(　　)

3．市场定位就是企业将自己的产品定在某个地理区域内销售。　　(　　)

4．市场细分的目的是为了更好地进行市场定位。　　(　　)

5．同质性高的产品适宜采用集中性营销策略。　　(　　)

6．企业不一定都要明确每一个细分市场的主要特征。　　(　　)

7．大量营销可降低产品成本和提高价格。　　(　　)

8．若企业资源与能力有限，可选择差异性营销战略。　　(　　)

三、思考题

你认为下列产品主要应以哪些因素(只举一两个最主要的因素)作为其市场细分的依据？

1．童鞋　2．牙膏　3．保健　4．图书　5．彩电　6．冬装

四、实训题

清扬洗发水的市场细分与定位

一、清扬品牌介绍

2007年4月27日，国际快速消费品业巨头联合利华集团(以下简称联合利华)在北京召开新闻发布会，高调宣布该公司进入中国市场10年以来推出的第一款新产品、全国首款“男女区分”的去屑洗发水——清扬正式上市。期间，联合利华高层指出，从2007年开始将凭借清扬在全球去屑洗发水领域抢占去屑洗发水市场。“如果有人一次又一次对你撒谎，你要做的就是立刻甩了他”——这是清扬广告片中的广告语，置身当前竞争复杂的市场环境中，清扬离奇、自信的画外之音显得意味深长。一时间，由台湾某知名艺人所代言的清扬洗发水广告频频出现在各种高端杂志上，占据了全国各大城市户外广告的核心位置，打开电视机——无论中央电视台还是地方电视台，点击进入国内各大门户网站，清扬广告无处不在。

长期以来，在宝洁与联合利华的洗发水大战中，宝洁无论是在品牌影响力、市场规模还是在市场占有率方面，都处于绝对优势。特别是在去屑洗发水市场领域，联合利华一直都没有一个优势品牌足以同宝洁的海飞丝相抗衡。作为联合利华10年来首次推出的新品牌，清扬旨在弥补、提升其在去屑洗发水市场竞争中的不足和短板。

二、清扬洗发水的功能定位：去屑

1．清扬洗发水面市的市场背景

在联合利华等外国日化公司进入中国市场以前，消费者对洗发水的要求无非是干净、清爽，并无去屑、柔顺、营养等多重要求。经过近20年的发展，中国消费者对洗发水的品牌意识已经被各大公司培养出来，同时消费者对头发的关注日益增加，为新的洗发水概念进入市场提供了广泛的顾客基础。各洗发水品牌纷纷打出富有新意的定位以获取自己的一席之地，极大地促进了中国洗发水品牌的繁荣。赛迪顾问股份有限公司的研究结果表明：2006年中国

洗护发产品市场销售额达 220 亿元左右，市场上的洗发水品牌超过 3 000 个，其中宝洁(中国)有限公司的洗发水市场份额就超过 60%。中国洗发水市场已经高度集中和垄断。宝洁、联合利华、丝宝集团、拉芳集团占去了 80%左右的市场份额；好迪、采乐、蒂花之秀、飘影等二线品牌又抢占了 13%；剩下 7%左右的市场，则被上千个三线、四线品牌瓜分。更为严峻的是，自 2006 年开始中国洗发水市场增长减慢，2007 年各洗发水品牌的竞争更是激烈异常。市场的压力和巨大的利润蛋糕使各品牌在定位上各创新招，期望找到刺激消费者购买的新亮点。

2. *去屑洗发水市场现状*

就洗发水的功能定位而言，去屑洗发水是洗发水目前最大的细分市场，大约占洗发水市场一半的比例，巨大的蛋糕吸引几乎所有的洗发护发品牌都建立了去屑的洗发水品种。经过 10 余年的市场培育和发展演变，海飞丝的“头屑去无踪，秀发更出众”早已深入人心。人们只要一提到去屑洗发水，第一个想到的就是海飞丝。另外，随着风影的“去屑不伤发”的承诺，使之在这个细分市场也拥有了一席之地。

去屑概念一直是洗发水市场一个重要诉求点，市场竞争激烈。但消费者调查表明，人们对现有产品的去屑效果并不满意。2007 年 4 月 2 日，中华医学会科学普及部公布对 5 351 人进行的网络调查显示，对于“去头屑”这个日常问题，60%的人对去屑效果不满意。由此可见，消费者对去屑品牌认同的程度并不太理想，市场潜力仍然巨大。

尽管进入中国市场早于宝洁并拥有力士、夏士莲等知名品牌，相对于宝洁巨大的洗发水品牌家族所取得的成绩而言，联合利华的表现不尽如人意。特别是在去屑市场上，联合利华没有像海飞丝那样专门的去屑品牌，使其洗发水品牌家族在市场覆盖面上产生很大的缺失。所以，清扬被联合利华寄予厚望，联合利华提出清扬的战略目标和未来愿景是要在 3 年内成为中国洗发水去屑市场上的领袖品牌。

3. *清扬去屑新诉求：“维他矿物群”去屑*

清扬是联合利华进入中国市场 10 年以来首次推出的新品牌，品牌定位为“专业去屑”，联合利华(中国)公司认为专业防治型去屑产品是目前的市场空缺，是当前去屑市场所面临的最大问题，而依托于数十年专业去屑研究经验的联合利华，对清扬在中国市场的未来表现充满信心，清扬信心百倍地作出承诺，要带领中国消费者走出头皮屑痼疾的困扰。

清扬去屑新诉求是“维他矿物群”去屑。联合利华表示，清扬是法国清扬技术中心的研究结晶，产品的附加值突破在于“维他矿物群”去屑，联合利华拥有全球专利及临床测试验证，同时为“维他矿物群”进行了商标知识产权注册。在过去 10 年中，联合利华研发中心在中国已为超过 3 000 名消费者进行过临床实验，以更多了解中国消费者的头皮状况和问题，从而为中国消费者提供更精纯的去屑产品配方。清扬在进入中国以前，已经在南美洲、欧洲及东南亚地区去屑市场成为了当仁不让的第一品牌，并被数亿消费者证实了其在去屑方面的功效。因此，清扬也将是中国市场的最佳去屑产品。

清扬用“科技保健”引导消费者，产品宣传中强调“深入去屑，治标治本”，强调专业性。联合利华宣称清扬是“消费者信赖的头皮护理专业品牌”，其去屑功能是针对头皮护理，并通过广告的方式强化头屑由头皮产生这一少有竞争对手关注的消费者固有心理认知，表明“清扬”对去屑的根本作用，有效地与其他去屑品牌形成品牌区隔。

三、清扬洗发水市场细分创新：性别细分

作为一个新品牌，想在品牌林立的中国去屑洗发水市场分一杯羹，必然需要清扬在品牌推出之前找出去屑市场的定位空白点。传统洗发水市场细分常常以功能为标准进行，如去屑、营养、柔顺、防脱发、黑发等，或以头发颜色来细分黑头发专用、染发专用等。清扬首次以性别为细分变量，将市场细分为男士用、通用和女士用市场，并选择男士和通用细分市场作为目标市场。虽然只是简单的性别细分，但在洗发水市场上的确存在男性和女性市场的不同需求，而这个需求差异一直是厂家所忽略的。清扬的性别细分在情理之中又在意料之外，这一细分市场的创新使消费者耳目一新，市场上刮起了一股强劲的“清扬”风。

清扬将旗下产品分男士和通用两大系列共有 34 个品种，作为首家推出男士去屑洗发水的品牌，清扬通过“维他矿物群”这一概念的宣传，表明其对男士洗发的关注，可谓开创了男士去屑洗发水的“蓝海”领域。并通过男士系列与通用系列两大阵容所形成的品牌组合构成了联合利华“专业去屑”的洗护完整产品线，可以极大限度地满足消费者的要求。同时，在宣传过程中，通过合理的广告语言展示清扬对男士头屑问题的研究，令消费者产生去屑洗发水分“女士洗发水”和“男士洗发水”的心理认知，有效地将清扬与其他众多去屑品牌区分开来。

四、清扬洗发水定位的立体式传播

联合利华在宣传过程中，处处强调清扬的去屑功能，并试图通过传播培养中国消费者对待头屑问题的正确态度来引导消费者，清扬在传播中指出，中国消费者在洗发水使用中存在四大误区——洗发水男女混用、重冲洗轻滋养、头皮营养失衡、洗发护发习惯不良，识别这些误区并加以改进是改善头发的根本。

2007 年 3 月 25 日，随着清扬品牌在全国各地开始投放广告，“清水出芙蓉、个性似飞扬”的清扬开始走进人们的视野，步入了人们的生活。

为了使清扬迅速抢占市场，联合利华发起了清扬洗发水巨大的宣传攻势，有资料显示，联合利华为清扬品牌的市场推广准备了不低于 3 亿元的市场费用预算，用以保障广告投入、业务销售和品牌推广等各项业务工作的有序推进。无论是在线上广告和线下广告，清扬都占据了绝对优势。

此外，联合利华还十分重视清扬在全中国同步上市，即使在网络上也可以看到很多清扬招聘促销人员的广告。在上市前半年的产品推广期，清扬仅在中国市场的广告费投入就占到联合利华全年全球推广费用的一半。推广期间，电视、广播、网络、杂志、终端、街道站牌、公交车广告和试用装发放一个也不能少，清扬对消费者的冲击可谓无所不在。

不管消费者是否认同宣传中许诺的种种功能，清扬的品牌已经在不知不觉中深入人心，不少消费者都乐于尝试清扬洗发水，乐于对清扬洗发水宣扬的洗发水使用四大误区保持认知和关注。

无论清扬在未来会交出怎样的成绩单，无论清扬能否在本土市场的品牌角逐中独占鳌头，拭目以待之余，站在营销专业角度，人们还是清楚地看到，随着清扬高调、自信的上市，在吸引无数眼球的同时，还为其赢得了如潮的掌声，成为 2007 年一个最具代表性的营销案例和品牌佳话。

思考：

1. 清扬洗发水是在什么样的市场背景下推出的？
2. 清扬洗发水是如何开辟“蓝海”的？
3. 清扬洗发水的广告宣传有何特点？

(资料来源：http://www.docin.com/p-76624929.htm.)

项目6 制定国际市场营销策略

『项目目标』

知识目标

1. 了解国际市场营销产品策略、定价策略、渠道策略和促销策略的含义。
2. 熟悉国际营销产品生命周期理论。
3. 了解品牌策略和包装策略。
4. 掌握国际市场产品定价的目标与方法。
5. 了解国际分销渠道结构、类型及特点。
6. 掌握国际市场促销组合策略。
7. 熟悉国际市场人员推销、国际广告、国际营业推广及国际公共关系策略。

实训目标

1. 通过国际市场产品策略的学习，具备制定国际市场产品策略的技能。
2. 通过国际市场定价策略的学习，具备制定国际市场定价策略的技能。
3. 通过国际市场渠道策略的学习，具备制定国际市场渠道策略的技能。
4. 通过国际市场促销策略的学习，具备制定国际市场促销策略的技能。
5. 通过项目实训的学习，具备撰写《国际市场营销策略分析报告》的能力。

『项目实训』

实训项目

撰写《A公司中国市场策略分析报告》。

实训背景

A公司完成了对中国市场的环境分析、战略规划后，通过撰写《A公司中国市场策略分析报告》，明确描述A公司在中国市场欲采取的产品策略、定价策略、渠道策略及促销策略，以便对A公司进入中国市场的具体策略进行部署。

实训内容

1. 分析进入中国市场的产品策略。
2. 分析进入中国市场的定价策略。
3. 分析进入中国市场的渠道策略。
4. 分析进入中国市场的促销策略。
5. 撰写《A公司中国市场策略分析报告》。

实训步骤

1. 各项目组讨论A公司进入中国市场具有可行性的产品策略、定价策略、渠道策略和促销策略。

2. 各项目组撰写《A公司中国市场策略分析报告》。

3. 指导教师点评各组完成的任务。

『项目知识』

任务6.1 制定产品策略

随着经济全球一体化进程的加快，企业要参与国际市场的竞争并取得良好的经济效益，就必须向国际目标市场提供适销对路的产品。产品是企业生存的根本，在市场营销策略组合中，产品策略是最重要的策略之一，离开了产品，价格、促销和渠道便失去意义。在国际营销活动中，企业深刻了解不断变化的需求，通过制定合适的产品策略，适时地开发适合当时需求的产品，延长产品生命周期，在全球品牌创立和管理上狠下功夫，才能成功地开拓国际市场。

6.1.1 产品概述

传统的产品观念认为，产品(Product)就是顾客愿意购买的物质实体，即有形产品，如手机、电视、服装等，这是对产品的一种狭义理解。广义的产品应该是能够提供给市场以满足人们需要和欲望的任何东西，包括实物、劳务、场所、人物、组织和构思等。菲利普·科特勒将产品定义为可提供于消费者市场上，以引起留意、获取、使用并满足欲望或需要的一切东西。从营销学的角度讲，产品的本质是一种满足消费者需求的载体或是一种能使消费者需求得以满足的手段。由于消费者需求的满足方式是多样性的，所以产品由实体产品和无形服务构成。

1. 整体产品概念

国际市场营销学的整体产品概念，是广义的产品概念，即能给人们带来某种利益的物质产品和非物质形态的服务。例如，消费者购买空调，不仅是购买空调能给消费者带来的清凉舒适的感觉，同时包括空调的款式、颜色、功能、噪音大小、所体现的身份，以及售后安装和保修服务等。一般而言，整体产品应该包含核心产品、有形产品、附加产品和心理产品4个层次，即整体产品＝核心产品＋有形产品＋附加产品＋心理产品，如图6.1所示。

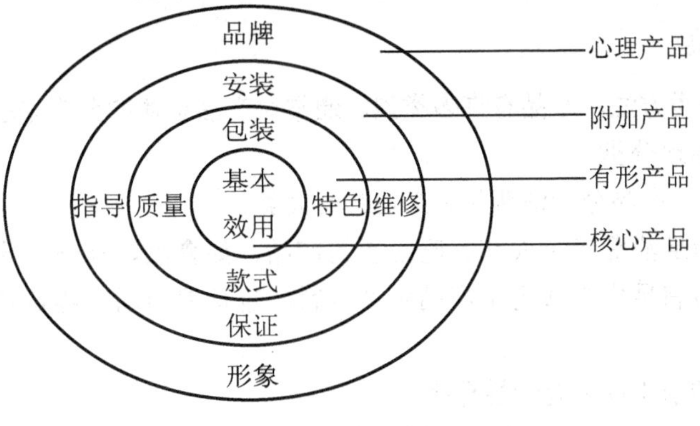

图6.1 整体产品概念

1) 核心产品

核心产品(Core Products)也称为实质产品，是指产品能够为购买者带来的基本利益和效用，即产品的使用价值，是构成产品的最核心的部分，它是无形的。这种核心利益是顾客真正需要的东西，因此消费者购买某种产品，并不是为了占有或获得产品本身，而是为了获得能够满足某种需要的效用和利益。例如，购买汽车是为了代步，买包子是为了充饥，买饮料是为了解渴等。可见，某一产品能否被国际市场所接受，不仅取决于企业能否提供这一产品，更重要的是取决于它能否给消费者带来某种实际利益，使其需求得到满足。因此，国际营销人员应正确认识自己企业向国际市场提供的产品或服务的核心产品是什么，将其视为一项基本利益提供给顾客。

2) 有形产品

有形产品(Tangible Products)也称形式产品，是核心产品借以实现的形式，是核心产品的载体和具体表现形式，是指向市场提供的实体和服务的方式。有形产品是能够被顾客在市场上识别的，因此它是顾客选购商品的客观依据，如电视机的形状、颜色、品牌等。消费者购买某种商品，除了要求该产品具备某些基本功能，能够提供某种核心利益外，还要考虑产品的质量、造型、款式、颜色等多种因素。因此，企业设计产品时，应首先着眼于顾客购买产品时所追求的利益，以求更完美地满足顾客需要，从这一点出发再去寻求利益得以实现的形式以呈现给国际消费者。

3) 附加产品

附加产品(Additional Products)是指顾客购买有形产品时所获得的全部附加服务和利益，包括提供信贷、免费送货安装、售后保修服务等。例如，消费者购买空调，既需要企业免费送货上门，也需要安装调试，还需要使用说明和维修服务。附加产品是顾客方便、快捷、安全、放心地获得核心利益的保证。现在的国际市场竞争，已经从产品的核心层、有形层的竞争逐步向附加层转移，因此，企业在做好核心产品和有形产品的同时，更要考虑怎样给顾客提供更满意的服务。

4) 心理产品

心理产品(Psychological Products)是指产品的品牌和形象提供给顾客心理上的满足。消费者对产品的消费往往是生理消费和心理消费相结合的过程，随着人们生活水平的提高，人们对产品的品牌和企业形象越来越看重，因此它也是整体产品概念的重要组成部分。

2. 产品的分类

依据不同的分类方法，产品有许多类型。通常对产品总体的分类采取以下 3 种方法。

1) 依据最终用途分类

依据最终用途，产品分为消费品和工业品两大类。

消费品是指满足消费者个人和家庭消费的产品，如食品、饮料、家用电器、汽车和住房等。工业品是指满足生产或再生产的生产资料，包括原材料、零部件、机械、设备和消耗品等。

2) 依据产品的耐用性和有形性分类

根据产品的耐用性和有形性分类，可分为非耐用品、耐用品和服务。

(1) 非耐用品(Nondurable Goods)。指消费周期短、容易消耗的有形物品。如卫生美容用品、食品等。非耐用品因购买频繁，价值相对较低，宜接近消费区。非耐用品售价中的加成要低，还应加强广告以吸引顾客试用并形成偏好。

(2) 耐用品(Durable Goods)。是指具备 3 年以上使用时间的产品，既包括生产资料(如机器设备等)，又包括消费资料(如汽车、冰箱、电视机、家具等)。耐用品不能一次性被消费，其折旧年限具有较长的时间跨度。耐用品倾向于使用较多的人员推销和服务。

(3) 服务(Service)。除了有形的产品，还有无形的服务。其特点是无形、不易分割、易变和不可储存。随着世界经济的发展，有经济专家提出："服务是一种资本，服务等于财富"，这是值得人们认真看待的一句话。

3) 根据消费者的购物习惯分类

依据消费者的购物习惯分类，产品可分为便利品、选购品、特殊品和非渴求物品 4 类。

(1) 便利品(Convenience Goods)。指消费者购买频繁，希望一旦需要即可买到，并且只花最少的精力和时间去比较品牌、价格的消费品，如牙膏、报纸等。考察便利品时应注意两个问题。

① 便利品都是非耐用品，且多为消费者日常生活必需品。因而，经营便利品的零售商店一般都分散设置在居民住宅区、街头巷尾、车站、码头、工作地点和公路两旁，以便消费者随时随地购买。

② 消费者在购买前，对便利品的品牌、价格、质量和出售地点等都很熟悉，所以对大多数便利品只花较少的时间与精力去购买。

(2) 选购品(Shopping Goods)。指消费者为了物色适当的物品，在购买前往往要去许多家零售商店了解和比较商品的花色、样式、质量、价格等的消费品。例如，儿童衣料、服装、家具等都是选购品。选购品挑选性强，消费者不知道哪一家的最合适，且因其耐用程度较高不需经常购买，所以消费者有必要和可能花较多的时间和精力去许多家商店物色合适的物品。

(3) 特殊品(Special Goods)。指消费者能够识别哪些品牌的商品物美价廉，哪些品牌的商品质次价高，而且许多消费者习惯上愿意多花时间和精力去购买的消费品。例如，特殊品牌和造型的奢侈品、供收藏的特殊邮票和钱币等。消费者在购买前对要物色的特殊品的特点、品牌等均有充分认识，这一点同便利品相似；但是，消费者只愿购买特定品牌的某种商品，而不愿购买其他品牌的某种特殊品，这又与便利品不同。

(4) 非渴求物品(Unsought goods)。指顾客不知道的物品，或者虽然知道却没有兴趣购买的物品。例如，刚上市的新产品、各类保险等。非渴求物品的性质决定了企业必须加强广告和推销工作，使消费者对这些物品有所了解，产生兴趣，千方百计吸引潜在顾客，扩大销售。

3. 国际营销产品组合策略

1) 国际营销产品组合的相关概念

(1) 产品组合、产品线及产品项目。产品组合(Product Mix)是指企业提供给市场的全部产品线和产品项目的组合或结构，即企业的业务经营范围。企业为了实现营销目标，充分有效地满足目标市场的需求，必须设计一个优化的产品组合。

产品线(Product Line)是指产品组合中的某一产品大类，是一组密切相关的产品。例如，以类似的方式发挥功能、销售给相同的顾客群、通过同样的销售渠道出售、属于同样的价格范畴等。

产品项目(Product Project)是指产品线中不同品牌和细分的特定产品，指产品线内的不同品种及同一品种的不同品牌，如同一品种有 3 个品牌即为 3 个产品项目。例如，某自选采购中心经营家电、百货、鞋帽、文教用品等，这就是产品组合；而其中“家电”或“鞋帽”等大类就是产品线；每一大类里包括的具体品种、品牌为产品项目。

(2) 产品组合的宽度、长度、深度和关联度。产品组合包括 4 个衡量变量，即宽度、长度、深度和关联度。

① 产品组合的宽度(Product Mix Width)是指产品组合中所拥有的产品线的数目。

② 产品组合的长度(Product Mix Length)是指产品组合中产品项目的总数，以产品项目总数除以产品线数目即可得到产品线的平均长度。

③ 产品组合的深度(Product Mix Depth)指产品项目中每一品牌所含不同花色、规格、质量的产品数目的多少。例如，美国宝洁公司的众多产品线中，有一条牙膏产品线，生产格利、克雷丝、登奎尔 3 种品牌的牙膏，所以该产品线有 3 个产品项目。其中克雷丝牙膏有 3 种规格和 2 种配方，则克雷丝牙膏的深度就是 6。

小案例 6-1

宝洁公司的产品组合，见表 6-1。

表 6-1　宝洁公司的产品组合

	产品组合宽度					
	洗涤剂	牙膏	香皂	除臭剂	果汁	润肤露
产品组合深度	汰渍	格利	象牙	秘密	橘山	玉兰油
	碧浪	佳洁士	佳美	确信	阳光乐	佳美
	象牙雪	彻底	舒肤佳	—	雪山	奇异
	……	……	……	……	……	……
	11	4	8	2	6	7

【分析提示】

从表 6-1 可以看出，宝洁公司有洗涤剂、牙膏等 6 条产品线，即产品组合的宽度为 6；每一条产品线又有不同的产品项目数。例如，洗涤剂产品线有 11 个、牙膏有 4 个等，因此，此产品组合的长度＝11＋4＋8＋2＋6＋7＝38；该产品组合的平均深度等于各条产品线项目数之和除以产品线数，即 38÷6＝6.33。

(资料来源：[美]菲利普 · 科特勒. 营销管理[M]. 10 版. 梅汝和，等译. 北京：中国人民大学出版社，2001.)

实际上，一般公司的产品组合总长度要长得多，深度也要深得多。例如，童帽作为一个品种，可以有几个、几十个品牌，其中一个品牌不同花色、规格、质量的产品可以有几十个甚至几百个，因此有的公司经营的产品如按花色、规格、质量统计可达几万种甚至几十万种。

④ 产品组合的关联度(Product Mix Consistency)是指各条产品线在最终用途、生产条件、分销渠道或其他方面相互关联的程度。例如，某家用电器公司拥有电视机、收录机等多条产品线，但每条产品线都与电有关，这一产品组合具有较强的相关性。相反，实行多元化特别是非相关多元化经营的企业，其产品组合的相关性则可能较小或无相关性。

根据产品组合的4种尺度，企业可以采取4种方法发展业务。

① 加大产品组合的宽度，扩展企业的经营领域，实行多样化经营，分散企业投资风险。

② 增加产品组合的长度，使产品线丰满充裕，成为更全面的产品线公司。

③ 加强产品组合的深度，占领同类产品的更多细分市场，满足更广泛的市场需求，增强企业竞争力。

④ 加强产品组合的一致性，使企业在某特定市场领域内加强竞争和赢得良好的声誉。

产品组合决策就是企业根据市场需求、竞争形势和企业自身能力，对产品组合的宽度、长度、深度和相关性方面做出决策。

2) 国际营销产品组合的优化

企业优化产品组合的过程就是分析、评价和调整产品组合并保持动态平衡的过程，企业产品组合的状况直接关系着企业的销售额和利润水平，因此，企业的管理部门必须经常对现有产品组合的状况进行分析、评价并做出适当的调整，以实现产品组合的最优化，从而扩大销售量，提高经济效益。

(1) 产品组合的评价方法。主要有产品组合三维分析法、产品项目分析法、产品定位图分析法、波士顿集团法和通用电气公司法等。以下重点介绍产品组合三维分析法。

三维分析图是一种分析产品组合是否健全、平衡的方法。在三维空间坐标上，以 *X*、*Y*、*Z* 3个坐标轴分别表示市场占有率、销售成长率及利润率，每一个坐标轴又为高、低两段，这样就能得到8种可能的位置。三维分析图，如图6.2所示。

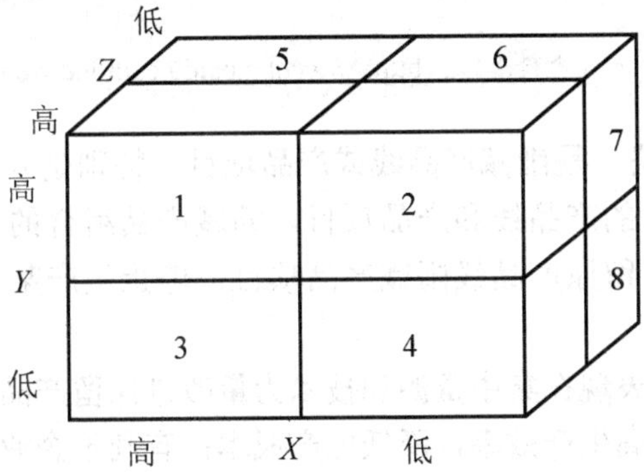

图6.2　三维分析图

如果企业的大多数产品项目或产品线处于1、2、3、4号位置上时，在市场占有率、销售成长率及利润率3个指标中能够保证有两个指标处于高水平状态时，就可以认为产品组合已达到最佳状态。因为任何一个产品项目或产品线的利润率、成长率和占有率都有一个由低到高又转为低的变化过程，不能要求所有的产品项目同时达到最好的状态，即使同时达到也是不能持久的。因此企业所能要求的最佳产品组合，必然包括：①目前虽不能获利但有良好发展前途、预期成为未来主要产品的新产品；②目前已达到高利润率、高成长率和高占有率的主要产品；③目前虽仍有较高利润率而销售成长率已趋降低的维持性产品；④已决定淘汰、逐步收缩其投资以减少企业损失的衰退产品。

(2) 产品组合的调整。企业在调整产品组合时，可以针对具体情况选用以下产品组合策略。

① 扩大产品组合策略。是指开拓产品组合的广度和加强产品组合的深度的策略。开拓产品组合广度是指增添一条或几条产品线，扩展产品经营范围；加强产品组合深度是指在原有的产品线内增加新的产品项目。具体方式可以是在维持原产品品质和价格的前提下，增加同一产品的规格、型号和款式；或者增加不同品质和不同价格的同一种产品；也可以是增加与原产品相类似的产品；或者增加与原产品毫不相关的产品。

扩大产品组合的优点在于满足了不同偏好的消费者多方面的需求，提高产品的市场占有率；可以充分利用企业信誉和品牌知名度，完善产品系列，扩大经营规模；充分利用企业资源和剩余生产能力，提高经济效益；还可以减小市场需求变动性的影响，分散市场风险，降低损失程度。

小案例 6-2

美国吉列公司(以下简称吉列)起初只生产安全刮胡刀，在其专利权快要到期时，推出了两种新的接替产品。当女士盛行短发时，吉列又推出女用安全刀。而后吉列通过兼并烫发器制造公司与在加利福尼亚生产圆珠笔和刮胡膏的梅特公司，来扩大生产规模。

1964 年吉列重新调整了产品组合，连续推出盒式刮胡刀组、多笔尖圆珠笔、Hot-one 刮胡膏、可调盒式刮胡刀、超级不锈钢刀片、增塑刀片、微孔笔和几种止汗剂，这些产品的市场投放都取得了成功。

【分析提示】

一般当企业预测现有产品线的销售额和盈利率在未来几年要下降时，往往就会考虑扩大产品组合策略。

(资料来源：http: //wenku.baidu.com/view/e9f84d186bd97f192279e9f1.html.)

② 缩减产品组合策略。是削减产品线或产品项目，特别是要取消那些获利小的产品，以便集中力量经营获利大的产品线和产品项目。缩减产品组合的方式有减少产品线数量，实现专业化生产经营；保留原产品线削减产品项目，停止生产某类产品，外购同类产品继续销售。

缩减产品组合的优点表现在集中资源和技术力量改进保留产品的品质，提高产品的知名度；生产经营专业化，提高生产效率，降低生产成本；有利于企业向市场的纵深发展，寻求合适的目标市场；减少资金占用，加速资金周转。

③ 高档产品策略。就是在原有的产品线内增加高档次、高价格的产品项目。实行高档产品策略主要有这样一些益处，表现在高档产品的生产经营容易为企业带来丰厚的利润；可以提高企业现有产品的声望，提高企业产品的市场地位；有利于带动企业生产技术水平和管理水平的提高。

采用这一策略的企业也要承担一定风险。因为企业惯以生产廉价产品的形象在消费者心目中不可能立即转变，使得高档产品不容易很快打开销路，从而影响新产品项目研制费用的迅速收回。

④ 低档产品策略。就是在原有的产品线中增加低档次、低价格的产品项目。实行低档产品策略的好处是借高档名牌产品的声誉，吸引消费水平较低的顾客慕名购买该产品线中的低档廉价产品；充分利用企业现有生产能力，补充产品项目空白，形成产品系列；增加销售总额，扩大市场占有率。

与高档产品策略一样，低档产品策略的实行能够迅速为企业寻求新的市场机会，同时也会带来一定的风险。如果处理不当，可能会影响企业原有产品的市场声誉和名牌产品的市场形象。此外，这一策略的实施需要有一套相应的营销系统和促销手段与之配合，这些必然会加大企业营销费用的支出。

⑤ 产品线特色化和削减决策。在产品线中可以选择一个或少数产品项目进行特色化。例如，一家名叫思特森的公司推销一种男式帽子，售价 150 美元，几乎无人问津。但是这种帽子却起到了“王冠上的宝石”的作用，改善了整条产品线的形象。

企业还要定期检查产品项目，研究削减问题。产品线中可能含有不利于增加利润的项目，或者缺乏足够的生产能力，这就要考虑缩短产品线。

3) 国际营销产品组合的相关策略

国际营销产品组合的策略主要有全线全面型组合策略、市场专业型组合策略、产品系列专业型策略、产品系列化集中型策略和特殊产品系列专业型策略。

(1) 全线全面型组合策略。是指采用多条产品线和每一条产品线中多个产品项目的组合，也就是其宽度、深度都大而关联度可大可小的组合。该策略的特点就是着眼于向任何顾客提供其所需要的一切产品，即要照顾到整个市场的需求。其优点是市场广阔，缺点是需要企业实力雄厚。

(2) 市场专业型组合策略。是指采用多条产品线及多个产品项目的组合，也就是其宽度、深度大而关联度小的组合。该策略的特点是采用多种产品的组合满足某个专业市场的需要。其优点是由于对某种顾客比较熟悉，因而容易满足他们的需要，易占领该专业市场，缺点也是需要企业实力雄厚。

(3) 产品系列专业型策略。是指采用关联度大的少数几个产品线或几个产品项目的组合，也就是其宽度、深度小而关联度大的组合。该策略的特点是生产某一类产品满足所有的顾客的需要。其优点是由于技术要求接近，生产专业化，效率高。

(4) 产品系列化集中型策略。是指集中企业的力量，生产单一产品线中的几个产品项目，也就是其组合的宽度小、深度略大、关联度密切的组合。该策略的特点是生产单一系列产品满足单一的市场需要。其优点是产品和市场比较集中，容易集中力量占领。这是中小企业经常采用的组合策略。

(5) 特殊产品系列专业型策略。是指企业利用自己的特长，生产某些销路好的特殊产品线的几个产品项目以满足市场的特殊要求。例如，生产某种工艺美术制品，其优点是市场竞争弱，缺点是市场范围较小。

6.1.2 国际产品生命周期

1. *产品生命周期的概念*

产品生命周期(Product Life Cycle，PLC)，指的是产品的市场生命。即产品从进入市场开始，直到最终退出市场为止所经历的市场生命循环过程。一种产品进入市场后，它的销售量和利润都会随时间的推移而改变，呈现一个由少到多再由多到少的过程，就如同人的生命一样，由诞生、成长到成熟，最终走向衰亡，这就是产品的生命周期。产品只有经过研究开发、试销，然后进入市场，它的市场生命周期才算开始。产品退出市场，则标志着生命周期的结束。产品生命周期曲线，如图 6.3 所示。

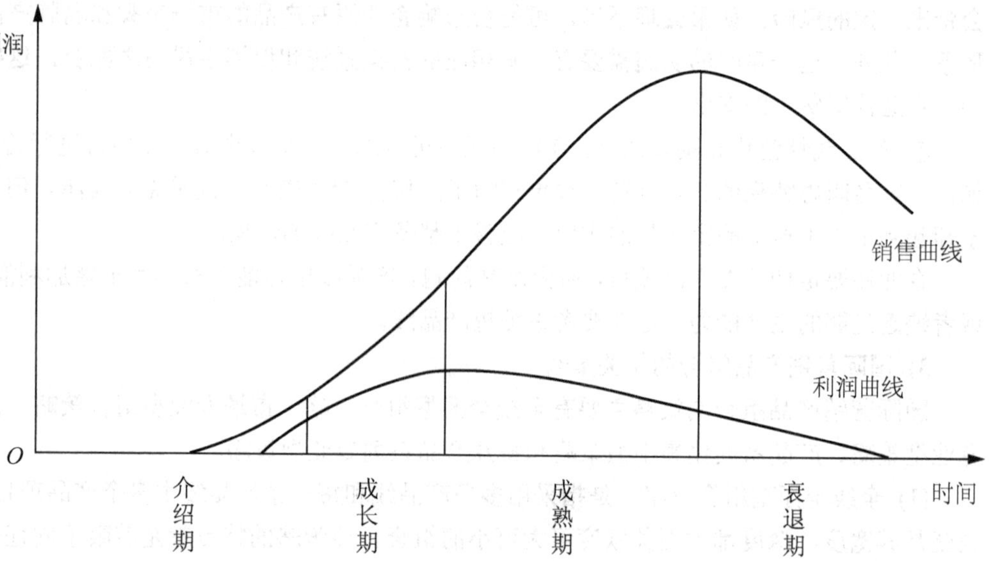

图 6.3　产品生命周期曲线

知识拓展 6-1

特殊的产品生命周期

特殊的产品生命周期包括风格型产品生命周期、时尚型产品生命周期、热潮型产品生命周期、扇贝形产品生命周期 4 种特殊的类型，它们的产品生命周期曲线并非通常的 S 型。

风格(Style)：是一种在人类生活中基本但特点突出的表现方式。风格一旦产生，可能会延续数代，根据人们对它的兴趣而呈现出一种循环再循环的模式，时而流行，时而又可能并不流行。

时尚(Fashion)：是指在某一领域中，目前为大家所接受且欢迎的风格。时尚型产品生命周期特点是刚上市时很少有人接纳(被称为独特阶段)，但接纳人数随着时间慢慢增长(模仿阶段)，终于被广泛接受(大量流行阶段)，最后缓慢衰退(衰退阶段)，消费者开始将注意力转向另一种更吸引他们的时尚。

热潮(Fad)：是一种来势汹汹且很快就吸引大众注意的时尚，俗称时髦。热潮型产品生命周期往往快速成长又快速衰退，主要是因为它只是满足人类一时的好奇心或需求，所吸引的只限于少数寻求刺激、标新立异的人，通常无法满足更强烈的需求。

扇贝型(Shell)产品生命周期主要指产品生命周期不断地延伸再延伸，这往往是因为产品创新或不时发现新的用途。以上 4 种特殊的产品生命周期如图 6.4 所示。

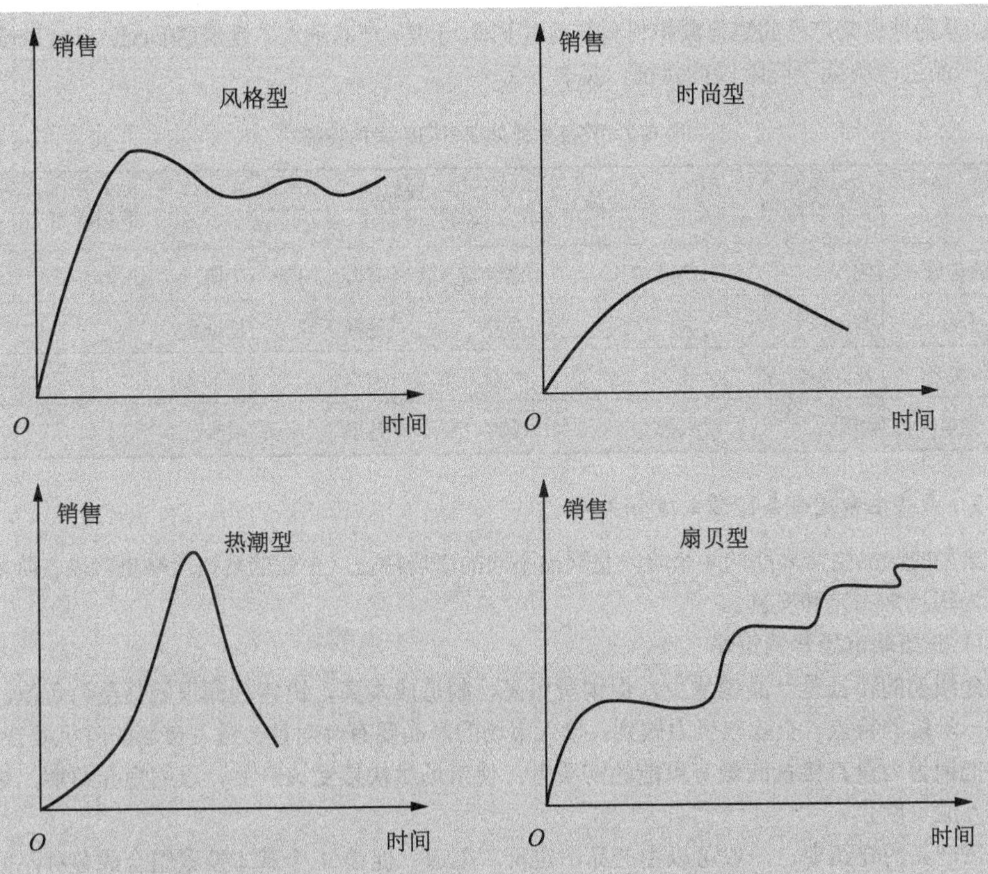

图 6.4 特殊的产品生命周期曲线

2. 产品生命周期各阶段的特点

典型的产品生命周期一般可分为 4 个阶段，即介绍(引入)期、成长期、成熟期和衰退期。

1) 介绍(引入)期

新产品投入市场，便进入介绍期(Introduction Period)。此时，顾客对产品还不了解，只有少数追求新奇的顾客可能购买，销售量很低。为了扩展销路，需要大量的促销费用，对产品进行宣传。在这一阶段，由于技术方面的原因，产品不能大批量生产，因而成本高，销售额增长缓慢，企业不但得不到利润，反而可能亏损。产品也有待进一步完善。

2) 成长期

进入成长期(Developing Period)顾客对产品已经熟悉，大量的新顾客开始购买，市场逐步扩大。产品大批量生产，生产成本相对降低，企业的销售额迅速上升，利润也迅速增长。竞争者看到有利可图，便纷纷进入市场参与竞争，使同类产品供给量增加，价格随之下降，企业利润增长速度逐步减慢，最后达到生命周期利润的最高点。

3) 成熟期

市场需求趋向饱和，潜在的顾客已经很少，销售额增长缓慢直至转而下降，标志着产品进入了成熟期(Maturity Period)。在这一阶段，竞争逐渐加剧，产品售价降低，促销费用增加，企业利润下降。

4) 衰退期

随着科学技术的发展，新产品或新的替代品出现，将使顾客的消费习惯发生改变，转向其他产品，从而使原来产品的销售额和利润额迅速下降。于是，产品进入了衰退期(Declination Period)。

产品生命周期不同阶段的特征，见表 6-2。

表 6-2　产品生命周期不同阶段的特征

阶段 特征	介绍期	成长期	成熟期		衰退期
			前期	后期	
销售量	低	快速增长	继续增长	有降低趋势	下降
利润	微小或负	大	高峰	逐渐下降	低或负
购买者	爱好新奇者	较多	大众	大众	落后者
竞争	甚微	兴起	增加	甚多	减少

3. *产品生命周期各阶段的营销策略*

典型的产品生命周期的 4 个阶段呈现出不同的市场特征，企业的营销策略也就以各阶段的特征为基点来制定和实施。

1) 介绍期市场营销策略

介绍期的特征是产品销量少，促销费用高，制造成本高，销售利润很低甚至为负值。根据这一阶段的特点，企业应努力做到：投入市场的产品要有针对性；进入市场的时机要合适；设法把销售力量直接投向最有可能的购买者，使市场尽快接受该产品，以缩短介绍期，更快地进入成长期。

在产品的介绍期，一般可以由产品、定价、渠道、促销 4 个基本要素组合成各种不同的市场营销策略。仅将价格高低与促销费用高低结合起来考虑，就有下面 4 种策略。

(1) 快速撇脂策略。即以高价格、高促销费用推出新产品。实行高价策略可在每单位销售额中获取最大利润，尽快收回投资；高促销费用能够快速建立知名度，占领市场。实施这一策略须具备以下条件：产品有较大的需求潜力；目标顾客求新心理强，急于购买新产品；企业面临潜在竞争者的威胁，需要及早树立品牌形象。一般而言，在产品引入阶段，只要新产品比替代的产品有明显的优势，市场对其价格就不会太过计较。

(2) 缓慢撇脂策略。以高价格、低促销费用推出新产品，目的是以尽可能低的费用开支求得更多的利润。实施这一策略的条件是：市场规模较小；产品已有一定的知名度；目标顾客愿意支付高价；潜在竞争的威胁不大。

(3) 快速渗透策略。以低价格、高促销费用推出新产品。目的在于先发制人，以最快的速度打入市场，取得尽可能大的市场占有率。然后再随着销量和产量的扩大，使单位成本降低，取得规模效益。实施这一策略的条件是：该产品市场容量相当大；潜在消费者对产品不了解，且对价格十分敏感；潜在竞争较为激烈；产品的单位制造成本可随生产规模和销售量的扩大迅速降低。

(4) 缓慢渗透策略。以低价格、低促销费用推出新产品。低价可扩大销售，低促销费用可降低营销成本，增加利润。这种策略的适用条件是：市场容量很大；市场上该产品的知名度较高；市场对价格十分敏感；存在某些潜在的竞争者，但威胁不大。

2) 成长期市场营销策略

新产品经过市场介绍期以后，消费者对该产品已经熟悉，消费习惯业已形成，销售量迅速增长，这种新产品就进入了成长期。进入成长期以后，老顾客重复购买，并且带来了新的顾客，销售量激增，企业利润迅速增长，在这一阶段利润达到高峰。随着销售量的增大，企业生产规模也逐步扩大，产品成本逐步降低，新的竞争者会投入竞争。随着竞争的加剧，新的产品特性开始出现，产品市场开始细分，分销渠道增加。企业为维持市场的继续成长，需要保持或稍微增加促销费用，但由于销量增加，平均促销费用有所下降。针对成长期的特点，企业为维持其市场增长率，延长获取最大利润的时间，可以采取下面几种策略。

(1) 改善产品品质。如增加新的功能，改变产品款式，发展新的型号，开发新的用途等。对产品进行改进，可以提高产品的竞争能力，满足顾客更广泛的需求，吸引更多的顾客。

(2) 寻找新的细分市场。通过市场细分，找到新的尚未满足的细分市场，根据其需要组织生产，迅速进入这一新的市场。

(3) 改变广告宣传的重点。把广告宣传的重心从介绍产品转到建立产品形象上来，树立产品品牌，维系老顾客，吸引新顾客。

(4) 适时降价。在适当的时机，可以采取降价策略，以激发那些对价格比较敏感的消费者产生购买动机和采取购买行动。

3) 成熟期市场营销策略

进入成熟期以后，产品的销售量增长缓慢，逐步达到最高峰，然后缓慢下降；产品的销售利润也从成长期的最高点开始下降；市场竞争非常激烈，各种品牌、各种款式的同类产品不断出现。

对成熟期的产品，宜采取主动出击的策略，使成熟期延长，或使产品生命周期出现再循环。为此，可以采取以下3种策略。

(1) 市场调整。这种策略不是要调整产品本身，而是发现产品的新用途、寻求新的用户或改变推销方式等，以使产品销售量得以扩大。

(2) 产品调整。这种策略是通过产品自身的调整来满足顾客的不同需要，吸引有不同需求的顾客。整体产品概念的任何一个层次的调整都可视为产品再推出。

(3) 市场营销组合调整。即通过对产品、定价、渠道、促销4个市场营销组合因素加以综合调整，刺激销售量的回升。常用的方法包括降价、提高促销水平、扩展分销渠道和提高服务质量等。

4) 衰退期市场营销策略

衰退期的主要特点是产品销售量急剧下降；企业从这种产品中获得的利润很低甚至为零；大量的竞争者退出市场；消费者的消费习惯已发生改变等。面对处于衰退期的产品，企业需要进行认真的研究分析，决定采取什么策略，在什么时间退出市场。通常有以下几种策略可供选择。

(1) 继续策略。继续沿用过去的策略，仍按照原来的细分市场，使用相同的分销渠道、定价及促销方式，直到这种产品完全退出市场为止。

(2) 集中策略。把企业能力和资源集中在最有利的细分市场和分销渠道上，从中获取利润。这样有利于缩短产品退出市场的时间，同时又能为企业创造更多的利润。

(3) 收缩策略。抛弃无希望的顾客群体，大幅度降低促销水平，尽量减少促销费用，以增加目前的利润。这样可能导致产品在市场上的衰退加速，但也能从忠实于这种产品的顾客中得到利润。

(4) 放弃策略。对于衰退比较迅速的产品，应该当机立断，放弃经营。可以采取完全放弃的形式。例如，把产品完全转移出去或立即停止生产；也可采取逐步放弃的方式，使其所占用的资源逐步转向其他的产品。

4. 国际产品生命周期的含义及意义

1) 国际产品生命周期的含义

国际产品生命周期(International Product Life Cycle)理论为第二次世界大战后最有影响的国际分工理论之一，它侧重从技术进步、技术创新、技术传播的角度分析国际分工的基础。美国哈佛大学教授雷蒙德·维农(Raymond Vernon)认为，一国在经济上领先，推出新产品，由此发展出口市场。这种技术或创新的发展，对各国而言机会并不均等。雷蒙德·维农提出了国际产品生命周期的阶段模型，认为由于各国在科技和经济发展水平上的差异而形成同一产品在各国开发、生产、销售、消费上存在时间差异，在国际市场上产品的发展需经过 3 个阶段：新产品阶段、成熟产品阶段、标准化产品阶段。如图 6.5 所示。

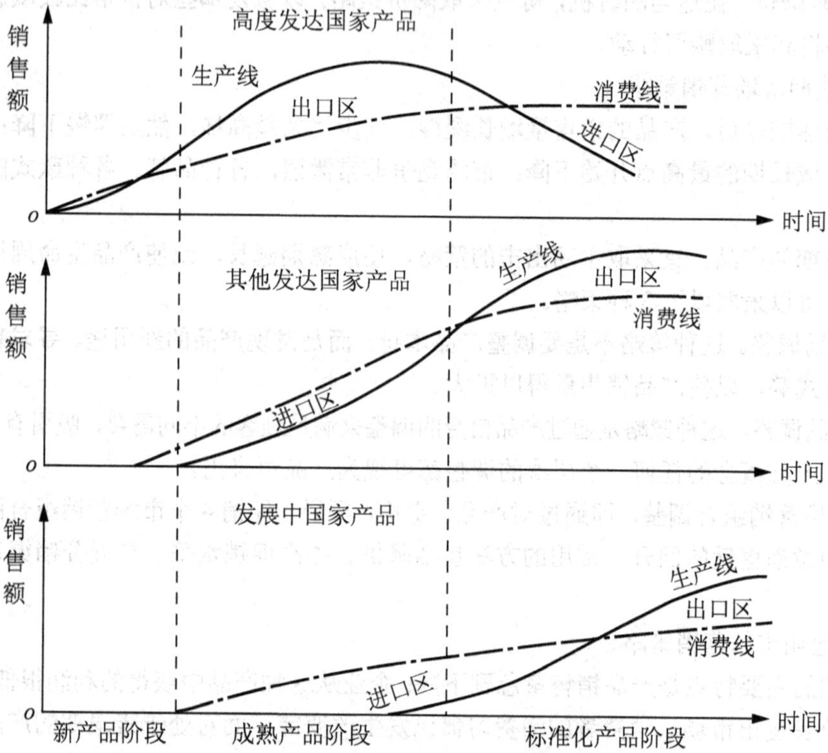

图 6.5 国际产品生命周期的阶段模型

说明：国际产品周期的 3 个阶段是针对高度发达国家而言的，而不是针对整个国际市场。例如，高度发达国家的产品衰退期可能正好是发展中国家的产品成长期。

(1) 新产品阶段，高度发达国家通过研究开发出新产品，技术处于发明创新阶段，需求主要来自本国市场，基本上没有出口。其他国家对这项新技术知之不多，高度发达国家拥有新产品生产的比较优势，在本国生产是最佳选择。由于新产品实际上是一种科技知识密集型产品，因此新产品往往首先出现在少数高度发达工业国家。

(2) 成熟产品阶段，此阶段技术更加完善，产品日益成熟，生产规模扩大，高度发达国家开始大量生产产品并向其他国家出口。国际市场上竞争对手增多，迫使高度发达国家的企业对外投资，设立国外子公司或分公司，以保持和扩大国外市场份额。成熟的生产技术也随产品的出口转移出去，其他发达国家能够迅速模仿、掌握技术并开始在本国生产差异化的产品参与竞争，使最先出口这种产品的国家的出口量逐渐下降。当技术成熟后，产品从知识密集型变成技术密集型或资本密集型，资本和熟练工人充裕的国家开始拥有该产品生产的比较优势，并逐渐取代高度发达国家而成为主要生产与出口国。

(3) 标准化产品阶段，生产技术和产品都已经标准化，新的竞争者和同类商品大量出现。技术和资本在产品的生产中逐渐失去重要性，而劳动力成本则成为决定产品是否有比较优势的主要因素。发展中国家在进口产品的基础上，应用最新的先进技术，以较低的成本投入生产，生产出标准化产品出口到其他发达国家和最先发明新产品的国家。而最先出口这种产品的国家因失去竞争优势，逐步放弃市场上已趋于饱和的产品，转向发展更新的产品和更新的技术，而从其他国家进口原产品。

2) 国际产品生命周期的意义

(1) 对于跨国企业。可以利用不同产品在不同国家市场上所处的生命周期，不断调整产品组合方式，及时转移失去竞争力的产品或技术，延长产品的生命周期。

(2) 对于发展中国家的企业。可利用国际产品生命周期理论，利用本国资源和劳动力优势，及时承接发达国家产品及产业的转移，抢占市场先机，满足本国市场的需求，并可利用成本优势占领发达国家市场。

6.1.3 国际新产品开发策略

科学技术的迅猛发展和市场竞争的日趋激烈，迫使国际营销企业对动态的、具有前瞻性的新产品开发有迫切的需要。开发新产品不仅能够迎合消费者对新事物永无止境的需求，还能使企业自身在发展中巩固和更新可竞争资源，强化自身竞争力。

1. 国际市场新产品的概念

新产品是一个相对的概念，在国际营销中是相对于市场上销售的老产品提出来的。所谓新产品，是指新发明的产品，或者在原有产品基础上对产品的结构、性能、材料或技术特征等方面有所创新或改进，或者在某些地区的国际市场上初次出现的产品。

新产品的几种常见表现形式如下。

(1) 具有全新功能的产品，如首次出现的录像机。

(2) 在现有功能上进行改进的产品，如双核手机相对于单核手机的改进。

(3) 具有附属功能的产品，如子母电话机。

(4) 具有新用途的现有产品。例如，烟雾弹开始用于杀虫，后来用于喷涂等。

(5) 开辟新市场的现有产品。

(6) 大幅度降低成本的产品，如针筒式打气筒。

(7) 通过现有产品的一体化形成的高档产品，如家庭影院。

(8) 改进式样的产品，如汽车和服装。

(9) 冠之新商标的老产品。

2. 国际新产品的分类

新产品从不同角度或按照不同的标准有多种分类方法。常见的分类方法有以下几种。

1) 从市场角度和技术角度分类

从市场角度和技术角度，可将新产品分为市场型新产品和技术型新产品两类。

(1) 市场型新产品。是指产品实体的主体和本质没有什么变化，只改变了色泽、形状、设计装潢等的产品，不需要使用新的技术。其中也包括因营销手段和要求的变化而引起消费者“新”的感觉的流行产品。例如，某种酒的酒瓶由圆形改为方形或其他异形，它们刚出现也被认为是市场型的新产品。

(2) 技术型新产品。是指由于科学技术的进步和工程技术的突破而产生的新产品。不论是功能还是质量，它与原有的类似功能的产品相比都有了较大的变化。例如，不断创新的手机或电视机，都属于技术型的新产品。

2) 按新产品新颖程度分类

按新产品新颖程度，可分为全新新产品、换代新产品、改进新产品、仿制新产品和新牌子产品。

(1) 全新新产品。指采用新原理、新材料及新技术制造出来的前所未有的产品。全新新产品是应用科学技术新成果的产物，它往往代表科学技术发展史上的新突破。它的出现，从研制到大批量生产，往往需要耗费大量的人力、物力和财力，这不是一般企业所能胜任的。因此，它是企业在竞争中取胜的有力武器。

(2) 换代新产品。指在原有产品的基础上采用新材料和新工艺制造出的适应新用途、满足新需求的产品。它的开发难度较全新新产品小，是企业进行新产品开发的重要形式。

(3) 改进新产品。指在材料、构造、性能和包装等某一个方面或几个方面，对市场上现有产品进行改进，以提高质量或实现多样化，满足不同消费者需求的产品。它的开发难度不大，也是企业产品发展经常采用的形式。

(4) 仿制新产品。指对市场上已有的新产品在局部进行改进和创新，但保持基本原理和结构不变而仿制出来的产品。发展中国家对发达国家已经投入市场的产品的仿制，有利于填补国内生产空白，提高企业的技术水平。在生产仿制新产品时，一定要注意知识产权的保护问题。

(5) 新牌子产品。指在对产品实体微调的基础上改换产品的品牌和包装，带给消费者新的消费利益，使消费者得到新的满足的产品。

3) 按新产品的区域特征分类

按新产品的区域特征分类可分为国际新产品、国内新产品、地区新产品和企业新产品。

(1) 国际新产品。指在世界范围内首次生产和销售的产品。

(2) 国内新产品。指在国外已经不是新产品，但在国内还是第一次生产和销售的产品。它一般为引进国外先进技术，填补国内空白的产品。

(3) 地区新产品和企业新产品。指国内已有，但本地区或本企业第一次生产和销售的产品。它是企业经常采用的一种产品发展形式。

3. 国际新产品开发程序和过程

为了提高新产品开发的成功率，必须建立科学的新产品开发管理程序。不同行业的生产条件与产品项目不同，管理程序也有所差异，但一般企业研制新产品通常要经历以下几个阶段：构思、筛选、产品概念形成与测试、初拟营销规划、商业分析、产品研制、市场试销、批量上市。新产品开发管理程序，如图 6.6 所示。

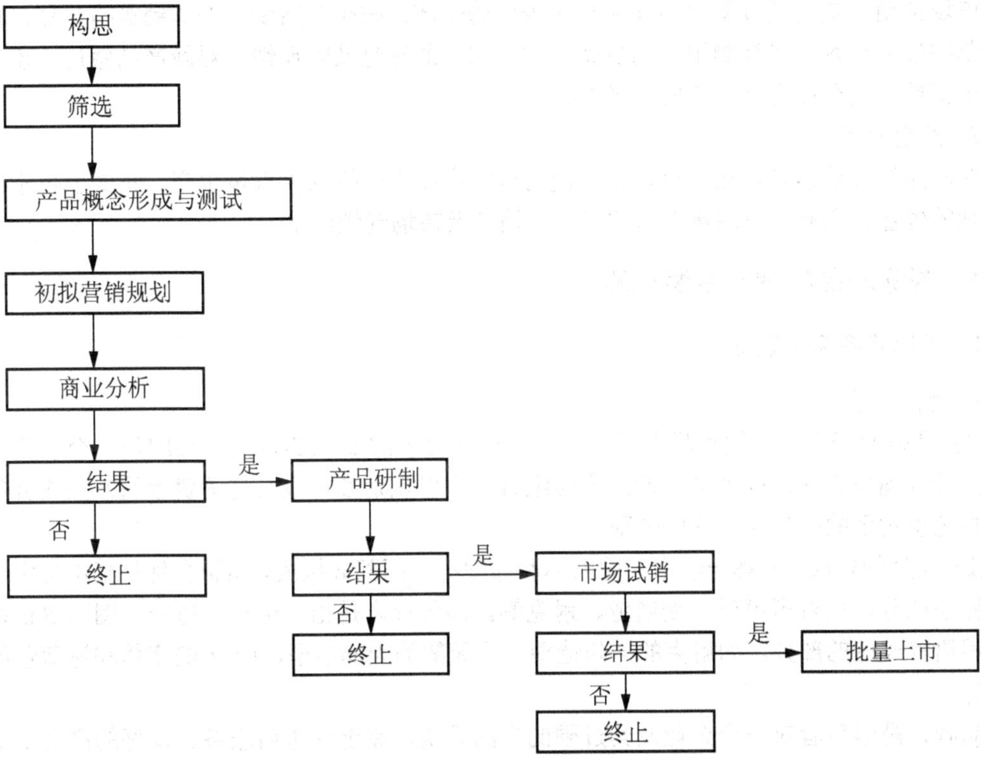

图 6.6　新产品开发管理程序

1) 产品构思

产品构思又称创意，是指对新产品的设想。产品构思的内容包括产品使用目的、基本功能、产品大致轮廓和大概制造方法等。市场需求是开发新产品的出发点，产品构思来自与市场有关的几个方面：一是用户；二是销售者；三是科技人员。产品构思的其他一些来源包括中间商人、企业生产人员和管理人员，乃至竞争对手。

2) 筛选

在筛选时必须考虑两个重要因素：①构思的新产品是否符合企业的目标，如利润目标、销售稳定目标、销售增长目标和企业总体营销目标等。②企业是否具备足够的实力来开发所构思的新产品，这种实力包括经济和技术两个方面。

3) 产品概念形成与测试

产品构思抽象地提出了开发新产品的方向和途径。构思虽经筛选但仍是抽象产品，把抽象产品具体化，形成产品概念，需要从原理、结构、外形、性能等方面对筛选出来的产品构思进行初步的产品设计与测试，以达到产品构思所提出的目标。

4) 商业分析

在产品概念形成与测试的基础上，对新产品方案进行商业分析，是进一步决定产品取舍的重要环节。

5) 产品研制

产品研制阶段主要解决产品构思能否转化为在技术上和商业上可行的产品这一问题。它是通过对新产品实体的设计、试制、测试和鉴定来完成的。

6) 市场试销

市场试销，是把经过鉴定的样品投入少量的生产，按企业所制定的营销策略计划，将产品小范围投放市场，以观测用户的反映，并把用户的意见及时反馈，对新产品做进一步的改进后再试销。这个过程有时要反复多次。

7) 批量上市

新产品经过试销获得成功后，企业就可以将产品正式投入大批量生产。正式上市不仅需要大量的资金，企业还应注意上市的时间、地点及市场营销策略。

6.1.4 国际产品品牌与包装策略

1. 国际产品品牌策略

1) 品牌的含义

(1) 品牌的概念。美国市场营销协会(AMA)对品牌(Brand)的定义：品牌是一个名称、术语、符号或图案设计，或者是它们的不同组合，用以识别某个或某群消费者的产品或劳务，使之与竞争对手的产品和劳务相区别。

(2) 品牌的构成。品牌一般由品牌名称和品牌标志两部分构成。品牌名称是指用文字表达的可称谓部分，如百事可乐、麦当劳、耐克等。品牌标志是指用标记、符号、图形等识别的不可用语言表达的部分。如耐克的一勾造型，小天鹅的天鹅造型，IBM 的字体和深蓝色的标准色等。

品牌，是消费者对一个企业及其过硬的产品质量、完善的售后服务、良好的产品形象、美好的文化价值、优秀的管理结果等所形成的一种评价和认知，是企业经营和管理者投入巨大的人力、物力甚至几代人长期辛勤耕耘建立起来的与消费者之间的一种信任。

(3) 品牌的内涵。菲利普·科特勒认为，一个整体的品牌至少有以下 6 个方面的含义。

① 属性。品牌首先带给人们某些特定的属性。例如，奔驰(BENZ)汽车的特定属性是耐用、工艺精湛、昂贵等。

② 利益。品牌反映消费者的利益。消费者购买的是产品所带来的利益。利益由属性转化而来，包括功能型利益和情感型利益。例如，奔驰汽车带给使用者的利益有 3 个方面：耐用性——使用者几年内不需要购买新车；昂贵——该车使用者感到自己很重要和令人羡慕；制造精良——安全有保障。

③ 价值。品牌也反映了该制造商的价值观。例如，海尔品牌的价值观是“真诚服务到永远”。

④ 文化。品牌体现了一定的文化内涵。具体而言是品牌蕴涵的深刻的价值内涵和情感内涵，也就是品牌所凝练的价值观念、生活态度、审美情趣、个性修养、时尚品位、情感诉求等精神象征。例如，可口可乐公司的企业文化是激情、创新；海尔集团给人的感觉是优质、真诚和负责，其企业文化也是以真诚、创新为核心；红塔集团的企业文化是“山高人为峰”。

⑤ 个性。品牌具有一定的个性。一些著名品牌的品牌个性，见表 6-3。

表 6-3　一些著名品牌的品牌个性

品　牌	品 牌 个 性
百事可乐	年轻、活泼、刺激

续表

品　牌	品 牌 个 性
李维斯	纯真、刺激、称职
锐步	户外、冒险、年轻、活力充沛
柯达	纯真、顾家、诚恳
奔驰	领袖、富有
惠普	有教养、称职

⑥ 使用者。品牌是使用者身份的体现。例如，奔驰汽车的使用者是具有身份和地位象征的上流人士。

知识拓展 6-2

品牌与商标的关系

商标是指向国内政府工商部门或国际有关组织注册登记后受法律保护的品牌，即商标是品牌的法律称谓。注册商标拥有商标的专用权、转让权、使用许可权、续展权和请求法律保护权。

1. 品牌与商标二者概念不同

品牌是一个市场概念，而商标是一个法定概念。《中华人民共和国商标法》(以下简称《商标法》)对商标的定义是“商标是指商品生产者或经营者为使自己的商品在市场上同其他商品生产者或经营者的商品相区别，而使用于商品或其包装上的，由文字、图案或文字和图案的组合所构成的一种标记。”从定义上看，它与品牌似乎没有什么区别，其实不然，商标最大的特点是具有独占性，这种独占性通过法律做保证。而品牌的定义：它是一种名称、术语、标记、符号或图案，或是它们的相互组合，用来区隔、识别和区分其他组织及其产品或服务，并通过其产品或服务所提供的一切利益关系、情感关系和社会关系的综合体验的总和。品牌最大的特点是它的差异化的个性，这种个性是通过市场来验证的。

2. 品牌与商标的构件不同

一般而言品牌构件比商标的构件丰富，商标的构件仅仅是静态的东西如图案和文字或是二者组合体。而品牌的构件则是由静态和动态两大部分组成，静态部分包括名称、图案、色彩、文字、个性、文化及象征物等；动态部分包括如品牌的传播、促销、维护、管理、销售、公关活动等。品牌是一个复合概念，所以它的构件要比商标丰富。

3. 品牌与商标使用区域范围不同

商标有国界，品牌无国界。世界每个国家都有自己的商标法律，在一国注册的商标仅在该国范围内使用才会受到法律的保护，超过国界就失去了受到该国保护的权利，也就是说该商标不再具有排他性。而品牌则与商标不同。例如，“虎”及其图案是品牌，在其他国家也是品牌。你可以使用，他也可以使用，只不过是所有者不同而已。

4. 品牌和商标的使用时效不同

品牌实效取决于市场，而商标的实效则取决于法律。世界各国对商标的使用都有一定的年限。例如，一些国家规定商标的使用年限为 20 年，我国《商标法》规定为 10 年，如果到期限还可以续注，事实上商标具有永久性权利。而品牌则不同，即使法律允许，但市场不一定接受，品牌生命力的长短取决于市场和经营者的能力。

5. 商标需要注册审批，品牌则不同

商标是注册商标，必须经过法定程序才能取得，在注册成功之前称之为商标，宣称有独占性权利是不当的。一个标志、一个名称或两者组合能否成为商标不取决于企业，而是取决于法律所属于的权力机构——国家工商行政管理总局商标评审委员会。而品牌则不同，公司随意取一个名称，请人设计一个图案就可以是品牌，而且用不用、怎么用都不需要谁来审批。当然一旦选定一个品牌，应该尽量去注册，以防品牌做大之后被他人抢注成商标，因为不是商标是不受法律保护的。

另外，二者延伸形式不同。品牌发展到一定程度可以从某一品类延伸到另外某一品类。例如，娃哈哈可以从一个营养液到果奶，再到纯净水等。品牌的延伸没有改变品牌，因为品牌的名称、标志和图案等没有改变。但按照我国《商标法》规定，当品牌延伸到一种新品类时，就必须作为一种新商标重新办理商标登记注册。因此商标延伸必须进行申请注册，并标明用于什么产品。

2) 品牌的作用

(1) 品牌保护生产经营者的利益。经注册之后的品牌，成为企业的一种特有资源，受到法律保护，其他企业不得仿冒和使用。若发现冒牌商品可依法追究并索赔。如果产品不注册，就不受法律保护，可能会给企业带来损失。由于国际产品比较难监督，因而国际产品被仿制或假冒的可能性要比国内产品更大一些，这就要求国际产品的品牌具有更强的法律保护功能，换句话说，对国际商标的注册和管理显得更加重要。

(2) 品牌是有效的推销手段。品牌在产品宣传中，能够使企业有重点地进行宣传，简单而集中，效果迅速，印象深刻，有利于在产品销售中，使消费者熟悉产品，激发购买愿望。

(3) 品牌帮助消费者识别和选择商品。目标国消费者识别外国产品或进口产品的难度要比识别本国产品更大一些，尤其在一些市场开发不久或国际消费经验不多的国家，大多数消费者对进口产品与本国产品的区别比较注意，而对进口产品之间的国别或产地的注意程度要差一些，因此，国际产品要为目标国消费者所识别，要在他们眼中同国际竞争对手区别开来，要产生一定的知名度，就有更大的难度，这就要求国际产品的品牌具有更强的识别功能。

(4) 品牌是树立企业形象的有效途径。品牌是企业产品质量、特征、性能、用途、等级的概括，凝聚企业的风格、精神和信誉。消费者一旦接触品牌，这些内容便迅速在头脑中反映出来，从这一意义上来讲，品牌还代表企业的市场。国际营销企业除跨国经营的企业外，一般距离国际消费者比较远，要在目标国树立企业形象比在本国更加困难，这就要求国际营销企业更重视利用品牌来传播企业形象。

3) 品牌名称的设计

小案例 6-3

创建于 1881 年的美国埃克森(Exxon)标准石油公司(以下简称埃克森)，是世界上最大的石油公司，在最初的很长一段时间内，用的是新泽西州埃索标准石油公司的名字。该公司的标志是一只凶猛强健、奔驰如飞的猛虎，体现了该公司旺盛的竞争力和不服输的毅力。但该公司为了在美国及其他各国名称的统一，决心改换一个比较合适的名字。他们动员心理学、语言学、社会学、统计学等方面的专家，调查了世界上55个国家的语言，走访了7 000多人，对一般群众做了详细的心理、感情方面的调查研究，查阅了15 000个电话指南，通过计算机制作了约1万个名称，经过淘汰只剩下8个；这8个名称再用100种以上语言进行搜索，以保证没有确切的意思。最后花6年时间和10亿美元的代价，确定了埃克森这个名字。这是历史上最昂贵的改名，但实践证明，改名对埃克森来说是成功的。

【分析提示】

在现代市场经济社会中，产品种类繁多，价格也各不相同，品牌的存在就有其特殊的意义。一个品牌成功的第一步，就是要取一个好名字。一位企业家甚至指出，企业能否发达，关键在于品牌名称取得好不好。名字的重要性可见一斑。一个音节响亮、易读易记、意象美好的品牌名称能够使企业与消费者同时受益。

品牌名称的设计是品牌运营的基础。品牌名称设计得好，容易在消费者心目中留下深刻的印象，也就容易打开市场销路，增强品牌的市场竞争能力；品牌名称设计得不好，会使消费者看到品牌就产生反感，降低购买欲望。正如孔圣人所说："名不正则言不顺，言不顺则事不成。"

品牌名称不仅仅是一个简单的文字符号，它是企业整体的化身，是企业文化、经验理念的缩影和体现。富有感召力和亲近感的品牌名称，不仅有利于增强宣传效果，而且能缩短企业与消费者之间的距离。在品牌名称设计过程中，一般应遵循以下几个原则。

(1) 品牌名称设计要体现特征。品牌要从不同角度体现品牌商品的特征。例如，"女儿红"绍兴酒、北京"二锅头"，突出了制造工艺的特征；"上海夏普"空调，突出了中外联合生产的特征；张小泉剪刀、王老吉凉茶，突出了传统工艺的特征；老城隍庙五香豆，突出了特定产品的特征；欧洲联合飞机制造公司的"空中客车"大型客机，突出了其内在形体和用途的特征；"脱苦海"膏药是日本一种用于医治伤痛病的膏药名称，突出了解脱痛苦的效能特征。消费者根据品牌商品名称显露出的特征信息，就有可能产生购买欲望。

(2) 品牌名称设计要简洁明了。单纯、简洁、明快的品牌名称易于形成具有冲击力的印象，名字越短，就越有可能引起公众的遐想，构成更宽广的概念外延。鹰牌洋参丸，以鹰的勇猛、矫健，暗示着健康和强身的保健作用。雄牌休闲西装系列产品，以"雄"字作为品牌，体现了青壮年男性的雄健、豪放和洒脱。可谓一字尽显风流。这两个品牌创立时间都不很长，但很快就提高了知名度。媒体对企业名称字数的一则调查材料可以看出，企业名称字数为4个字、5或6个字、7个字、8个字以上的企业名称，其平均认知度分别为11.3%、5.96 %、4.86%、2.88 %。可见，名称简洁有利于传播，其认知度往往就高。

(3) 品牌名称设计要构思独特。品牌名称应该有独特的个性，力戒雷同，避免与其他企业或产品混淆。日本索尼公司，原名为东京通讯公司，本打算取3个词的第一个拼音字母作为公司名称"TTK"，但这类公司名称实在太多了，如NEC、ABC、NBC、AT&T等。于是，该公司创办人盛田昭夫查阅了不少字典，发现拉丁文"Sonus"是英文"Sound"(意为"声音")的原形；另外，"Sonny"(意为"可爱的小家伙或精力旺盛的小伙子")这一词也很流行。盛田昭夫就选定这两个单词的综合变形Sony为公司名称，结果很快传播开来，成了世界知名品牌。

(4) 品牌名称设计要响亮上口。品牌的名称要朗朗上口，难于发音或音韵不好的字，难写或难认的字，字形不美、涵义不清和译音不佳的字，均不宜采用。柯达公司的创办人乔治•伊士曼(George Eastman)在为自己的商标取名时，特意选用了语气较强的"K"(King，国王)，想出了“Kodak”这个前后用“K”的铿锵有力的名字。它除了朗朗上口、易发音外，还使消费者联想到照相机快门那令人兴奋的“咔嚓”声。在发音上，像“可口可乐”、“雪碧”、“芬达”等名称，读起来音韵好听，发音响亮，易读易记，同时还能反映软性饮料的生理感受的一致性。这样的品牌信息随其响亮的名称迅速传播，博得消费者的广泛认同和接纳。

(5) 品牌名称设计要得到当地文化认同。由于客观上存在着不同地域、不同民族的风俗习惯及审美心理等文化差异，品牌名称要考虑不同地域、不同民族的文化传统、民众习惯、风土人情、宗教信仰等因素。例如，日本人忌讳“四”字和菊花，法国人忌讳孔雀和核桃，英国人忌讳山羊和橄榄绿色，东南亚诸国忌讳白鹤，加拿大忌讳百合花等。我国出口商品名称犯忌的事例不在少数。例如，上海某厂家生产一种出口的对虫咬蚊叮有一定疗效的药膏，取名为“必舒膏”，“名”下之意，使用了这种涂膏，必定舒适，药到痛除。但是，该产品出口到香港却大为滞销。原因是香港市民不少爱好搓麻将，他们想赢不想输。而“必舒”的谐音是“必输”，极不吉利，谁还想要“必舒膏”呢？显然，即使产品质量再好，商标名称选择不好，也很难打开市场销路。

不少国际知名品牌进入中国市场时，既保留了原品牌名称的精华，又兼顾了中国消费者的文化、生活习惯和审美心理，深具文化内涵。例如，宝洁公司将中华文化的内涵全部融入品牌，创出了具有中国文化风格的“飘柔”、“潘婷”、“海飞丝”、“舒肤佳”、“汰渍”、“玉兰油”等好听，好记，意蕴丰富的名称；爱立信刚进入大中华区时，品牌名称直译为“埃瑞克森”，后采用中国营销专家的建议改用“爱立信”，被赋予了深厚的中国文化背景，为爱立信这一洋品牌实现中国本土化、提高美誉度立了不少功劳。还有像可口可乐、宝马、奔驰等都是洋品牌中文俗译的神来之笔，起到了诠释品牌个性与文化内涵的作用。

4) 国际品牌决策

国际品牌决策是一系列能够产生品牌积累的企业管理与市场营销方法，主要有品牌化决策、品牌使用者决策、品牌名称决策、品牌战略决策、品牌再定位决策、品牌延伸策略、品牌更新策略。

(1) 品牌化决策。是指企业决定是否给产品取名字、设计标志的活动。当今，品牌的商业作用为企业特别看重，品牌化迅猛发展，已经很少有产品不使用品牌了。像大豆、水果、蔬菜、大米和肉制品等过去从不使用品牌的商品，现在也被放在有特色的包装袋内，冠以品牌出售，这样做的目的自然是希望获得品牌化的好处。

知识拓展 6-3

历史上，许多产品不使用品牌。生产者和中间商把产品直接从桶、箱子和容器内取出来销售，无需供应商的任何辨认凭证。中世纪的行会经过努力，要求手工业者把商标标在他们的产品上，以保护他们自己的权益并使消费者不受劣质产品的损害。在美术领域内，艺术家在他们的作品上附上了标记，这就是最早的品牌标记。

使用品牌对企业有如下好处：有利于订单处理和对产品的跟踪，保护产品的某些独特特征不被竞争者模仿，为吸引忠诚顾客提供了机会，有助于市场细分，有助于树立产品和企业形象。

尽管品牌化是市场经济发展的大趋向，但对于单个企业而言，是否要使用品牌还必须考虑产品的实际情况，因为在获得品牌带来的上述好处的同时，建立、维持、保护品牌也要付出巨大成本，如包装费、广告费、标签费和法律保护费等。所以在欧美的一些超市中又出现了一种无品牌化的现象，如细条面和卫生纸等一些包装简单、价格低廉的基本生活用品，这使得企业可以降低在包装和广告上的开支，以取得价格优势。

一般来说，对于那些在加工过程中无法形成一定特色的产品，由于产品同质性很高，消费者在购买时不会过多地注意品牌。此外，品牌与产品的包装、产地、价格和生产厂家等一样，都是消费者选择和评价商品的一种外在线索，对于那些消费者只看重产品的式样和价格而忽视品牌的产品，品牌化的意义也就很小。如果企业一旦决定建立新的品牌，那不仅仅只是为产品设计一个图案或取一个名称，而必须通过各种手段来使消费者达到品牌识别的层次，否则这个品牌的存在也是没有意义的。未加工的原料产品及那些不会因生产商不同而形成不同特色的商品仍然可以使用无品牌策略，这样可以节省费用，降低价格，扩大销售。

(2) 品牌使用者决策。是指企业决定使用本企业(制造商)的品牌，还是使用经销商的品牌，或两种品牌同时兼用。

① 制造商品牌。一般情况下，品牌是制造商的产品标记，制造商决定产品的设计、质量、特色等。享有盛誉的制造商还将其商标租借给其他中小制造商，收取一定的特许使用费。

② 经销商品牌。近年来，经销商的品牌日益增多。西方国家许多享有盛誉的百货公司、超级市场、服装商店等都使用自己的品牌，一些著名商家(如美国的沃尔玛百货有限公司)经销的90%的商品都使用自己的品牌。同时强有力的批发商中也有许多使用自己的品牌，增强对价格、供货时间等方面的控制能力。经销商使用自身品牌也会带来诸多利益。例如，因进货数量较大则其进货成本较低，因而销售价格较低，竞争力较强，可以得到较高的利润。同时经销商可以较好地控制价格，可以在某种程度上控制其他中间商。

当前，经销商品牌已经成为品牌竞争的重要因素。但使用经销商品牌对于经销商会带来一些问题。一方面经销商需大量订货，占用大量资金，承担的风险较大；另一方面经销商为扩大自身品牌的知名度，需要大力宣传其品牌，经营成本提高。

在现代市场经济条件下，制造商品牌和经销商品牌之间经常展开激烈的品牌战。一般来说，制造商品牌和经销商品牌之间的竞争，本质上是制造商与经销商之间实力的较量。在制造商具有良好的市场声誉，拥有较大市场份额的条件下，应多使用制造商品牌，无力经营自己品牌的经销商只能接受制造商品牌。相反，当经销商品牌在某一市场领域中拥有良好的品牌信誉及庞大的、完善的销售体系时，利用经销商品牌也是有利的。因此进行品牌使用者决策时，要结合具体情况，充分考虑制造商与经销商的实力对比，以求客观地做出决策。

(3) 品牌名称决策。是指企业决定所有的产品使用一个或几个品牌，还是不同产品分别使用不同的品牌。在这个问题上，可以大致有以下 4 种决策模式。

① 个别品牌名称。即企业决定每个产品使用不同的品牌。采用个别品牌名称，为每种产品寻求不同的市场定位，有利于增加销售额和对抗竞争对手，还可以分散风险，使企业的整体声誉不致因某种产品表现不佳而受到影响。例如，宝洁公司的洗衣粉使用了“汰渍”、“碧浪”的品牌名称；香皂使用了“舒肤佳”的品牌名称；牙膏使用了“佳洁士”的品牌名称。

② 对所有产品使用共同的家族品牌名称。即企业的所有产品都使用同一种品牌。对于那些享有高声誉的著名企业，全部产品采用统一品牌名称策略可以充分利用其名牌效应，使企业所有产品畅销。同时企业宣传介绍新产品的费用开支也相对较低，有利于新产品进入市场。例如，美国通用电气公司的所有产品都用“GE”作为品牌名称。

③ 各大类产品使用不同的家族品牌名称。企业使用这种策略，一般是为了区分不同大类的产品，一个产品大类下的产品再使用共同的家族品牌，以便在不同大类产品领域中树立各自的品牌形象。例如，史威夫特公司生产的一个产品大类是火腿；还有一个大类是化肥，就分别取名为“普利姆”和“肥高洛”。

④ 个别品牌名称与企业名称并用。即企业决定其不同类别的产品分别采取不同的品牌名称，且在品牌名称之前都加上企业的名称。企业多把此种策略用于新产品的开发。在新产品的品牌名称上加上企业名称，可以使新产品享受企业的声誉，而采用不同的品牌名称，又可以使各种新产品显示出不同的特色。例如，海尔集团就推出了“探路者”彩电，“大力神”冷柜，“大王子”、“小王子”和“小小神童”洗衣机。

(4) 品牌战略决策。品牌战略决策有 4 种。即产品线扩展策略、多品牌策略、新品牌策略、合作品牌策略。

① 产品线扩展策略(Line Extension Strategy)。产品线扩展指企业现有的产品线使用同一品牌，当增加该产品线的产品时，仍沿用原有的品牌。这种新产品往往是现有产品的局部改进，如增加新的功能、包装、式样和风格等。通常厂家会在这些商品的包装上标明不同的规格，不同的功能特色或不同的使用者。产品线扩展的原因是多方面的。例如，可以充分利用过剩的生产能力；满足新的消费者的需要；率先成为产品线全满的企业以填补市场的空隙，与竞争者推出的新产品竞争或为了得到更多的货架位置。产品线扩展有利有弊，具体来讲，产品线扩展的利益有扩展产品的存活率高于新产品，而通常新产品的失败率为 80%～90%；满足不同细分市场的需求；完整的产品线可以防御竞争者的袭击。产品线扩展的不利之处在于可能使品牌名称丧失其特定的意义。随着产品线的不断加长，会淡化品牌原有的个性和形象，增加消费者认识和选择的难度；有时因为原来的品牌过于强大，致使产品线扩展造成混乱，加上销售数量不足，难以冲抵它们的开发和促销成本；如果消费者未能在心目中区别出各种产品时，会造成同一种产品线中新老产品自相残杀的局面。

② 多品牌策略(Multi Brands Strategy)。在相同产品类别中引进多个品牌的策略称为多品牌策略。证券投资者为了减少风险增加赢利机会，投资者必须不断优化股票组合。同样，一个企业建立品牌组合，实施多品牌战略，往往也是基于同样的考虑，并且这种品牌组合的各个品牌形象相互之间是既有差别又有联系的，不是大杂烩，组合的概念蕴含着整体大于个别的意义。

多品牌策略的局限性，主要体现在品牌推广成本较大。企业实施多品牌策略，就意味着不能将有限的资源分配给获利能力强的少数品牌，各个品牌都需要一个长期、巨额的宣传预算。对有些企业来说，这是可望而不可即的。

③ 新品牌策略(New Brand Strategy)。为新产品设计新品牌的策略称为新品牌策略。当企业在新产品类别中推出一个产品时，可能发现原有的品牌名称不适合，或是对新产品来说有更合适的品牌名称，企业需要设计新品牌。例如，春兰集团以生产空调著名，当它决定开发摩托车时，采用“春兰”这个女性化的名称就不太合适，于是采用了新的品牌“春兰豹”。又如，原来生产保健品的养生堂开发饮用水时，使用了更适合的品牌名称“农夫山泉”。

④ 合作品牌策略(Co-branding Strategy)。合作品牌(也称为双重品牌)是两个或更多的品牌在一个产品上联合起来，每个品牌都期望另一个品牌能强化整体的形象或购买意愿。

合作品牌的形式有多种。一种是中间产品合作品牌，例如，富豪汽车公司的广告说，它使用米其林轮胎。另一种形式是同一企业合作品牌，例如，摩托罗拉公司的一款手机使用的是“摩托罗拉掌中宝”，掌中宝也是该公司注册的一个商标。还有一种形式是合资合作品牌，例如，株式会社日立制作所的一种灯泡使用“日立”和“GE”联合品牌。

(5) 品牌再定位决策。是指一种品牌在市场上最初的定位也许是适宜的、成功的，但是到后来企业可能不得不对之重新定位。原因是多方面的。例如，竞争者可能继企业品牌之后推出自己的品牌，并削减企业的市场份额；顾客偏好转移，对企业品牌的需求减少；或者企业决定进入新的细分市场。

在做出品牌再定位决策时，首先应考虑将品牌转移到另一个细分市场所需要的成本，包括产品品质改变费、包装费和广告费。一般来说，再定位的跨度越大，所需成本越高。其次，要考虑品牌定位于新位置后可能产生的收益。收益大小由以下因素决定：某一目标市场的消费者人数；消费者的平均购买率；在同一细分市场竞争者的数量和实力，以及在该细分市场中为品牌再定位要付出的代价。

(6) 品牌延伸策略。是指一个现有的品牌名称使用到一个新类别的产品上。品牌延伸并非只借用表面上的品牌名称，而是对整个品牌资产的策略性使用。随着全球经济一体化进程的加速，市场竞争愈加激烈，厂商之间的同类产品在性能、质量、价格等方面强调差异化变得越来越困难。厂商的有形营销威力大大减弱，品牌资源的独占性使得品牌成为厂商之间竞争力较量的一个重要筹码。于是，使用新品牌或延伸旧品牌成为企业推出新产品时必须面对的品牌决策。同时品牌受生命周期的约束，存在介绍期、成长期、成熟期和衰退期。品牌作为无形资产是企业的战略性资源，如何充分发挥企业的品牌资源潜能并延续其生命周期便成为企业的一项重大的战略决策。品牌延伸是实现品牌无形资产转移、发展的有效途径。一方面在新产品上实现了品牌资产的转移，另一方面又以新产品形象延续了品牌寿命，因而成为企业的现实选择。

(7) 品牌更新策略。是指随着企业经营环境的变化和消费者需求的变化，品牌的内涵和表现形式也要不断发展变化，以适应社会经济发展的需要。品牌更新是社会经济发展的必然。只要社会经济环境在变化发展，人们的需求特征在趋向多样化，就不会存在一劳永逸的品牌，只有不断设计出符合时代需求的品牌，品牌才有生命力。品牌更新是品牌自我发展的必然要求，是克服品牌老化的唯一途径。现代社会，技术进步愈来愈快，一些行业内，产品生命周期也越来越短，同时社会消费意识、消费观念的变化频率也逐渐加快，这都会影响到产品的市场寿命。

品牌更新策略主要包含以下几种策略。

① 形象更新。顾名思义，形象更新就是品牌不断创新形象，适应消费者心理的变化，从而在消费者心目中形成新的印象的过程。有以下两种情况。

第一，消费观念变化导致企业积极调整品牌战略，塑造新形象。例如，随着人们环保意识的增强，消费者已经开始把无公害消费作为选择商品、选择不同品牌的标准，企业这时即可采用避实击虚的方法，重新塑造产品形象，避免涉及环保内容或采用迎头而上的策略，更新品牌形象为环保形象。

第二，档次调整。企业要开发新市场，就需要为新市场塑造新形象。例如，日本小汽车在美国市场的形象，就经历了由小巧、省油、耗能低、价廉的形象到高科技概念车形象的转变，给品牌的成长注入了新的生命力。

② 定位的修正。从企业的角度，不存在一劳永逸的品牌，从时代发展的角度，要求品牌的内涵和形式不断变化。品牌从某种意义上就是从商业、经济和社会文化的角度对这种变化的

认识和把握。所以，企业在建立品牌之后，会因竞争形势而修正自己的目标市场，有时也会因时代特征、社会文化的变化而引起修正定位。

③ 产品更新换代。现代社会科学技术作为第一生产力和第一竞争要素，也是品牌竞争的实力基础。企业的品牌想要在竞争中处于不败之地，就必须保持技术创新，不断进行产品的更新换代。有这样一个例子：香雪海冰箱的合作厂家曾经错误地估计中国技术水平及市场消费能力，误认为中国无氟制剂技术近几年之内不会获得成功并投入使用。但中国很快便研制出了无氟环保冰箱并批量上市，此时，他们却仍守着旧冰箱生产线的投资，眼望着其他企业先行一步并尽占商机而懊悔不已。诸多外国知名品牌就很注重产品的更新换代，例如，“汰渍”洗衣粉已推出多代新产品，其技术水平呈升高趋势，这也是为什么众多消费者偏爱该品牌的缘故。

④ 管理创新是企业生存与发展的灵魂，企业与品牌是紧密结合在一起的，企业的兴盛发展必将推动品牌的成长与成熟。品牌的维系，从根本上说是企业管理的一项重要内容。管理创新是指从企业生存的核心内容来指导品牌的维系与培养，它含有多项内容，如与品牌有关的观念创新、技术创新、制度创新、管理过程创新等。

2. 国际营销产品的包装策略

包装是产品的重要组成部分。我国国家标准 GB/T 4122.1—2008《包装术语 第 1 部分：基础》中对包装的定义是：“为在流通过程中保护产品、方便贮运、促进销售，按一定技术方法而采用的容器、材料及辅助物等的总体名称。也指为了达到上述目的而采用容器、材料和辅助物的过程中施加一定技术方法等的操作活动。”

包装可分为 3 种类型：①产品的直接包装，即产品的基本容器，如高露洁牙膏的软管。②中层包装或次要包装，这种包装是消费者使用时才会丢弃的包装物。产品的直接包装和中层包装也被称为内包装或销售包装，在设计上不仅要考虑保护产品，而且要考虑介绍产品、便于使用、指导消费及美化产品、塑造产品形象、提高企业声誉、促进产品销售、增加产品附加值等问题。③运输包装，这是产品在储存、识别和运输时所必需的包装。国际产品包装策略主要有以下几种。

1) 类似包装策略

企业对其生产的产品采用相同的图案、近似的色彩、相同的包装材料和相同的造型进行包装，便于顾客识别出本企业产品。对于忠实于本企业的顾客，类似包装无疑具有促销的作用，企业还可因此而节省包装的设计、制作费用。但类似包装策略只能适宜于质量相同的产品，对于品种差异大、质量水平悬殊的产品则不宜采用。

2) 配套包装策略

按各国消费者的消费习惯，将几种有关联的产品配套包装在一起成套供应，便于消费者购买、使用和携带，同时还可扩大产品的销售。在配套产品中如加进某种新产品，可使消费者不知不觉地习惯使用新产品，有利于新产品的上市和普及。

3) 附赠品包装策略

附赠品包装策略即在商品包装物中附赠奖券或实物，或包装本身可以换取礼品，起到吸引顾客的效应，导致重复购买。我国出口的“芭蕾珍珠膏”，每个包装盒附赠珍珠一枚，顾客购至 50 盒即可串成一条美丽的珍珠项链，这使珍珠膏在国际市场十分畅销。

4) 再使用包装策略

再使用包装策略指包装内的产品使用完后，包装物还有其他的用途。例如，各种形状的香水瓶可做装饰物，精美的食品盒也可被再利用等。这种包装策略可使消费者感到一物多用而引起其购买欲望，而且包装物的重复使用也起到了对产品的广告宣传作用。

5) 绿色包装策略

随着消费者环保意识的增强，绿色环保成为社会发展的主题，伴随着绿色产业、绿色消费而出现的绿色概念营销方式成为企业经营的主流。因此在包装设计时，选择可重复利用或可再生、易回收处理、对环境无污染的包装材料，容易赢得消费者的好感与认同，也有利于环境保护和与国际包装技术标准接轨，从而为企业的发展带来良好的前景。例如，用纸质包装替代塑料袋装，羊毛材质衣物中夹放轻柔垫纸来取代硬质衬板，既美化了包装，又顺应了发展潮流，一举两得。

6) 改变包装策略

即改变和放弃原有的产品包装，改用新的包装。由于包装技术、包装材料的不断更新，消费者的偏好不断变化，采用新的包装以弥补原包装的不足。企业在改变包装的同时必须配合好宣传工作，以消除消费者以为产品质量下降或其他的误解。

7) 等级式包装策略

由于消费者的经济收入、消费习惯、文化程度、审美眼光、年龄等存在差异，对包装的需求心理也有所不同。一般来说，高收入者，文化程度较高的消费层，比较注重包装设计的制作审美、品位和个性化；而低收入消费层则更偏好经济实惠、简洁便利的包装设计。因此，企业将同一商品针对不同层次的消费者的需求特点制定不同等级的包装策略，以此来争取不同层次的消费群体。

小案例 6-4

瑞士在绿色包装领域一直走在世界前列，其中值得一提的是瑞士传奇集团在包装理念和包装设计方面的故事。瑞士传奇集团靠“绿色美丽运动”起家，其员工和科研人员大部分都是环保人士，他们推崇一种叫做“大环保”的理念，认为生态是人与其他生灵生存和发展的家园，要像爱家一样爱生态环境，因此他们从生产工艺、产品原料到包装都遵循“生态优先”的原则。在这种信仰的指导下，又借鉴了瑞士建筑师斯托弗·哈斯勒(Stouffer Hassler)的建筑设计理念，他们设计出了企业绿色包装。

所有外包装均用环保纸板，其用于造纸的原料不是来自砍伐的树木，而是来源于生产有机护肤品剩余的天然花草植物纤维，材料耗费少，大约是传统包装方式的1/3，包装材料在自然界可分解，不污染环境，不但符合了循环利用的环保理念，还象征着源于自然，走向自然的人生意境。所有外包装没有使用一滴胶和任何黏合剂，全部依靠纸和纸的相互作用力支撑成形，不但不污染环境还象征了齐心协力，团结互助，共同保护地球的寓意，也象征了创造和锐意进取；外包装纸上不使用化工油墨，简约大方，象征着瑞士学术界一贯的低调严谨作风。此外，包装附加成本小，如人工、运输、排碳等方面。为了表彰该企业在包装设计上的“良苦用心”和在环保事业上一如既往的努力，美国全球绿色组织(Global Green USA)授予他们可持续发展设计奖(Sustainable Development Design Awards)。

【分析提示】

绿色包装设计是以环境和资源为核心概念的包装设计过程。具体是指选用合适的绿色包装材料，运用绿色工艺手段，为包装商品进行结构造型和美化装饰设计。

任务 6.2 制定定价策略

价格是国际市场营销活动中比较敏感而又难以控制的因素，相对于产品和渠道等其他营销要素而言，它往往变化非常迅速，并且它直接关系着市场对产品的接受程度，影响着市场需求和企业利润，涉及生产者、经营者、消费者等各方面的利益。因此定价策略是企业市场营销组合策略中一个极其重要的组成部分。本任务首先讨论影响定价的一些因素，随后介绍一些常用的定价方法，最后分析企业在不同环境下的定价策略。

6.2.1 影响国际市场定价的因素

影响定价的因素是多方面的，包括定价目标、成本、市场需求、其他市场营销组合因素。在此，将对影响定价的主要因素进行分析研究。

1. 定价目标

定价目标(Pricing Objectives)是指企业通过制定及实施价格策略所希望达到的目的。从事国际市场经营活动的企业在制定其产品价格之前，必须先要决定其特定的定价目标是什么。假如企业已经仔细地选定了它的目标市场并进行了市场定位，那么，它的营销组合策略，包括价格方案都将是相当明确的。例如，房地产企业管理人员经过慎重考虑，决定为收入水平高的消费者设计建造一座豪华的别墅，这种目标市场选择和定位就决定了该产品的价格要高。此外，企业的每一个可能价格对其利润、收入、市场占有率也均有不同的含义。因此，企业管理人员还要制定一些具体的经营目标，如利润额、销售额、市场占有率等，这些都对企业定价具有重要影响。定价目标还应当被明确地表述出来，因为它直接影响着定价方法的选择及价格政策的确定。企业通常可以选择以下几种定价目标。

1) 维持生存

如果企业产量过剩，或面临激烈的国际市场竞争导致销售下滑，或试图改变消费者需求，则需要把维持生存作为主要目标。为了确保工厂维持开工和使存货出手，企业必须制定较低的价格，并希望市场是价格敏感型的。在这种情况下，对于企业而言利润比起生存来要次要得多。

许多企业通过大规模的价格折扣来保持企业活力。只要其价格能弥补可变成本和一些固定成本，企业的生存便可得以维持。但从长远来看，企业必须学会怎样提高利润，否则将面临破产的危险。例如，美国泛美航空公司在其破产前的最后几年，曾尝试大幅度地打折，并对经常乘坐该公司航班的乘客给予奖励，以避免衰败的命运。低收费和激励措施使企业赢得了顾客，但即使如此，该公司还是没有吸引到足够的顾客，无法从财务危机中解脱出来。

维持生存目标还常常被大多数非营利组织所选用，它们在提供服务及产品时所收取的费用往往只要能维持组织的正常运转就行了。

2) 当期利润最大化

利润有长期利润和短期利润之分，一般企业的总体目标大都应该选择长期利润最大化，选择当期利润最大化作为目标往往被批评为一种“短视”行为，但是定价策略的制定更多地属于战术层面，可以在短期内进行调整，只要不影响到长期战略，有些企业希望制定一个使当期利润最大化的价格。

企业出于对目标市场的国家政治形势复杂多变等原因的考虑，希望以最快的速度收回初期开拓市场的投入并获取最大的利润，往往会在已知产品成本的基础上，为产品确定一个最高价格，以求在最短的时间内获取最大利润。针对消费者品牌认知度比较高的产品，高定价无疑能够帮助企业迅速收回投资，并赢得市场的长久竞争优势。

3) 市场占有率最大化

有些企业希望通过定价来取得控制市场的地位，即市场占有率最大化。低价格往往是实现市场占有率最大化这一目标的重要手段，因为低价格较容易吸引顾客购买。也可能帮助企业追求某一特定的市场占有率。例如，企业计划在一年内将其市场占有率从15%提高到20%，为实现这一目标，企业就要制订相应的市场营销计划和价格决策。当具备下述条件之一时，企业就可以考虑通过低价来实现市场占有率的提高：①市场对价格高度敏感，因此低价能够刺激需求的迅速增长。②该产业具有较强的规模经济特征，产量的增长及经验的积累可以导致生产及销售成本的降低。③低价会给人留下低利润的印象，可以有效地抑制现实的和潜在的竞争。

4) 产品质量最优化

企业也可以考虑产品质量领先这样的目标，并在生产和市场营销过程中始终贯彻产品质量最优化的指导思想。这就要求用高价格来弥补高质量和研究开发的高成本。产品优质优价的同时，还应辅之以相应的优质服务。此外，有些企业还考虑其产品或自身在国际市场上的形象，并以此作为定价目标。

除了以上介绍的几种常用定价目标，有些企业还会根据自身的实际情况确定其他定价目标，如最高当期收入、最高销售增长、最大市场“撇脂”等。

2. 产品成本

企业的最终目的是追求利润，任何企业都不能随心所欲地制定价格。从长远来看，商品的销售价格都必须高于成本费用，只有这样，才能以销售收入来抵偿生产成本和经营费用，否则就无法经营。因此，成本费用的高低直接影响着价格的高低，一般来说，它是企业定价的底线，即产品最低价格取决于其成本费用，而产品的最高价格取决于市场需求。由此，企业制定价格时必须估算成本。国际营销和国内销售定价相比，需要考虑更多、更复杂的成本因素。国际营销和国内销售共有的产品成本(Product Cost)包括生产成本、产品的物流成本、产品的销售成本及管理成本等。

在国际市场营销中，主要考虑的成本因素包括以下几个方面。

1) 关税

关税是当货物从一国进入另一国时所缴纳的费用，它是一种特殊形式的税收。关税是国际贸易最普遍的特点之一，它对进出口货物的价格有直接的影响。征收关税可以增加政府的财政收入，而且可以保护本国市场。关税额一般用关税率来表示，可以按从量、从价或混合方式征收。事实上，缴税的产品在进口签证费、配额管理费等其他管理费用也是一个很大的数额，成为实际上的另一种关税。此外，各国还可能征收交易税、增值税和零售税等，这些税收也会影响产品的最终售价。不过，这些税收一般并不仅仅是针对进口产品。

2) 分销成本

各个国家的市场分销体系与结构存在着很大的差别。在有些国家，企业可以利用比较直接的渠道把产品供应给目标国市场，中间商负担在储运、促销等营销职能上的成本也比较低。在另一些国家，由于缺乏有效的分销系统，中间商进行货物分销必须负担较高的成本。

3) 风险成本

在国际营销实践中，风险成本主要包括融资、通货膨胀及汇率风险。由于贷款收付等手续需要比较长的时间，因而增加了融资、通货膨胀及汇率波动等方面的风险。此外，为了减少买卖双方的风险及交易障碍，经常需要有银行信用的介入，这也会增加费用负担。这些因素在国际营销定价中均应予以考虑。

3. 国际市场需求

处在不同类型竞争市场的企业面临的一个共同问题是都需要关注价格对消费者需求的影响。各国的文化背景、自然环境、经济发展水平等因素存在着差异性，决定了各国消费者的消费偏好不尽相同。企业制定的每一种价格，都将导致一个不同水平的国际市场需求(International Market Demand)，以及由此对它的营销目标产生不同的影响。

变动价格和最终需求水平之间的关系可通过需求曲线表达。在正常情况下，需求和价格是反向关系，也就是说，价格越高，需求越低；而价格越低，需求越高。另外，需求与价格的关系还可以通过需求的价格弹性来反映。需求的价格弹性是指价格的变化率导致的需求变化率，它反映需求对价格变化的敏感程度。如果价格的细小变化会导致需求的较大的变化，人们就称之为有弹性需求(如图 6.7(a))，反之则说无弹性需求(如图 6.7(b))。了解本企业产品的需求价格弹性的特点非常重要，在一个需求弹性较大的市场中，降价较容易产生更多的收益，而在一个需求弹性缺乏的市场，企业适当地提高价格不会导致销量的过多下降。

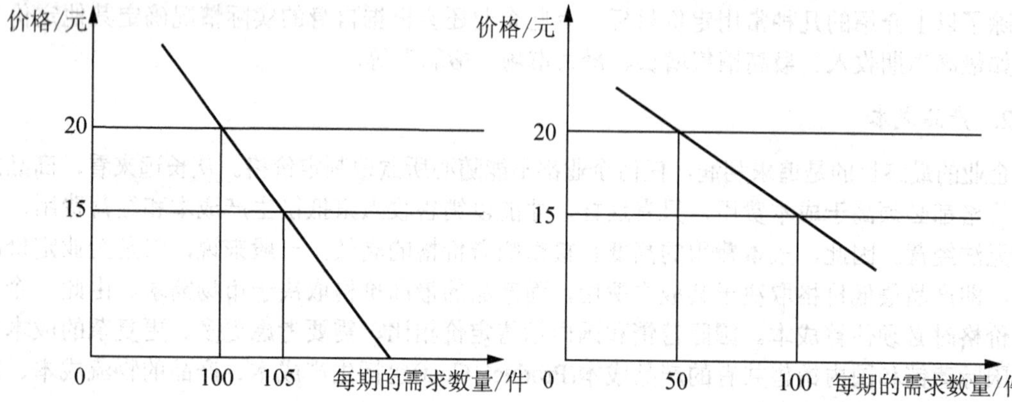

(a) 有弹性需求　　(b) 无弹性需求

图 6.7　需求弹性

4. 国际市场竞争者的产品成本和价格

在由市场需求和成本所决定的可能价格的范围内，竞争者的成本、价格和可能的价格反应也是影响企业制定价格的因素。与国内市场不同，企业在不同的国外市场面对着不同的竞争形势和竞争对手，竞争者的定价策略也千差万别。因此，企业就不得不针对不同的竞争状况而制定相应的价格策略。竞争对企业定价自由造成了限制，企业不得不适应市场的价格。除非企业的产品独一无二并且受专利保护，否则不可能实行高价策略。

一旦企业了解了竞争者的产品价格，就能利用它们作为制定本企业产品价格的一个参照点。如果企业的产品与一个主要竞争者提供的产品相似，那么，企业必须把价格定得接近于竞争者，否则就要失去销售额。若本企业的产品是次级的，就不能够按竞争者的定价来制定产品价格。倘若企业的产品优于竞争者的产品，其产品定价就可比竞争者高。产品定价与影响因素的关系，如图 6.8 所示。

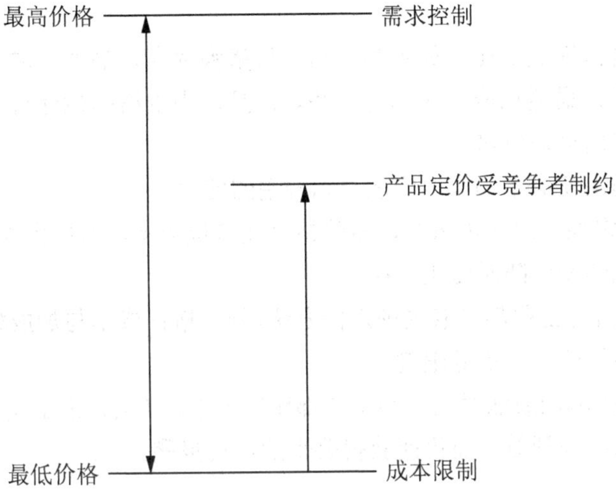

图 6.8 产品定价与影响因素的关系

以上影响产品价格制定的 4 个因素通常是共同制约着产品最终价格制定的。一般产品的最低价格要高于产品成本，而最高价格则要根据国际市场需求强度和消费者对产品价值的理解来制定，主要考虑顾客是否接受这一价格水平上的需求数量，同时企业还要对竞争对手的产品价格保持密切关注，以竞争对手的产品价格作为自己产品定价的依据，并据此制定能让本企业定价目标得以实现的产品价格。

6.2.2 国际市场定价方法

企业在制定国际市场产品价格时除了要考虑各种因素的影响外，还要采取一系列步骤和措施。一般来说，要采取 6 个步骤：选择定价目标—测定需求—估计成本—分析竞争者的成本、价格和提供物—选择定价方法—选定最终价格。其中选择定价方法是企业产品定价步骤中核心和关键的一步。

常用的定价方法有三大类，分别是成本导向定价法(Cost-based Pricing)、需求导向定价法(Demand Oriented Pricing)和竞争导向定价法(Competition Oriented Pricing)。每一大类中又有许多具体方法，企业应根据不同的定价目标、成本、需求及竞争情况，择优选用。

1. 成本导向定价法

成本导向定价法是一种主要以成本为依据的定价方法，包括成本加成定价法和目标投资报酬定价法两种具体方法。其特点是简便、易用。

1) 成本加成定价法

所谓成本加成定价是指按照单位成本加上一定百分比的加成来制定产品的销售价格。加成的含义就是一定比率的利润。

成本加成定价公式为

$$产品单价=单位产品成本\times(1+成本加成率)$$

将一个固定的、惯例化的加成加在成本上，这样定价从逻辑上是否行得通？回答是否定的。

在制定价格的过程中，任何忽略现行价格弹性的定价方法都难以确保企业实现利润最大化，无论是长期利润还是短期利润均如此。需求弹性总是处在不断变化中，因而，最适加成也应随之调整。

最适加成与价格弹性成反比。如果某产品的价格弹性高，最适加成就应相对低些；如果某产品的价格弹性低，最适加成则应相对高些。而且，当价格弹性保持不变时，加成也应保持相对稳定，以制定出最适价格。

但仍然有许多理由使成本加成定价法得到普遍的使用。

(1) 成本的不确定性一般比需求少，将价格盯住单位成本，可以大大简化企业定价工作，而不需根据需求情况的变化随时做出调整。

(2) 只要行业中所有企业都采取这种定价方法，则价格在成本与加成相似的情况下也大致相似，价格竞争也会因此减至最低限度。

(3) 许多人觉得成本加成法对买方和卖方都比较公平，当买方需求变得急迫时，卖方不利用这一有利条件谋求额外利益，而仍能获得公平的投资报酬。

小案例 6-5

某鞋业公司的一双女式皮鞋的单位成本是 10 美元，问：当成本加成率 20%时的产品售价是多少？

解：

$$P=C\times(1+R)=10\times(1+20\%)=12(\text{美元})$$

【分析提示】

其中 P 是产品单价，C 是产品单位成本，R 是成本加成率。成本加成定价法简化了定价工作，便于企业开展经济核算。此法一般在租赁业、建筑业、服务业科研项目投资及批发零售企业中得到广泛的应用。

2) 目标投资报酬定价法

目标投资报酬定价法是企业试图确定一个能给企业带来正在追求的投资报酬率的价格。其公式为

$$\text{目标投资报酬价格}=\text{单位成本}+(\text{投资成本}\times\text{目标利润率})/\text{销售量}$$

小案例 6-6

假设一企业的固定成本是 300 000 元，单位变动成本是 10 元，预计销售量为 50 000 个，现又投资了 100 万元，要实现 20％的投资利润率即 20 万元利润，可用上述公式求出目标投资报酬价格：

$$\text{单位成本}=\text{单位变动成本}+\text{固定成本}/\text{预计销售量}=10+300\,000/50\,000=16(\text{元})$$

$$\text{目标投资报酬价格}=\text{单位成本}+(\text{投资成本}\times\text{目标利润率})/\text{销售量}$$
$$=16+(1\,000\,000\times0.2)/50\,000=20(\text{元})$$

知识拓展 6-4

以上述案例为背景，如果企业的成本和预计的销售量都计算得很准确，按单价 20 元售卖产品，该企业就能实现 20%的投资报酬率。问题是，如果销售量达不到 5 万件怎么办？此时，这家企业可以绘制一张保本图(图 6.9)，以便了解在其他销售水平上会发生什么情况。不论销售是多少，固定成本都是 30 万，变动成本随着销售量的增加而上升，在固定成本上附加变动成本得出总成本曲线。总收入曲线从原点开始随着销售量的增加而上升。

总收入曲线和总成本曲线在 3 万件处相交，这就是保本点，保本销售量计算公式如下

保本销售量＝固定成本/(单价－单位变动成本)＝300 000/(20－10)＝30 000(件)

该企业当然希望在市场上以 20 元的单价销售 5 万件产品，这样，其 100 万元的投资就能获得赢利 20 万元。通过绘制保本图，该企业也应设法降低固定成本或变动成本，因为这可以降低保本销售量，以增加利润。

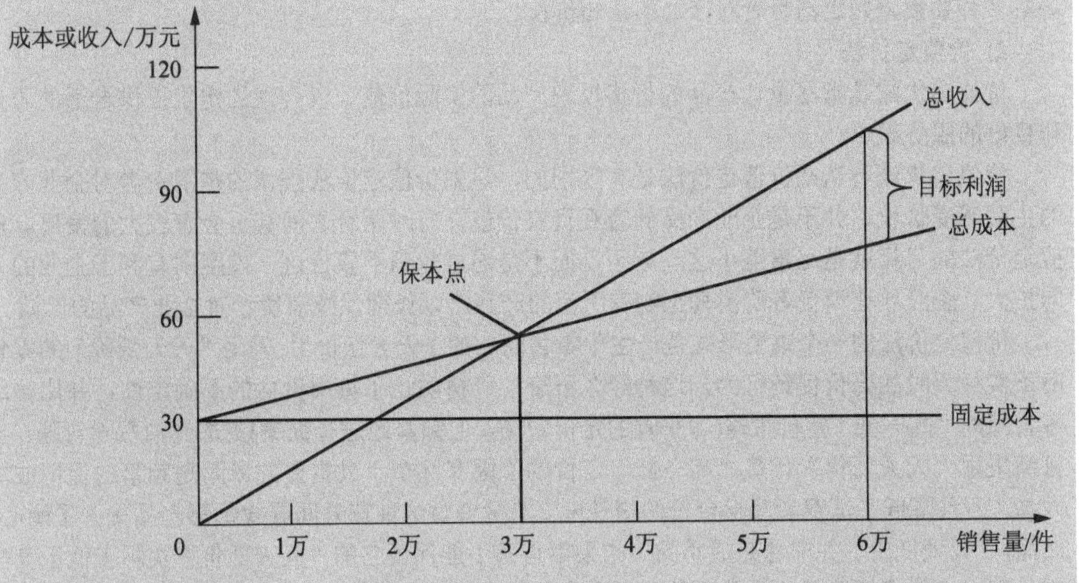

图 6.9 保本图

目标投资报酬定价法有一个严重的缺陷，即企业以估计的销售量求出应制定的价格，然而价格却恰恰是影响销售量的重要因素。要实现 5 万件的销售量，20 元的单价可能偏高或偏低。在上述分析中，忽略了需求函数，即不同价格下企业可售出的数量。借助估计的需求曲线和 20%的利润率条件，企业就可以解决价格与销售量统一起来的问题，从而确保所定价格能够实现预期销售量的目标。

2. 需求导向定价法

需求导向定价法是根据市场需求状况和消费者对产品的感觉差异来确定价格的定价方法。包括认知价值定价法(Perceived-value Pricing)、价值定价法(Value Pricing)和反向定价法(Backward Pricing)。

1) 认知价值定价法

所谓认知价值定价法，就是企业根据国际市场上的购买者对产品的感受价值来制定价格的一种方法。通俗地说，也就是企业提供的商品在消费者心目中值多少钱。认知价值定价与现代市场定位观念相一致。

企业在为其目标市场开发新产品时，在质量、价格、服务等各方面都需要体现特定的市场定位观念。如果企业对商品的定价高于消费者对产品的感受价值，企业将面临产品滞销的风险，反之，如果企业对产品的定价低于消费者对产品的评价，即便有可能促进消费者的大量购买，但却会使企业失去到手的利润，更何况在有些时候，消费者会认为商品的价格没有达到一定水平就是质量也达不到他们的需求，这样即使产品的价格低也不一定会引起消费者的大量购买。所以，企业大都希望产品的定价与消费者心中的感受价值尽量地吻合，以达到利润最大化的目标。

要实施认知价值定价法首先要能准确地获得消费者对产品的认知价值。这就要求企业必须进行广泛的市场调研，了解消费者的需求偏好，根据产品的性能、用途、质量、品牌、服务等多种要素来判定消费者对产品的认知价值。

2) 价值定价法

价值定价法是指尽量让产品的价格反映产品的实际价值，以合理的定价提供合适的质量和良好的服务组合。

价值定价法与认知价值定价法是有区别的，认知价值定价法强调的是消费者对企业产品的主观感受价值，并不是企业产品的客观真实价值，有时两者之间甚至会有较大的偏离。价值定价法的目标就是尽量缩小这一差距，而不是通过营销手段使这一差距向有利于企业的方向扩大。企业要让消费者购买真正物有所值的产品，以长期保持消费者对企业产品的忠诚。

价值定价法的一个重要形式是产生于零售商店的“天天低价”。采用“天天低价”的零售商不实行暂时的降价促销行为，这种经久不变的价格防止了每周价格的不确定性，并比传统零售商的“高－低”定价策略(即平时的定价较高，但频繁地进行促销)更加受消费者青睐。零售商采用“天天低价”代替“高－低”定价的原因有几个，最重要的原因是频繁的促销成本太高，而且降低了消费者对柜台价的信任度。消费者对这种花时间寻找优惠产品失去了耐心。然而，“天天低价”并非总是成功的。如果零售商不能保证它的“天天低价”实际上低于竞争者，那么它的“天天低价”就会使顾客失去信任感。

3) 反向定价法

反向定价法也叫倒推定价法，是指企业先根据国外市场上同类产品的价格估算本企业产品在国外市场上的零售价格，然后扣除中间商的利润、关税、运费等，倒推出产品的出厂价格，然后同成本比较，最后定出产品的价格。倒推定价法的主要依据是国外市场的需求，即顾客可以接受的价格，而不是产品的成本。即使产品成本一样，只要需求强度不一样，就可以制定不同的价格。

3. 竞争导向定价法

所谓竞争导向定价法就是企业在制定价格时，主要以同类竞争对手的定价为依据，而不会过多地考虑成本及市场需求因素。使用这种方法定价的企业往往对竞争对手的价格变动比较敏感，一旦竞争对手的价格发生改变，它们会积极地反击。竞争导向定价法主要包括随行就市定价法(Going-rate Pricing)和投标定价法(Bid Pricing)。

1) 随行就市定价法

所谓随行就市定价法，是指企业按照行业的平均现行价格水平或市场流行的价格来定价。在以下情况下企业常常采取这种定价方法：①难以估算成本；②企业打算与同行竞争者和平共处；③如果另行定价，很难了解购买者和竞争者对本企业的价格的反应。

在完全竞争市场中，由于任何企业都无法独立影响市场价格，它们定价时只能随行就市；在垄断竞争市场中，一些产品没有显著差异的中小企业经常根据在市场中担任“价格领袖”的大企业的产品价格来定价，它们没有实力采用价格手段与大企业竞争，只能充当市场追随者的角色；在寡头垄断市场中，各竞争厂商相互比较了解，各企业在长期的相互试探中可能形成一定的价格默契，任何一家企业都不会贸然改变价格，以避免可能产生的恶性竞争。

2) 投标定价法

投标定价法即政府采购机构在报刊上刊登广告或发出函件，说明拟采购商品的品种、规格、数量等具体要求，邀请供应商在规定的期限内投标。政府采购机构在规定的日期内开标，选择报价最合理、最有利的供应商成交，签订采购合同。某供应商如果想做这笔生意，就要在规定的期限内填写标单，上面填明可供应商品的名称、品种、规格、价格、数量、交货日期等，密封送给招标人(即政府采购机构)，这叫做投标。供应商对标的物的报价是决定竞标成功与否的关键。尽管各供应商在报价时会考虑产品的成本因素，但是预测竞争者的报价却是非常重要的，特别是在竞争者之间的实力不存在很大差别的情况下。价格报得过高自然会获得更多的利润，但是却减少了中标的可能性，反之，则可能由于急于中标而失去可能得到的利润。确切地说，企业一般不会将报价定得低于边际成本，以免使其经营状况恶化。

知识拓展6-5

4种最基本的拍卖方式

(1) 英式拍卖(English Auction)——购物者彼此竞标，由出价最高者获得物品。当前的拍卖方式以“英式拍卖”为主。

(2) 荷兰式拍卖(Dutch Auction)——也叫降价式拍卖，卖方将要拍卖物品的价格公布到公告板上，买方则选择价格最低的卖方。荷兰阿姆斯特丹的花市所采用的便是这种运作方式，通用电气公司的“交易过程网络”(Trading Process Network)也是如此。

(3) 标单密封式拍卖(Sealed-bid Auction)——这是一种招标方式，在这种拍卖方式中，拍卖商是唯一能看到“各投标者投标价格”的人。举例来说，如果有一家公司想要建立工厂，它会请有意投标的厂商前来进行标单密封式投标，这种方式可以保证各投标者不知道他人的出价究竟是多少。

(4) 复式拍卖(Double Auction)——众多买方和卖方提交他们愿意购买或出售某项物品的价格，然后通过计算机迅速进行处理，并且就各方出价予以配对。股票市场便是复式拍卖的典型范例。

6.2.3　国际市场定价策略

前述定价方法是依据成本、需求和竞争因素决定产品基础价格的方法，基础价格只是单位产品在生产地点或者经销地点的价格，还要根据不同的销售渠道、产品条件及消费者的具体情况，实行灵活多变的国际市场定价策略(International Marketing Pricing Strategy)，修正或调整产品的基础价格，以更好地实现企业的定价目标及总体营销目标。

1. 折扣定价策略

企业为了鼓励顾客及早付清货款、大量购买、淡季购买，可以在根据定价方法制定基础价格后酌情给予中间商及最终顾客一些价格优惠，这种价格调整叫做价格折扣。

1) 价格折扣的主要类型

价格折扣有 5 种类型。

(1) 现金折扣(Cash Discount)。这是在企业实施赊销政策的情况下产生的，是企业给那些当场或提前付清货款的顾客的一种减价。这一折扣的直接目的并不是扩大销售，而是鼓励赊购的顾客尽早支付货款，以加速资金流转，减少财务风险。例如，顾客在 60 天内必须付清货款，如果 10 天内付清货款，则给予 2%的折扣；在 20 天内付清货款，则给予 1%的折扣。

(2) 数量折扣(Quantity Discount)。这种折扣是企业给那些大量购买某种产品的顾客的一种减价，以鼓励顾客大量购买。此法不仅可以增加企业产品的销售量，而且可以将一些仓储费用转移给买方，从而减少仓储及运输成本。例如，报社给当地零售商提供优待，凡一年内在该报刊登整版广告 10 次者，有 10%减价优待，超过 20 次为 15%，超过 30 次为 20%。

(3) 功能折扣(Functional Discount)。这种折扣也被称为贸易折扣，是指企业给予承担一些营销功能的中间商的一些额外折扣。功能折扣的目的是对中间商在执行营销功能(如推销、储存、服务)时所耗费的成本费用及所承担的风险进行补偿，以使中间商在经营中获得足够的利润。

(4) 季节折扣(Seasonal Discount)。有些商品的生产是连续性的，但其消费却是有明显的季节性。为了调节供需矛盾，这些商品的生产企业会给那些购买过季商品或服务的顾客一定的折扣。例如，羽绒服生产企业对在夏季购买的客户给予大幅度让利；滑雪橇制造商在春夏季给零售商以季节折扣。

(5) 价格折让(Price Discount)。这是另一种类型的减价。例如，一辆摩托车标价为 4 000 元，顾客以旧车折价 500 元购买，只需付给 3 500 元，这叫做以旧换新折让。如果经销商同意参加制造商的促销活动，则制造商卖给经销商的物品可以打折扣，这叫做促销折让。

2) 影响折扣定价策略的主要因素

折扣被用在战术上和策略发展上会表现出不同特点，其原因主要有以下 3 个。

(1) 竞争对手及联合竞争的实力。市场中同行业竞争对手的实力强弱会威胁到折扣的成效，一旦竞相折价，要么两败俱伤，要么被迫退出竞争市场。

(2) 折扣的成本均衡性。销售中的折价并不是简单地遵循单位价格随订购数量的上升而下降这一规律。对生产厂家来说有两种情况是例外的。一种是订单量大，很难看出连续订购的必然性，企业扩大再生产后，一旦下季度或来年订单锐减，投资难以收回；另一种是订单达不到企业的开机指标，开工运转与分批送货的总成本有可能无法用增加的订单补偿。

(3) 市场总体价格水平下降。由于折扣策略有较稳定的长期性，当消费者利用折扣超需购买后，再转手将超需的那部分商品转卖给第三者，就会扰乱市场，导致市场总体价格水平的下降，给采用折价策略的企业带来损失。

2. 地区定价策略

由于各国地理分布的差异造成了成本费用的差异，国际经营企业在进行国际营销的过程中，必须针对目标市场的不同地理位置制定不同的价格，即采用地区定价法。地区定价法主要有以下几种形式。

1) FOB 原产地定价

所谓 FOB 原产地定价，就是顾客按照厂价购买某种产品，国际经营企业只负责将这种产品运到产地某种运输工具(如货车、火车、轮船、飞机等)上交货。交货后，从产地到目的地的一切风险和费用由顾客承担。这种原产地定价法一般对生产者是有利的，它不仅减少了生产者运输费用和运输风险，还简化了生产者的定价工作。另外，从理论上看，每个购买者都各自承担与自己的订货相关的费用与风险，也具有一定的公平性和合理性。但是，这样定价对生产者也有不利之处，就是远离生产者所在国的顾客可能不愿负担更多的费用和风险去购买这家企业的产品，而选择就近购买。

2) 统一交货定价

这种形式和前者正好相反，购买者无论来自何方，都可以按同样的价格购货。即所谓统一交货定价，就是企业对于卖给不同国家或地区顾客的某种产品，都按照相同的厂价加相同的运费(按平均运费计算)和保险费定价。采用这种定价策略，销售产品的企业为各地的购买者提供统一运送服务，但这一服务并不是免费的，而是来自不同国家或地区的购买者为不同价值的服务支付着同样的价格。这似乎对某些购买者不公平，但是如果运输过程中的各项费用在产品价格中所占的比重不大的话，这种不公平性则显得微不足道。

3) 分区定价

这种形式介于前面二者之间。所谓分区定价，就是企业把全球或某些地区分为若干价格区，对于卖给不同价格区顾客的同种产品，分别制定不同的地区价格。此法是根据销售市场距离产地的远近划分有差异的价格区，距离企业远的价格区，价格定得较高，距离企业近的价格区，价格定得较低。在各个价格区范围内实行统一定价。

企业采用分区定价也存在问题。

(1) 在同一价格区内，有些顾客距离企业较近，有些顾客距离企业较远，前者就不合算。

(2) 在两个相邻价格区边界两边的顾客，他们距离不远，但是要支付不同的价格购买一样的产品。

4) 基点定价

所谓基点定价，是指企业选定一个或若干个城市作为基点设定基点价格，然后按基点价格加上从基点城市到顾客所在地的运费来定价，而不管实际上货物是从哪个城市起运的。很多企业会选择距离顾客最近的那个基点计算运费。

5) 运费免收定价

以上的各类地区定价方法中，与运输有关的各项费用主要还是由购买者承担，但是随着市场竞争的加剧，一些生产企业为了扩大销售范围，增强市场竞争力，提出了免收运费的定价。这些企业认为，如果生意扩大，其平均成本就会降低，因此足以抵偿这些费用开支。但是，实施这一定价方法仍然需要以企业的经济实力作为后盾，特别是当运费占销售价格的比重较大时。

3. 心理定价策略

国际经营企业在制定国际市场产品的价格时，一方面要从经济的角度考虑定价，另一方面还要研究价格心理学。各国消费者由于经济、文化、个性等方面的差异，会形成不同的消费心理特点。心理定价是根据购买者的心理感受来定价。

1) 声望定价

所谓声望定价(Prestige Pricing)，是指企业利用消费者仰慕名牌商品或名店的声望所产生的某种心理来制定商品的价格，故意把价格定成高价。因为在大众的目光中，高价总是与高质量联系在一起的，很多消费者在以高价购买了某一产品后，不但愿意相信产品具有高质量，而且还会使他们的某些特殊欲望得到满足。当然，价格也不能高得离谱，使消费者不能接受。有报道称，在美国市场上，手工做的布鞋很受欢迎，但质量好、价格低的“中国货”却竞争不过质量相对差而价格却高的“韩国货”。其原因是在美国人眼中，低价就意味着低档次。

在现代社会，消费高价位的商品是财富、身份和地位的象征。因此，对于非生活必需品及具有民族特色的手工产品，应采取极品价格形象。设计极品价格形象，主要应强调产品品牌的著名、质量的上乘、包装的精美与豪华，以及给消费者精神上的高度满足。提到领带，人们会想到金利来；提到运动鞋，人们就会想到阿迪达斯、耐克；而提到箱包，人们又会想到路易·威登。这些名牌产品不仅以优质高档闻名于世，更以其价格昂贵引人注目。因此，声望定价必须在企业的其他营销战略及策略的帮助下才能取得成功，与产品高价相适应的应该是产品实实在在的高质量及良好的服务保证，而不仅是消费者心目中的高质量。只有这样才能使企业的产品树立真正的名牌形象，而名牌形象的建立又能保证高价格的长期存在。

2) 尾数定价

所谓尾数定价(Mantissa Pricing)，是指利用消费者数字认知的某种心理，尽可能在价格数字上不进位，而保留零头，使消费者产生价格低廉和卖主经过认真的成本核算才定价的感觉，从而使消费者对企业产品及其定位产生信任感。尽管顾客略加思考，就能发现所谓的尾数定价只是商家的一个数字游戏，但是在企业的经营实践中，很多企业确实使用这一简单的定价技巧而增加了一定量的销售额。例如，据美国消费者心理学家的一项调查表明，在美国，49 美分商品的销量远远超过了 50 美分商品的销量。

3) 招徕定价

所谓招徕定价(Loss Leader Pricing)，是指零售商利用部分顾客求廉的心理，特意将某几种商品的价格定得较低以吸引顾客。某些商店随机推出降价商品，每天、每时都有一两种商品降价出售，吸引顾客经常来采购廉价商品，同时也选购了其他正常价格的商品。

使用招徕定价法的企业一般应该具有较多的商品品种，因为只有保证顾客有足够的选择余地才能确保招徕定价的成功。所以这种方法在现代超级市场中得到了广泛运用。例如，家乐福每天都会推出几种特价商品，以吸引顾客注意，而大多数顾客在购买特价商品时，往往都会或多或少地购买几件正常价格的商品。尽管家乐福推出的特价商品的价格有时甚至会低于进货成本，但是由于正常商品销量增加导致的收益完全可以弥补特价商品造成的损失。

4) 整数定价法

整数定价法(Integer Pricing)就是指企业把原本应该定价为零数的产品价格定为高于这个零数价格的整数，一般以“0”作为尾数。这种舍零凑整的策略实质上是利用了消费者按质论价的心理、自尊心理和炫耀心理。整数定价法比较适用于名牌优质的产品。

小案例 6-7

美国的一位汽车制造商曾经公开宣称，要为世界上最富有的人制造一种大型高级豪华轿车。这种车有 6 个轮子，长度相当于两辆凯迪拉克高级轿车，车内有酒吧间和洗澡间，价格定为 100 万美元。

【分析提示】

为什么一定非得定出 100 万美元的整数呢？这是因为高级豪华轿车的购买者，一般都有显示其身份、地位、富有、大度的心理诉求，100 万美元的豪华轿车，正好迎合了这些购买者的这种心理。对于高档产品、耐用产品等宜采用整数定价策略，并给予消费者一种“一分钱一分货”的感觉。

5) 弧形数字定价法

弧形数字定价法(Arc Pricing)是指企业用消费者心理偏好的数字确定价格，通常如 9、8、5、6、2、3、0 等此类带弧形的数字比较符合消费者心理偏好。满足消费者的心理需求总是对的。据一项国外市场的调查发现，在生意兴隆的商场、超级市场中产品定价时所采用的数字，按其使用的频率排序，先后依次是 5、8、0、3、6、9、2、4、7、1。而这种现象并不是偶然出现的，究其根源是消费者购买心理的作用。带有弧形线条的数字，如 5、8、0、3、6 等似乎不带有刺激感，容易被消费者所接受；而不带有弧形线条的数字，如 1、7、4 等则相对不受欢迎。所以，在商场、超级市场产品销售价格中，8、5 等数字最常出现，1、4、7 等数字则出现的次数相对要少得多。

知识拓展 6-6

在中国市场，很多人都喜欢“8”这个数字，并认为它会给自己带来发财的好运；而“4”字则因为与“死”谐音，被人忌讳；“7”字，人们一般感觉不舒心；“6”字，因为中国老百姓有六六大顺的说法，所以，也比较受大众欢迎。

每年的新春佳节，很多人都会在这个传统节日为亲人、友人、客户送上一份代表心意的礼品，而深圳邮政“新年邮礼”活动推出的礼品，就体现了弧形数字价格策略：“138 元”真心诚意的礼品装，“198 元”合家团圆的礼品装，“238 元”荣华富贵的礼品装，“298 元”喜气洋洋的礼品装，“368 元”骏业宏开的礼品装，“488 元”发财好事的礼品装，“698 元”招财进宝的礼品装，“888 元”大展宏图的礼品装，“988 元”鹏程万里的礼品装，“1 388 元”鸿运当头的礼品装等。

又如在一些烟酒专卖店里，经常看到一些白酒的产品零售价定在 168 元/瓶、198 元/瓶、258 元/瓶、298 元/瓶、388 元/瓶等，这些都是采用弧形数字价格策略。

4. 差别定价策略

所谓差别定价，也叫价格歧视，是指企业以不同的价格向不同的消费者销售相同或类似的产品。这些产品有时候是完全相同的，有时候产品的生产成本也可能存在一定的差异，但它却远远小于价格的差别。

1) 差别定价的主要形式

差别定价主要有 4 种形式。

(1) 顾客差别定价。即企业按照不同的价格把同一产品或服务卖给不同的顾客。购买力强的消费者对价格往往不敏感，相对于低收入群体而言，他们在购买同一商品时愿意支付更高的价格。很多企业既希望以较高的价格将产品卖给高收入群体，又不希望因为价格太高而失去低收入消费者群体。为了更大限度地占有消费者市场，企业往往针对不同购买力的消费群体制定不同的价格。例如，学生往往是购买力较弱的群体，我国的多家航空公司在向学生出售机票时可以在原价的基础上打折扣。

(2) 产品形式差别定价。即企业对不同型号或形式的产品分别制定不同的价格，但是，不同型号或形式的产品价格之间的差额和成本费用之间的差额并不成比例。例如，一件裙子销售价格 70 元，成本 50 元，可是在裙子上绣一组花，追加成本 5 元，但价格却可定到 100 元。

(3) 产品部位差别定价。即企业对于处在不同位置的产品或服务分别制定不同的价格，即使这些产品或服务的成本费用没有任何差异。例如，剧院中虽然不同座位的成本费用都一样，但是不同座位的票价有所不同，这是因为人们对剧院的不同座位的偏好和满足有所不同。

(4) 销售时间差别定价。即企业对于不同季节、不同时期甚至不同钟点的产品或服务分别制定不同的价格。例如，中国联通集团的电话资费在一天中某些时间、周末或平常日子的收费标准有所不同。

2) 差别定价的适用条件

企业采取差别定价策略必须具备以下条件。

(1) 市场必须是可以细分的，而且各个市场部分需表现出不同的需求程度。

(2) 以较低价格购买某种产品的顾客没有以较高价格把这种产品倒卖给别人的可能性。

(3) 竞争者没有可能在企业以较高价格销售产品的市场上以低价竞销。

(4) 细分市场和控制市场的成本费用不得超过因实行价格歧视而得到的额外收入，也就是说，不能得不偿失。

(5) 价格歧视不会引起顾客反感而放弃购买，影响销售。

(6) 采取的价格歧视形式不能违法。

5. 新产品定价策略

新产品的定价问题会直接关系到该产品能否顺利地进入市场、占领市场并取得较好的经济效益。常见的新产品定价策略有两种截然不同的形式：撇脂定价和渗透定价。

1) 撇脂定价

所谓撇脂定价，是指在产品生命周期的最初阶段，把产品的价格定得很高，以获取最大利润，犹如从鲜奶中撇取奶油。国际经营企业之所以能这样做，是因为新产品刚刚推出时，市场上缺乏有力的竞争者，又由于是新产品，价格缺乏可比性，产品需求弹性小，有些购买者往往主观上认为这类产品具有很高的价值。从国际市场营销实践看，在以下条件下企业可以采取撇脂定价。

(1) 市场有足够的购买者，他们的需求缺乏弹性，即使把价格定得很高，市场需求也不会大量减少。

(2) 高价使需求减少一些，因而产量减少一些，单位成本增加一些，但这不致抵消高价所带来的利润。

(3) 在高价情况下，仍然独家经营，别无竞争者。有专利保护的产品即是如此。

(4) 某种产品的价格定得很高，使人们产生这种产品是高档产品的印象。

2) 渗透定价

所谓渗透定价，是指企业把新产品投入国际市场时价格定得相对比较低，以吸引大量顾客，提高市场占有率，同时通过接近成本的定价，威慑其他打算进入该领域的竞争者的一种定价策略。从国际市场营销实践看，企业采取渗透定价需具备以下条件。

(1) 市场需求显得对价格极为敏感，因此，低价会刺激市场需求迅速增长。

(2) 企业的生产成本和经营费用会随着生产经营经验的增加而下降。

(3) 低价不会引起实际和潜在的竞争。

小案例 6-8

英特尔公司的定价策略

一个分析师曾这样形容英特尔公司的定价政策："这个集成电路巨人每 12 个月就要推出一种新的，具有更高赢利的微处理器，并把旧的微处理器的价格定在更低的价位上以满足需求。"当英特尔公司推出一种新的计算机集成电路时，它的定价是 1 000 美元，这个价格使它刚好能占有市场的一定份额。这些新的集成电路能够增加高能级个人计算机和服务器的性能。如果顾客等不及，他们就会在价格较高时去购买。随着销售额的下降及竞争对手推出相似的集成电路对其构成威胁时，英特尔公司就会降低其产品的价格来吸引下一层次对价格敏感的顾客。最终价格跌落到最低水平，每个集成电路仅售 200 美元多一点，使该集成电路成为一个热线大众市场的处理器。通过这种方式，英特尔公司从各个不同的市场中获取了最大利润。

【分析提示】

英特尔公司在推出新产品时采用撇脂定价，由于市场上一部分顾客的需求缺乏弹性，即使把价格定得很高，也能刚好占有一定的市场份额，以获取最大利润，待到市场竞争开始加剧，销售额开始下降时，英特尔公司再采取渗透定价法以低价策略提高市场占有率。

6. 产品组合定价策略

当某种产品只是某一产品组合的一部分时，企业必须对定价方法进行调整。在这种情况下，企业要研究出一系列价格，使整个产品组合的利润实现最大化。因为各种产品之间存在需求和成本的相互联系，而且会带来不同程度的竞争，所以定价比较困难。产品组合定价可以区分出下列 6 种情况。

1) 产品大类定价

通常企业开发出来的是产品大类，而不是单一产品。当企业生产的系列产品存在需求和成本的内在关联性时，为了充分发挥这种内在关联性的积极效应，需要采用产品大类定价策略。

在定价时，首先，确定产品大类中价格最低的某种产品，由它在产品大类中充当价格领袖，以吸引消费者购买产品大类中的其他产品；其次，确定产品大类中价格最高的某种产品，由它在产品大类中充当品牌质量和收回投资的角色；再者，产品大类中的其他产品也分别依据其在产品大类中角色的不同而制定不同的价格。例如，松下电器公司设计出 5 种不同的彩色立体声摄像机，简单型的只有 4.6 磅重(1 磅＝0.453 592 37 千克)，复杂型的有 12.3 磅重，功能包括自动聚焦、明暗控制、双速移动目标镜头等。产品大类上的摄像机依次增加新功能，以获取高价。管理部门要确定各种摄像机之间的价格差距。制定价格差距时要考虑摄像机之间的成本差额、顾客对不同特征的评价及竞争对手的价格。如果价格相差很大，顾客就会购买价格低的摄像机。在很多行业，营销者都为产品大类中的某一种产品事先确定好价格点。

例如，男士服装店可能经营 3 种价格档次的男士服装：1 500 元、2 500 元和 3 500 元。顾客会从 3 个价格点上联系到低、中、高 3 种质量水平的服装。即使这 3 种价格同时提高，顾客仍然会按照自己偏爱的价格点来购买服装。营销者的任务就是通过确立认知质量差别来使价格差别合理化。

2) 选择品定价

许多企业在提供主要产品的同时，还会附带一些可供选择的产品或特征。汽车用户可以订购电子开窗控制器、扫雾器和减光器等。但是选择品定价是一件棘手的事情。汽车公司必须确定需要定价的产品中应包括哪些产品，又有哪些产品可作为选择对象。汽车制造商只希望对简便型汽车做广告，来吸引人们到汽车展示厅参观，而将展示厅的大部分空间用于展示昂贵的、特征齐全的汽车。饭店也面临同样的定价问题。其顾客除了订购饭菜外也买酒水。许多饭店的酒价很高，而食品的价格相对较低。食品收入可以弥补食品的成本和饭店其他的成本，而酒水类则可以带来利润，这就是服务人员极力推荐顾客买酒或饮料的原因。也有饭店会将酒价制定得较低，而对食品制定高价，以吸引喜爱饮酒的消费者。

3) 补充产品定价

有些产品需要附属或补偿产品，如剃须刀片和胶卷。制造商经常为主要产品(剃须刀和照相机)制定较低的价格，而为附属产品制定较高的加成。例如，柯达照相机的价格很低，原因是它从销售胶卷上赢利。而那些不生产胶卷的照相机生产商为了获取同样的总利润，不得不对照相机制定高价。但如果补偿产品的定价过高，就会出现危机。

4) 分部定价

服务性企业经常收取一笔固定费用，再加上可变的使用费。例如，电话用户每月都要支付一笔最少的使用费，如果使用次数超过规定，还要再交费。游乐园一般先收门票费，如果游玩的地方超过规定，就要再交费。在新加坡，新车的价格包括两个部分：第一部分是包括进口税在内的汽车成本；第二部分是获取驾驶执照的价格——拥有新车的权利。后者在拍卖行可以购得，该处每月都提供一定数量的用于不同车辆的驾驶执照。成功的驾车执照投标人要为享有买车的权利支付费用。服务型企业面临着和补充产品定价同样的问题，即应收多少基本服务费和可变使用费。

5) 副产品定价

在生产加工肉类、石油产品和其他化工产品的过程中，经常有副产品。如果副产品价值很低，处理费用昂贵，就会影响到主产品的定价。制造商确定的价格必须能够弥补副产品的处理费用。如果副产品对某一顾客群有价值，就应该按其价值定价。副产品如果能够带来收入，将有助于企业在迫于竞争压力时制定较低的价格。

6) 产品系列定价

企业经常以某一价格出售一组产品。例如，化妆品、计算机、假期旅游公司为顾客提供一系列活动方案。这一组产品的价格低于单独购买其中每一产品的费用总和。因为顾客可能并不打算购买其中所有的产品，所以这一组合的价格必须有较大的降幅，以此来推动顾客购买。假设一家医疗设备公司免费提供送货上门和培训服务。某一顾客可能要求免去送货和培训服务，以获取较低的价格。有时，顾客要求将产品系列拆开。在这种情况下，如果企业节约的成本大于向顾客提供其所需商品的价格损失，则企业的利润会上升。例如，供应商不提供送货上门可节省 100 元，而向顾客提供的价格的减少额为 80 元，则它的利润就增加了 20 元。

7. 跨国公司定价策略

1) 统一定价策略

统一定价策略是指跨国公司的同一产品在国际市场上采用同一价格的策略。这里所指的“同一价格”，可理解为母公司与各国子公司的同一产品出厂价折合为同额的母国货币或同额的可兑换货币。采用这一策略的好处是简单易行，跨国公司不需要调查掌握市场竞争等信息；有利于在国际市场上建立跨国公司及其产品的统一形象；便于公司总部对整个国际营销活动的控制，可减少公司内部产品竞争带来的麻烦。

这种策略的缺点也是很明显的：现实市场的汇率是波动的，因此确定同一价格比较困难；各个子公司生产的产品出口到其他国家时，因各国的税负、税种、税制、中间商毛利水平等不一致，就会使最终价格产生实质性的差异，难于实现统一价格的目标；由于各国的生产成本、需求水平、竞争程度等均不相同，为此统一价格在某些东道国可能会失去获取最大利润的机会，而在另一些东道国则可能缺乏竞争能力。

综上所述，跨国公司较少采用统一价格的策略，只有当产品的竞争力强且竞争地位稳定，或所生产的产品是国际市场的新产品，或不通过任何中间环节直接销售产品时，才有可能采用这一策略。

2) 多元定价策略

多元定价策略是指跨国公司允许其国外子公司的同一产品制定不同价格的策略。采用这一策略时，跨国公司对国外子公司的定价不加以干预，不提出硬性的要求，各子公司完全可以根据当地当时市场的具体情况自行做出价格决策。这一定价策略兼顾了各子公司的利益。除独资方式外，跨国公司拥有各国子公司的股权可多可少，母公司与子公司之间、子公司与子公司之间的利益不可能完全一致，各个子公司自行定价，就能按预定的目标实现自己应得的利益。

多元定价的最大优点是体现了各国市场实际存在的差异性，它充分考虑了各国生产成本、竞争、供求、税收等定价的影响因素，有利于实现利润最大化。例如，在成本较低的国家定低价、在成本较高的国家定高价是合情合理的，如果以统一价格进行控制，就可能出现低成本高价格或高成本低价格的不合理现象，最终将失去市场或应得的利润。

多元定价的致命弱点是可能导致平行输入。例如，英国潘多拉特别产品公司在本国市场以较低的价格销售产品，而其美国子公司的同一产品则以高价出售，结果英国中间商把产品运销美国市场，即使扣除运费、税收和中间商毛利，美国零售商从英国进口潘多拉产品，仍可以低于美国子公司 15%～20%的价格进行销售。这种跨国公司内部的价格竞争，不但给相关的子公司带来营销的困难，也损害了跨国公司的整体利益。

3) 协调定价策略

协调定价策略是指跨国公司对同一产品既不采用同一价格，也不完全放手各子公司独立定价的策略。采用这一策略的目标是为了利用统一定价与多元定价的优点，克服其缺点。以跨国公司的价格政策协调各子公司的定价行为，对同一产品的定价既有计划性又有灵活性，维护了跨国公司的整体利益和各个子公司的特殊利益。

这一策略允许多个子公司根据当地生产成本、收入水平、竞争状况和营销目标等进行灵活定价，以便提高产品的竞争能力。但对跨国公司的子公司之间的价格竞争则进行必要的管理，如划定商圈范围，统一控制分销渠道的政策，适当调整可能发生平行输入的子公司的定价方法等。有时则要求某些子公司贯彻公司总部的政策。例如，在某国市场实行低价渗透，以便开拓和长期占有该国市场；而在另一国家市场实行高价销售，在短期内占有这一特殊市场，待该国这一产业成熟后及时降低价格或撤出市场。跨国公司采用这一策略时会增大管理的难度和需要花费较大的精力。

上面所介绍的 3 种定价策略同样适用于出口生产企业，其区别仅在于：出口生产企业把国内生产的产品分销到各国市场，国内外销售产品的出厂价相同就是统一定价，出厂价不同则是多元定价；跨国公司则分别在东道国生产产品，产品在东道国销售或运销其他国家时采用统一定价、多元定价或协调定价策略。

4) 转移定价策略

转移定价，又称转让定价或划拨定价，它是指在跨国公司内部，母公司与子公司，子公司与子公司之间进行商品、劳务或技术交易时所采用的内部价格制定方法。这种定价在一定程度上不受市场供求关系法则的影响，它不是独立各方在公开市场上按“独立竞争”原则制定的价格，而是根据跨国公司的全球战略目标和谋求最大限度利润的目的，由总公司确定。

转移定价是跨国公司实施全球一体化战略和实现公司总体目标的有效工具。合理地利用转移定价机制，可以使跨国公司内部的资金转移达到最适当的流量、流向和时机，从而取得最高的整体经济效益。运用转移定价策略可以合理避税，使整个公司纳税最小化，调节子公司的利润水平，规避各种风险，争夺与控制市场。

(1) 转移定价的方法。转移定价采取的手段是多种多样的。其中既有有形货物的转移，也有无形资产的转让；支付方式上既包括贸易性支付，也包括非贸易性支付。具体方法有如下几种。

① 货物购销时“高进低出”或“低进高出”，这是跨国公司转移定价最常见的手段。若跨国公司子公司从境外关联企业购进原材料、零部件、机器设备时，其定价高于市场价格，向国外子公司出口产品时，其定价低于市场价格，这样的情况称为“高进低出”，利润可以从国内转到国外。相反，“低进高出”可以把利润从国外转到国内。

② 支付高额的管理、广告、咨询、考务等费用也是一种手段，有时也支付高额的佣金和折扣。

③ 通过对专利、专有技术、商标、商誉等无形资产转让时收取费用的高低，外商可以对各子公司的成本、利润施加影响。

④ 调节与子公司贷款利息的高低和设备的租金，外商可以将利润转移至境外。

(2) 转移定价的形成与作用机制和市场价格有显著不同的特点。

① 转移定价是在公司有计划有意识地参与下形成的。第二次世界大战后，跨国公司大都实行集中领导，为推行内部机构的计划管理，总公司通常要根据全公司的战略目标和长期计划目标直接参与并制定和协调其内部的转移价格。

② 转移定价是公司内部资源有效配置的重要工具之一。全球性跨国公司在经济利益的驱动和国际竞争的压力下，为了提高自身的竞争能力，近年来已由“金字塔”型管理改变为“森

林”型管理，对内部实行严格的责任制，各子公司往往成为硬预算约束的利润中心或半利润中心。制定有利的转移价格既能保证既定利润中心或半利润中心的最终生产和经济效益，也有利于合理分配资源，从而引导利润中心或半利润中心的生产和经营不断优化。

③ 转移定价是实现公司长远目标和利润最大化的重要手段。转移定价服从总公司整体利益、长远目标及公司利润最大化目标。它不完全取决于外部市场供求情况，常常与外部市场价格相背离。为此，跨国公司为使其利润最大化和达到长远目标，经常利用转移定价来调节资金流量和转移利润。

任务6.3 制定渠道策略

国际分销渠道是指产品由一个国家的生产者流向国外最终消费者和用户所经历的路径，是企业国际市场营销策略的一个重要组成部分。国际市场渠道策略是国际市场营销组合策略中的重要组成部分。与国内市场渠道策略相比较而言，国际市场营销的渠道策略更为复杂，国际分销是跨越国界的营销活动，不仅涉及国内分销渠道，还需要考虑国家之间的渠道及目标国国内的分销渠道。正因为如此，国际市场营销的渠道策略要比国内市场营销困难得多。当企业采取不同战略进入国际市场时，需要考虑多方面因素来做出渠道决策。

小案例6-9

国际化出口销售(IES)是通用汽车公司为协调其全球出口而建立的一个部门。IES船运通用汽车公司的产品，有的是拆卸的零件，有的是组装的成品。这些产品充实了国际经销商的网络。产品来自通用汽车公司的全球任何一家经销商，包括合资公司，如巴西的通用汽车公司、德国的欧宝汽车公司、澳大利亚的霍顿(Holden)公司、日本的铃木汽车公司和五十铃汽车公司，以及北美的雪佛兰汽车公司、别克汽车公司、凯迪拉克公司。哪种产品销往哪里，由市场环境和需求决定。

【分析提示】

IES通过全世界的办事处和总部管理公司的全球分销网络进行国际营销，这些办事处和公司也给当地经销商提供市场营销支持。

(资料来源：顾春梅，李颖灏. 国际市场营销学[M]. 上海：上海财经大学出版社，2010.)

6.3.1 国际市场分销渠道概述

1. 国际市场分销渠道模式

国际市场分销渠道(International Marketing Distribution Channel)是指参与将一国生产厂商的商品转移到另一国市场，销售给东道国消费者或最终用户的所有机构和个人，包括在商品转移的过程中获得商品所有权或帮助所有权转移的机构和个人。在世界市场上，生产者和最终消费者很少能面对面进行交易，产品的流通和所有权的转移要经过中介人才能最后到达消费者手中。各种产品的不同销售渠道客观存在于市场上，出口企业要使自己的产品通过适当的分销渠道到达消费者手中。国际分销系统由营销中介机构及企业和消费者或用户构成，涵盖了国际商流和物流的整个过程及其影响因素。国际分销系统一般具有 3 个基本因素：制造商(Manufacturer)、中间商(Intermediary)和最终消费者(Customer)。当企业采取不同的分销策略进入国际市场时，产品或者服务从制造商向消费者转移过程就会经过不同的营销机构，从而形成不同的国际分销渠道模式，如图 6.10 所示。

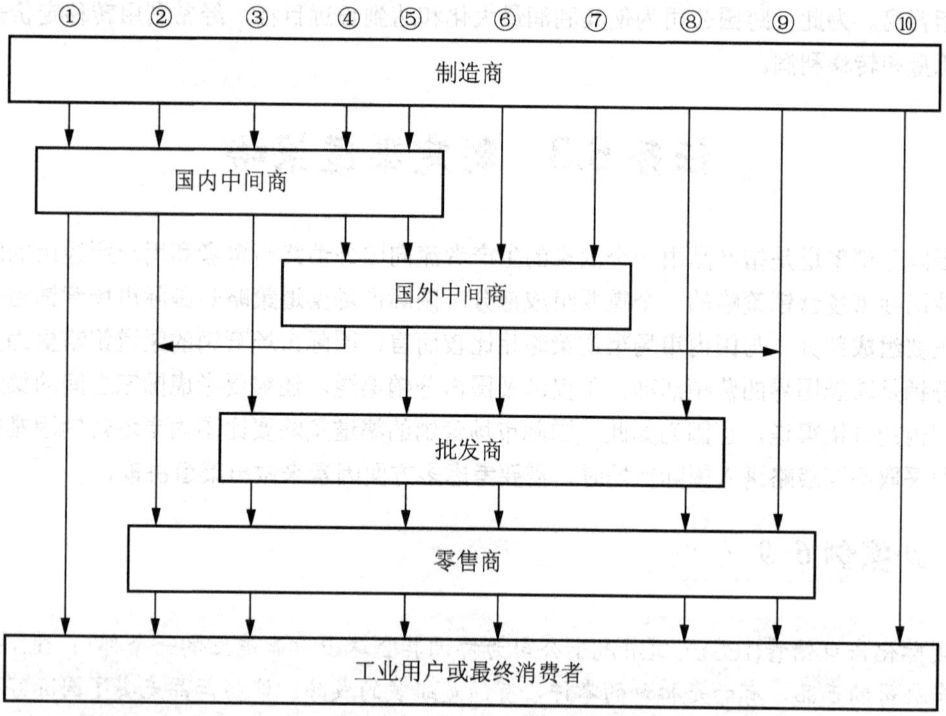

图 6.10　国际市场分销渠道模式

国际分销渠道中的国内中间商和国外中间商包括许多不同性质的渠道参与。

图中，第①、⑩种渠道结构模式指出口企业和出口中间商通过国际邮购、电话、网上购物等形式或者在进口国设立销售机构等方式把产品卖给最终消费者，或通过外国工业用户直接向出口者订购商品的一种分销方式。第⑩种结构是最短的国际分销结构，未经任何中间层次就完成了商品流通过程。这种方式的特点是环节少，有利于降低流通费用。

第⑤种是最长的国际分销渠道结构模式，所有产品必须通过国内出口中间商、国外中间商、批发商、零售商等多个层次的中间商最后才到达消费者手中。

在第②、③、⑧、⑨渠道中，批发商和零售商也兼营进口业务。

前 5 种渠道均需要企业所在国国内的中间商环节实现产品的国际转移，这 5 种渠道统称为间接渠道。

在后 5 种渠道模式中，企业省去了国内的中间商环节，直接将产品销往国外市场，称之为直接渠道。

国际市场分销渠道有多种模式，企业只有根据市场状况选择合适的模式才能确保商品以最合理的方式到达消费者手中。国际市场比国内市场复杂得多，竞争激烈得多，企业要认真研究国际分销渠道及其策略，才能帮助企业更好地进行营销，开拓国际市场。例如，健力宝公司绝大部分饮料是通过传统的多级经销商代理制运行的，产品要达到消费者手中至少要经过 3 个中介机构，这就加大了企业产品的控制难度，使信息的传递十分困难。此外，由于存在多级经销商，商品层层加价，削弱了健力宝在国际市场上与同类产品的竞争力。

2. 国际市场分销渠道的特点

国际市场分销渠道具有其自身的特点，主要有以下 4 个方面。

1) 国际市场分销渠道长而复杂，建立渠道难度较大

国际市场分销渠道是完整的跨国商品流通、实现商品所有权国际转移的过程，其起点是本国的生产者，终点是外国的消费者、用户，中间往往需要较多的中间商，因而国际市场渠道比国内渠道长而且复杂，建立渠道的难度较大。

2) 国际市场分销渠道差异大

由于国际分销渠道终点是国外消费者或用户，不同国家政治、经济、文化、社会具有很大的差异，企业要明白目标国市场上消费者的需求，针对不同情况，开发产品、提供服务。

3) 国际市场分销渠道策略比其他策略相对要稳定和持久

一条有效的渠道需要几年的时间才能得以完全建立，一旦产销各方建立了合作关系，就不容易改变，不会在短时间内更换。

4) 国际市场分销渠道是一个整体

产品分销渠道的效率有赖于分销渠道各个阶段成员的效率，如果其中一个渠道过程效率低，必将影响整个渠道的效率，并影响产品进入国际市场。过去，我国的一些企业忽视了分销渠道整体性的特征，仅仅重视直接出口创汇，认为只要把产品卖给国外进口商或者国内出口商就是达到了营销目标，并不关心产品是如何到达最终消费者手中，这导致了我国出口企业对目标国市场不了解，不能很好把握市场动态而做出营销决策。

3. 国际市场分销渠道决策的重要性

与国内市场分销相比，企业不仅要考虑产品在国家之间的渠道，而且还要考虑产品销售国的国内分销渠道。由于各国的市场环境和市场体系千差万别，因此，国际市场分销渠道的管理远远比国内市场复杂得多。国际分销渠道决策对企业具有十分重要的意义。

(1) 中间商可以及时传递市场信息给制造商。由于中间商比制造商更为贴近市场，他们可以进行更为专业的调研，了解市场需要，收集潜在消费者、竞争对手的相关信息，并及时把信息传输给制造商。

(2) 中间商可以直接向消费者进行宣传推广和促销活动。因为他们熟悉市场和产品情况，懂得根据消费者的实际需要进行销售。生产企业如果能够通过有效的措施调动中间商的促销积极性，对产品顺利进入国际市场十分有益。

(3) 零售商有着巨大的消费者网络。零售商长期进行调研、与消费者接触，他们掌握了消费者的第一手资料，同时他们有着专业化的营销队伍，可以作为渠道中两个终端沟通的桥梁，把消费者的需求传递给企业，也可以为企业寻找潜在消费者。

(4) 中间商能及时满足购买者需求。中间商能够及时了解消费者需求，在价格和其他方面达成一致。有些产品有销售的时间性，需要中间商发挥蓄水池作用，把季节生产与常年消费的商品在生产季节集中收购并细水长流地供应给消费者，从而保证消费需求的满足。

4. 国际市场分销渠道模式的发展趋势

随着社会、经济、科学技术的发展，消费者的消费行为、物质生活条件都会随之发生改

变，商业业态和渠道组织也处于不断变化发展中。

1) 纵向联合和横向联合销售系统的发展

国际上，大型跨国公司日益成为市场竞争主体，其导致了分销渠道的联合化趋势，主要有纵向联合销售系统和横向联合销售系统。纵向联合销售系统又被称为垂直营销系统，是指生产者、批发商、零售商等不同渠道成员采取一体化经营方式所形成的渠道系统。在这样的系统中，一个成员对其他成员拥有所有权，可以授予其他成员权利或者迫使其他成员与自己采取合作态度。垂直营销系统具有经营规模大、服务功能强、交换能力高、有利于避免重复经营的特点。

横向联合销售系统的发展，又被称为水平营销系统，指的是在渠道系统中处于同一层次的制造商、批发商、零售商组合成合作关系或者是独立公司进行横向经营，共同开拓国际市场。

无论是纵向联合销售系统还是横向联合销售系统，都是市场竞争的产物， 20 世纪 70 年代以来，国际市场营销市场已经由传统的卖方市场进入买方市场，企业间的竞争更为激烈，跨国公司的出现进一步加剧了垄断的局面，处于营销渠道中的各个端口需要联合起来，才能在国际市场竞争中持有一席之地。

2) 传统营销渠道让位于新型渠道的发展趋势

如今，几乎没有一个国家能够完全孤立，不受国际经济和政治变化的影响。这些变化趋势正在改变经济结构的各个层次，包括分销结构。传统的渠道结构让位于新的形式、新的联盟和新的过程，虽然速度各不相同，但是无一不在变化。例如，在不少国家，直销、上门兜售、特大型市场、大型折扣店、邮购、电子商务平台等方式越来越受到消费者接受和欢迎。

知识拓展 6-7

互联网内部系统渠道

在互联网上存在着一个内部系统，可用于企业与企业、企业与顾客的业务往来。例如，通用汽车公司、福特汽车公司、戴姆勒-克莱斯勒公司共同建立了一个名为 Covisint 的网站，用于从供应商那里购买汽车零部件。据估计，此举能为这些公司节省数百万美元。典型的订货要花费 150 美元，但通过 Covisint 的实时订货，成本只需 15 美元。

西尔斯·巴罗克公司和家乐福集团创建了 NetXchange 网站，零售商和供应商可以在线开展业务，任何有网络浏览器的公司都可以通过该网站购买、出售、交换、拍卖产品和服务。该网站被称之为是在过去 10 年中消费品分销领域最大的变革之一。它预期可以降低供应商和购买者的成本。

(资料来源：[美]菲利普·R·凯特奥拉，玛丽·C·吉利，约翰·L·格雷厄姆. 国际市场营销学[M]. 14 版. 赵银德，等译. 北京：机械工业出版社，2010.)

6.3.2 中间商的功能与种类

中间商(Intermediary)是指那些将购入的产品再销售或租赁以获取利润的厂商。国际中间商可以分为国内中间商和国外中间商两大类。中间商在国际市场营销中充当着桥梁作用，沟通着渠道终端，企业既要把中间商看成顾客，又要把其看成是共同开拓市场的战略伙伴。

1. 中间商的功能

中间商连接着消费者和生产者，它有4个基本的功能。

1) 减少整个社会的商品流通费用支出

因为从整个社会的角度看，如果没有中间商的活动，每个生产者与每个消费者都必须直接地发生交换关系才能使整个社会的供需双方都得到满足。中间商为各个不同的消费者提供来自于各个不同的生产者的商品，消除了生产者与消费者之间的时间差异、空间差异、数量差异和品种差异。这样就能极大地减少整个社会商品流通的费用支出。

2) 提高销售活动的效率

如今是跨国公司和全球经济迅速发展的时代，假如没有中间商，商品由生产制造厂家直接销售给消费者，工作将非常复杂，而且工作量非常大。对消费者来说，没有中间商也会使购买的时间大大增加。例如，中间商可以同时销售很多厂家的商品，消费者在一个中间商那里就能比较很多厂家的商品，比没有中间商而要跑到各个厂家观察商品要节约大量时间。

3) 从企业的角度看，中间商扩大了市场的范围和容量

因为中间商可以在整个世界范围内组织货源，并向整个世界范围的所有消费者销售，结果是在使消费者的需要得到充分满足的同时，也扩大了企业的市场，促进了企业生产的发展。

4) 提高商品流通的效率

中间商作为专业的商业机构，它还能提高商品流通的效率，提高销售获得效率，能减轻制造商的负担，为制造商反馈有关市场的信息，能为消费者提供各种良好的售前与售后的服务。

2. 中间商的种类

1) 国内中间商

国内中间商(Domestic Intermediary)即设在生产企业本国的各类中间商，在我国主要指的是商务部所属的各进出口公司和其他部门行业具有进出口经营权的各类专营或者兼营出口业务公司。国内中间商与企业同处在一个国家，由于社会文化背景相同，彼此容易沟通和信任，方便互相合作。特别是企业规模较小或者进入国际市场的初期，企业国际市场营销经验不足或者没有实力直接进入国际市场时，通过本国中间商进入国际市场是一条费用省、风险小、操作简便的有效途径。

然而，选择国内中间商进入国际市场的缺点是企业和中间商都远离了目标市场，与目标顾客的联系接触是间接的，企业对市场的控制程度很低，甚至是无法控制，这样就不利于企业在市场建立起自己的声誉，不利于出口规模的扩大和长远的发展；另一方面，中间商为尽快获得利润，不会花很大力气去挖掘市场潜力等。但直至目前，通过本国中间商进入国际市场仍然是一条主要的国际市场分销渠道。

根据国内中间商是否拥有商品所有权可将它分为两类：出口商和出口代理商。凡对出口商品拥有所有权的，称为出口商；凡接受委托，以委托人身份买卖货物而非拥有商品所有权的，称为出口代理商。

(1) 出口商(Exporter)。是用自己的名义在本国购买商品再卖给国外买主的中间商。一般的做法是直接从制造商手中购买商品，然后以较高的价格在国外销售，以赚取价格中间差，自我承担风险。出口商实质上在与卖主的商品交易中就已经转移了商品的所有权。出口商的基本职能与经营国内业务的批发商类似，所不同的只是其客户是国外买主。由于长期从事一个行业的出口业务，他们掌握着较为灵通的市场资讯，能够为制造商提供目标国市场的一些

信息；在长期的合作中，他们与国外中间商有着良好的关系；他们具备制造商所不具有的优势，具有较强的驾驭国际市场的能力。某些大出口商还能给国外买主提供融资服务及对目标国市场进行促销宣传。由于出口商拥有商品所有权，他们具有营销自主权，对制造商的忠实程度较低。因此，制造商对其难以实行控制。

出口商经营出口业务通常有两种方式：一种是“先买后卖”，即先在国内市场采购商品，然后再出售给国外买主。这种方式要求在国内或者国外储备有货物，在签订销售合同后能迅速地交货。这种方式的好处在于能建立一定的商业信誉，能帮助企业把握市场机会，较快达成交易，但“先买后卖”占用企业自身资金较多，有较大的风险；另一种出口形式是“先卖后买”，即出口商先接受订单，然后根据订单向国内企业购买。这种方式的好处是占压资金的时间短，风险较小，弊端是可能会因缺货或是无法按期交货产生违约行为。一旦这种情况出现，将会极大地影响企业信誉，并要承担违约责任，给予赔偿，甚至可能影响整个国内对外的营销。

常见的出口商有 3 种。

① 出口行(Export House)又被称为国际贸易公司，实际上是本国专门从事出口业务的批发商，主要从事出口业务，也兼营进口业务。他们一般在国外有自己的销售人员和代理商，并往往设有分公司，其收入来自于出口商品的买卖差价。他们较熟悉国际市场及精通国际商务，拥有较多的国际市场信息，拥有自己的国际商务、外语、法律专业人才，因而初次进入国际市场的企业采用此形式较理想。他们的经营特点是从众多的生产厂商手中购买商品后销往国外，直接进行海外营销活动；经营多种企业的多种产品，这些产品可能是竞争关系；根据自己的利润多少选择性地经营供应商的产品，并不与供应商建立长期合作关系；分销网络既可以是自设机构也可以是其他中间商。

在改革开放前，我国进出口公司一直是制造商出口产品的唯一途径，随着改革开放和加入 WTO，我国的外贸体制发生巨大改变，其他的出口渠道得到飞速发展，各种出口模式出现，如涉外公司、跨国公司等。

② 出口直运批发商(Direct Export Wholesaler)主要根据国外订单要求，向国内制造商进行购买或者指定生产企业订货。他们拥有商品的所有权，但自己并不保有存货，在收购数量达到订单数量后，就直接运交国外买主。由于这种形式无需大量储备货物，只是在收到订单时才订货购买，所以其风险低，资金周转快，成本低。

③ 出口转卖商(Export Reseller)。他们经营低档次低价格的产品，向制造商、生产商寻求低价位，这些商品或是由于生产过剩或是已经过时而急需处理，然后再把这些商品卖给国外经销商。

(2) 出口代理商(Export Agent)。并不获得产品所有权，只是在合同规定范围内，以委托人名义，收取佣金，代理本国委托人向国外市场销售商品，其中的风险由委托人承担。

出口代理商的优点在于：基于自身的专业知识，随时向生产商提供国外市场资讯；有了出口代理商，生产商可以省去自身建立出口部门的花费和时间；出口代理商一般经营几种互补产品，在市场上有一定规模，出口企业可以利用其规模对国外买家有一定的控制权。使用出口代理商是一种很理想的国际市场营销渠道，但在国际市场营销实践中，多方面因素使得其优势难以完全实现，但出口代理仍然是很多中小企业经常采用的国际市场营销渠道形式。在国际市场上，出口代理商既可以是组织机构，也可以是个人，常见的类型有 5 种。

① 销售代理商(Sale Agency)。如果企业海外销售额占企业总销售额的比重不大，或者企业不愿设立外销部门处理国外市场业务时，选择销售代理商是一种理想的渠道。

销售代理商与生产企业是委托代理关系，直接对委托人负责，与委托人关系紧密，但它并没有商品的所有权和决策权，按照生产企业的决定来开展活动。它以生产企业的名义从事业务活动，如国际市场上的广告宣传、设置商品陈列处、召开订货会和展销会、参加国际展销会、接洽客户、拟定销售计划、提供商业情报、开展市场调研、进行销售谈判、信贷安排、货物装卸、提供产品售前和售后服务等。他们甚至可以使用生产企业的信笺，实际上起到生产企业出口部的作用。销售代理商为出口企业提供全面的出口管理服务，负责资金融通和单证的处理，有时还要承担信用风险。销售代理商一般同时接受几个委托人的委托业务，其获得的报酬常见形式是收取销售佣金，此外每年还收取一定的服务费用。

② 厂商出口代理商(Manufacturers' Export Agency)是一种专业化程度较高的出口代理商，又称为制造商出口代表。他们也相当于执行着生产企业出口部的职能。他们接受生产企业的委托，为其代理出口业务，以佣金形式获得报酬。

厂商出口代理商与销售代理商的区别是厂商出口代理商所提供的服务较少，一般只涉足一两个领域，通常不负责出口资金、信贷风险、运输、出口单证等方面的业务；他们不是生产商的分支机构，与企业建立短期而非长期的合作关系；以自己的名义而非制造商的名义从事业务活动。同时由于厂商出口代理商同时接受许多生产企业的委托，在价格和交易条件上没有最终决定权，营销渠道和促销策略的选择也听从于委托人，其销售费用也可以在不同厂家的产品上分摊，因此收取的佣金率也较低，制造商对其有较大的控制权。例如，在美国，凡数量大，已打开销路的产品，他们只收取销售额的2%作为佣金。

③ 出口经营公司(Export Manager Company)行使类似制造商出口部的功能，它提供服务的范围很广，包括寻找客户、促销、市场调研、货物运输等。它还可以为制造商讨债和寻求担保业务。不过，其最主要的职能是和国外的客户保持接触，并进行信贷磋商。选择出口经营公司渠道的优点是厂商可以以最小的投资将产品投放到国际市场，并可借此检验产品在国外市场的可接受程度，而制造商本身无需介入。其缺点是这种分销渠道极不稳固，出口经营公司为了自己的利益不会为销售产品做长期努力，一旦产品在短期内难以赢利或是销量下降，将很可能被出口经营公司所抛弃。

④ 出口经纪人(Export Broker)是经营出口业务的经纪人，只负责给买卖双方寻找客户，不持有存货，也不实际持有商品和代办货物运输工作。他们与进出口双方没有长久的合作关系，在双方达成交易后收取佣金，佣金率一般不超过2%。出口经纪人一般专营一种或几种产品，甚至专营几个国家的产品，多数经纪人经营的对象涉及机械、矿山、大宗农产品、食品、房地产、保险、证券等领域。

⑤ 出口佣金商(Export Commission House)指的是接受生产企业委托，代理出口业务，从中收取佣金的代理商。他们代理国外买主在国内采购所需商品，然后办理出口或者代理国内企业向外国市场销售产品。出口佣金商代表国外买主办理委托业务时，是根据买主订单或者委托订货书进行的，该协议一旦达成便不可更改，买主和佣金商必须按照协议规定进行采购。

2) 国外中间商

企业可通过建立自己的海外分销机构或者通过选择国外中间商(Foreign Intermediary)进行分销。国外中间商与产品消费者处于同一国家，熟悉市场环境和顾客的消费行为，可以更方便地解决语言、运输、财务、促销等方面的问题。他们可以掌握国外市场的第一手信息，具有一定的国际市场营销经验，可以帮助生产企业加强对分销活动的控制力，扩大企业在国际市场上的影响力。因此，为进一步扩大出口规模和企业长远发展，制造商越来越多地选择国外中间商。与国内中间商相比，它们也可根据其是否拥有商品的所有权分为进口经销商和进口代理商。凡是对商品拥有所有权的，称为进口经销商；凡是接受委托，以佣金形式获取报酬，但不拥有商品所有权的，称为进口代理商。

(1) 进口经销商(Import Merchant)。直接向国外购买商品，向国内销售的贸易企业均可称为进口经销商。进口经销商拥有商品的所有权，通过开展业务来赚取利润。进口经销商与国内批发商的区别在于其进货对象是国外企业。主要类型有进口商、经销商、批发商和零售商等。

① 进口商(Importer)又称进口行。进口商从国外进口商品，然后再转售给国内批发商、零售商和消费者。进口商在长期经营中掌握专业的商品挑选、分级、包装等技术和销售技巧，熟悉所经营的产品和目标国市场。进口商一般没有商品独家经营权。

② 经销商(Distributor)是在特定的地区或市场上，在购买及转售产品方面获得独家权或优先权的进口商。他们与出口国的供应商建立长期合作关系，并享有一定的价格优惠和货源保证。他们从国外购买商品，再转售给批发商、零售商等中间商，或直接出售给最终消费者。经销商通过经销合同与出口国生产企业、出口商建立经常性的合作关系，并拥有独家销售特权。出口企业可以同经销商建立密切的伙伴关系，对价格、促销、存货、服务等进行适当的控制。

③ 批发商(Wholesaler)。进口国国内的批发商是专门或主要从事批发活动的中间商，是在进口国国内销售进口产品的重要渠道成员。他们向生产者或者其他批发商购进商品，转卖给零售商或其他生产者、批发商。批发商的种类很多，可以分为商人批发商、代理商和经纪人等。国际市场中的批发模式也多种多样，反映了各自所处的文化、经济和社会背景。例如，伊拉克共和国与土耳其共和国的批发商平均只有不到两个雇员的规模，乌干达共和国的平均雇员数达 18 人，属于发达国家的比利时王国却只有 3 人。

批发商的功能是处于商品流通过程的开始阶段或中间阶段，是总枢纽，通过购销活动，先集中货源后扩散；如同蓄水池的吞吐作用，调节国际市场上买卖双方的供求平衡，解决商品数量、购销时间等矛盾；分担生产者和零售商的市场风险和损失；为生产者、零售商提供多种服务，如加工、储运、融资、管理咨询、人员培训等。

批发商的具体形式有批发站、采购供应站、批发商店、批发公司、商品交易所等。一般来说，在国际市场营销中应尽量选择较大的批发商，因为批发业主要是从规模经济中获取收益的，与小型的批发商打交道对生产企业来说意味着受到的服务少而负担却重。当企业不得不与小型批发商打交道时，营销人员必须对以下的问题做好准备：批发商不能向下游渠道成员提供融资支持，而且常常要求生产企业向其提供融资服务；小型批发商要求的花色品种较少，从而可能迫使生产企业去掉产品线中的某些品目，或者寻找其他批发商经销这些产品；小型批发商覆盖的地理区域小，服务效率低，服务范围有限。

④ 零售商(Retailer)是将商品或服务出售给最终消费者的一种商业活动。零售商从进口商、进口代理商、批发商、国外出口商等处购买商品，然后卖给本国的最终消费者。零售商的特点是交易量小；交易频率高；经营网点多且分散，覆盖区域小；十分注重营业位置和促销；从业人员较多。其功能是方便消费者购买，为消费者提供各种服务；促进商品销售，沟通商家和消费者，促进生产者改进供应、满足需求。

零售商形式多种多样，见表 6-4。

表6-4 零售商形式及其特征

形 式	特 征
百货商店(Department Store)	经营范围广泛，商品种类多样，花色品种齐全，兼备专业商店和综合商店的优势，便于顾客广泛挑选，能够满足消费者多方面的购物要求，拥有一定的现代化管理手段和服务设施，服务质量较高
超级市场(Supermarket)	以顾客自选方式经营的大型综合性零售商场。实行单品管理，商品在架子上陈列，让顾客自由选择，出入口分设，在出口统一结算
专卖店(Exclusive Agency)	指专门经营或授权经营某一主要品牌商品(制造商品牌和中间商品牌)为主的零售业态，采取定价销售和开架面售，注重品牌形象、从业人员必须具备丰富的专业知识，并提供专业知识性服务
便利店(Convenience store)	规模小、经营品种有限、周转率高，以开架自选为主。一般设在居民区，营业时间长，终年无休，商品售价比超市高些，主要满足消费者的不时之需
仓储商店(Warehouse Store)	营业面积大、储销一体的货仓式销售，仓库式的陈列方式，顾客进行自选购买，商品价格较低，多数设立在郊区或居民区，附设大型停车场
折扣商店(Discount Stores)	以销售自有品牌和周转快的商品为主，限定销售品种，并以有限的经营面积、店铺装修简单、有限的服务和低廉的经营成本，向消费者提供“物有所值”的商品为主要目的的零售业态
购物中心(Shopping Mall)	规模较大，经营的产品品种较多，产品价位较高，提供良好的服务和宽敞的环境

随着社会发展和科技的进步，除了这些传统零售方式，无店铺式的零售形式越来越深入消费者的生活，电话销售、电视销售、网上商店成为新兴的零售方式，极大地完善和方便了消费者跨越国界购买心仪商品。

小案例 6-10

闻名世界的日本7-11便利店(以下简称7-11)，隶属于日本南陆公司，最早起源于美国，由于营业时间是从早上7点到晚上11点，所以称为“Seven-Eleven”或“7-11”。如今的7-11已经是24小时营业，方便那些早出晚归、追求方便的消费者。它在日本的店铺数已经发展到9 600多家，每年有31亿人次光顾，已经在全球19个国家和地区有大约24 000家店铺，成为全球最大的便利店连锁系统。在日本零售企业中，7-11的综合经营收益和综合净收益连续几年独占鳌头。

好市多(Costco)仓储式商场(以下简称Costco)是美国一家著名的连锁零售商，自创立以来，Costco平均每年以双位数字的速度增长，现已在全世界许多国家及地区拥有300余家连锁店。Costco采用了会员制购物方式，会员只需要每年交40美元的会费就可以低于市场5%～30%的优惠价买到所需的物品。Costco销售的商品都是以批发形式的大包装商品为主，其范围包括了食品、电器、玩具、日用百货、五金、轮胎甚至汽车。

【分析提示】

7-11和Costco分别是便利店和仓储式商场的典型代表。7-11以其便捷性赢得了全球消费者的喜爱，Costco以其实惠性赢得了众多忠实会员。

(资料来源：http: //www.28.com/cyzs/jy/n-30732.html，http: //wenku.baidu.com/view/a3320a1dc281e53a5802ff61.html.)

知识拓展 6-8

世界上第一家超级市场

超级市场产生于1930年的美国纽约，被称为零售业的第三次革命。1930年8月，美国人迈克尔·库仑(Michael Cullen)在美国纽约州开设了世界上第一家超级市场——金库仑联合商店。当时，美国正处在经济大危机时期，迈克尔·库仑根据他几十年食品经营经验精确设计了低价策略，并首创商品品种区别定价的方法。它的超级市场平均毛利率只有9%，这和当时美国一般商店25%～40%的毛利率相比是令人吃惊的。为了保证售价的低廉，必须做到进货价格的低廉，只有大量进货才能压低进价，迈克尔·库仑就以连锁的方式开设分号，建立起保证大量进货的销售系统。它首创了自助式销售方式，采取一次性集中结算。20世纪30年代中期以后，超级市场这种零售组织形式由美国逐渐传到了日本和欧洲国家。

(资料来源：http: //baike.baidu.com/view/5278.htm?reforce.)

(2) 进口代理商(Import Agent)。是接受出口国卖主的委托，代办进口，收取佣金的贸易服务企业。它们一般不承担信用、汇兑和市场风险，不拥有进口商品的所有权。进口代理商主要有以下几种类型，见表6-5。

表 6-5 进口代理商的类型及主要特点

类　型	主要特点
经纪人(Broker)	经纪人是对提供低价代理服务的各种中间商的统称。它们主要经营大宗商品和粮食制品的交易。在大多数国家，经纪人为数不多但熟悉当地市场并与客户有良好的业务关系，常常是初级产品市场上最重要的中间商
融资经纪商(Financing Broker)	这是近年来迅速发展的一种代理中间商。这种代理中间商除具有一般经纪商的全部职能外，还可以为制造商生产的各个阶段提供融资，可以使买主或卖主避免信用风险
制造商代理人(Manufacturer Agent)	制造商代理人又被称为销售代理人、国外常驻销售代理人、独家代理人、佣金代理人、订购代理人。制造商代理人接受出口国制造商的委托，签订代理合同，为制造商推销产品收取佣金。制造商代理人不承担信用、汇兑和市场风险，也不负责安排运输、装卸，不实际占有货物。它们负责为委托人提供市场信息及出口企业开拓市场提供良好的服务。当出口企业无力向进口国派驻自己的销售机构，但希望对出口业务予以控制时，利用适当的制造商代理人是一种明智的选择
经营代理商(Operation Agent)	经营代理商在亚洲及非洲国家较为普遍，在某些地区也称作买办。它们代理国内买主进行采购，收取佣金，与产品制造国的供应商签订独家代理合同，在某一国境内开展业务或者对业务进行投资。他们可以同时接受多个委托人包括竞争委托人的委托开展业务

(3) 制造商设立的国外分支机构。在国外建立分支机构进行分销是国际市场分销渠道的又一选择。对于出口量大或致力于大批量出口的企业来说，在国外建立自己的分支机构进行分销是最佳选择。这可以使企业减少选择国内外中间商的销售成本，在销售方面能集中全部精力致力于开拓产品销售市场，而且制造商对市场的控制程度更强。但设立分支机构之初往往需要较多的投资，并需要持续的直接费用，是规模较小的公司无法承担的。厂商海外分支机构主要有以下几种类型。

① 国外销售办事处(Branch Offices)。出口企业在东道国设立销售办事处使产品直接进入当地批发市场或零售市场。它向东道国政府交纳增值税，不具备独立的法人资格。不少国家在法律上对此类办事处的经营活动进行限制。

② 国外销售分公司(Marketing Subsidiary)与销售办事处的区别是其办事处规模较大，且具有独立的法人资格，在法律和纳税方面不受母公司的制约，较容易得到东道国政府的支持。

知识拓展 6-9

中国企业“走出去”的5种模式

1. 在国外建厂或买厂的模式

海尔、TCL等企业基本上都属于这种模式。海尔在全球已建立13个生产基地，在美国、巴基斯坦两国分别设立了工业园。

2. 在国外买店或借店的模式

新疆德隆集团主要采取这种方式走出去。德隆集团到国外不是建厂，而是买店。所谓买店，不是说买一两个零售商场，而是控股若干个拥有庞大推销网络的大型企业。

3. 国内生产、大进大出的模式

格兰仕的战略是做全球名牌家电的制造中心，并且把这种制造中心设在中国。

4. 国内生产、国际经销商采购的模式

中国小商品城(浙江义乌小商品市场)在这方面充当了表率。

5. 反向OEM(授权贴牌生产)模式

这种模式由万向集团首创。其主要做法是，收购一家国外公司，然后为这家国外公司做OEM。

(资料来源：http: //ginance.sina.com.cn/ychd/20030317/1536321566.shtml.)

6.3.3 国际分销渠道定位和管理

国际市场营销中的国际分销渠道复杂多变，国际分销渠道的定位和管理在国际分销渠道中显得尤为重要。

1. 国际分销渠道定位

在国际市场营销中，可供选择的分销渠道通常很多，为了找出直达企业目标市场的最佳途径，跨国企业要进行准确的定位。

1) 选择国际分销渠道必须考虑的因素

国际市场分销渠道的选择中，必须考虑6个因素，美国国际市场营销学家凯特奥拉(Cateora)教授称之为“6C”，即成本(Cost)、资金(Capital)、控制(Control)、覆盖面(Coverage)、特性(Character)和连续性(Continuity)。

(1) 成本指的是渠道成本，企业用于开拓渠道投资而产生的成本和保持渠道运行的成本。前者通常是一次性的支出，而后者是长期性的，包括支付给推销人员的一切费用和经销商品的多个中间商的毛利、佣金，商品流转过程中的储运装卸费用、书面工作费用、广告宣传费用等。渠道成本几乎等于营销成本，也就是产品出厂价与零售价之间的差额。企业应该尽量使渠道成本最小化，费用过大将会严重影响企业开拓国际市场的能力。在做出渠道策略决策时，企业应该注意以下两个评价标准。

① 比较成本的高低。企业要在营销效益与增加渠道成本之间权衡和选择。如果增加的效益可以补偿或多于增加的成本，那么这个渠道策略的选择从经济学角度看就是合理的。

彩电业就遭遇着高控制模式的成本尴尬。例如，广州数码乐华科技有限公司在全国有 30 个分公司，拥有近百个地区办事处，数千名销售人员，按照一年销售 200 万台来计算，渠道费用就达到了 2 个多亿元。当企业利润趋于微利时，这就难以负担了。

② 考虑最小渠道成本和其他 5C 之间最大效能之间的平衡是整个渠道决策的基础。现在有些企业通过创新营销策略，节省了渠道成本。例如，在墨西哥，最大的收音机和电视机制造商以低价销售，每年的销售额达到了 3 600 万美元，因为它不借助任何中间商，而是建立自己的批发机构，毛利率低。

(2) 资金。它是建立渠道所需要的资本。如果制造商要建立自己的国际市场分销渠道，使用自己的销售队伍，通常需要大量的投资。使用独立的中间商虽然可以减少现金投资，但有时需要中间商提供财务支持。例如，可口可乐公司最初在中国投资，大多数合作伙伴都具有足够的资本，然而可口可乐公司很快认识到在竞争激烈的碳酸饮料市场，不能完全依赖当地的合作伙伴来销售产品。为了加强对分销过程的控制，可口可乐公司进行管理控制，这也意味着要投入更多资金。不同的渠道形式有不同的资金要求，开拓国际市场的企业必须根据实际情况而制定。

中小型企业借助中间商可以减少自己在资金方面的压力。利用代理商时，要求出口企业以存货形式注入资金。而企业利用中间商时，只需较少资金，提供初期存货和适当的贷款，完全交易后即取得货款。

(3) 控制是国际营销企业对整个分销系统和中间商的有效管理。如果使用中间商，企业对渠道的控制将相对减弱，而会受到中间商是否愿意接受控制及控制程度的影响。渠道长度越长，渠道宽度越宽，企业的控制力就越弱。如果不使用中间商，公司对分销活动参与得越多，对分销的控制就越多。虽然公司用自己的销售力量能够施加最大的控制，但这会导致成本过高。

国际分销渠道控制的要求是实施、执行企业的营销计划和实现企业总体目标，包括销售额目标、市场占有率、存货周转率、市场增长目标、价格稳定目标、广告宣传质量等。渠道控制与产品性质也有一定关系。对于工业品，由于其使用者较少，分销渠道较短，中间商较为依赖制造商对产品的服务，因而制造商对渠道控制能力较强。

企业在进行渠道控制时，要对分销渠道系统进行全面控制，避免渠道管理的混乱。例如，一些名牌和高档商品被批发给地摊、杂货店销售，就会影响企业及其产品的声誉；有些未经授权的经销商向零售商供货，就会形成二次批发，使得企业失去对产品分销的控制。此外，企业在进行渠道控制时，还要对中间商的营销活动进行控制。企业要对经销商的销售额、市场覆盖面、促销、价格等情况了解，以便及时掌握分销情况并进行管理。

(4) 覆盖面。这是渠道的市场覆盖面，就是企业在目标国销售商品时通过一定销售渠道所能达到或影响的市场区域或细分市场。企业在目标国的市场覆盖率并非越多越好。国际营销企业在考虑市场覆盖面时要注意所覆盖的每个市场能否获取最大的销售额、合理的市场占有率和满意的市场渗透率。

不合理的市场占有率会影响经济效益，过高的市场占有率可能会受到目标国法律政策的制约、竞争对手的联合攻击等。所谓市场渗透率表示的是一种产品或者服务在市场上的覆盖程度。企业在目标国可以选取人口稠密的市场。例如，在日本，60%的人口生活在东京、名古屋、大阪，这三个城市的购买力就强。但在高度发达和贫瘠的市场，覆盖面都很难提高，发达市场竞争过于激烈，贫瘠市场渠道匮乏。除此之外，还存在中间商只愿意经销利润高的产品，使得企业在某一市场中销售的产品遇到渠道障碍，影响分销系统的建立。

在一些发展中国家，企业在渠道管理中遇到的困难是中间商在不同地区分布不均匀。例如，在中国，市场集中在富裕城市不足总人口 25%～30%的人群中，其他城市的专业中间商非常缺乏。这会导致企业分销的不足，限制企业赢得利润。

(5) 特性。企业所选择的分销渠道必须与公司及其从事经营的市场特点相符合，如企业的自身特质、产品特质、进口国市场特征、环境特征等。

① 企业的自身特质。企业的特质包括企业的规模、财务状况、产品的基本信息、销售服务要求、营销政策和目标等。

② 产品特质指的是不同产品对分销渠道有不同要求。例如，鲜活产品、易腐烂产品应该尽量选择较短的分销方式；技术要求高的产品，像汽车、机电产品应该采用直销方式；初级产品一般直接销售给进口国的销售商。

③ 进口国市场特征指的是各国不同的经济、文化、法律、政治、物质对各国的营销产生不同的影响。在目标国开拓市场时，企业要注意分析市场潜在顾客数量、顾客购买习惯、分销渠道结构等内容。

④ 环境特征指的是目标国政府对某些分销渠道的限制。例如，一些国家规定，对进口业务实行特许经营，一定要有政府指定的企业经办。

渠道模式是变化发展的，要时刻把握市场现状来制定渠道策略。例如，过去英国的分销体系由专门中间商、分销商、批发商和零售商组成，中间商的产品范围较为狭窄。然而近年来的趋势是扩大经营范围、联合销售和大规模经营。如果企业不了解目标国市场渠道的变化，就会给分销工作带来严重后果。

(6) 连续性。指的是国际市场营销企业持续不断地使用某一分销渠道系统。企业国际分销渠道的建立需要付出巨大的努力和成本。在激烈的竞争中，某些中小型中间商的倒闭、销售人员的变更、经营品种的转换，都会使企业失去原有的分销渠道。大部分中间商良好的分销渠道系统既是企业重要的外部资源，又是企业在国际市场上建立差异优势的基础。

维持渠道分销的连续性对企业营销者来说具有重要意义，也是一个重要挑战。因此，企业要慎重选择中间商并采取有效措施提供支持和服务，培养中间商的忠诚度；不轻易更换已加入或愿意经营本企业产品的中间商；对可能要退出的中间商要做出估计和预防，预先安排好其接替者，以保持连续性；关注竞争者的渠道策略、消费者的购买习惯变化，随时做出适时的调整。

2) 国际市场营销渠道决策

国际市场营销渠道决策是指企业根据自己的目标、能力条件、产品特点，以及东道国市场营销渠道的结构特点等因素，对于不同方案进行分析评判，选择本企业在东道国的营销渠道模式的活动。

(1) 国际分销渠道的长度决策。国际分销渠道的长度是指产品或服务从生产者到最终用户或消费者所经过的渠道层次数。每一个在推动产品及其所有权向最终购买者转移的过程中承担一定职能的中间商是一个渠道层次。商品从本国生产者流转到国外最终消费者手中，不仅要经过本国的分销渠道，还要经过东道国的分销渠道。因此，国际市场分销渠道一般要长于国内市场分销渠道。

产品从生产企业流向国际市场最终用户过程中，层次越多，分销渠道就越长；层次越少，分销渠道就越短。在国际市场上，产品分销层次长的可达 10 多个，最短的只有零个。企业在选择分销渠道时，应树立整体渠道的观念，即要考虑商品从生产者流转到消费者的全过程，而不能只关注其中的一个环节。

在选择分销渠道时，企业应综合考虑进出口条件、国际市场容量，尤其是目标市场容量、中间商销售能力、产品特点、生产企业自身条件及消费者需求等。具体如何选择渠道层次，则视情况而定，可能会在某一国家使用短渠道效果极佳，而在其他市场则可能使用长渠道较为恰当。从世界范围来看，总的趋势是减少分销渠道的中间环节，尽可能使产销直接联系起来，或至少使生产商和分销渠道的关键环节建立直接关系，特别是由于计算机网络的发展，许多厂商已经开始直接销售。

渠道长度决策设计中，根据渠道中间商的层级多少，分销渠道可以分为国际市场直接分销渠道与国际市场间接分销渠道。

① 国际市场直接分销渠道是指产品在从生产者流向国外最终消费者或用户的过程中，不经过任何中间商，而由生产者将其产品直接销售给国外消费者或用户。直接分销渠道是两个层次的分销渠道，也是最短的分销渠道。

在国际市场上，直接分销有以下几种方式和途径：生产企业直接接受国外用户订货，按购货合同或协议书销售；生产企业派推销员到国际市场做个别访问、上门推销。这种方式既可以推销产品，又可以解答用户的疑问，提供咨询服务，开展市场调研；生产企业在本国开设出口部，或在国外设立分支机构，现货销售；生产企业参加国内外商品博览会、展销会、交易会、订货会等，在会议期间直接与国外客户签订合同；采取邮购方式，直接将产品销售给国外最终用户或消费者；生产企业通过电视、电话、计算机网络、电报、传真等，将产品直接销售给最终用户或消费者；生产企业直接将产品销售给国内出口商，再由国内出口商将产品销售到国外，企业初次从事国际市场营销可采取这种方式。

直接分销是工业品分销的主要方式，因为工业品技术性较强，许多是按用户的特殊要求生产的，售后服务非常重要。消费品则不同，消费品的技术性不强，在国际市场使用面广，每次购买量少，消费者分散，许多生产企业很难将产品直接销售给广大的国际市场消费者。所以，作为消费品分销渠道一般较宜通过国外进口商采取间接分销，而不是直接分销。但随着现代网络技术的发展，许多消费品生产企业也可以通过网络直销自己的产品。

② 国际市场间接分销渠道是指产品经由国外中间商销售给国际市场最终用户或消费者的一种分销形式。依据渠道中间商的层级数量，间接分销渠道分为一级渠道、二级渠道和多级渠道。间接分销渠道是消费品的主要分销渠道，如化妆品、饮料、食品等。由于这类产品国际市场适用面广、消费者分散、购买量少，因而更适合采用间接分销方式。采用这种方式的优势在于减少了生产企业的推销事务和工作量，使企业专注于生产；可利用中间商对目标国市场的了解更顺利地进入目标国市场；可以扩大产品市场覆盖面、广泛了解市场信息。

(2) 国际分销渠道的宽度决策。分销渠道的宽度是指渠道的各个层次中所使用的中间商的数量。根据分销渠道的宽度，国际分销策略可以分为宽渠道策略和窄渠道策略。制造商在同一层次选择较多的同类型中间商(如批发商或零售商)分销其产品的策略，称为宽渠道策略；反之，则称为窄渠道策略。企业在国际市场分销渠道的宽度上可以有 3 种选择策略，包括广泛分销策略、选择性分销策略与独家分销策略。

① 广泛分销策略也称为密集分销，是指企业通过许多愿意经销的中间商营销。这种策略的主要目的是使国际市场消费者和用户能有更多的机会，方便地购买其产品或服务。对价格低廉、购买频率高、一次性购买数量较少的产品，如日用品、食品、办公用品等，以及高度标准化的产品，如小五金、润滑油等，多采用这种策略。选择广泛分销策略一般要进行大量的广告宣传，以引起众多消费者的注意，这也增加了营销费用。采用广泛分销策略的不利之处在于加剧经销商之间的竞争，不利于形成经销商对生产商的忠诚度，生产者不易控制为数众多的制造商。

② 选择性分销策略是指企业在一定的市场范围内只能由经过挑选的中间商进行营销。选择性分销策略适用于消费品中的选购品(如衣服)、特殊品(如家电)及工业品中的零配件等。有些产品为了能够迅速进入国际市场，在开始时往往采用广泛分销策略，但经过一段时间之后，为了减少费用，保持产品声誉，转而采用选择性分销策略，逐步淘汰那些作用小、效率低的中间商。与广泛分销相比，这种方式的渗透力有所减弱，但由于选择了高水平的中间商，提高了效率，降低了费用，增强了企业的知名度，企业对渠道控制力较强，成本较低。这样可形成生产者与经销商之间的良好合作关系，增强对中间商的控制，减少中间商之间的竞争，提高中间商对生产者的忠诚度。但这种方式的覆盖率有限，长期下去会影响产品销售。因而缺乏国际营销经验的企业，在进入国际市场初期，也可以选用此策略进行试探性分销，待条件成熟后，再对分销策略进行调整。

③ 独家分销策略是指企业在特定的市场区域内仅限一家中间商营销，通常双方签订独家经营合同，规定这家中间商不能经营其他竞争性产品，生产者也不能再给其他中间商经营产品的权利。消费品中的特殊品，尤其是名优产品，多采用这种分销策略。这样，生产者可以对中间商在价格、促销活动、服务等方面提供很强的控制，能够与中间商更好地搭建共同合作平台，取得中间商的支持和配合。但是，在一定地区只有一家经销商，可能会因此失去一部分潜在消费者，而且如果独家经销商选择不当，可能在该地区失去市场。

小案例 6-11

从一个简陋的校办工厂到如今占领了美国1/3童车市场的集团公司，好孩子集团在飞速成长。2007年，江苏好孩子集团在美国和卡斯科公司(Cosco)合作推出“Cosco-Geoby”品牌童车，获得空前成功。在合作过程中，好孩子集团以高度的契约意识来约束自己，以坦诚待人，求互利发展。面对“Cosco-Geoby”日益扩大的市场份额，另一些美国公司许以更优惠的合作条件，希望与好孩子集团合作，好孩子集团均予以婉言谢绝，恪守与卡斯科公司的既定协议。

【分析提示】

好孩子集团通过独家分销策略，恪守独家经营合同规定，既赢得了合作者的信任和竞争者的尊重，又能够很好地开拓美国市场，故而在美国童车市场占有重要位置。

(资料来源：http: //www.zdnet.com.cn/cio/2008/0121/714829.shtml.)

(3) 国际分销渠道的标准化和差异化策略。企业在目标国市场是使用标准化还是差异化的渠道策略，要根据各国市场的实际情况和特点来选择。

① 标准化渠道策略指的是企业在外国市场上直接采用一致的营销模式。采用标准化模式可以提高营销人员的营销效率并积累丰富的营销经验，帮助企业实现经济效益。对于消费者来说，统一的营销模式能使他们在不同国家和地区用相同的模式购买到产品。但是，由于各国市场的差异性及环境各不相同，固定的渠道模式可能阻碍了产品的分销，妨碍企业在目标国进行产品营销活动。

② 差异化渠道策略指的是企业根据不同国家和地区的实际情况分别采取不同的分销方式，在国际市场营销中，大多数企业采用差异化营销模式。

首先，不同国家和地区的营销环境不同。各国的批发商、零售商数量和规模可能不一样，运输、储存条件也不一样，因而企业的营销渠道必然不一样。例如，百事可乐公司的营销模式是在目标市场国家设厂瓶装，再用卡车运往各个零售店。但在发展中国家，一些地区交通不便，使用卡车成本太高，不得不改用其他的方法。

其次，各国的消费特点和消费者行为不同。即使是同类产品，不同国家的消费者有不同的消费模式和购买习惯，他们会选择自己已经熟悉的固定的渠道去购买。国际企业开拓新市场时，需要关注目标国市场消费者的购买行为差异。

最后，不同国家企业进入方式的差异。有的国家会制定政策限制外国企业进入本国营销，而不同的营销进入方式又会影响企业对目标市场上营销渠道的选择。例如，产品出口方式，不论是间接还是直接出口，企业对于进口国家内营销渠道几乎没有控制力，只能单方面接受中间商的安排。又如，如果企业是采用合资经营方式进入目标国市场的，那么由于市场销售潜力和竞争条件的不同，企业的营销策略不同，进而企业选择的渠道模式也不一样。

国际市场营销渠道的标准化和差异化策略并不是互相排斥的。实际上，在标准化和差异化之间，有一个灰色地带，可以将标准化和差异化的优点结合起来，被称为“全球地方化”。企业可以在某些环节标准化操作，某些环节差异化操作；在某些国家以标准化策略为主，在另外一些国家以差异化策略为主。

2. 国际分销渠道管理

国际分销渠道管理包括国际分销目标的制定，渠道策略及渠道成员进行选择、激励、评价、控制及渠道改进等过程。由于国际分销渠道管理涉及的因素很复杂，各国的分销体系政治、经济、文化差异巨大，不存在通用的一致的办法，因此，国际营销者应该对分销渠道进行认真研究，慎重决策，选择切实有效的分销渠道，并能适应环境的变化予以调整，保持分销渠道的高效率。由于中间商是国际分销渠道中的主要构成，因而中间商管理是国际分销渠道管理的核心内容。

1) 国际中间商的选择

中间商的选择是国际分销渠道管理中十分重要的一个环节，直接关系到国际市场营销的效果。因为中间商的质量和效率对产品在销路、信誉、效益和发展上有重大影响。企业在选择国际中间商时，必须充分评估其是否具备条件。企业选择国外中间商一般应按照以下几个步骤。

(1) 寻找中间商的来源。寻找中间商的最佳方式在于采取主动方式。企业寻找中间商有很多渠道，如通过银行调查、外国政府机构、国外领事馆、常驻国外的商务团体、本国驻外机构、杂志等。在我国，通过银行寻找中间商一般都是委托中国银行办理。国外的工商团体一般都接受其他国家厂商委托对所在地的企业进行调查。本国的驻外机构是一种可信的资讯来源，对业务开展有较大参考价值。

制造商也可以通过更为直接的方式来吸引分销商，其中登载广告是一种选择范围很广的方式，参加贸易展览会也是寻找潜在分销商的场所。企业还可以用代理商机构或咨询公司提供服务来挑选分销商。例如，美国专门设立了两种寻找外国代理人的服务方式。第一种是代理商服务，这是用来寻找对美国企业递交的出口协议感兴趣的外国企业。第二种是世界交易商数据报告，这是一种有价值的服务项目，它提供了具体的国外企业的贸易概览及由商务部人员拟定的对可靠的外国企业进行调查之后的一般描述性报告。

(2) 确定选择的标准。企业应根据分销目标和自身条件制定选择中间商的标准。这些标准中有一些是容易定量化的，对各中间商可以进行分析与比较，有些标准则只能定性化。同时，还必须仔细分析信息来源的可靠性。企业选择中间商的主要标准有以下 6 个方面。

① 财力和绩效。中间商能否按时结算，包括在必要时预付货款，取决于中间商的经济实力和财务状况。如果财务状况不佳，流动资金短缺，中间商往往很难保证履约守信。了解中间商的财务状况的方式之一是审查其财务报表，尤其是对中间商的注册资本、流动资金、负债情况做出判断。当然财务报表并非全面和可靠，还要借助于相关的参考资料。销售额是另一个重要的指标，中间商目前的业绩在一定程度上预示着其将来的表现如何。经销商的财力和绩效会直接影响产品的销售及信誉。

② 市场范围。市场范围的分析不仅包括覆盖的地区大小、销售点数目、所服务市场的质量，销售人员的特点和销售代理人的数目也是主要参考指标。还要考虑中间商的经营范围与本企业计划销售的产品，中间商的销售力量所覆盖的市场区域与目标市场是否一致，以及中间商的客户与本企业的目标顾客是否一致。

③ 经营条件。国际中间商应该具备良好的经营条件，包括营业场所、营业设备等。这样才能支撑零售商的业务经营。

④ 信誉。中间商的信誉必须审查。这是一种抽象的衡量方法，应通过中间商的顾客、供应商、联系机构、主要对手和其他当地商业伙伴进行分析研究。信誉不好的中间商会严重损害产品的形象和企业的信誉。企业在选择国际中间商时要避免选择信誉不佳的经销商。

⑤ 地理位置。国际中间商要有地理位置优势，其位置要有利于产品销售。例如，批发商所处地理位置要交通便利，方便产品运输；零售商应处于客流量大、消费者集中、交通网络完善、交通工具便捷的地方。

⑥ 合作态度。企业在选择中间商时，要分析有关营销商营销合作的意愿及与其他渠道成员的合作关系，以便选择良好的合作者。营销渠道中，每一个成员的利益都是联系在一起的，只有共同合作，有共同的抱负、愿望，才能建立一个有效运转的销售渠道。生产商与中间商的友好合作，对厂家、消费者、中间商都有利。如果中间商不能采取良好的合作态度，企业就应该考虑其他选择。例如，有的中间商尽管有健全的分销网络，但如果它对制造商的产品分销不能给予足够的重视，中间商所提供的货架空间、商品陈列位置等难以达到理想水平。

(3) 中间商的筛选。企业按照其制定的标准和寻找到初步符合标准的中间商名单后，应对其进行逐一论证和筛选。企业可给每位中间商候选人去函，概述产品情况并提出对经销人的条件要求。对答复满意者再提出更为具体的询问，如商品种类、商场区域、销售人员数量及其他背景材料等。筛选的最好方法是与之面对面晤谈。

(4) 双方签订协议。当国际营销者找到合适的中间商后，双方应签订销售协议书。协议书因具体情况不同没有统一的模式，一般应包括的条款有双方的权利与义务、合同期限、合作方式、中止和仲裁等。

2) 控制国际市场分销渠道

国际市场分销渠道一般长于国内市场分销渠道，这就增加了企业控制渠道的难度。不少公司通过建立自己的分销主体来解决这个问题，有些则通过特约代销或独家经销方式来维持对渠道前几个阶段的管理控制。国际分销渠道的控制可分为以下几个方面。

(1) 专门管理。出口企业，尤其是经常开展国际营销活动的大型企业，一般应设立管理国际市场分销渠道的专门机构，要有专人负责这项工作，以加强对分销渠道的专业化、系统化管理。

(2) 健全档案。企业要与银行、咨询机构及政府等保持经常性的联系，不断收集、分析、整理有关中间商的资信材料。

(3) 提供支持。企业要对中间商予以支持，调动中间商的积极性，这是国际营销渠道管理的一个重要方面。企业可以从以下几个方面提供支持。

① 促销服务支持指的是通过合作广告、商品陈列、展览、新产品发布会等形式协助中间商进行促销活动，促进国际营销渠道的顺利运转。例如，苹果公司就积极推广新产品发布会，苹果前任行政总裁乔布斯本人曾宣讲新产品，这一举动很好地帮助苹果公司在国际市场进行销售，起到了十分好的促销支持作用。

② 资金支持。企业可以制定合理的产品价格，适当降低价格水平，使中间商有利可图。这能够激励中间商的营销热情。企业还可以给予国际中间商在付款上的优惠政策，以弥补中间商的资金不足问题。如允许分期付款、延期付款等。但这也会加大企业营销风险。采用这一方式前，企业一定要对中间商的信用状况有所了解。

③ 管理支持。企业可以协助中间商进行经营管理，培训营销人员。尤其在高科技产品营销中，生产者往往比中间商清楚产品情况，对营销人员进行专业培训十分有必要。

(4) 给予激励。对分销中间商的激励不仅包括给予丰厚的报酬，还包括人员培训、信息沟通、感情交流、给中间商独家专营、共同开展促销等。在很多情况下，制造商只注重利益的刺激，如销售利润、折扣、奖赏、销售比赛等。这种高报酬的刺激方法的代价很高又不见得有很大的成效，如果这些未能发生作用，往往改用惩罚的办法，甚至中止双方的合作关系。实际上，制造商应更多地保持与中间商的沟通与联系，努力与其建立长久的合作关系。

(5) 定期评估。企业可以确立一些标准来加以对照衡量。一是对分销渠道模式和结构进行评估，主要是经济效益方面；二是对客户进行评估，主要是对客户的履约率、资信状况、销售能力、合作态度、经营效率等做出鉴定。如中间商是否接受配额、销售指标完成情况，是否努力完成既定目标，付款是否及时及市场覆盖面、促销工作的合作情况等。通过这些指标的分析来发现问题，进行诊断和改进。通过评估，企业可以对各个中间商进行评价，鼓励先进，并对发现的问题及时采取相应措施。

3) 调整国际分销渠道

随着市场环境、分销渠道和企业内部条件的变化，必须对分销渠道进行适时调整。国际中间商的调整涉及以下 3 个方面。

(1) 增减个别国际中间商。一方面，如果中间商不能履行职责或者市场状况发生了变化，企业可能需要终止与某些中间商的协议，使其退出营销渠道成员队伍。另外，当原来的中间商效益不佳，不能达到企业的分销目标时，该中间商也要被剔除出营销渠道。在某些国家，删减中间商是相当困难的。例如，在挪威，制造商若要剔除代销商必须列举其不称职的真实依据，即使解除了分销关系，也必须支付一大笔费用予以补偿。

另一方面，随着企业营销情况的改变，有可能要增加新的渠道成员。企业在选择新成员时，要认真进行评估，吸收积极营销、信誉良好、业绩良好的国际中间商。

(2) 提高渠道结构层次。当企业营销逐步进入状态，国际市场卷入程度加深，分销模式也要根据实际情况做出调整。例如，从间接出口到直接出口，从产品出口到海外投资，从许可贸易到独资经营，企业卷入国际市场程度的加深要求企业提高其渠道结构层次。

(3) 改变渠道结构和分销模式。随着国内外营销环境的变化，企业的分销结构和模式要进行相应调整。例如，零售行业大型化与国际化趋势导致许多制造商改变原来的间接分销模式，采取跨越批发商而向大型零售商直接分销的策略。又如，发达国家人员推销成本大大增加，促使许多制造商改变直接人员推销模式而转向间接分销模式。日产公司原来的分销模式就是由推销人员上门推销，由于日本经济发展，人员推销成本过高，最后改用经销商推销模式。

此外，国际营销有时为了进入市场而采取短期渠道模式，当目标实现后，就应从长远考虑，建立新的分销模式。例如，某些企业开拓美国市场时由于缺乏知名度，难以选用专业批发商，那么它可以先采用代理商开拓市场，随后建立一定知名度和信誉后再转向专业批发商经营的分销模式。

4) 渠道成员关系的协调

渠道成员有着各自的利益，在相互合作中难免有摩擦和矛盾，处理好这些矛盾和冲突是管理好营销渠道的重要保证，也是各方获得效益的保证。

(1) 矛盾冲突的类型。营销渠道冲突的分类有很多划分方法，运用不同的划分方法可以把营销渠道冲突划分成不同的类型，其中最常使用的是按营销渠道的结构变量，将冲突类型划分成3种。

① 垂直渠道冲突指的是从渠道的长度来看，同一渠道中不同层次的渠道成员之间的利害冲突，包括制造商与分销商的矛盾冲突以及分销商与零售商之间的冲突等。

② 水平渠道冲突指的是从渠道的宽度来看，存在于渠道同一层次的各个成员之间的冲突。例如，联合利华集团的各个经销商之间的冲突，又如家乐福集团和沃尔玛百货有限公司之间的利益冲突等。

③ 多渠道冲突指的是在制造商已经建立了两个或两个以上的多种渠道的情况下，由生产商提供的产品通过不同渠道进入同一市场时所产生的渠道成员之间的冲突和竞争。

(2) 解决矛盾的方法。只有保证营销渠道和谐畅通，才能让渠道成员都获利，解决好渠道中的矛盾具有重要意义，企业要及时解决矛盾和冲突。渠道冲突的管理主要有3种方式。

① 设立超级目标。设立超级目标指的是设立超越具体组织利益满足大多数成员利益的目标，这样可以使所有渠道成员的具体目标在总体的超级目标中得到统一，其实设立超级目标的目的从根本上还是寻找成员的共同利益以促进成员之间的合作。只有通过各方的共同努力，保持渠道的畅通，才能给各方带来利益。

② 加强渠道成员的沟通。通过各方的沟通联系，大家清楚了解各自的观点和立场，共同协商解决问题，及时准确地传递信息，才能减少冲突的产生和加剧。例如，通过整合组织的发展策略，使渠道成员可以借助各种技术重整渠道关系，改变渠道成员之间相互的看法、认

知和成见等，从而可以避免因误解而造成的冲突。

③ 建立渠道运行制度。通过协议方式建立渠道运行制度，规范各方的责任和义务，使今后的活动有章可循。例如，通过经销协议的形式明确中间商的责任和义务，以约束中间商完成渠道功能，达到分销目标。经销协议要明确各项指标，如最低包销数量、目标市场渗透率、广告促销比例等。

知识拓展 6-10

多渠道冲突管理

快速消费品行业中的公司可以把多渠道的组织按一定的要求进行分类管理，以便充分发挥他们各自的优势。

在定位上，公司对大店和小店的经营要进行准确且互补的定位。小店的优势在于方便消费者随时随地购买，以畅销规格为主。大店的经营环境是建立企业形象、塑造品牌的有利场所。

在供货管理上，小店供应价可高于批发市场的发货价，100%现款现货，并要求分销商向所有的小店提供送货上门服务。大店则严格按单一分销商供货政策，根据商店经营的历史背景和目前的经营状况，按比例将每一家商店划给某一个具体分销商，同时其他分销商不得介入。

在拜访制度上，小店的拜访频率以新产品 4 周内卖尽为目标。大店则根据库存周期、生意量大小、货架周转率、促销活动频率等综合指标来考虑确定合适的拜访频率。

(资料来源：孙选中，李培. 宝洁公司营销渠道冲突管理透视[J]. 企业经济，2007(4).)

任务 6.4　制定促销策略

美国 IBM 公司创始人沃森(Watson)曾说过，“科技为企业提供动力，促销则为企业安上了翅膀。”现代市场营销不仅要求企业开发出优秀的产品，为其制定有吸引力的价格，并使之易于为目标消费者买到，还必须与现有的和潜在的消费者进行沟通。每个企业都不可避免地承担起沟通和促销者的角色。促销犹如一场激烈的足球赛中的临门一脚。促销策划贯穿在整个市场营销活动中，是市场营销策划的一个重要组成部分。

国际市场促销是指企业在国际市场上应用各种沟通方式和手段向顾客传递产品或服务及企业信息，实现双向沟通，使顾客对企业及其产品或服务产生兴趣、好感与信任，进而做出购买决策的活动，其实质是一种信息沟通活动。国际市场促销活动的基本策略包括国际市场人员推销、国际广告、国际市场营业推广和国际公共关系，其中国际广告、国际市场营业推广和国际公共关系又被统称为非人员推销。

6.4.1　国际市场人员推销策略

人员推销，又称派员推销或直接推销，是一种古老的但很重要的促销形式。国际市场人员推销(International Market Personnel Promotion)是指企业派出推销人员或雇用国外推销人员与目标市场国中间商或最终消费者(或用户)接触、洽谈、宣传、介绍产品和劳务，以实现销售目的的活动过程。这种促销方式的实质是一个由推销人员与目标顾客进行面对面沟通的过程。

这里的目标顾客包括消费者、生产用户和中间商。

1. 国际市场人员推销的特点与方式

1) 国际市场人员推销的特点

国际市场人员推销在众多促销方式中显现出了不可替代的优点，但也存在一定的局限性，见表6-6。

表6-6 国际市场人员推销优缺点比较

优 点	缺 点
① 信息传递的双向性； ② 推销目的的双重性； ③ 推销过程的灵活性； ④ 友好协作的长期性	① 推销顾客有限，销售面窄； ② 推销成本较高； ③ 人员要求较高

(1) 国际市场人员推销的优点主要表现在以下4个方面。

① 信息传递的双向性。推销人员可当场对产品进行示范性使用，消除国际市场顾客由于对商品规格、性能、用途、语言文字等不了解，或者由于社会文化、价值观念、审美观、风俗习惯的差异而产生的各种怀疑。

② 推销目的的双重性。由于推销人员亲临市场，及时了解顾客的反应和竞争者的情况，可以迅速反馈信息，提出有价值的意见，为企业研究市场、开发新产品创造良好的条件。

③ 推销过程的灵活性。人员推销形式最直接，也最灵活。

④ 友好协作的长期性。人员推销可以促进买卖双方的良好关系，进而建立深厚的友谊，通过友谊又可以争取更多的买主。

(2) 国际市场人员推销的缺点主要表现在以下3个方面。

① 推销顾客有限，销售面窄。推销人员不可能遍布国际市场，直接接触的顾客有限，推销范围也不可能太大，往往只能做选择性和试点性的推销，有时效果不如非人员推销方式好。

② 推销成本较高。人员推销的费用一般比较高，增加了销售成本，导致价格上升，显然不利于企业在国际市场上开展竞争。

③ 人员要求较高。国际市场推销人员的素质要求很高，而高素质的推销人员又很难得到，不易培养。

2) 国际市场人员推销的方式

一般说来，国际市场人员推销主要有以下3种基本方式。

(1) 上门推销。上门推销是最常见的人员推销形式。它是由推销人员携带产品的样品、说明书和订单走访顾客，推销产品。这种最为古老、最为熟悉的推销方式是被企业和公众广泛认可和接受的主要推销方式。这种方式由推销人员积极主动地向顾客靠拢，有利于增进推销人员和顾客之间的情感联系。

(2) 柜台推销，又称门市推销。它是指企业在适当地点设置固定的营业场所，由营业员接待进入营业场所的顾客，推销产品。这里的营业员就是广义的推销人员。柜台推销是一种非常普遍的“等客上门”式的推销方式，这种方式的优点在于柜台的商品种类繁多，花色、式样丰富齐全，便于顾客挑选和比较。

(3) 会议推销。它是指利用各种会议向与会人员宣传和介绍产品，开展推销活动。在订货会、交易会、展览会、物资交流会等会议上推销产品均属会议推销。这种推销方式的特点是推销人员接触面广，推销集中，可以同时向多个推销对象推销产品，成交额较大，推销效果较好。

2. 国际市场推销人员的类型与人员推销的结构

1) 国际市场推销人员的类型

在国际市场上，推销人员通常包括4个类型。

(1) 企业经常性派出的外销人员或跨国公司的销售人员。他们在国外专门从事推销和贸易谈判业务，或定期在国际市场调研、考察和访问时代为推销。这是国际市场人员推销的一般形式。

(2) 企业临时派出的有特殊任务的推销人员和销售服务人员。这种形式一般有3种情况：当国际目标市场出现特殊困难和问题，其他办法不能解决时，必须由企业组织专业推销人员或其他人员前往解决；企业突然发现了一个庞大的值得进入的市场，有必要派出一个专业推销小组，集中推销；企业建立一个后备推销小组和维修服务组织，待命而行，任务一到，出国推销兼做维修工作，或在国际市场维修时，开展推销工作。西方国家的许多公司还特别组织一个专家小组，在国际市场巡回考察，调研，推销，解决与本企业有关的经济、贸易和技术问题。

(3) 企业在国外的分支机构(或附属机构)的推销人员。国外许多大公司特别是贸易公司，都在国外有分支机构(或附属机构)，这些机构一般都有自己的推销人员，专门负责本公司产品在有关地区的推销工作。这些推销人员不仅有本国人，往往还有大量的当地人员或熟悉当地市场的第三国人员。例如，请第三国某公司在本地分公司的推销人员代为推销。

(4) 利用国际市场的代理商和经销商进行推销。在许多情况下，企业不是自己派出人员推销，而是请国外中间商代为推销。但是，请国外代理推销人员，必须进行适当的监督和控制，不能完全听从代理推销人的意见和策略，或者完全交给代理推销人去做。在必要的时候，企业应该直接了解目标市场顾客的有关情况，或派出专业人员陪同代理推销人员去推销，或企业派出自己的推销人员，对这些做法企业须慎重选择。此外，企业还可以在主要市场派出常驻贸易代表，协助代理推销人员，在该市场开展推销工作。

2) 国际市场人员推销结构

国际市场人员推销结构，指推销人员在国际市场的分布和内部构成。它一般包括4种类型。

(1) 地区结构型(Region Structure)。是指每个推销员负责一两个地区内本企业各种产品的推销业务。这种结构常用，也比较简单，因为划定国际市场销售地区，目标明确，容易考核推销人员的工作成绩，发挥推销人员的综合能力，也有利于企业节约推销费用。但是，当产品或市场差异性较大时，推销人员不易了解众多的产品和顾客，会直接影响推销效果。

(2) 产品结构型(Product Structure)。是指每个推销人员专门推销一种或几种产品，而不受国家和地区的限制。如果企业的出口产品种类多，分布范围广，差异性大，技术性能和技术结构复杂，采用这种形式效果较好。因为对产品的技术特征具有深刻了解的推销人员，有利于集中推销某种产品，专门服务于有关产品的顾客。但这种结构的最大缺点是，不同产品的推销员可能同时到一个地区(甚至一个单位)推销，这既不利于节约推销费用，也不利于制定国际市场促销策略。

(3) 顾客结构型(Customer Structure)。是指按不同的顾客类型来组织推销人员结构。由于国际市场顾客类型众多，因而国际市场顾客结构形式也有多种。例如，按服务的产业区分，可以对机电系统、纺织系统、手工业系统等派出不同的推销员；按服务的企业区分，可以让甲推销员负责对A、B、C企业推销的任务，而让乙推销员负责对D、E、F企业销售产品；按销售渠道区分，对批发商、零售商、代理商等，可由不同的推销人员包干；按客户的经营规模及其与企业关系区分，可以对大客户和小客户、主要客户和次要客户、现有客户和潜在客户等，分配不同比例的推销员。采用这种形式的突出优点是，企业与顾客之间的关系密切而又牢固，因而有着良好的公共关系，但若顾客分布地区较分散或销售路线过长时，往往使推销费用过大。

(4) 综合结构型(Integrated Structure)。是指综合地采用上述3种结构形式来组织国际市场人员推销。在企业规模大、产品多、市场范围广和顾客分散的条件下，上述3种单一的形式都无法有效地提高推销效率，则可以采取综合结构型。

3. 国际市场推销人员的管理与建设

现代国际市场人员推销要求推销人员必须具有一定的开拓能力，能够发现市场机会，发掘市场潜在需求，培养国际市场新客户；善于接近顾客，推荐商品，说服顾客，接受订货，洽谈交易；搞好销售服务，主要包括免费送货上门安装、提供咨询服务、开展技术协助、及时办理交货事宜、必要时帮助用户和中间商解决财务问题、搞好产品维修等；传递产品信息，让现有顾客和潜在顾客了解企业的产品和服务，树立形象，提高信誉；进行市场研究，收集情报信息，反馈市场信息，制定营销策略。

国际市场推销对人员素质要求很高，因此对推销人员或团队的管理和建设就显得尤其重要。

1) 国际市场推销人员的管理

国际市场推销人员的管理主要包括招聘、培训、激励、评估各环节。

(1) 国际市场推销人员的招聘多数是在目标市场所在国进行。因为当地人对本国的风俗习惯、消费行为和商业惯例更加了解，并与当地政府及工商界人士，或者与消费者或潜在客户有着各种各样的联系。但是，在海外市场招聘当地推销员会受到当地市场人才结构和推销人员的社会地位的限制，在某些国家或地区要寻找合格的推销人选并非易事。

企业也可以从国内选派人员出国担任推销工作。企业选派的外销人员，最主要的是要能适应海外目标市场的社会文化环境。

(2) 国际市场推销人员的培训，包括培训地点，内容，方法及对象等内容。

① 培训地点与培训内容。推销人员的培训既可在目标市场国进行，也可安排在企业所在地或者企业地区培训中心进行。跨国公司的推销人员培训多数是安排在目标市场国，培训内容主要包括产品知识、企业情况、市场知识和推销技巧等方面。若在当地招聘推销人员，培训的重点应是产品知识、企业概况与推销技巧。若从企业现有职员中选派推销人员，培训重点应为派驻国市场营销环境和当地商业习惯等。

② 培训方法。企业自推销人员上岗后，应定期组织对推销人员进行培训，使他们学习和掌握有关知识与技能，并能对企业的新产品、新的经营计划和新的市场营销策略有所认识和理解。推销人员的培训一般有两种模式，分别是集体训练和个人训练。常用的培训方法主要有课堂培训法、会议培训法、模拟培训法和实地培训法。

a. 课堂培训法。这种方法是由推销专家或有丰富推销经验的推销人员采取讲授的形式将知识传授给受训人员。这种培训方法应用最广泛，其主要优点在于费用低，并能增加受训人员的实用知识；其缺点是此法为单向沟通，受训人员获得讨论的机会较少，讲授者也无法顾及受训人员的个别差异。

b. 会议培训法。这种方法是由主讲老师或推销专家组织推销人员就某一专门议题进行讨论。这种方法有利于讲授者与受训人员的双向沟通，受训人员有表达意见及交换思想、学识、经验的机会。

c. 模拟培训法。这是一种由受训人员亲自参与并具有一定实战感的培训方法，为越来越多的企业所采用。其具体做法又可分为实例研究法、角色扮演法、业务模拟法等。实例研究法是一种由受训人员分析所给的推销实例材料，说明如何处理实例中遇到的问题的模拟培训法。角色扮演法是一种由受训人员扮演推销人员，由有经验的推销人员扮演顾客，受训人员向“顾客”进行推销的模拟培训法。业务模拟法是一种模仿多种业务情况，让受训人员在一定时间内做出一系列决定，由培训者观察受训人员如何适用新情况的模拟培训法。

d. 实地培训法。这是一种在工作岗位上练兵的培训方法。它是在新上岗的推销人员接受一定的课堂培训后安排在工作岗位上，由有经验的推销人员指导一段时间，然后逐渐放手，使其独立工作。这种方法有利于受训人员较快地熟悉业务，效果很好。

③ 培训对象。国际市场人员推销的培训对象主要包括以下 3 类。

a. 对推销高科技产品推销人员的培训。对于高科技产品，可以把推销人员集中起来，在企业培训中心或者地区培训中心进行培训。因为高科技产品市场在各国具有更高的相似性，培训的任务与技术要求也更加复杂，需要聘请有关专家或富有经验的业务人员任教。

b. 对推销人员的短期培训。对于这类性质的培训，企业既可以采取组织巡回培训组到各地现场培训的方法，也可以将推销人员集中到地区培训中心进行短期集训。

c. 对海外经销商推销员的培训。为海外经销商培训推销人员，也是工业用品生产厂家常常要承担的任务。对海外经销商推销人员的培训通常是免费的，因为经销商推销人员素质与技能的提高必然会带来海外市场销量的增加，生产厂家与经销商均可从中受益。

(3) 国际市场推销人员的激励。可分为物质奖励与精神鼓励两个方面。

物质奖励通常指薪金、佣金或者奖金等直接报酬形式，由于推销人员的工作具有较强的独立性、流动性和自主性，因此推销人员的报酬形式也具有较大的灵活性，一般会有以下几种形式。

① 薪金制，即固定工资制。这种形式是指给予推销人员固定的报酬，因此操作比较简单，而且推销人员不需在没有推销业务时忧虑个人收入问题；但是薪金制缺少对推销人员的激励动力，难以刺激他们开展创造性的推销活动，且容易形成“大锅饭”的局面。

② 佣金制，也叫做提成制。这种形式是指企业根据推销人员的工作效率来支付报酬。佣金制有较强的激励作用，因为企业支付给推销人员的佣金是一个变量，推销的产品越多，佣金也就越多，这容易给推销人员以刺激和压力，促使推销人员千方百计地提高推销效率；但实行佣金制也容易造成推销人员只注重短期利益，而忽视企业的长期利益甚至牺牲企业形象和声誉。

③ 薪金加奖金制。这种形式是指企业在支付固定工资的同时，利用佣金来刺激推销人员更好地工作。这种方式实际上是集合了薪金制和佣金制的优点，但执行起来比较麻烦，因为企业需要合理确定固定工资和佣金的比例及准确考核推销的各项工作。目前实行这种报酬形式的企业较多。

精神鼓励有进修培训、晋级提升或特权授予等多种方式。

企业对海外推销人员的激励，应综合运用物质奖励和精神鼓励等手段，调动他们的积极性，提高他们的推销业绩。

对海外推销人员的激励，更要考虑到不同社会文化因素的影响。因为海外推销人员可能来自不同的国家或地区，有着不同的社会文化背景、行为准则与价值观念，因而对同样的激励措施可能会做出不同的反应。

(4) 国际市场推销人员业绩的评估。对于海外推销人员的激励，建立在对他们推销成绩进行考核与评估的基础上。推销人员业绩考评结果，既可以作为分配报酬的依据，又可以作为企业调整推销队伍规模和组织结构的重要参考指标。考核推销人员的绩效，科学而合理的标准是不可缺少的。常用的推销人员绩效考核指标主要有销售量、毛利、访问率(每天的访问次数)、访问成功率、平均订单数目、销售费用及费用率、新客户数目等。具体来说，人员推销效果的考核评估指标可分为两个方面：一是直接的推销效果，如所推销的产品数量与价值、推销的成本费用、新客户销量比率等；另一种是间接的推销效果，如访问的顾客人数与频率、产品与企业知名度的增加程度、顾客服务与市场调研任务的完成情况等。

企业对海外推销人员的考核与评估，不仅是为了表彰先进，而且还要发现推销效果不佳的市场与人员，分析原因，找出问题，加以改进。

企业在对人员推销效果进行考核与评估时，还应考虑到当地市场的特点及不同社会文化因素的影响。例如，产品在某些地区可能难以销售，则要相应地降低推销限额或者提高酬金。若企业同时在多个海外市场上进行推销，可按市场特征进行分组，规定小组考核指标，从而更好地分析比较不同市场条件下推销员的推销成绩。

2) 国际市场推销队伍的建设

(1) 确定推销队伍的规模。推销人员是企业的重要资产，企业为推销人员进行的投资是相当巨大的，因此，推销队伍的规模直接与企业成本产生关联。推销队伍的规模越大，产品的销售量和成本也越高。究竟推销队伍的规模多大才是最合适的，这是每个企业都会仔细考虑的问题。一般来说，确定销售队伍规模的方法主要有两种，分别是工作量法和人均销量法。

① 工作量法主要考虑区域内不同客户的数量和拜访的总次数，订立相同工作量来决定推销人员的数量。工作量法的步骤通常如下，确定各级顾客的数量和相对访问频率、计算企业销售访问的总次数、决定每个推销人员每年的平均访问次数、估算所需的推销人员数量。例如，某企业将区域市场内的目标顾客分为A、B、C 3个等级，分别统计出各级目标顾客的数目和拜访次数，见表6-7。假设一个推销人员一年的工作量为拜访3 000次，那么该区域市场内所需的推销人员数量是9名。

表6-7　目标顾客拜访情况

目标顾客等级	目标顾客数量	每位目标顾客拜访次数	拜访总次数
A	200	40	8 000
B	400	25	10 000
C	600	15	9 000
总计	1 200	80	27 000

② 人均销量法主要考虑的因素为推销人员每年的人均销售额。其应用步骤为，首先预测企业年销售额，然后估计每位推销人员每年的销售额，将企业预测的年销售额除以预测的每位推销人员的销售额，即可得出所需推销人员的人数。例如，假设某款产品企业的次年销售预期是200万元，根据以往业绩估计每位推销人员的当年平均销售额为50万元，因此企业所需的推销人员数量为4人。

(2) 明确推销人员的职责，是挑选推销人员和开展人员推销活动的基本依据。推销人员主要职责包括以下几点。

① 收集资料。推销人员在实际推销前必须先收集有关的信息资料，大体包括与推销工作密切相关的信息和资料，如企业的基本销售目标、经营方式、信贷条件和交货期限等；产品的全部知识，能够向顾客说明购买和使用本产品所能得到的效益的知识及产品的售后服务情况；竞争对手的产品线与本企业的区别、竞争对手的市场营销战略和战术；市场现状及发展趋势等。

② 制订推销计划。推销人员在了解必需的信息资料之后，就应着手做推销前的准备工作，制订推销计划。

③ 进行实际推销。在实际推销过程中，推销人员要争取引起购买者的注意和兴趣，促进购买欲望；利用提供产品鉴定证明、示范使用产品、请购买者亲自试用产品等方法，取得顾客的信任；善于正确处理反对意见，并运用一些策略和技巧达成交易。

④ 做好售后服务。在产品销售出去以后，推销人员还必须与顾客保持经常的联系并继续为其服务；定期了解顾客对产品的意见和建议，采取改进措施，充分履行安装、维修、退货等服务方面的保证。

(3) 提高推销人员的素质条件。推销人员既是企业的代表，更是顾客的顾问，因此，必须在服务精神、工作作风、业务知识，以及推销技巧等方面具备良好的素质和条件。

① 强烈的敬业精神。推销工作是一项很辛苦的工作，有许多困难和挫折需要克服，有许多复杂的问题需要去面对，这就要求推销人员必须具有强烈的事业心和高度的责任感，有一股勇于进取、积极向上的工作热情。

② 敏锐的观察能力。市场和顾客的情况是很复杂的，不仅差别很大，而且受许多因素的制约。一个有敏锐观察能力的推销人员，能够及时发现和抓住市场机会，揣摩顾客的购买意图和购买心理，提高推销的成功率。

③ 良好的服务态度。推销人员不仅是企业的代表，也是消费者的顾问。推销人员应真正树立“用户第一”的思想，想顾客之所想，急顾客之所急，积极为顾客服务，这样才能较快地赢得顾客的信任。

④ 说服顾客的能力。推销人员要熟练地运用各种推销技巧，成功说服顾客。要熟知推销工作的一般程序，了解顾客的购买动机和购买心理，善于展示和介绍自己的产品，善于接近顾客，善于排除顾客的异议直至达成交易。

⑤ 宽阔的知识面。推销人员经常与各种各样的顾客打交道，需要具有宽阔的知识面。所以，推销人员应有旺盛的求知欲，勤于学习并掌握多方面的知识，这样运用起来才会游刃有余。

小案例 6-12

某款新型号手机上市不久，一名消费者到商场欲购买这款手机。他先请销售人员拿一台试听音质。该销售人员看了看，不知道从哪里安装手机卡，不得不找他的伙伴帮忙安装。安装手机卡时，消费者问：“这台手机的电量是多少毫安？”销售人员马上说：“这款手机款式好，电量无所谓。”消费者一愣：“你忽悠什么？我问你手机电量多少毫安！”该销售人员顿时哑口无言，不知如何是好。他的伙伴解围道：“1 000 毫安左右。”到底是左还是右呢，消费者没有再追问下去，快速地离开了。

【分析提示】

一名优秀的推销人员必须在各个方面具备良好的素质和条件。其中，敏锐的观察能力能够帮助揣摩顾客的购买意图和购买心理，提高推销的成功率；熟练的推销技巧和产品知识可以帮助推销人员更好地展示和介绍自己的产品，成功说服顾客。

6.4.2 国际广告策略

国际广告(International Advertisement)是国际营销活动发展的产物。国际广告是指为了配合国际营销活动，在产品出口目标国或地区所做的商品广告。它是以本国的广告发展为母体，再进入世界市场的广告宣传，使出口产品能够迅速地进入国际市场，为产品赢得声誉，扩大产品的销售，实现销售目标。

1. 国际广告的发展

当前，世界广告业发展出现以下趋势：电子信息对广告业的渗透极为引人注目；高技术成果在广告中得到广泛运用；广告更加注重树立企业和产品的形象；广告设计需更加了解消费者的心理及需要，突出民族风格；广告制作更为专业化，广告表现形式更为多样化和注重人情化；广告活动有全球化倾向，国际广告业的合作进一步发展；国际广告也有大规模合并的趋势。

同国内广告相比，国际广告由于其诉求对象和目标市场是国际性的，广告代理是世界性的，因而有自身的一些特点。不同的国家和地区有不同的社会制度、不同的政策法令、不同的消费水平和结构、不同的传统风俗与习惯、不同的自然环境、不同的宗教信仰，以及由此形成的不同的消费观念与市场特点。因此，国际广告必须考虑进口国的经济环境，尊重东道国的风俗习惯和宗教信仰，适应各国的文化，遵守各国对广告的管制，还要注意各国的自然环境、人民的收入水平、国民的文化教育水平和各国的语言文字特点。

2. 国际广告策略概述

1) 国际广告策略的含义

国际广告策略是指企业在分析环境因素、广告目标、目标市场、产品特性、媒体可获得性、政府控制和成本收益关系等的基础上，对广告活动的开展方式、媒体选择和宣传劝告重点的总体原则做出的决策。

制定国际广告策略，首先必须有一个具体的广告目标。广告目标总的来说，一是通过广告在公众中树立企业或产品的良好形象；二是引起和刺激公众对本企业产品的兴趣并导致购买。当然，最终的目标是为了赢利。

国际广告要实现其目标，必须使广告能够适应目标市场所在国的各类环境因素，在此基础上选择广告的形式和广告投放的媒体。

2) 国际广告的形式策略

(1) 标准化策略和差异化策略。从事国际化经营的企业都面临着国际广告标准化或差异化的选择。所谓标准化，是指企业在不同国家的目标市场上，使用主题相同的广告宣传。而国际广告的差异化则是指企业针对各国市场的特性，向其传送不同的广告主题和广告信息。标准化的国际广告有很多，例如，美国万宝路香烟和麦当劳快餐店的广告宣传基本上采用的是标准化策略。雀巢公司在世界各地雇佣了150家广告代理商，为其在40多个国家的市场进行各种主题的咖啡广告宣传，运用的是国际广告差异化策略。

企业采用国际广告的标准化和差异化策略取决于消费者购买产品的动机，而不是广告的地理条件。标准化策略与差异化策略都有其优缺点，见表6-8。当不同市场对相同的广告做出相同程度的反应时，即对同类产品的购买动机相似时，或企业采取全球营销战略时公司就可采用标准化的广告策略。标准化策略并不排斥就地区差异做一定程度的修改。当消费者对企业产品购买动机差异很大时，或企业实行差异化国际营销战略时，应采用差异化广告策略。

表6-8　标准化策略与差异化策略的优缺点比较

形　式	优　点	缺　点
标准化策略	可以降低企业广告促销活动的成本；充分发挥企业人、财、物的整体效益；易于与企业营销总目标保持一致并以统一的整体形象传递给目标市场国，从而增强消费者对企业及产品的印象	没有考虑到各国市场的特殊性，特别是在特殊性成为矛盾的主要方面时，标准化的策略更显得力不从心
差异化策略	适应不同文化背景的消费者的需求；利于克服当地市场的进入障碍；针对性较强	企业总部对各国市场的广告宣传控制较差，甚至会出现相互矛盾，影响企业形象

由于不同国家或地区存在着不同的政治、经济、文化和法律环境，消费者对产品需求动机差异甚大。因此，根据不同的市场特点，设计不同的广告主题，传递不同的信息，以迎合不同消费者的需求。例如，莱威牌牛仔裤在70多个国家打开销路，就是采用地区性或区域性的差异化广告策略。

目前，跨国公司采用“差异化广告”不在少数。很多有实力的跨国公司为了控制广告成本及世界范围的促销活动，都力求实行广告标准化，由总部研制一套典范性的广告方案，然后将其推向子公司，每个子公司以这个广告主题为基础，对其做适当改变。这样，既控制了跨国公司在全世界所做广告的主题，也照顾了地方市场的特点。

总之，无论是选择标准化还是差异化广告策略，其目的都在于将有关信息传递给消费者，使消费者理解及接受这些信息，促进企业产品的销售。

(2) 形象广告策略与产品广告策略。不管是标准化广告或差异化广告都要根据具体广告目标去进一步制定更加具体的广告策略，以使它更加具有可行性。

采用形象广告策略。形象广告策略的广告目标是为了塑造企业及其产品的品牌形象，并巩固和发展这一形象，使消费者对企业及其产品产生信赖和感情，而不是单纯地为了销售产品。

采用产品广告策略。产品广告策略的广告目标在于推销产品，其核心是要采用各种方式介绍、宣传产品的特点和优点，利用各种劝说内容和形式，诱导人们购买，如各种削价销售广告、抽奖广告等。

形象广告与产品广告并不是截然分开的。形象广告的最终目标也是为了推销企业的产品，获得更大的利润，而产品广告也必须考虑产品形象，产品形象的树立，绝不能与企业的形象背道而驰。

(3) 满足基本需求策略和选择需求策略。满足消费者基本生活需求的产品，广告应着重塑造其产品大众化和实惠的特点，宣传货源充足、售后服务良好等，语言应简明易懂。满足消费者选择需求的产品，广告策略应把宣传产品的独特性作为重点，显示产品的高档次和高价格。

(4) 推动需求策略与拉引需求策略。推动需求策略是在产品已经上市的情况下，利用广告宣传这些产品，推动需求，使消费者接受这些产品，从而扩大产品的销售。拉引需求的策略是在一种新产品上市之前或一种产品在新市场上市之前，就用广告来宣传这些产品，将顾客拉向自己的产品。消费者先见广告后见产品，拉动消费者需求。

3) 国际广告的内容策略

国际广告内容的设计是一项较为复杂的工作，既要有科学性，又要有艺术性，而且必须与广告目标紧密相连，为实现广告目标服务，适应国际市场环境要求。设计一则成功的广告，要求广告设计者具有较高的创造力和想象力。广告设计者还必须将广告人的广告目标融于广告内容之中。广告目标是广告设计的指导思想，广告创意是广告目标的信息传递和体现形式。广告内容设计包括以下几项决策：以强调情感为主，还是以强调理性为主；以对比为主，还是以陈述为主；以正面叙述为主，还是以全面叙述为主；广告主题长期不变还是经常改变。

4) 国际广告媒体及其选择

(1) 广告媒体，也称广告媒介，它是指传播商品或服务所运用的物质与技术手段，是企业向公众发布广告的传播载体。广告媒体的种类很多，不同类型的媒体有不同的特性，见表6-9。

表6-9　广告媒体的优缺点对比

广告媒体	优　　点	缺　　点
报纸	影响广泛，宣传覆盖率高；传播迅速，反应及时；企业可自由选择刊登日期；费用比较低	广告时效短，重复性差，保存性差；报纸内容庞杂，易分散读者注意力；印刷不精美，画面清晰度较差，吸引力低
杂志	广告对象明确，针对性强，收效率高；阅读率和保存率比较高，广告时效长；广告画面鲜明，易引人注目	发行周期较长，因此信息传递延迟性较大；读者群比较窄
广播	传播迅速、及时，表现方式灵活多样；传播对象较为广泛；价格比较低廉	播音时间短促，速度快，因此不便听众记忆广告内容；只有声音而无画面，既无法查存，也不利于加深听众的印象；听众过于分散，效果难以估计
电视	视觉刺激强，收视效果佳；收视率较高，宣传范围广，影响面大；宣传手法灵活多样，艺术性强	时间性强，不易存查；制作复杂，费用较高；播放节目繁多，易分散观众对广告的注意力
户外场所	地理选择性好；持续时间长，过往行人可反复观看；成本费用低	针对性差；表现内容少
邮政	企业直接将广告送到目标对象手中，接受者的注意力往往不会被分散	缺乏互动性，容易使客户忽略
销售现场	易加强消费者对产品的印象，增加消费者的购买欲望	易受商场超市管理方限制
网络	广告方式灵活多样；覆盖面广，影响面大；速度快，持续时间长；成本费用低	广告范围较窄；针对性差

(资料来源：符莎莉. 市场营销实务：项目导向教程[M]. 北京：电子工业出版社，2010.)

(2) 不同的广告媒体有不同的特性，这决定了企业从事广告活动必须对广告媒体进行正确的选择，否则将影响广告效果。正确地选择广告媒体，一般要考虑以下影响因素。

① 广告的目标。简单来说，广告目标可以归纳为增加销售额、扩大市场占有率、提高知名度或信誉3类。若以增加销售额作为广告目标，就应选择传播速度快、刺激性强的媒体，

依其顺序应是电视、广播、购物现场(POP)、直邮(DM)、报纸、杂志等；若以扩大市场占有率为广告目标，则应选择针对性强、发行量大的媒介，如电视、报纸、杂志等；若以提高企业知名度为广告目标，利用广告使消费者对企业或品牌产生好感，可选择报纸、电视、户外广告、交通广告等媒介。

② 产品的性质。不同性质的产品，有不同的使用价值、使用范围和宣传要求。广告媒体只有适应产品的性质，才能取得较好的广告效果。生产资料和生活资料，高技术产品和一般生活用品，低值产品和高档产品，易耗品和耐用品等都应采用不同的广告媒体。通常，对高技术产品进行广告宣传，应面向专业人员，故多选用专业性杂志；而对一般生活用品，则适合选用能直接传播到大众的广告媒体，如广播、电视等。

③ 市场环境。影响媒体选择的市场环境因素很多，包括自然和地理条件、社会文化差异、经济发展水平等。例如，对于人口密度低的地区，由于对媒体传播速度和范围要求高，利用广播和电视这两种媒体效果会好些；而在文盲率高的国家和地区，报纸或杂志的广告效果会受到限制，因此电视和广播比较适宜。

④ 消费者接触媒体的习惯。选择广告媒体，还要考虑目标市场上消费者接触广告媒体的习惯。一般认为，能够使广告信息传达到目标市场的媒体是最有效的媒体。例如，对儿童用品的广告宣传，宜选择电视作为其媒体；对女性用品进行广告宣传，可选用女性喜欢阅读的女性杂志或电视，也可在女性商店布置橱窗或展销；以年轻人作为目标顾客的产品，可以通过网络广告进行宣传。

⑤ 媒体的传播范围。媒体传播范围的大小直接影响广告信息传播区域。适合全国各地使用的产品，应以全国性发放的报纸、杂志、广播、电视等作为广告媒体；属地方性销售的产品，可通过地方性报刊、电台、电视台、霓虹灯等传播信息。

⑥ 媒体的费用。广告媒体的收费标准不同，即使同一种媒体，也因传播范围和影响力的大小而有价格差别。考虑媒体费用，应该注意其相对费用，即考虑广告促销效果。例如，使用电视做广告需支付 20 000 元，预计目标市场收视者 2 000 万人，则每千人支付广告费是 1 元；选用报纸作为广告媒体，费用 10 000 元，预计目标市场收阅者 500 万人，则每千人广告费为 2 元。相比较结果，应选用电视作为广告媒体。

在选择媒体时，除了考虑上述因素外，还要考虑广告的内容、广告投放的时机等，但无论在什么情况下，都要根据广告目标的要求，结合广告媒体的优缺点，综合考虑各影响因素，尽可能选择传播效果好、费用较低的广告媒体。

5) 国际广告代理制度

(1) 国际广告管理体制的相关内容。几乎所有从事国际营销的大公司都委托广告代理商办理广告事务，但无论是否利用广告代理商，了解公司对广告业务的管理体制都是有必要的。管理体制一般有 3 种：①由总公司对公司系统的广告方针政策实行集中管理，在各地的广告活动亦由总公司统一实施。②对广告方针政策实行集中管理，但广告业务的实施则由各国当地的机构承担。③广告方针政策的管理和广告业务的实施全由当地公司直接负责。

广告公司管理体制的实质是集中管理和分散管理，国际广告公司对于上述几种基本管理体制的各种变形都进行了尝试。赞成集中管理的主要理由是集中管理可以发挥总公司高级人才的管理才能，通过集中管理开展的广告活动经济上节省，有助于加强总公司对各地广告业务的控制。这些理由都与管理的效力有关。但是在广告活动中发挥这种效力就可能妨碍市场的开发，影响市场开发的效果。集中管理的这些缺陷也就是主张分散管理的主要依据。主张分散管理的主要理由是认为各地的文化多种多样，需要对各地的情况有专门的了解，还要对语言文字的翻译、各个市场对广告媒介限制条件及可利用性进行专门研究。

(2) 国际广告代理机构，主要有两大类型，一是本国的广告代理商，二是国外当地的广告代理商。他们又各自具有不同的形式，包括本国广告代理商兼营国际广告业务、本国专业国际广告代理商、国外当地广告代理商、合作式广告代理商。

(3) 国际广告代理机构的选择。国际广告代理商有多种，实施国际广告委托代理业务时，应就如何选择代理商慎重考虑以下问题。

① 广告主与广告代理商的广告理想是否一致。广告理想是指广告主与广告代理商，在对待广告的原则与态度上是否相同，在创意上是否意气相投，在态度上是否诚恳，在人际关系上是否和谐。这些条件如果具备，就是国际广告踏上成功之路的第一步。要了解这些问题就必须与该广告代理商进行面谈，详细了解对方的观点和态度。

② 广告公司的作业能力是否具备。作业能力包括设备、人力、创意、制作、实施和调查测定等。广告的作业能力是广告公司的命根子，广告主付出费用所要求的就是这种能力。对广告代理商作业能力的了解，最简便的方法，是通过目前的广告主去了解，也可以通过广告媒体去了解。

③ 广告公司的经验与实绩如何。一个有口皆碑的广告公司总是有其成功的实绩的。但是，对广告公司只从“名气”上了解是不够的，因为广告公司虽能代理一切商品广告，但它也是有其专长的，所以要知道代理商过去的客户是哪些方面的，对哪些行业比较熟悉，所经办的主要是哪些产品。广告公司的经验与业绩是否有利于本公司的广告代理活动。

④ 广告规模的大小。如果广告的项目多，要求高，便需要相当规模的广告代理商方能胜任；如果广告的项目较少，规模不大，那就不一定要找大型代理商。小代理商的重要客户可能会胜于大代理商的一个附加小客户。小商品也不必做大广告。

⑤ 广告代理商是否具备一定资金能力。广告代理商资金薄弱，可能由于先天投资不足，也可能由于后天的经营失调。不管由于什么原因，代理商的资金周转困难大，也就难以向广告主提供良好的服务。因此，公司应当寻找那些有资金实力，善于经营的广告代理商做广告。

此外，还要了解代理商的收费标准和收费方式。例如，委托代理商做调查研究或代办某项服务，各企业的收费标准与方式是不相同的，必须做出事先调查和对比，择优选用。

6) 其他常见的广告策略

广告是通过借助科学艺术手段，刺激人们的感觉来取得宣传效果。只有那些给消费者留下深刻印象的广告才能起到应有的作用，才能使促销活动成功。下面介绍一些能够给消费者以深刻印象的广告策略。

(1) 利用名人效应。人们对社会名人普遍存在着仰慕的心理，所以可以利用名人效应来进行广告宣传。在广告中利用名人效应有两种方式：一种是直接的方式，即直接邀请社会各界名人来进行广告宣传；另一种是间接的方式，即借助名人的声望，来提高商品的知名度和美誉度。例如，美国“第一夫人”米歇尔(Michelle)在2009年总统就职典礼上穿着华裔设计师吴季刚(Jason Wu)设计的晚礼服，艳压全场，也带动了该品牌的全球知名度。

(2) 赋予产品一种特定形象，以引起顾客对产品的感情依恋。由于大多数产品日益标准化和复杂化，普通顾客很难客观地给它们以公平的评价和对待，因此，企业可以利用广告宣传为自己的产品塑造出独特的、独具魅力的“品质”。这样，当顾客看到某种产品或者听到产品名称时，该产品的内涵形象便会出现在顾客心目中，从而帮助顾客非理性地判断和区别产品，达到诱发顾客对该产品产生购买欲望的目的。

(3) 以新奇特色取胜。除少数人因为特殊的需要而有意识地去视听广告以外，大多数人在视听广告时都处于无意识状态。这时，只有使他们首先产生无意注意，然后他们才可能把广告听下去或看下去，转为有意注意。所以，在当今广告充斥的世界，必须把广告做得有特色才能引起顾客的无意注意，进而引起有意注意。

小案例 6-13

美国纽约一家银行刚开业时，为了提高知名度，买下了纽约市各广播电台最后10秒钟，然而送给听众的却是独特的礼物：沉默。播音员在广告一开始就宣布：从现在起播放的是本市国际银行提供的“沉默时间”。然后，节目中断了10秒钟，留下了一段“空白”。听众自然莫名其妙，议论纷纷，连续几天的广告“沉默”换来了公众茶余饭后“不沉默”的话题，于是该银行知名度大增。

【分析提示】

广告是通过借助科学艺术手段，刺激人们的感觉来取得宣传效果。只有那些给消费者留下深刻印象的广告才能起到应有的作用，才能使促销活动成功。因此这家银行利用了人们的心理特征以新奇广告来引起听众的关注。

(资料来源：车慈慧. 市场营销[M]. 广州：广东高等教育出版社，2005.)

(4) 利用人们的逆反心理。由于人们普遍存在着逆反心理，因此，企业若利用这种心理，换一个角度做广告，往往可以取得出其不意的结果。

总的来说，利用顾客的逆反心理做广告主要有以下几种手法。

① 以长托短。这种手法既谈优点，又谈缺点，但缺点与优点相比显然是微不足道的。顾客在看到或听到这种广告后，会因为这种广告指出了产品的不足之处而更相信产品的优点，从而采取购买行动。

② 以短比短。这种手法的诀窍在于说明了自己产品的缺点，同时说明自己产品的缺点也是其他同类产品的短处。这样既承认了缺点，又暗示顾客这种缺点是无法避免的，使顾客有真实可信感。

③ 以短揭长。这种手法表面上是介绍自己产品的缺点，其实是换一种说法，把优点以缺点的方式表达出来，利用顾客的逆反心理，激起他们的好奇心，反而有可能吸引更多的顾客。

(5) 采取赞助、公益广告。

① 赞助广告。赞助广告是利用纪念活动、比赛活动，由企业出资捐助，从中取得刊登广告的权利。企业做赞助广告的目的是要提高其知名度，从而有利于企业产品的销售。

② 公益广告。公益广告是为社会或公众提供福利而免费做广告。从表面上看，公益广告是完全为公众免费服务，但企业可以从中增加美誉度，间接地促进了销售，因此起到了“不是广告胜似广告”的作用。

6.4.3　国际市场营业推广策略

国际市场营业推广(International Market Sales Promotion)，就是除了人员推销、广告和公共关系等手段以外，在一个比较大的国际目标市场上，企业为刺激需求，扩大销售，而采取的能够迅速产生激励作用的促销措施。营业推广的目的通常有两个：诱发消费者尝试一种新产品或新品牌，尤其是刚进入国际市场的产品；刺激现有产品销量增加或库存减少。

1. 国际市场营业推广的特点

作为一种促销策略和促销方式，营业推广见效快，可以在短期内刺激目标市场需求，使之大幅度地增长，特别是对一些优质名牌和具有民族风格的产品效果更佳。这种促销方式向国际市场消费者提供了一个特殊的购买机会，它能够唤起消费者的广泛注意，具体，实在，针对性强，灵活多样，对想购买便宜东西和低收入阶层的顾客等颇具吸引力。但是，在国际市场上开展营业推广，必须在适宜的条件下，以适宜的方式进行，否则，会降低产品的身价，影响产品在国际市场上的声誉，使消费者感到卖主急于出售，甚至会使顾客担心产品的质量不好，或者价格定得过高。在国际市场上开展营业推广，除了考虑市场供求和产品性质以外，还应考虑消费者的购买动机和购买习惯，产品在国际市场上的生命周期、竞争状况，以及目标市场的政治、经济、法律、文化、人口和科技发展等环境因素，进行适当的选择。

2. 国际市场营业推广的方式

在国际市场上，营业推广一般可分为 3 类：以消费者或用户为对象的推广方式；以中间商为对象的推广方式；以推销人员为对象的推广方式。企业需要根据各对象的特点、促销目标及市场环境等因素，从若干的推广方式中选择适合本企业的营业推广方式。

1) 以消费者或用户为对象的推广方式

向消费者或用户进行营业推广，是为了鼓励老顾客继续购买、使用本企业产品或服务，激发新顾客试用本企业产品或服务。常用的推广方式包括以下几种。

(1) 赠送样品。向消费者免费赠送样品，既可以鼓励消费者购买，也可以获取消费者对产品的反应。样品赠送，可以有选择地赠送，也可以在商店或闹市区或随附其他商品无选择地随机赠送。这是介绍、推销新产品的一种有效促销方式，但费用较高，对高值商品不宜采用。

(2) 赠送代价券。代价券又叫优惠券，作为对某种商品免付一部分价款的证明，持有者在购买本企业产品时可以凭代价券免付一部分货款。代价券可以邮寄或通过媒体分发，也可以附在商品或广告中赠送，还可以向购买商品达到一定数量或数额的顾客赠送。这种形式有利于刺激消费者使用老产品，也可以鼓励消费者认购新产品。

(3) 提供赠品。即对购买商品的顾客赠送相关商品(价格相对较低、符合质量标准的商品)。这种方法有利于刺激商品的销售，是一种有效的营业推广方式。

小案例 6-14

某儿童玩具厂家为在暑期增加一种智力玩具的销量，决定在玩具销售时赠送一种时下在小学生中非常流行的飞镖玩具，以期博得他们的青睐。但结果令他们非常失望：销售额还不如上一个月。后来他们通过调查才发现，原来有许多家长认为这种飞镖玩具的安全性有问题，纷纷不允许孩子购买这种玩具。

【分析提示】

合理的营业推广方式对企业的促销在短时期内能起到很好的效果。营业推广方式非常多，在选择时，一定要考虑促销产品所面对的目标市场的特点等影响因素，否则只会适得其反。

(4) 折价优待。指企业在一定时期内调低商品售价，将原来的价格减让一定折扣优待出售商品，也可以说是适当地减少自己的利润以回馈消费者。常用的方法包括单件减价、多件减价(数量减价)、搭配减价(即捆绑减价，几种相关产品一起搭配销售时使用)。

(5) 包装兑现。即采用商品包装来兑换现金或商品的推广方式。例如，收集到若干个饮料瓶盖可兑换一定的现金或实物，以鼓励消费者购买该种饮料。这种方式的有效运用，也体现了企业的绿色营销观念，有利于树立良好的企业形象。

(6) 商品展销。通过参加展销会的方式进行商品推广。展销可以集中消费者的注意力和购买力。在展销期间，质量精良、价格优惠、服务周到的商品一般易受消费者青睐。

(7) 开展竞赛。通过开展比赛的方式，给顾客提供赢得现金、旅行或商品的机会，以此奖励顾客购买某种商品，并进一步促进销售。其常用方法有按顾客购买数量、频率将顾客分类，定期抽奖；商品知识竞赛抽奖；购物抽奖等。

(8) 采用会员制方式。企业可以采用会员制的方式，吸引老顾客，培养新顾客，从而巩固顾客群。这种方法的常见操作是当消费者购买商品达到一定数量或金额后，可以成为某一企业的会员，优先享受各种优惠。这是目前很多企业常用的推广方式。

(9) 购买现场(POP)陈列和示范表演。在销售现场举行营业推广活动，可以配合其他推广活动一起进行，如赠送样品、提供赠品、进行抽奖等。

2) 以中间商为对象的推广方式

向中间商推广，其目的是为了调动中间商的销售积极性，以期进一步扩大产品销售。常用的推广方式包括购买折扣、销售竞赛、提供服务、展览展示等。

(1) 购买折扣。为刺激、鼓励中间商购买或大批量地购买本企业产品，对第一次购买本企业产品的中间商或购买数量较多的中间商给予一定的折扣优待。购买数量越大，折扣越多。折扣可以直接支付，也可以从付款金额中扣除，还可以赠送商品作为折扣。

(2) 销售竞赛。通过设立销售奖金，根据各个中间商销售本企业产品的实绩，分别给优胜者以不同的奖励，如现金奖励、实物奖励、度假奖励等，以起到激励和调动销售积极性的作用。

(3) 提供服务。企业可以为中间商提供各种服务支持调动中间商的积极性。例如，为中间商提供陈列商品，支付部分广告费用和部分运费等补贴或津贴，或者为中间商提供商品使用手册、示范影片及派人指导等，有效地帮助中间商，加强与中间商的关系。

(4) 展览展示。企业在推出新产品时，可针对中间商举行各类展览会、博览会、演示会，或者向中间商免费提供新产品样品或赠品作为展示，以促进中间商对新产品的了解，从而促成交易。

3) 以推销人员为对象的推广方式

以推销人员为对象的推广方式，通常与企业的管理制度结合起来。常用的方法包括推销竞赛、红利提成、特别推销奖金、免费旅游奖励等。采用这些方式的目的是鼓励推销人员积极推销新产品，积极开拓新市场，同时也可用于过时、积压和滞销商品推销。

3. 国际市场营业推广策略概述

1) 影响国际市场营业推广的因素

企业在国际市场采用营业推广这一促销手段时，应特别注意不同国家或地区对营业推广活动的限制、经销商等的合作态度，以及当地市场的竞争程度等因素的影响。

(1) 当地政府的限制。许多国家对营业推广方式在当地市场上的应用加以限制。例如，有的国家规定企业在当地市场上进行营业推广活动要事先征得政府有关部门的同意，有的国家则限制企业营业推广活动的规模，还有的国家对营业推广的形式进行限制，规定赠送的物品必须与推销的商品有关。

(2) 经销商的合作态度。企业国际市场营业推广活动的成功，需要得到当地经销商或者中间商的支持与协助。例如，由经销商代为分发赠品或优惠券，由零售商来负责交易印发处理，进行现场示范或者商店陈列等。对于那些零售商数量多、规模小的国家或地区，企业在当地市场的营业推广活动要想得到零售商的有效支持与合作就要困难得多了，因为零售商数量多，分布散，不容易联系，商场规模小，无法提供必要的营业面积或者示范表演场地，加上营业推广经验缺乏，难以收到满意的促销效果。

(3) 当地市场的竞争程度。目标市场的竞争程度，以及竞争对手在促销方面的动向或措施，将会直接影响企业的营业推广活动。例如，竞争对手推出新的促销举措来吸引顾客争夺市场，企业若不采取相应的对策，就有失去顾客而丧失市场的危险。同样，企业在海外目标市场的营业推广活动，可能遭到来自当地竞争者的阻力，甚至通过当地商会或政府部门利用法律或法规的形式来加以禁止。

2) 国际市场营业推广策略的制定

企业要制定一套良好的国际市场营业推广策略，不只是选择一种或几种推广方式，还要结合产品、市场等方面的情况，慎重确定营业推广的地区范围、鼓励的规模、参加人的条件、推广的途径、推广的期限、推广的时机、推广的目标和推广的预算。在营业推广实施过程中和实施结束以后，企业还有必要不断地进行营业推广效果评价，以调整企业的营业推广策略。

(1) 营业推广鼓励的规模。营业推广面并非越大越好，鼓励的规模必须适当。通常情况下，选择单位推广费用效率最高时的规模，低于这个规模，营业推广不能充分发挥作用；高于这个规模，或许会促使营业额上升，但其效率会递减。

(2) 营业推广鼓励对象的条件。在国际市场上，营业推广鼓励对象可以是任何人，也可以是部分人，通常是鼓励商品的购买者或消费者。但企业有时可以有意识地限制那些不可能成为长期顾客的人或购买量太少的人参加。

(3) 营业推广的途径。企业在确定了以上两个问题以后，还要研究通过什么途径向国际市场的顾客开展营业推广。营业推广的途径和方式不同，推广费用和效益也不一样，企业必须结合自身内部条件、市场状况、竞争动态、消费者需求动机和购买动机等进行综合分析，选择最有利的营业推广途径和方式。

(4) 营业推广的时机和期限。不同的商品，在不同的市场、不同的条件下，营业推广的时机是不同的。市场竞争激烈的产品，质量差异不大的同类产品，老产品，刚进入国际市场的产品，滞销产品等，多在销售淡季或其他特殊条件下运用营业推广策略。至于推广期限，企业应考虑消费的季节性，产品的供求状况及其在国际市场的生命周期、商业习惯等因素。

(5) 营业推广的目标。推广目标主要是指企业开展营业推广所要达到的目的和期望。推广目标必须依据企业的国际市场营销战略和促销策略来制定。营业推广的目标不同，其推广方式、推广期限等等都不一样。

营业推广介于广告和人员推销之间，用来补充广告和人员推销。与经常性有计划地进行国际市场广告和人员推销不同，营业推广主要是针对国际目标市场上一定时期、一项任务，为了某种目标而采取的短期的特殊的推销方法和措施。为了打开产品出口的销路，刺激国际市场消费者购买，促销新产品，处理滞销产品，提高销售量，击败竞争者等，往往使用这种促销方法来配合广告和人员推销，使三者相互呼应，相互补充，相得益彰。例如，我国青岛啤酒股份有限公司为了打开香港地区市场的销路，在开展人员推销和广告促销的同时，曾经采用过用以一个啤酒瓶盖(必须带铁盖内的橡皮)换取 1 元港币和现金的方法。于是，香港大饭店的服务员都热心用青岛啤酒为顾客服务，间接成为青岛啤酒的推销员，这种做法大大提高了销量，使青岛啤酒在香港这个竞争激烈的啤酒市场上占有了一定的地位。但是，营业推广在国际市场上不宜经常使用，否则，会引起顾客的观望和怀疑，反而影响产品销售。

3) 国际市场营业推广的决策过程

国际市场营业推广是促销组合的重要组成部分。如何做出正确的营业推广决策是各企业面临的重要问题之一。企业在运用营业推广的过程中，需要进行一系列决策活动。

(1) 确定推广目标。一般来讲，营业推广目标是从总的促销组合目标中引申出来的，而它在总体上又受企业市场营销总目标的制约。针对不同的推广对象，营业推广的具体目标是各不相同的，见表 6-10。企业营销部门要通过多种因素的综合分析，确定一定时期内营业推广的特定目标，并尽可能使其数量化和现实可行。

表 6-10　针对不同推广对象的推广目标对比

推 广 对 象	推 广 目 标
消费者或用户	鼓励大量购买和重复购买；吸引潜在购买者试用；说服竞争者的品牌使用者放弃原有品牌而改用本企业产品
中间商	获得中间商经销的机会；吸引中间商提高购买水平；建立中间商的品牌忠诚度；鼓励非季节性购买；对抗竞争者的促销活动
推销人员	鼓励对新产品的支持；刺激非季节性销售；鼓励更高的销售水平

(2) 选择推广方式。营业推广方式是多种多样的，各有其特点和适用范围，所以应对多种营业推广方式进行比较和择优组合，以实现最优的促销效益。在选择营业推广方式时主要考虑以下因素。

① 市场类型。不同的市场类型对营业推广方式有不同的要求，因此所选择的营业推广方式必须适应企业所处市场类型的特点和相应要求。

② 营业推广目标。特定的营业推广目标往往对营业推广方式有着较为明确的条件要求和制约，从而规定着营业推广方式选择的范围。

③ 竞争情况。应根据企业本身所具有的实力、条件、优势与劣势，以及企业外部环境中竞争者的数量、实力、竞争策略等因素的影响，选择最适合自己的、最有效的营业推广工具。

④ 促销预算及每种营业推广方式的成本效益。企业市场营销费用中有多少用于促销，促销预算中又有多大份额用于营业推广，这些往往对营业推广方式的选择形成硬约束。另外，每种营业推广方式的成本效益，以及不同种类营业推广方式组合的综合效益也是有差别的。

(3) 制定营业推广方案。在确定了营业推广目标和方式后，接下来就要制定具体的营业推广方案。在制定这一具体方案时要做出如下几方面的决策。

① 激励规模。要获得营业推广活动的成功，一定规模的激励是必要的。最佳激励规模要依据费用最低、效率最高的原则来确定。例如，企业可以选择一种或几种刚上市的新产品实行有效销售，而不会选择所有经营品种，因为这样企业的成本太大，就得不偿失了。

② 激励对象。即需确定这种激励是面向目标市场的每一个人还是有选择的某一部分人，这种范围控制有多大，哪类是主攻目标，选择的正确与否会直接影响到营业推广的最终效果的好坏。例如，某种赠品可能只送给那些寄回包装物的购买者；折价优待只给予那些一次性购买本企业某款产品3件及以上的顾客；抽奖只限定购买本企业产品金额达88元及以上的顾客参加。

③ 送达方式。即确定通过什么方式让激励对象来参与才能达到理想的效果。企业要根据激励对象及每种送达方式的成本和效率来选择。例如，赠送代价券这种推广方式就有4种送达方式：附在包装内、邮寄、零售点分发、附在广告媒体上。

④ 活动期限。任何营业推广方式在实行时都必须规定一定的期限，不宜过长或过短。具体的活动期限应综合考虑产品特点、消费者或中间商购买习惯、促销目标、竞争者策略及其他因素，按照实际需求而定。

⑤ 时机选择。一般来讲，营业推广时机的选择应根据消费者需求时间的特点，综合总的市场营销战略来定。

⑥ 预算及其分配。营业推广活动是一项支出较大的营销活动，事先必须进行筹划预算。营业推广预算可以通过两种方式来确定：一种是自下而上的方式，即根据全年营业推广活动的内容、所运用的营业推广方式及相应的成本费用来确定营业推广预算；另一种是按照习惯比例来确定各项营业推广预算占营销总预算的比率。

(4) 试验、实施和控制营业推广方案。营业推广方案制定后一般要经过试验才能予以实施。通过试验明确所选用的营业推广方式是否适当，刺激规模是否最佳，实施的方法效率如何等。对每一项营业推广工作都应该确定实施和控制计划。在实施计划的制订及执行过程中，应有相应的监控机制做保障，应有专人负责控制事态的进展，一旦出现偏差或意外情况应及时予以纠正和解决。

(5) 评估营业推广效果。营业推广活动结束后，应立即对其进行效果评估，以总结经验和教训。对营业推广效果评估的方法依市场类型的不同而有所差异。企业评估对中间商的推广效果时，可根据中间商的销售量变化、产品在卖场的分布、中间商对合作广告的投入等指标进行测定；在评估对消费者的推广效果时，可根据销售量的变化、消费者对产品的购买意向和购买行为的变化等因素进行评估。

6.4.4 国际公共关系策略

公共关系是指企业在从事市场营销活动中正确处理企业与社会公众的关系，以便树立企业的良好形象，从而促进产品或服务销售的一种活动。国际公共关系(International Public Relations)是指企业在国际市场上有计划、坚持不懈地运用沟通手段，争取内、外公众谅解及支持与协作，建立和维护企业良好形象的管理活动。公共关系的主要活动方式是与政府机构、中间商、零售商、学者专家、社会团体及有关的消费者建立联系，制造各种新闻素材，提供各种咨询服务，通过传播媒介的宣传报道，使社会公众对企业和产品或服务产生良好印象，提高企业产品或服务的知名度和美誉度。

1. 国际市场公共关系的要求、任务和方式

1) 国际市场公共关系的要求

成功的公共关系对企业而言必须达到以下目的：提高企业或产品的知名度与美誉度，树

立企业形象；帮助新产品打开销路；挽回突发事件的不利影响；建立良好的社会关系。因此企业在运用公共关系时应加强与各方面的关系，促进营销效果，主要有以下要求。

(1) 加强与传播媒介的关系。报纸、杂志、广播、电视等大众传播媒介承担着传播信息，引导舆论和提供娱乐的社会职能，因此企业必须充分利用宣传媒介为其服务。要与这些传媒的编辑、记者保持经常的接触，主动提供信息，尽量做到有求必应，建立可靠信誉，为他们服务并建立相互合作关系。同时企业的公共关系部门要创造具有新闻性的事件，让媒体主动来报道。而为了使媒体对企业产生好感，就要让事件具有新闻价值，具有可信性，同时符合媒体性质的要求。例如，在美国，最有名的例子是九命猫闪星猫食公司创造的“Morris”猫公关活动。

(2) 改善与消费者的关系。企业运用公共关系同社会沟通思想，增进了解，使消费者对企业形象和它的产品产生良好的感情。企业应积极收集和听取目标市场国的公众对本公司政策、产品等方面的意见和态度，及时处理意见，消除公众的抱怨情绪，同时，提出改进本公司政策和产品的方案，以消除抱怨情绪产生的根源；开展市场教育，以各种方式向顾客介绍产品的用途和性能，并帮助顾客迅速把握产品的使用办法；对来访、来电、来函热情接待和对待，及时答复。

(3) 促进与政府的关系。与在国内经营企业不同，国际经营企业面临着来自各个国家和政府的截然不同的要求或压力。所以，一方面国际经营企业必须随时调整自己的行为以适应外国政府政策的变化，另一方面，企业又要左右逢源，以协调可能发生的目标冲突和利益矛盾。企业要通过公共关系加强与东道国政府官员的联系，了解他们的意图，懂得他们的法律，以求得企业经营活动的长期发展。国际企业处于不同的成长阶段，其公关任务不一。初始进入东道国阶段，问题多，公关任务繁重。尔后，进入营运阶段，就要关注东道国的政局与政策动向，以及公司利润汇回母国的风险问题。最后，在撤出阶段，也要注重与东道国保持良好的关系以维护其他方面的利益。企业可以建立固定的公开往来制度，经常向目标市场的政府和社会组织，说明本企业对公众和社会可能作出和已经作出的贡献。为了达到这一目的，企业可以开展一些公益活动，如为公用事业捐款，扶持残疾人事业，赞助文化、教育、卫生、环保事业等，树立为目标市场社会与经济发展积极作贡献的形象。

2) 国际市场公共关系的任务

一个企业开展国际市场公共关系的内容和任务与目标市场所在的国家或地区，企业在国际市场所处的地位，产品性质，经营范围，进出口的复杂程度，市场供求和竞争状况，市场营销的政治、经济、社会和文化环境，本国的对外贸易政策等密切相关。通常情况下，企业开展国际市场公共关系活动，主要有以下内容和任务。

(1) 认真听取和收集国际市场公众对本企业产品、营销策略、服务、人事、财务等各方面的意见和态度，了解本企业在国际市场的形象和知名度。

(2) 建立与公众之间的联系制度，答复他们向本企业提出的各种询问，提供有关本企业情况的材料，对任何来访、来电和来信的人员，进行迅速、有礼、准确、友好的接待和处理。

(3) 与国内外有关组织特别是国际目标市场的公众，建立固定的公开往来制度，经常向他们说明本企业对顾客、公众和社会可能作出和已经作出的贡献。为了完成这项任务，企业可以在国际社会开展一些赞助、捐赠、竞赛等活动。

(4) 协助本企业的董事会、经理部、各职能部门和职工，处理有关对外联络、对外宣传、信息沟通等事务。企业的国际市场公共关系的开展，必须与企业的国际市场人员推销、广告和营业推广相结合。在国际市场总体促销策略的基础上，制定良好的公共关系策略，使企业在公众中树立良好的形象，培养国外消费者对企业产品的偏爱和信任，从而达到稳定销售、促进销售的目的。

(5) 为了调整本企业的国际市场经营目标、经营方法、经营策略、产品结构和经营规划，适应市场变化，公共关系部门要提供最大的帮助，努力理顺企业与社会公众之间的关系，为企业顺利地开展国际市场营销活动开辟道路。

(6) 以具体的行动向社会公众表明，本企业正在虚心听取各方面的意见，并迅速做出反应，从消费者利益，从公众利益出发，为社会公众提供完善的服务，作出有益的贡献。例如，日本的东芝公司、日立公司，美国的伊士曼柯达公司、IBM 公司，德国的西门子股份公司等公司，在对中国市场促销时，总少不了类似“本公司竭诚为中国公众服务”的口号。

(7) 当企业的国际市场营销战略发生失误，或出现较大的营销问题时，可以利用公共关系给予补救；对不利于本企业发展的社会活动和社会舆论，要运用公共关系进行纠正和反驳。

以上只是企业开展国际市场公共关系的基本内容和任务，各个企业应当根据不同时期不同市场的不同情况，确定公共关系具体内容、任务和方法。国际市场公共关系的作用虽然重大，但它不能弥补产品和企业本身的缺陷，更不能取代人员推销、广告、营业推广和分销渠道网络。

小案例 6-15

北京奥运会上刘翔因伤退赛后，赞助商耐克公司第二天即在北京、上海、广州、成都等地媒体的显著位置都投放了广告，广告的内容包括两张大图：一张是刘翔退赛后失落的背影；另一张是刘翔坚毅的正面特写。左侧是广告词“爱比赛，爱拼上所有的尊严，爱把它再赢回来。爱付出一切，爱荣耀，爱挫折。爱运动，即使它伤了你的心”。

【分析提示】

成功的公关活动使社会公众对企业和产品或服务产生良好的印象，提高企业产品或服务的知名度和美誉度。同时，突发事件发生后运用适当的公关手段有助于挽回突发事件的不利影响。

3) 国际公共关系的方式

国际公共关系的具体活动方式主要有以下几方面。

(1) 借助传播媒体制造和利用新闻。企业可编写一些有关企业、产品和员工的新闻，利用各种形式通过报纸、杂志、广播、电视、互联网络等传播媒体传播新闻信息。目前常用的形式包括召开记者招待会、召开新闻发布会、举办企业活动等。由于新闻媒体具有一定的权威性和广泛性，对社会舆论有很大的影响和控制作用，因此这种方式效果显著。

(2) 刊登公共关系声明。公共关系声明包括节假日的喜庆贺信、对同行表示支持的祝贺声明、道歉声明等。这种广告可以扩大企业知名度，加深消费者对企业的了解和印象。

(3) 赞助活动。赞助活动不仅对社会有利，而且能够赢得社会对企业的好感，树立企业的良好形象。这类活动主要的类型包括赞助体育活动、赞助文化娱乐活动、赞助教育事业、赞助社会慈善和福利事业、赞助环保活动、赞助宣传用品的制作等。

(4) 举办各种专题活动，建设企业文化。企业可以有计划、有步骤、有重点地建设企业文化。例如，通过企业周年庆、开工典礼、开业典礼、参观访问、联欢会、联谊会等其他庆祝活动，扩大企业影响。从深层次有效地开展公共关系活动，既可以增强企业内部职工的凝聚力，又可以加强企业同外界的联系。

(5) 举办各种会议。企业可以举行产品和技术方面的展览会、研讨会和演讲会，以及各种有奖比赛、纪念会等，从而提高企业和产品的知名度，促进产品的销售，打开市场渠道。

2. 国际公共关系策划

要在国际市场上建立良好的公共关系，必须以诚信为基础，以社会公众利益为原则，以树立企业形象为要旨。但树立企业形象不是一朝一夕就能完成的，需要持续、全面、稳妥、有计划地开展工作，并通过一定的程序给予保证。企业开展国际市场公共关系活动，一般应按照以下几个程序进行。

1) 开展公众调查，确定公关促销目标

收集、了解目标市场公众对本企业的意见和态度，分析企业及其产品在公众中的形象和知名度，总结经验教训，发现问题，并以此确定企业的公关促销目标。美国、日本、西欧国家等都有专门的公共关系咨询公司和市场调研机构，帮助企业在国际市场上调查了解有关方面的问题。企业开展国际市场公共关系活动，可以首先与这些机构取得联系。

2) 根据促销目标，制订具体的公共关系计划

根据公众调查分析的资料信息和企业的促销目标，制订具体的公共关系计划：一是确定公关促销对象，国际公共关系促销对象主要是在国际市场上与企业发生联系的各种类型的相关利益者；二是确定公关促销主题，包括对整个公关促销策划与操作起到指导、规范作用的中心思想，是一种策划中心议题；三是确定公关促销形式，以菲利普·科特勒教授的“PENCILS”为依据。“PENCILS”即对营销公关设计的7个领域：出版物(P，Publication)、事件(E，Event)、新闻(N，News)、沟通和联络(C，Community Relation)、媒体的认同(I，Identity Media)、游说(L，Lobby)和社会公益营销(S，Social Cause Marketing)。

3) 实施计划与沟通信息

按国际市场公共关系计划，企业通过多种形式、途径和渠道实施，并把企业的所作所为告诉社会公众，沟通企业与社会公众之间的关系。这样既可以扩大企业的国际影响和社会声誉，又便于听取社会公众的意见，接受社会公众对企业的监督。

4) 公共关系效果评价

在公共关系实施过程中和实施之后，企业必须对公众信息进行反馈，了解国际公众对公共关系策略和企业产品的反应，以及公共关系目标是否实现，任务是否完成。评价和反馈工作，可以由企业公共关系部门完成，也可以聘请目标市场上有关机构和国际性公共关系公司、市场调查研究咨询公司代为进行。此外，当地市场的社会公众的密切配合是必不可少的。

3. 企业危机公关

企业危机公关是指企业为避免或者减轻危机所带来的严重损害和威胁，从而有组织、有计划地学习、制定，以及实施一系列管理措施和应对策略，包括危机的规避、控制、解决，以及危机解决后的复兴等不断学习和适应的动态过程。

1) 危机公关的特点

与其他公关类型相比，危机公关具有以下特点。

(1) 意外性。危机爆发的具体时间、实际规模、具体态势和影响深度，是不可预料的。

(2) 聚焦性。进入信息时代后，危机的信息传播比危机本身发展要快得多。媒体对危机来说，就像大火借了东风一样。

(3) 破坏性。由于危机常具有“出其不意，攻其不备”的特点，不论什么性质和规模的危机，都必然不同程度地给企业造成破坏，造成混乱和恐慌，而且由于决策的时间以及信息有限，往往会导致决策失误，从而带来无可估量的损失。

(4) 紧迫性。对企业来说，危机一旦爆发，其破坏性的能量就会被迅速释放，并呈快速蔓延之势，如果不能及时控制，危机会急剧恶化，使企业遭受更大的损失。

2) 企业危机公关处理

危机不仅带来麻烦，也蕴藏着无限商机，通过负责、漂亮的危机公关战役，公众将会对企业有更深的了解，因此对于企业而言，在危机来临时，一定要妥善处理好危机事件，既消除危机的消极作用，同时也可以在危机中寻找潜在的成功因素。

(1) 企业危机公关处理的5S原则。当企业面临危机公关时，必须遵循以下5S原则。

① 承担责任原则(Shouldering the Matter)。危机发生后，公众会关心两方面的问题：一方面是利益的问题，利益是公众关注的焦点，因此无论谁是谁非，企业应该承担责任。即使受害者在事故发生中有一定责任，企业也不应首先追究其责任，否则会各执己见，加深矛盾，引起公众的反感，不利于问题的解决。另一方面是感情问题，公众很在意企业是否在意自己的感受。因此企业应该站在受害者的立场上表示同情和安慰，并通过新闻媒体向公众致歉，解决深层次的心理、情感关系问题，从而赢得公众的理解和信任。实际上，公众和媒体往往在心目中已经有了一杆秤，对企业有了心理上的预期，即企业应该怎样处理才会感到满意。因此企业绝对不能选择对抗，态度至关重要。

② 真诚沟通原则(Sincerity)。企业处于危机漩涡中时，是公众和媒体的焦点。一举一动都将受到质疑，因此千万不要有侥幸心理，企图蒙混过关。而应该主动与新闻媒体联系，尽快与公众沟通，说明事实真相，促使双方互相理解，消除疑虑与不安。真诚沟通是处理危机的基本原则之一。这里的真诚指“三诚”，即诚意、诚恳、诚实。如果做到了这“三诚”，则一切问题都可迎刃而解。所谓诚意即在事件发生后的第一时间，企业的高层应向公众说明情况，并致以歉意，从而体现企业勇于承担责任、对消费者负责的企业文化，赢得消费者的同情和理解；所谓诚恳即一切以消费者的利益为重，不回避问题和错误，及时与媒体和公众沟通，向消费者说明事情的进展情况，重拾消费者的信任和尊重；所谓诚实即诚实是危机处理最关键也最有效的解决办法。人们会原谅一个人的错误，但不会原谅一个人说谎。

③ 速度第一原则(Speed)。俗话说“好事不出门，坏事行千里”。在危机出现的最初12～24小时内，消息会像病毒一样，以裂变方式高速传播。而此时，可靠的消息往往不多，社会上充斥着谣言和猜测。企业的一举一动将是外界评判企业如何处理这次危机的主要根据。媒体、公众及政府都密切注视企业发出的第一份声明。对于企业在处理危机方面的做法和立场，舆论赞成与否往往都会立刻见于传媒报道。因此企业必须当机立断，快速反应，果决行动，与媒体和公众进行沟通。从而迅速控制事态，否则会扩大突发危机的范围，甚至可能失去对全局的控制。危机发生后，能否首先控制住事态，使其不扩大、不升级、不蔓延，是处理危机的关键。

④ 系统运行原则(System)。在逃避一种危险时，不要忽视另一种危险。在进行危机管理时必须系统运作，绝不可顾此失彼。只有这样才能透过表面现象看本质，创造性地解决问题，化害为利。

⑤ 权威证实原则(Standard)。自己称赞自己是没用的，没有权威的认可只会徒留笑柄，在危机发生后，企业不要自己整天拿着高音喇叭叫冤，而要曲线救国，请重量级的第三方在前台说话，使消费者解除对自己的警戒心理，重获他们的信任。

(2) 危机处理的系统运作。遵循以上 5S 原则后，企业还需要具有系统运作危机公关处理的能力，主要是做好以下几点。

① 以冷对热、以静制动。危机会使人处于焦躁或恐惧之中。所以，企业高层应以“冷”对“热”、以“静”制“动”，镇定自若，以减轻企业员工的心理压力。

② 统一观点，稳住阵脚。在企业内部迅速统一观点，对危机有清醒认识，从而稳住阵脚，万众一心。

③ 组建团队，专项负责。一般情况下，危机公关小组的组成由企业的公关部成员和企业涉及危机的高层领导直接组成。这样，一方面是高效率的保证，另一方面是对外口径一致的保证，使公众对企业处理危机的诚意感到可以信赖。

④ 果断决策，迅速实施。由于危机瞬息万变，在危机决策时效性要求和信息匮乏条件下，任何模糊的决策都会产生严重的后果。所以必须最大限度地集中决策所需资源，迅速做出决策，系统部署，付诸实施。

⑤ 合纵连横，借助外力。当危机来临，应和政府部门、行业协会、同行企业及新闻媒体充分配合，联手对付危机，在“众人拾柴火焰高”的同时，增强公信力、影响力。

⑥ 循序渐进，标本兼治。要真正彻底地消除危机，需要在控制事态后，及时准确地找到危机的症结，对症下药，谋求治“本”。如果仅仅停留在治标阶段，就会前功尽弃，甚至引发新的危机。

6.4.5 国际市场促销组合策略

1. 国际市场促销组合及策略

国际市场促销组合是指从事国际营销的企业根据促销的需要，对广告、营业推广、公共关系与人员推销等各种促销方式进行适当选择和综合运用。国际市场促销组合策略(International Marketing Promotion Mix Strategy)的制定需要企业对于各类促销手段的优缺点及相关考虑因素有一定的了解。

1) 各类促销手段的优缺点

由于各种促销工具具有不同的优势和特点，企业促销中就应针对不同目标顾客、不同产品、不同竞争环境等，选择适合的促销手段，并将它们加以整合运用，以达到在促销预算约束下促销效率最大化。各种常见促销手段的优劣势分析，见表 6-11。

表 6-11 各种常见促销手段的优劣势分析

促销手段	优势	劣势
人员推销	与顾客直接接触，可灵活地进行促销宣传，能立即得到顾客的反馈信息	市场覆盖面有限，推销成本较高；推销队伍的管理复杂
广告	信息传播范围广，可以控制信息传播的内容、时间	对单个顾客的针对性不强；制作、发行总体费用较高
营业推广	激励零售商支持产品的销售，为顾客提供购买的刺激，提升短期销售量	过于频繁的营业推广会引起顾客的疑虑和反感，不利于提升品牌形象
公共关系	可信度高，易于为人们接受，有利于树立良好的企业形象	见效慢，间接促销

不同的促销组合形成不同的促销策略，如以人员推销为主和以广告为主的促销策略。从促销活动运作的方向来分，主要有推式策略和拉式策略两种。在企业实际操作过程中，企业常常要根据具体情况，灵活地将两类策略有机地结合起来使用，如先推后拉，推拉结合或者先拉后推。需要对促销手段进行优化组合，从而选择最佳的促销组合策略。

2) 确定促销组合时需考虑的因素

由于促销方式各具特点，因而营销人员应该根据不同的需要和情况来选择、搭配促销方式，制定相应的促销策略。一般来说，企业在确定促销组合时，需要考虑如下多种主要因素。

(1) 促销目标。企业在不同时期及不同的市场环境下有不同的促销目标。促销目标不同，促销组合就会有差异。如果企业的促销目标侧重于在某一特定市场增加销量，扩大市场份额，则促销组合应注重广告和营业推广；如果企业的促销目标是希望树立企业在目标顾客心目中的良好形象，则促销组合应侧重于公共关系和必要的公益性广告；如果企业的促销目标是希望让更多的顾客了解、熟悉和信任本企业的产品，则促销组合应注重人员推销和广告。

(2) 产品和市场类型。由于产品和市场类型不同，购买者的购买心理和要求也不同，企业所采用的促销组合也会有所差异。

在消费者市场上，由于一般生活消费品的技术结构较简单、标准化程度较高、价格低廉、购买者众多，而且销售范围广且分散，所以广告是最有效的促销工具。此外，许多消费品的促销还要与人员推销、营业推广等方式结合起来使用。

而在产业市场上，由于顾客少而集中，购买批量大且频率低，顾客忠诚度较高，同时工业品技术性强，行业差别大，需要专人操作示范及讲解，因此人员推销被认为是最有效的方式。此外，通常也会辅以广告、营业推广等其他方式，使客户了解企业和产品的状况。

(3) 产品生命周期阶段。产品在不同的生命周期阶段，促销目标不同，需要采取不同的促销组合，见表6-12。当产品从生命周期的一个阶段进入到另一个阶段，促销组合也必须随之改变，以符合改变后的促销目标。

表6-12　产品生命周期不同阶段对应的促销组合

产品生命周期阶段	促销目标	促销组合
导入期	提高产品的知名度，让购买者了解、熟悉产品	广告为主，营业推广和人员推销为辅
成长期	宣传本企业产品的特色，树立品牌形象	广告为主，配合人员推销和公共关系
成熟期	树立消费者对本企业产品的偏好，力争在竞争中占有优势	营业推广为主，广告为辅
衰退期	尽量稳定销售直至被市场淘汰	营业推广可以继续进行，人员推销和广告应减至最小规模，针对产品的公共宣传则可以全面停止

(4) 市场特点。目标市场的特点不同，也需要采取不同的促销策略。如果目标市场地域范围大，应多采用广告进行促销；如果在小规模的本地市场销售，则应以人员推销或商品陈列为主。同时，企业也应考虑到目标顾客的年龄、性别、文化程度、价值观念、风俗习惯等，选择适当的促销策略。例如，如果目标顾客文化水平较高，应较多运用广告和公共关系；反

之应多运用人员推销和营业推广。

(5) 购买者的不同购买准备阶段。购买者处在产品购买的不同阶段时，各种促销方式的影响也不同，企业应分析现实和潜在购买者的情况，根据他们所处的不同购买阶段采取不同的促销方式。当购买者处于对产品的认知阶段时，广告和公共关系的作用最大；当处于了解阶段时，广告和人员推销的影响最大；当处于对产品建立信任阶段时，购买者主要受人员推销的影响，其次才是广告；当处于销售成交时，主要受人员推销和营业推广的影响；当再次购买时，主要受人员推销和营业推广的影响，也受提示性广告的影响。

(6) 促销策略。促销组合在很大程度上受企业选择的推进策略或拉引策略的影响。推进策略是指生产厂商把产品推销给批发商，批发商采取积极措施把产品推销给零售商，零售商再采取积极措施把产品推销给消费者。在推进策略下，企业着重使用人员推销和营业推广等促销方式，再辅以广告和公共关系，通过分销渠道推出产品。

拉引策略也称诱导策略，生产厂商通过促销方式直接作用于消费者，唤起消费者的兴趣和购买欲望，引导消费者到商店寻购其产品，零售商向批发商，批发商再向生产厂商订购产品。拉引策略较适用于企业销售人员不足或没有获得中间商充分支持与合作的新产品的推广活动，这时企业着重使用广告和营业推广方式。

(7) 促销费用。企业用于促销方面的费用是有限的。因此，促销组合的选择还要考虑在有限的费用预算下，结合其他因素，判断采用什么样的促销组合效果相对较好。相对而言，广告可以以较低的成本向众多的处在不同地区的分散的目标顾客传递促销信息；人员推销在建立客户关系方面较有优势，但其成本较高；营业推广对销售有一定刺激作用，但考虑到成本问题，它不适合频繁和长期使用。

2. 国际市场促销组合策略拓展

1) 微博营销

随着微博 (Micro-blog)的火热，探讨微博营销(Micro-blog Marketing)的有效模式与途径成为了焦点。2011 年 4 月 8 日，中国首届微博营销大会在厦门国际会展中心举行，以“抢占微博先机，把握营销未来”为主题，共同探讨微博营销新模式，交流微博营销理念、分享成功案例和经验，展望微博营销的发展趋势。本次大会的成功举办预示着微博营销进入了一个新时代，也成为微博发展史上的一个里程碑。

知识拓展 6-11

微博的创始门户网站

作为国内最早由门户网站推出的微博，新浪微博已经成为国内微博领域的领先者。《中国微博元年市场白皮书》数据显示，随着用户数的不断增长，新浪微博上每天都会产生海量信息。2010 年 7 月，新浪微博产生的总微博数超过 9 000 万条，每天产生的微博数超过 300 万条，平均每秒会有近 40 条微博产生。新浪微博借用自己博客的成功经验迅速在国内掀起了微博的狂潮。

微博营销是一种网络营销方式。微博营销以微博作为营销平台，每一位受众(粉丝)都是潜在营销对象，每一家企业都可以在新浪、网易等门户网站注册一个微博，然后利用更新自己的微型博客向网友传播企业、产品的信息，树立良好的企业形象和产品形象。通过每天更新的内容或者网友所感兴趣的话题就可以与网友交流，达到营销的目的。

(1) 微博营销的特点包括以下几方面。

① 门槛低。140个字发布信息，远比博客发布容易。可以方便地利用文字、图片、视频等多种展现形式。

② 多平台。支持手机等平台，可以在手机上发布信息。

③ 传播快。信息传播的方式有多样性，转发非常方便。利用名人效应能够使事件的传播量呈几何级放大。

④ 见效快。微博营销是投资少见效快的一种新型的网络营销模式，其营销方式和模式可以在短期内获得最大的效益。

(2) 微博营销的类型包含以下几种。

① 官方微博(微媒体)。企业的微博必须是官方的，传播的内容也必须是官方的，内容较为正式，可以在第一时间发布企业最新动态，对外展示企业品牌形象，成为一个低成本的媒体。

② 企业领袖微博(微传播)。领袖微博是以企业的高级管理层的个人名义注册，具有个性化的微博。其最终目标是成为所在行业的“意见领袖”，影响目标受众的观念，提高在整个行业中的号召力。

③ 客服微博(微服务)。与企业的客户进行实时沟通和互动，深度的交流，让客户在互动中享受产品服务的品质，缩短了企业对客户需求的响应时间。

④ 产品微博(微公关)。对于危机能够实时监测和预警，出现负面信息后能够快速处理，及时发现消费者对企业及产品的不满并在短时间内快速应对。例如，遇到企业危机事件，可通过微博对负面评价进行及时的正面引导。

⑤ 市场微博(微营销)。通过微博组织市场活动，打破地域人数的限制，实现互动营销。

(3) 微博营销使用技巧。包括推广技巧和优化技巧。其中推广技巧主要有以下几方面。

① 账号认证。针对企业微博账号、企业领袖及高级管理层的账号、行业内有影响力的人物的账号，要首先获得相关门户网站的认证。获得认证的好处是一方面可以形成较权威的良好形象，另一方面微博信息可被外部搜索引擎收录，更易于传播。弊端是信息的审核可能会更严格。

② 内容发布。微博的内容信息尽量多样化，最好每篇文字都带有图片、视频等多媒体信息，这样具有较好的浏览体验；微博内容尽量包含合适的话题或标签，以利于微博搜索；发布的内容要有价值，如提供特价或打折信息、限时内的商品打折活动，可以带来不错的传播效果。

③ 内容更新。微博信息要每日都有规律地进行更新，每天5～10条信息，1小时内不要连发几条信息，抓住高峰发帖时间更新信息。

④ 积极互动。多参与转发和评论，主动搜索行业相关话题，主动与用户互动。定期举办有奖活动，提供免费奖品鼓励，能够带来快速的粉丝增长，并增加其忠诚度。

⑤ 标签设置。合理设置标签，相关门户网站的微博会推荐有共同标签或共同兴趣的人加关注。

⑥ 获取高质量的粉丝。不在于你认识什么人，而在于什么人认识你；不在于什么人影响了你，而在于你影响了什么人。关注行业名人或知名机构；善用找朋友功能；提高粉丝的转发率和评论率；发布的内容主题要专一，内容要附带关键字，以利于高质量用户搜索到。

微博营销推广技巧可利用微博实现营销的目的，而微博营销优化技巧可使微博营销效率提高，提升知名度。主要体现在以下几方面。

① 微博优化选取热门关键词。做微博关键词优化的时候，微博内容要尽可能地以关键字或者关键词组来开头，并且加上“#话题#”。尽量地利用热门的关键词和容易被搜索引擎搜索到的词条，增加搜索引擎的抓取速率，但这些内容也要和企业推广的内容相关，要考虑到受众，如果一味地为了优化而优化，那就得不偿失了。

② 微博的关键词选取要适当。对搜索引擎优化(SEO)来说，微博的信息是非常重要的，搜索引擎会把微博的信息纳入到搜索结果中来，它们的索引算法也会根据微博的内容，选取信息作为标题。此时，关键词的选择就显得非常重要了，自己要知道要做的是哪些关键词，只有找到了关键词，才能更好地做好微博的 SEO。

③ 微博的名称选取要简单易记。选择微博名称和选择网站名称一样，要简单、容易记，要让微博网名成为自己的代言，让其他人看到你的微博名称的时候，就能很快记住。所选择的微博名称要代表自己所推广的站点。例如，要推广富营销，那么名称也就是这个，不可能选择其他的和推广内容无关的名词。

④ 微博的统一资源定位等(URL)要简洁明了。有了微博名称之后，微博的 URL 地址就变得尤为重要了，为什么呢？毕竟要通过 URL 地址才能访问到特定微博，而这个 URL 会影响到搜索引擎的搜索结果。

⑤ 微博的个人资料要填写关键词。微博中有个人资料的介绍及选项的说明，这些个人资料也会被搜索引擎所索引，在简短的个人资料中，说明自己的同时，也要选择适当的时机，填入要优化的关键词，提升搜索引擎抓取的几率。个人资料的内容与微博保持良好的相关性，不仅能够提升搜索引擎抓取率，而且不会让受众感到厌烦。

⑥ 个人标签填写关键词。微博个人资料中个人标签的填写，可以填入要优化的关键词，提升搜索引擎抓取几率，同时也能够增加有共同标签或共同兴趣的粉丝加关注。

2) 口碑营销

小案例 6-16

他在短短 2 天时间内抢占了天涯社区(以下简称天涯)近 3 000 个沙发；他在天涯的单网点击超过 1 300 万次，网友回复超过 17 000 楼；在《新闻晨报》、《南方周末》及新浪网等网络主流媒体的评论中，他是继贾君鹏后的又一次网络事件……他便是在天涯迅速蹿红的“彪悍的小 y”。如果你还没有听说过小 y 的名字，说明你已经落伍了。“彪悍的小 y” 到底是谁？他是如何在天涯这样一个拥有超高流量的论坛中缔造横扫沙发和凡帖必复的神话的？是否真的像有的媒体所说的“几个学生合伙上演的闹剧”？答案不言而喻。从抢沙发到凡帖必复，从爆料天涯各大教派到万人抢楼帖，环环相扣，步步为营，绝非一般人所为，而是一次极富创意、策划缜密的网络营销事件。“彪悍的小 y”，是中国本土最大的公共关系机构——蓝色光标针对联想 ideapad Y450 笔记本彪悍的性能和主流的价位所策划的一次网络口碑营销事件。它抓住了网民猎奇的心理，在短短 20 天内凭借着抢沙发和凡帖必复的彪悍行径引发了公众的广泛关注和追捧，在天涯搭起了“万丈高楼”，并创下千万点击。

【分析提示】

反观“彪悍的小 y”，天涯单网千万点击的背后是绝佳的网络营销创意，即巧妙地利用抢沙发和凡帖必复等社区文化及网络新兴名词进行产品的推广，使得“彪悍的小y”的种种彪悍行为与ideapad Y450产品彪悍的性能高度契合，从而为企业的产品营销带来了良好的效果，极大地拉动了销售，实现了网络营销的主旨。

口碑(Word of Mouth)源于传播学，由于在市场营销中广泛应用，因此产生了口碑营销(Word of Mouth Marketing)。传统的口碑营销是指企业通过朋友、亲戚的相互交流将自己的产品信息或者品牌传播开来。

企业在调查市场需求的情况下，为消费者提供需要的产品和服务，同时制订一定的口碑推广计划，让消费者自动传播公司产品和服务的良好评价，从而让人们通过口碑了解产品、树立品牌、加强市场认知度，最终达到企业销售产品和提供服务的目的。

口碑营销优势明显，被业内人士称为“病毒式营销”，主要有宣传费用低、可信任度高、针对性准确、具有团体性、提升企业形象、发掘潜在消费者成功率高、影响消费者决策 、缔结品牌忠诚度、更加具有亲和力、避开对手锋芒等优势。

(1) 口碑营销的内容设计包括以下几方面。

① 借势。口碑营销的特点就是以小搏大，在操作时要善于利用各种强大的势能为己所用——可以借助自然规律、政策法规、突发事件，甚至是借助竞争对手的势能。

② 利益。生活中，人们关注与谈论最多的莫过于与自己利益相关的各种话题。例如，民生问题被评为近年百姓议论最多的话题就证明了这一点。因此，口碑营销必须将传播的内容以利益为纽带与目标受众直接或间接地联系起来，这一点在中国市场尤为重要。例如，“超级女声”的成功就是利用传播者本就是事件的利益主体，其不仅自己关注、参与，更会主动传播并邀请亲朋好友来关注、参与，由此产生了强烈的倍增效应。

③ 新颖。口碑营销的核心内容就是能够“感染”目标受众的“病毒体”——事件，“病毒体”威力的强弱则直接影响传播的效果。在今天这个信息爆炸、媒体众多的时代，消费者对广告，甚至新闻都具有极强的“免疫”能力，只有制造新颖的口碑传播内容才能吸引大众的关注与议论。“张瑞敏砸冰箱”事件曾经是一个引起大众热议的话题，海尔由此获得了广泛的传播与极高的赞誉，可之后又传出其他企业类似的行为，就几乎没有人再关注，因为人们只对新奇、偶发、第一次发生的事情感兴趣，所以，口碑营销的内容要新颖、奇特。

小案例6-17

买赠式的促销形式在今天已经司空见惯，效果也已经不明显，但是最早的买赠式却取得了空前的成功。16世纪英国的一个小镇上，水果农种植了大量的葡萄并且获得了丰收，结果导致葡萄的价格非常低，即使这样也卖不掉。一个庄园主想到了一个办法，从外地购买了一批苹果，顾客每买3千克葡萄可以获赠两个苹果。在当时的英国，苹果本就是很昂贵的水果，这个小镇因为不是苹果的产地，价格更是昂贵，加上运输困难，当地几乎见不到苹果。庄园主没有做任何宣传却引发了镇民的抢购，大家奔走相告，把这家庄园围得水泄不通。虽然赠送苹果增加了一些成本，但是因为是在苹果主产地直接购买，价格并不高，而有苹果搭售的葡萄也卖出了相对较高的价格，最后这位庄园主不仅卖空了所有的葡萄，还大赚了一笔。

【分析提示】

这就是最早的买赠式销售，但到了后来，大家都采用这样的方式，消费者也就习以为常，失去了当初强大的威力。所以，新颖、奇特是口碑营销成功的一个重要因素。

④ 争议。具有争议性的话题很容易引起广泛的传播，但争议往往又都带有一些负面的内容。企业在口碑营销时要把握好争议的尺度，最好使争议在两个正面的意见中发展。某企业为了引起大众的关注，招聘时出怪招：不招生肖属狗的员工，果然，引起了公众广泛的关注与讨论，多家媒体纷纷报道，但事件并没有给企业带来正面的效益，大众纷纷指责该企业存在用人歧视，封建迷信等问题，给企业带来了极其严重的负面影响。

⑤ 私密。世界上很多传播最广泛的事件曾经都是秘密，这是因为每个人都有探听私密的兴趣，越是私密的事物，越是能够激发人们探知与议论的兴趣。英国一位学者做了一个有趣的实验：他神秘地向两位邻居透露了一个消息，说早上一只怪鸟在自己家的庭院产下了一枚巨大的绿壳蛋，并且告诉这两位邻居不要对其他人讲，可结果不到一个小时，就有人在街上议论这件事情，没到第二天，这位学者所在小镇的所有人都知道了这个消息。秘密就像一只潘多拉的魔盒，不用刻意告诉他人打开，人们自己就会想方设法地主动去打开它。因此，涉及私密的内容是口碑营销传播方式中最有效也最有趣的一个手段，但是，制造私密性事件时切忌故弄玄虚或给受众一种受到愚弄的感觉，这样就得不偿失了。

(2) 口碑营销成功的五大必要条件。口碑营销每一个必经步骤都是营销人员可以发挥和展示才能的地方。产品、服务的任何一点瑕疵都可能在市场上引起一场口碑风暴。好的用户体验才会激发用户评论，这是口碑营销的基石。那些要进行口碑营销的广告主，首先要做的功课就是为消费者提供好的产品与服务。经研究表明，如果消费者对产品、服务不满，只有 4%的人会向厂商抱怨，而高达 80%的人则选择向亲戚、朋友倾诉。在提供好的产品与服务之外，营销人员还可以帮助消费者方便快捷地获取商品，发布评论，传播观点，放大良好口碑的影响力，尽可能地让口碑为刺激购买服务。

下面的 5 个要点是口碑营销成功的必要条件。掌握了这些，不一定能够获得营销上的突破，但不注意这些，企业的口碑营销实践就不会有所成就。

① 寻找意见领袖。倘若你是销售电脑的，那么邀请电脑专业媒体的记者体验一番，通过他们的生花妙笔来传播产品信息，便可以较高的可信度征服消费者；如果产品的消费人群主要是青年学生，那么找到班上学习成绩最好的学生或者班长、班主任来体验你的产品，提供传播渠道，帮助他们发布自己的使用心得、体会就是一个不错的方法；如果你的企业主要生产农作物种子，那么找农业科技人员、村长来讲述你的品牌故事和产品质量，就是一个很好的主意。在互联网时代，每个人都可能是一个小圈子内的意见领袖，关键是营销人员是否能慧眼识珠，找到这些意见领袖。意见领袖是一个小圈子内的权威，他的观点能为拥护者广为接受，他的消费行为能为粉丝狂热模仿。全球第一营销博客、雅虎前营销副总裁塞思·戈丁(Seth Godin)认为，口碑传播者分成强力型和随意型两种，强力型主导传播的核心价值，随意型扩大传播的范围。口碑营销要取得成功，强力型口碑传播者和随意型口碑传播者都不可或缺。

② 制造“稀缺”，生产“病毒”。病毒营销中的“病毒”，不一定是关于品牌本身的信息，但基于产品本身的口碑可以是“病毒”，这就要求你的产品要有特点，要有话题附着力，这样才容易引爆流行，掀起一场口碑营销风暴。苹果公司就是擅长“病毒”制造和口碑传播的企业。一提到 iPhone 3G 这个名字，它就能让无数“苹果”抓狂，让营销业内人士羡慕不已。

该款产品不仅提供众多个性化的设计，价格还相对低廉，不让它的消费者讨论似乎都很困难。因为，消费者的口碑既关乎产品本身，又是传播速度极快的“病毒”。重要的是，它总是限量供应，欲购从速。拥有它的人就是时尚达人，仿佛一夜之间便与众不同，身价倍增，他们当然更愿意在亲朋好友间炫耀，高谈阔论一番。

③ 整合营销传播。传统的广告理论认为，消费者购买某个产品，要经历关注、引起兴趣、渴望获得产品进一步的信息、记住某个产品到最后购买 5 个阶段，整个传播过程是一个由易到难、由多到少的倒金字塔模型。互联网为消费者的口碑传播提供了便利和无限空间，如果消费者关注某个产品，对它有兴趣，一般就会到网上搜索有关这个产品的各类信息，经过一番去伪存真、比较分析，随即进入购买决策和产品体验分享过程。在这一过程中，可信度高的口碑在消费者购买决策中起到关键作用，这在一定程度上弥补了传统营销传播方式在促进消费者形成购买决策方面能力不足的短处。然而，要让众多消费者关注某个产品，传统广告的威力依然巨大。因此，口碑营销必须辅之以广告、辅助材料、直复营销、公关等多种整合营销方式，相互取长补短，发挥协同效应，才能使传播效果最大化。

④ 实施各类奖励计划。俗话说“天下没有免费的午餐”，这样的道理或许每个人都明白，但人性的弱点让很多人在面对免费物品时总是无法拒绝。给消费者优惠券、代金券、折扣等各种各样的消费奖励，让他们帮你完成一次口碑传播过程，你的口碑营销进程也会因此大大提速。销售成衣的电子商务企业对这一进程可谓轻车熟路，只要消费者购买了产品，几乎都能获得一张优惠券，如果消费者把网站推荐给朋友，和朋友分享网站购衣体验，企业就有更多意想不到的收获。让消费者告诉消费者，消费者就这样不由自主地成为商家的宣传员和口碑传播者。

⑤ 放低身段，注意倾听。俗话说“好事不出门，坏事传千里”。因为没有对消费者的一篇关于电脑质量存在缺陷的博文及时做出反应，戴尔公司 2005 年业绩因此受到冲击，这并非杜撰，而是该公司承认的事实。口碑营销的主要工作之一与其说是将好的口碑传播出去，不如说是管理坏口碑。世界上还没有管理口碑的万能工具，但这不妨碍营销人士朝这个目标努力。营销人员当然可以雇佣专业公司来做搜索引擎优化服务，屏蔽掉有关本企业的任何负面信息。但堵不如疏，更好的办法是开通企业博客(或微博)、品牌虚拟社区，及时发布品牌信息，收集消费者的口碑信息，找到产品服务的不足之处，处理消费者的投诉，降低消费者的抱怨，回答消费者的问题，引导消费者口碑向好的方向传播。值得注意的是，消费者厌倦了精心组织策划的新闻公关稿、广告宣传语，他们希望与品牌有平等、真诚、拉家常式的互动沟通机会。在营销传播领域，广告失去了一位盟友，但品牌多了一个与消费者建立紧密关系的伙伴。被誉为比尔·盖茨(Bill Gates)一号广播小喇叭、微软公司前博客负责人斯考伯(Scoble)说：“再不经营博客，企业将沦为二流角色。”再不放低身段，倾听来自消费者的声音，历史性的口碑营销机遇也会擦肩而过。

3) 植入广告

植入广告(Product Placement)是随着电影、电视、网络游戏等的发展而兴起的一种广告形式，它是指在影视剧情、网络游戏中刻意插入商家的产品，以达到潜移默化的宣传效果。由于受众对广告有些抵触心理，把商品融入这些娱乐方式的做法往往比硬性推销的效果好得多。

(1) 植入式广告兴起的背景。植入式广告的悄然兴起有其深刻的背景，既有广告投放环境的因素，又是品牌管理的需要。具体而言，可以从以下几方面考查。

① 媒介环境复杂且投放成本加大，使得广告的效益呈下降趋势。以国内电视媒介的情况

为例，从1978年的32家电视台，到2002年的330多家电视台、2 200多个电视频道，电视频道和节目播出时间的剧增加速了受众的分化。加上电视媒介赢利模式单一，广告发布环境日趋复杂、环境噪音增大、受众广告接触率严重下降，形成了广告“拥堵”的局面，因此广告主急需找到新的优质传播渠道。

② 与媒介环境复杂相适应的是，受众在广告轰炸下，显示出愈来愈明显的离心倾向和逆反心理，充满对广告的不信任感，对各种营销信息表现得越发麻木和冷漠。广告的强制力与吸引力丧失，导致品牌与消费者的有效接触依赖于轰炸式投放，继而再次加剧了受众拒绝与逃避，形成恶性循环。

收费电视无疑是近几年媒介产业的重要话题，大众媒介几乎众口一词地表述“收费频道传输节目不插播广告”。事实上，只要广告投放的原动力存在，广告就不会消失在荧屏上：一方面广告主不会轻易放弃电视媒介这一受众面广、传播方式生动的信息渠道；另一方面，电视媒介也不会轻易放弃丰厚的广告收益。所谓的变化不过是广告将从“显性”向“隐性”转变。可以做一个假设，收费电视如果真能成为电视业的主流，植入式广告必将大行其道。

③ 除了媒介方面的原因，植入式广告的盛行还有品牌管理方面的原因。一方面，广告投入的持续增加，并不能使品牌价值同比例增加；另外，处于成熟期的品牌需要以提醒的方式保持产品的销量和品牌的活力，但硬性的品牌形象广告难以持续地激发消费者的热情，连续的广告投放可能造成消费者的麻木，品牌联想缺少有效的更新，品牌容易被视作“老迈品牌”，失去年轻的消费群。植入式广告是广告主的需要，同时也是节目或影视内容提供商的现实需要。

(2) 植入式广告的主要形式。植入式广告的表现空间十分广阔，在影视剧和娱乐节目中可以找到诸多适合的植入物和植入方式，常见的广告植入物有商品、标识、包装、品牌名称及企业吉祥物等。

① 影视剧中最常见的植入方式：一是台词表述。即产品或品牌名称出现在影视剧台词中。代表性例子是电影《一声叹息》，片中人物在电话中多次提到“欧陆经典”，特别在影片结束前，演员的台词是“过安慧桥，过了安慧桥左转，就是‘欧陆经典’，牌子很大，一眼就看见了！”二是特写镜头。这是植入式广告最常见的出现方式，具体方式就是“道具应用”。例如，电影《手机》中平均几分钟就出现一次摩托罗拉手机。在电影《没完没了》中，中国银行的广告则堂而皇之地印在“依维柯”车身上，在整个影片中反复出现。三是扮演角色。商品或品牌在影视剧中不再是道具，而是一个角色，这属于深度嵌入型的广告形式。品牌或商品在影片中出现频率极高，更可以为品牌导入新的联想。例如，动画片《海尔好兄弟》则是用海尔的吉祥物做主演，在低龄观众心目中根植下对海尔品牌的广泛认知。四是场景提供。一部电视剧《刘老根》捧红了位于辽宁铁岭的“龙泉山庄”，仅在2002年“五一”黄金周期间便为其吸引了近万名游客。而电影《魔戒3》的上映则在全球影迷心中掀起一股新西兰旅游热，他们希望亲临《魔戒》拍摄现场一探“中土”的真实面貌，到新西兰旅游成为全球观光客当时最热门的选择之一。植入式广告成为旅游目的地推广的新方式。

② 在综艺类节目中广告植入的形式更为丰富，也更为直接：一是奖品提供。综艺节目中嘉宾与现场观众、场外观众常常有获奖的机会，中央电视台的《幸运52》节目主持人反复介绍所提供奖品和奖品的赞助商，这种情形下很少有人对广告提出异议，因为奖品正是节目的一个重要元素，更是场内外观众的关注焦点。二是节目道具。这是把商品深度嵌入综艺类节目中，提高与受众的接触率的上佳方式，典型的例子是《幸运52》节目，选手的成绩干脆用

商标来代替，其中“幸运挑战”环节中商品竞猜，以及在节目最后邀请观众参与的幸运商标竞猜都将植入式广告的功能发挥到了极致。

③ 在网络文章中植入广告：一是网络原创小说中，广告植入信息可以体现为小说人物的某个嗜好、对某种品牌的看法、某个日常生活消费习惯等。二是网络新闻中，广告植入信息可以体现为对某个品牌或某个企业的新闻报道。三是个人博客或者网络论坛中，广告植入信息可以体现为博主对某个品牌的点评或推崇，如博客营销。知名品牌战略专家李光斗为东莞“上好便利店”在博客上做的“10 万奖金征集广告语活动”等都属于博客营销。

(3) 植入式广告的难点及考查环节。

① 植入式广告的难点主要有两个方面：一是需要同时满足剧情和营销传播的要求。过分迁就剧情传播，可能会影响广告的传播质量，导致信息偏离营销传播的协调性，与整合营销传播的要求相悖。反之，强调营销信息又可能影响剧情。植入式广告就是在“被情节干扰”与“干扰情节”的夹缝中诞生。在这种情况下信息整合是成功的关键所在，赞助商应与编剧、导演等创作人员充分沟通，广告植入的痕迹越少，与剧情结合得越自然，传播的效果也就越好。二是由于植入式广告效果的不可预见性，难以测算和评估广告收益。广告议价只能凭经验进行，如对导演、演员阵容、剧本及制片方推广能力的考察。将来可以用动态方式计价，在确定一个基价的基础上，广告价格应与实际的收视率、上座率、拷贝发行量等数据挂钩，进行更为科学的测算和核算。

② 运用植入式广告进行品牌传播应重点考查以下环节。

一是要充分考虑目标人群。即广告主的目标消费者与影视剧或节目的目标受众有没有交集，这一点是采用植入式广告时优先考虑的问题。在一部以学龄前儿童为目标受众的动画片中植入高科技类产品显然是不合适的，目标受众群的分离将造成广告的无效或低效投放。

二是植入式广告要考虑品牌或产品自身的特点。虽然植入式广告是一种有效的信息传递方式，但是并非任何一种产品使用此种方式都会取得良好的信息传播效果。因此要先从产品自身的特点出发，判断其是否适用于植入式广告。由于植入式广告是一种较隐蔽的信息传播方式，因此这种方式比较适合处在企业产品生命周期中后期的老品牌，不太适合那些处在品牌导入期的新品牌。当品牌处在导入期的时候，消费者对该品牌比较陌生，可能根本不会注意到被植入的该品牌产品；而当品牌处在产品生命周期的中后期时，品牌已经深入消费者内心，通过植入式广告可以巩固消费者对该品牌产品的记忆和认识。

需要注意的是，在影视剧或节目内容中应限制植入式广告的数量，防止过度商品化的倾向，避免各种广告相互干扰，避免引起目标受众的逆反心理。

三是为了扩大影响或强化品牌形象，植入式广告可以与显性广告、软性广告相结合。例如，在影片《双雄》和《手机》上映期间，赞助商品牌出现在电影海报上，赞助商还参加剧组组织的观众见面会，使观众在入场前就有所期许，可以加深观众对影片中出现的商品的印象，形成一种呼应。此外，还可以将接触人群扩大到影片受众之外的人群。植入式广告同时也可以配合销售促进(SP)活动进行。例如，在影片放映现场(特别是首映式现场)赠送纪念品或试用装，以期强化品牌接触和形成销售。

『项目实例』

诺基亚公司进入中国市场的营销策略分析

诺基亚公司(以下简称诺基亚)从 20 世纪 50 年代起，与我国建立了贸易关系。20 世纪 80

年代中期首次在北京开设了办事处，开始了在华的初期发展阶段。1996—2000年，中国手机市场处于三大国外品牌巨头(摩托罗拉、三星、诺基亚)三足鼎立的局面，它们占领了 80%以上的市场份额，这当中，诺基亚占得一席之地。但在这一阶段末，国产品牌开始登上中国手机市场的舞台并处于学习积累阶段。2001—2005年，国产手机异军突起，产生了一批国产手机名牌，如波导、TCL、康佳、夏新、海尔、熊猫、科健等，它们进入市场的法宝就是营销。2003—2004年，国产手机占据了中国手机市场的半壁江山。

2005年年底至今，诺基亚在4个国家设有基础设施生产基地，在8个国家设有移动电话生产基地，产品销往130个国家和地区，在世界市场上是备受认可和尊重的消费品牌之一。Netguide 2008年第一季度中国互联网用户品牌调查数据显示：在中国，诺基亚手机市场占有率为32.5%，产品欲购度为44.3%，用户满意度为91.5%，均排在第一位，确立其在中国互联网用户手机市场的领先地位。

市场营销理论的核心内容是4P策略，在市场营销专家看来，企业的任何战略都必须通过营销组合来实现。诺基亚在中国市场上取得的成功离不开出色的市场营销战略。为了不断提高核心竞争力，实现在中国市场的目标，它设计了一套完整的营销组合。

4P策略包括产品策略、定价策略、渠道策略和促销策略。

1. 产品策略

1) 产品线策略——将产品线覆盖所有细分市场

目前手机市场上所展现出来的行业之间的融合性已经非常明显。面对市场竞争的压力，竞争对手的实力不断加强，某项手机技术的创新或者说某种工艺造型上的改进只能够在短时间内领先，但是很快就会被模仿，很难在长时间内保持领先地位，因此，诺基亚选择了将产品线覆盖所有细分市场的道路。

根据用户的喜好，以多种配置形式满足消费者的个性化需求，先后推出了针对不同年龄层次的系列产品：真我个性系列(针对20多岁追求个性和自我表现的年轻人，价格较低)、动感活力系列、娱乐互动系列、商务精英系列(针对商务人士，存储容量大、待机时间长、能上网还能防震防雨)、时尚先锋系列(针对具有时尚生活个性的消费群，属中高档机型)、至尊经典系列(针对高端市场，体现的是身份和地位的象征)。每一种机型都有鲜明的个性内涵，都有明确的市场定位。从不断给手机注入的新技术，到业内称道的手机键盘设计，诺基亚的产品总是不停地在创新，涵盖了从研究到产品、从终端到基础设施、从技术到解决方案的全方位领域。同时，诺基亚还专门设有一个针对产品研发的市场信息收集网。在中国有300多名直属市场部的市场推广员，每天都在市场上收集各种资料信息，交给不同的市场分析小组进行分析和研究。这就保证了其清楚了解当地市场，消费者的需求特点和消费习俗，生产适销对路的产品。

2) 产品定位策略——以人性化诉求定位品牌的形象

正确的品牌定位来源于对自己的正确了解和对行业消费观念转变的正确把握。诺基亚认识到，科技的真正魅力应该来源于人性本身，当人与科技在互动中相得益彰的时候，科技便找到了它存在的真实意义。于是，它决定另辟蹊径，从一种科技公司少有的人文角度，找到适合自己的品牌文化根基和新的市场诉求点，提出了“人性科技”的品牌内涵，改变了高科技企业一直以来以科技作为唯一诉求的单一营销模式。它改变了人们对高科技企业的思维定势，体现出了“高科技为人所用”的人文关怀，建立起了品牌的差异性，扩大了产品的使用领域和使用范围。

1997年，诺基亚用一系列的广告形式宣讲了它对通信产品的理解，给予消费者更多的信心与憧憬。2001年，它推出未来手机的3G概念，以保持其品牌在人们心目中的领先形象。诺基亚在广告传播中的许多手机其实尚处于实验室内，但这种广告策略激发了人们对诺基亚期待的心情，使其始终成为人们翘首以盼的品牌。

诺基亚的产品包括针对学生市场的音乐系列手机与针对白领市场的智能手机。可以说它的产品是十分多元化的。早期数字系列1～9系列中，就已经包含了针对不同人群、不同职业、不同价位的手机。从时尚到典雅，再到商务，不同风格的产品，包罗万象。而后期推出的大受欢迎的N系列手机，帮助诺基亚迅速占领了目标市场。N系列被诺基亚定位为偏向于娱乐性能的高端智能机，是针对一群追求时尚的年轻人而开发的智能手机，是将时尚、功能、商务结合定位的多媒体智能终端，代表其未来发展潮流。

2. 定价策略

采取差异化定价策略，主流功能是诺基亚制定价格策略的核心。诺基亚的产品线涵盖了低端、中端到高端几乎所有市场，不同的目标市场价格也不一样，它的产品定位很明确。新机一上市就会定出该机消费群体可以接受的价位。从365元到13 800元，可以满足不同层次消费者的需求。

1) 高端手机定价策略

高端手机价格策略制定对主流功能的应用是在于控制价格的下降幅度和速度，也就是保值的问题。

(1) 高端系列分别为：8系列——尊贵典雅系列，颜色以黑为主；9系列——个人助理系列；N系列——多媒体终端系列；E系列——新商务系列，面向企业用户的智能手机。

(2) 高端系列定价策略包括：策略一——在生产与营销成本允许下的心理定价，策略二——最大限度避免价格竞争，策略三——为了最大限度保值的升价与降价。

2) 中端手机定价策略

(1) 中端系列分别包括以下几种系列。

3 系列：主要针对年轻一代。此系列的特点是造价普遍较低，配置处于诺基亚手机整体的中低端水平，为了节省成本，外形用料较一般，塑料感强。

5系列：运动音乐系列。5系列中机型虽少，但是款款个性独特，兼有特殊功能。

6系列：商务系列。6系列不仅体现出一种成熟的味道，更为成功人士增添一份魅力。也是软件最为成熟，功能搭配较好的中端以上的系列。

7系列：属于时尚先锋系列。这个系列机型不多，但款款都极具特色。

(2) 中端系列定价策略。诺基亚对于中端手机的价格制定的核心——功能差异定价。中端手机的目标消费者大多数属于刚出社会的青年或者在读的学生。他们个性感强，对新鲜事物有浓厚兴趣。同时，这个阶层的人，大多数收入不高，而且对于手机功能的需求也是有所差异的。中端手机的顾客定位，决定了中端手机是高中低端手机中对于功能(特别是主流功能)最为敏感的。

3) 低端手机定价策略

(1) 低端系列分别包括以下几种。

1 系列：单色低端系列。最初以单色、单音产品为主，后期推出了彩屏手机，价格不到300元。

2 系列：彩屏低端系列，也可以叫学生系列。

(2) 低端系列定价策略。跳出价格竞争，将手机定位于合适的位置，这样资金灵活，可以开发更多的潜在市场。但也就意味着市场占有率会有所下降。低端手机存在的最大特点是对主流功能的需求不大。价格制定的影响因素包括手机自身属性、市场竞争的激烈程度、用户的购买行为、手机自身属性。

3. 渠道策略

诺基亚在中国不断发展并建立起包括全国经销商、省级分销商、省级直控分销商、众多直销合作伙伴和专卖店等在内的多层次立体式的营销体系。它努力推出更适合中国消费者的全系列手机产品，更具冲击力的系列折叠手机，并增强其在码分多址(CDMA)领域的实力；同时，进一步向三、四级城市拓展它的销售网络和品牌知名度，并积极加强同各运营商的良好合作关系。

(1) “直供＋FD(Fulfillment Distribute)”的通路模式即不通过代理商中间环节，直接将货供给手机大卖场、专业连锁店和家电连锁企业等新生的终端卖场。这种渠道能够保证利润最大化。

相对于在渠道方面一直渗透不足的竞争对手，诺基亚手机获得了明显的渠道竞争优势，与此同时，其在产品质量、品牌等方面的优势也因此得到凸显。

(2) 代理模式区域差异极大，采用该模式，代理商能够根据区域特征，采取具体措施，使诺基亚手机达到更好的销售。

(3) 电子商务模式充分利用互联网对产品进行销售。

4. 促销策略

诺基亚利用品牌促销、广告促销、销售促进、网络促销等促销方式，以最终消费者为主要促销对象，设法激发消费者对产品的兴趣和需求，促使消费者向中间商、中间商向制造商企业购买该产品。

诺基亚与微软公司的合作，以及推出的 Windows Phone 7 备受消费者关注，它应该抓住此次机会，采用拉式策略，充分利用广告和互联网独特的优势，进行有力的宣传，以吸引消费者的注意，引导消费者消费，从而促进销售。

1) 品牌促销策略

对不同产品做不同的宣传，很少做整体式的推出，从而减少了横向的关联效应，而增加的新产品与原有产品的纵向效应，从而拉动了相应的关注群体。在同一主题下体现不同产品的个性化和差异化，赋予消费者以情感利益，把诺基亚和消费者本身的品位很好地融合在一起，使得消费者购买诺基亚手机成为一种生活方式。

考虑到同一品牌下的不同产品都充满自我的色彩，势必模糊品牌的定位，为了不弱化品牌的个性，它采取品牌核心价值理念统帅下的单品个性传播策略，即单品演绎个性，个性统一于核心理念之下。在同一主题下，以不同的表达形式阐释不同的产品，赋予每种产品鲜明的个性。

2) 广告促销策略

诺基亚的广告语是“科技以人为本”。在手机的广告制作中，诺基亚广告的画面和其产品所贯彻的路线都保持了一致。此外，它的广告并没有太多的语言，但却一样吸引人们的目光，主要的功劳要归于其广告的创意独特。它的广告很贴近人们的生活，会让人觉得拥有一部诺基亚手机在生活中是必不可少的。同时，它的一些广告很受年轻人喜欢，让年轻人觉得使用它的手机是时尚，是潮流。诺基亚广告的艺术表现力，主要体现在其创意上，并有国际大品牌独有的风范。

在诺基亚的广告促销中，它应该一直秉承“科技以人为本”的理念和其独特的广告创意，运用各种媒介，进行多角度、全方位的宣传，打造出其独特的品牌宣传风格和品牌文化艺术，形成极具内涵并独特的品牌。

3) 销售促进策略

诺基亚先后利用了以下几种方式进行销售促进。

(1) 与电视和电影商签订合约，使旗下手机出现在《老友记》、《黑客帝国》、《双雄》、《恋之风景》等剧集和电影中。

(2) 率先利用明星效应。1999年在美国推出8860型号手机前，优先赠与好莱坞知名影星；在我国香港地区推出8910型号手机前，就将手机赠予香港影视明星，亦收到一定的宣传效果。

(3) 8210型号手机上市时，在上海、广州、北京、成都等城市组织了大规模的路演活动，用现代舞、现场攀岩、跳舞毯来诠释激情。

在以后的营销策略中，应该围绕着便捷的功能、时尚等主题大胆地运用感性元素吸引消费者和制造消费群。充分利用礼品、代价券、有奖销售、附送样品、交易印花、现场示范、竞赛、交易折扣、津贴、展销会等形式实现销售促进，刺激消费需求、鼓励消费者购买。

4) 网络促销策略

根据中国互联网络信息中心(CNNIC)的报告显示，截至2009年6月，我国网民的规模已经位居世界首位，并且随着现在网络的普及范围的加大，我国网民的数量还会上涨。这说明互联网在中国的发展趋势很强劲，谁占有了网络谁就占有了中国手机的未来市场。

对此，诺基亚延续以往的网络营销策略，利用各种先进的互联网技术实现营销目标。适时举办如网络直播演唱会这样的大型网络活动，做富于创新精神的营销。

(资料来源：http://wenku.baidu.com.)

『项目复习』

- 产品生命周期一般可分为4个阶段，即介绍(引入)期、成长期、成熟期和衰退期。在国际市场上产品的发展需经过3个阶段：新产品阶段、成熟产品阶段、标准化产品阶段。
- 美国市场营销协会(AMA)对品牌的定义：品牌是一个名称、术语、符号或图案设计，或者是它们的不同组合，用以识别某个或某群消费者的产品或劳务，使之与竞争对手的产品和劳务相区别。
- 常用的定价方法有三大类，分别是成本导向定价法、需求导向定价法和竞争导向定价法。每一大类中又有许多具体方法，企业应根据不同的定价目标、成本、需求及竞争情况，择优选用。
- 为更好地实现企业的定价目标及总体营销目标，根据不同的销售渠道、产品条件及消费者的具体情况，实行灵活多变的定价策略，包括折扣定价策略、地区定价策略、心理定价策略、差别定价策略、新产品定价策略及产品组合定价策略。
- 国际市场分销渠道是指参与将一国生产厂商的商品转移到另一国市场，销售给东道国消费者或最终用户的所有机构和个人，包括在商品转移的过程中获得商品所有权或帮助所有权转移的机构和个人。当企业采取不同的分销策略进入国际市场时，产品或者服务从制造商向消费者转移过程就会经过不同的营销机构，从而形成不同的国际分销渠道模式。

- 国际市场分销渠道的选择中，必须考虑 6 个因素，美国国际市场营销学家凯特奥拉教授称之为 6C，即成本(Cost)、资金(Capital)、控制(Control)、覆盖面(Coverage)、特性(Character)和连续性(Continuity)。
- 国际市场促销是指企业在国际市场上应用各种沟通方式和手段向顾客传递产品或服务及企业信息，实现双向沟通，使顾客对企业及其产品或服务产生兴趣、好感与信任，进而做出购买决策的活动，其实质是一种信息沟通活动。国际市场促销活动的基本方式包括国际市场人员推销、国际广告、国际市场营业推广和国际公共关系，其中国际广告、国际市场营业推广和国际公共关系又被统称为非人员促销。

『职业能力训练』

一、选择题

1．(　　)是指从事进口业务的中间商和销售进口商品的中间商，主要分为进口经销商和外国进口代理商两种。

A．进口中间商　　B．出口经销商　　C．出口代理商　　D.进口代理商

2．企业应根据分销目标和自身条件制定选择中间商的适应标准，主要标准不包括(　　)。

A．成本　　B．资金　　C．控制　　D．方便

3．(　　)指的是产品从生产领域流转到消费者领域所经过的买卖次数，即中间商层次的多少。

A．渠道层次　　B．渠道系统　　C．渠道宽度　　D．渠道长度

4．能够体现及时调整信息、实现信息双向交流等特点的促销手段是(　　)。

A．人员推销　　B．广告　　C．营业推广　　D．公共关系

5．对于从事国际营销的跨国公司来说，市场领导者宜采用(　　)。

A．创新性促销策略　　B．差异化促销策略

C．选择性促销策略　　D．标准化促销策略

6．国际营销产品的生命周期指产品的(　　)。

A．使用寿命　　B．市场寿命　　C．设计寿命　　D．实际寿命

7．(　　)是指同一产品在不同的市场上以两种以上的价格出售以增加企业的总利润。

A．撇脂定价　　B．折扣定价　　C．差别定价　　D．生理定价

8．在产品生命周期各阶段中，企业需要侧重于加强成本和质量控制，增强、维护产品和商标信誉的阶段是(　　)。

A．投入期　　B．成长期　　C．成熟期　　D．衰退期

9．优异的国际品牌应该具备以下条件，除了(　　)。

A．反映产品功效　　B．给人以高档感

C．易读、易记　　D．树立全球形象

10．出口产品的最终市场价格中，(　　)所占的比重相对较小。

A．生产成本　　B．风险成本　　C．运输成本　　D．周转成本

11．在(　　)阶段，竞争者看到有利可图，将纷纷进入市场参与竞争，使同类产品供给量增加，价格随之下降，企业利润增长速度逐步减慢，最后达到产品生命周期利润的最高点。

A．介绍期　　B．成长期　　C．成熟期　　D．衰退期

12. (　　)是企业给那些大量购买某种产品的顾客的一种减价，以鼓励顾客大量购买。此法不仅可以增加企业产品的销售量，而且可以将一些仓储功能转移给买方，从而减少仓储及运输成本。

A．现金折扣　　B．数量折扣　　C．功能折扣　　D．季节折扣

二、判断题

1. 国际分销渠道的中间商包括所有参与分销活动的个人和组织。　(　　)

2. 进口代理商和出口代理商是同一个性质的中间商，他们所在国和委托人相同。(　　)

3. 企业并非被动地位中间商服务，企业在维护合作关系时，应该积极引导和敦促中间商，保证其正常开始推销业务。　(　　)

4. 等级包装策略是将产品分为若干等级，对高档优质产品采用优质包装，对一般产品采用普通包装，使产品的价值与包装相称，表里一致，方便消费者选购。　(　　)

5. 国际市场产品定位是指对公司产品进行设计，从而使其能在目标顾客群体中占一个独特的，有价值的位置的行动。　(　　)

6. 产品差异化政策是指企业根据地区向全世界范围内不同国家和地区的市场提供不同的产品，以适应不同国家或地区市场的特殊需求。　(　　)

7. 企业向国外市场提供的是满足消费者需要的有形的物体。　(　　)

8. 在国际市场上，同一产品在不同国家往往处于生命周期的不同阶段。　(　　)

9. 典型的产品生命周期一般可分为4个阶段，即介绍(引入)期、成长期、成熟期和衰退期。　(　　)

10. 由于较大的营业推广规模能够引起较高的刺激水平和更多的销售反应，所以在确定国际营业推广规模时应越大越好。　(　　)

11. 当消费者具有流动性时，宜采用标准化设计策略。　(　　)

12. 当子公司所在的东道国政治风险较大时，母公司对子公司宜采取转移低价提供产品或者劳务。　(　　)

13. 国际市场公共关系可以以一定的目标和任务为核心，将若干公关媒介与方法有机地结合起来，形成一套具有特定公关职能的工作方法系统。　(　　)

14. 认知价值定价法，就是企业根据国际市场上的购买者对产品的感受价值来制定价格的一种方法。　(　　)

15. 口碑营销的特点就是以小搏大，在操作时要善于利用各种强大的势能来为己所用——可以借助自然规律、政策法规、突发事件，甚至是借助竞争对手的势能。　(　　)

三、思考题

1. 企业选择中间商的标准包括哪些？
2. 什么是独家分销策略？
3. 企业可采用哪些全球品牌的决策？
4. 影响企业定价的因素有哪些？
5. 企业采取降价策略时，经常遇到的问题与挑战有哪些？
6. 国际市场产品设计决策应考虑哪些因素？
7. 简述国际市场营业推广的主要形式。

四、实训题

1．案例实训

(1) 实训主题：国际市场营销渠道策略。

(2) 实训地点：多媒体课室。

(3) 实训目的：训练学生对渠道策略的认识。

精品爱普生(以下简称爱普生)是日本制造打印机的领头羊之一，当该公司打算扩大其产品线生产计算机时，现有的分销商颇为不满，并且也不相信爱普生对新兴零售商业有推销能力。爱普生美国公司总裁杰克 • 沃伦(Jack Warren)决定招募新的分销商以取代现有的分销商。杰克 • 沃伦雇用了赫根拉特尔公司，并给予如下指示。

(1) 寻找在经营褐色商品(如电视机等)和白色商品(如冰箱等)方面有两步分销经验(从工厂到分销商到零售商)的申请者。

(2) 申请者必须具有领袖风格，他们愿意并有能力建立自己的分销系统。

(3) 他们每年的薪水是 8 万美元底薪加奖金，提供 37.5 万美元帮助其拓展业务，他们每人再出资 2.5 万美元，并获得相应的股份。

(4) 他们将只经营爱普生的产品，但是可以经销其他公司的软件；同时，每家分销商都配备一名培训经理并经营一个维修中心。

2．模拟实训

(1) 实训主题：我国茶叶进入美国市场如何开展宣传。

(2) 实训目的：加深学生对国际市场营销促销策略的理解，提高学习对开发国外市场的实际操作技能。

(3) 实训设计：把全班分成 5 或 6 个小组，每组分配不同的任务；选择一家国内的茶叶企业，一部分同学负责对企业进行调研了解，撰写调研报告；一部分同学调研美国茶叶市场行情，撰写报告；结合企业现状和美国市场情况，选择合适的促销策略。

3．阅读以下案例，谈谈该案例给你的启示。

劳斯莱斯重塑形象

创立于 1904 年的英国劳斯莱斯汽车公司，以生产豪华型轿车而著名。虽有过骄人的成绩，但在 1981—1983 年，它的汽车销量大跌 35%，年产量随之下降到 2 400 辆左右，曾一度面临严重的财政困难。到 1986 年，新上任的经营负责人彼得 • 华德(Peter Howard)使公司出现了转机。他从改造班特莱汽车着手，塑造了一个更年轻、更有生命力的“劳斯莱斯”的新形象。华德在标准型劳斯莱斯轿车上加上金属边线，使它显得更贴近地面，更有安稳感。同时，增加了涡轮推进引擎，使重达 5 500 磅的班特莱车具有在 7 秒钟内起动加速到 60 英里/小时(1 英里＝1.609344 千米)的能力。此举使班特莱轿车变成意大利跑车与英国豪华轿车的混合体，一改它是“劳斯莱斯”影子的形象。20 世纪 80 年代末到 90 年代初，班特莱车的销售已占该公司总销量的 40%，每辆售价也高达 16.7 万美元。在改造班特莱车的同时，该公司在英、美等国通过广告等手段，为劳斯莱斯车扭转了“车主是附庸风雅的有钱人”的形象。在英国，他们的广告强调“买一辆劳斯莱斯犒赏自己多年来的辛勤工作”。在美国，他们则套用亨利 • 詹姆士(Henry James)的名言，大声宣称“尽情享受，这是一个不能不犯的错误”。这一系列的广告，不仅化解了人们的敌意，而且吸引了新顾客，还加强了已有顾客的忠诚度。这个“一石三鸟”之计，取得了良好的效果。1989 年，劳斯莱斯汽车的销量攀上了 10 年来的最高峰，这股增长势头迄今仍未减弱。

4．阅读以下案例，谈谈该案例给你的启示。

汽车定价中的“价格标签”

在 2003 年的中国汽车市场上，不同档次的汽车各自都有相应的“价格标签”，如经济型轿车——两厢夏利，3.98 万元；老款中档轿车——富康新自由人，9.98 万元；新引进的紧凑型轿车——本田飞度，9.98 万元；新引进的中级轿车——别克凯越，14.98 万元；新引进中高档轿车——本田新雅阁，25.98 万元。

两厢夏利等具体车型的定价不知不觉间成为相关档次轿车的“价格标签”，它们有一个共同的有趣特征，就是万元级的小数点后边都是 9 800 元，距离一万元的整数只差 200 元。实际上，对于购买汽车的消费者来说，区区 200 元谁也不会在乎， 但是精明的厂家、商家更看重这 200 元带给人们的错觉。例如，将富康新自由人的定价由目前的 99 800 元，增加 201 元，虽然只是增加了 0.2%，但其售价却变成了 100 001 元，一下子就跃上了 10 万元级的价格台阶，给人以价格昂贵的感觉。现在，利用尾数定价原则，既分别给人们以价格不足 4 万元，10 万元，15 万元的直觉，又利用“九八”——“就发”的汉语谐音让消费者感到了亲切。

在市场形势一片大好的 2003 年，国内生产厂家全年推出了 40 多款轿车，加之前几年已经推出，当年仍在销售的车型，市场上大约有 60 余款可售车型。这些车型大致分成了经济型轿车、老款中档轿车、新引进的紧凑型轿车、新引进的中级轿车、新引进中高档轿车等几种类型。尽管各家汽车生产企业在推出自己的产品时各自都有自己的定价。但上述代表性产品的定价，还是让竞争对手感觉到了压力，不得不调整自己的产品定价，自觉地向“价格标签”靠拢。例如，上海汽车工业集团的别克君威(26.38 万元)、中国第一汽车集团公司的马自达(26.58 万元)以本田新雅阁作为“价格标签”；别克凯越于 2003 年 8 月推出以后，迫使一大批原来售价偏高的车型纷纷降价，以求与其取得相近的性价比。

综合能力项目

项目 7　撰写国际市场调研报告

『项目目标』

知识目标

1. 了解撰写国际市场调研报告的重要性。
2. 熟悉市场调研报告的含义和类型。
3. 掌握市场调研报告的格式、写作技巧及一般写作过程。

实训目标

1. 通过对市场调研报告写作方法的学习，具备撰写《市场调研报告》的能力。
2. 通过项目实训的学习，具备撰写《国际市场调研报告》的能力。

『项目实训』

实训项目

撰写《A公司中国市场调研报告》。

实训背景

A公司在开拓中国市场的过程中，需要通过国际市场调研获取相关的信息，从而分析企业和企业产品的优势和劣势、判断市场的机遇和风险。请运用前述所学的国际市场调研知识与技能，针对A公司在中国所选择的目标市场，以产品信息、价格信息、分销渠道、促销手段、市场竞争对手等作为A公司的调研对象与内容，撰写《A公司中国市场调研报告》。

实训内容

1. 掌握撰写报告前的写作准备。

首先确定报告主题，之后针对主题收集相关资料，并对所收集的数据资料进行选择和分析，根据分析结果对报告的内容和形式进行总体构思，包括划分全文结构层次、进行分层思考，然后拟定写作提纲。

2. 撰写并完善调研报告。

写作过程中，要注意语言的使用技巧，做到文字流畅、富有说服力，论述时做到条理清晰、重点突出、详略得当。市场调研报告的内容起草完毕后，应对标题页、摘要、目录、附件等要素的设计和排版进行设计和完善，做到版式优美、便于阅读。

实训步骤

1. 由指导教师介绍实训的目的和要求，对“国际市场调研报告”的概念、类型及在实践中的作用和价值进行说明。

2. 由指导教师介绍撰写《国际市场调研报告》的写作原则、步骤，并对案例进行分析。
3. 完成实训项目团队组队，每组4～6人，并选出组长。
4. 阅读报告范例，作为操作参考，进行国际市场调研报告的撰写。

『项目知识』

任务 7.1　国际市场调研报告的写作准备

7.1.1　国际市场调研报告概述

国际市场调研是指从事国际营销的企业(包括出口企业和跨国公司)，系统地收集、记录和分析国际市场信息，以使国际企业能够正确认识市场环境、评价企业自身行为，为其国际营销决策提供充分依据。

撰写国际市场调研报告是国际市场调研的最后一步，也是十分重要的一步。调查数据经过统计分析之后，只是为企业得出有关结论提供了基本依据和素材，要将整个调查研究的成果用文字形式表述出来，使调查研究真正起到解决企业问题、服务于企业的作用，则需要撰写调研报告。

国际市场调研与国内市场调研都属于市场调研。由于市场调研最先研究的是国内问题，之后，随着企业的经营越过国界，市场调研也跨越国界成为国际市场调研，在更大的范围内开展市场调研活动。在国际市场调研活动中，企业行为不仅要受到国内环境因素的制约，还要受到国际环境因素的影响。由于每一个国家或地区都有其不同于其他国家的特定环境，因此，与国内市场调研相比，国际市场调研更困难、更复杂。主要表现在以下几个方面。

(1) 调研范围广。国际市场调研的内容包括一切反映国际市场动态并有助于企业做出营销决策的信息。因此，在对国际市场进行调研时，需要调研目标市场国的政治环境、经济环境、相关法律、文化，以及人口因素、自然条件等信息。

(2) 信息获取难度大。一般而言，同市场营销有关的各种消息、数据资料、研究报告等信息在国内较为容易得到，在国外很难得到或根本得不到。

(3) 信息分析复杂。由于各国的数据来源、统计方法、统计口径大小等因素的不同，从不同国家得到的信息，需要经过复杂的整理、换算后，才能加以运用。

(4) 调研工作开展难。国际市场调研的成本比国内市场调研高出许多，调研工作的组织与开展也更复杂。且同样的调研方法，在国内有效，在其他国家可能无效。

国际市场调研的特殊性决定了国际市场调研报告的撰写难度高于国内市场调研报告，在一些细节的处理上二者存在一定的区别。

然而，国际市场调研与国内市场调研在本质上并无区别，都是以消费者为中心，对其所处的市场环境进行调查和分析研究，目的皆在于寻求进入市场的机会。因此，国际市场调研与国内市场调研的基本原理、主要原则、调研过程，以及调研的步骤与方法等方面从概念上讲是相同的，在格式与写作上也是基本一致的。下面首先就市场调研报告的概念、作用、写作原则、类型等内容进行介绍。

1. 市场调研报告的含义

市场调研报告是建立在市场调研资料分析基础上的产物。经过在实践中对某一产品客观实际情况的调查了解，将调查了解到的全部情况和材料进行分析研究，揭示本质，寻找规律，总结经验，最后以书面形式陈述出来，这就是市场调研报告。

市场调研报告的形成大体上是由 3 个环节所组成：调查、研究、报告。这 3 个环节中，调查是基础，研究是关键，报告是结果。

(1) 调查：对企业市场环境的客观情况进行调查，以弄清事物发生的时间、地点、背景、过程和结果等。调查的目的，在于掌握大量、真实、全面的客观事实和具体数据，对基本情况有一个系统的了解。

(2) 研究：对已经获取的材料进行分析、研究。研究的目的在于探索事物的本质和规律。

(3) 报告：把调查研究所形成的结论加以整理，通过布局安排、语言调遣组织成文章，用书面形式说明结果。

因此，可以说调查是研究的事实基础，研究是报告的理论依据，报告是调查、研究的具体体现。

2. 市场调研报告的作用

市场调研报告是一种沟通、交流形式，其目的是将调查结果、分析结果及战略性建议传递给管理人员或其他担任专门职务的人员。其撰写的意义归纳起来有 3 点。

(1) 市场调研报告是市场调研结果的综合体现，是调查与分析成果的有形产品。调研报告是将调查研究的成果以文字的形式表达出来，可以用做市场调研成果的历史记录。

(2) 通过市场调查分析，透过数据现象分析数据之间隐含的关系，使人们对事物的认识能够从感性认识上升到理性认识，更好地指导实践活动。市场调研报告比起调研资料来，更便于阅读和理解，有利于商品生产者和经营决策者掌握市场行情，全面透彻地把握市场动向，在确定经营目标、编制计划，以及控制、协调、监督等各方面都能起到积极的作用。

(3) 市场调研报告是生产者、经营者和消费者认识市场，了解市场，掌握市场，收集市场信息的主要方式之一。许多管理者并不一定涉足市场调研过程，但他们将利用调研报告了解市场、分析问题、制定决策和计划管理。因此，一份好的市场调研报告能够对企业的市场活动提供有效的导向作用，倘若调研报告写得拙劣，即使设计并实施了最好的调研方案，也会使调研得到的资料黯然失色，甚至可能会使整个市场调研工作功亏一篑，前功尽弃。

小案例 7-1

男人长胡子，因而要刮胡子；女人不长胡子，自然也就不必刮胡子。然而，美国的吉列公司却把“刮胡刀”推销给女人，居然大获成功。

吉列公司创建于 1901 年，其产品因使男人刮胡子变得方便、舒适、安全而大受欢迎。进入 20 世纪 70 年代，吉列公司的销售额已达 20 亿美元，成为世界著名的跨国公司。然而吉列公司的领导者并不以此满足，而是想方设法继续拓展市场，争取更多的用户。就在 1974 年，公司提出了面向妇女的专用“刮毛刀”。

这一决策看似荒谬，却是建立在坚实可靠的市场调研基础之上的。

吉列公司先用一年的时间进行了周密的市场调查，发现在美国 30 岁以上的女性中，有 65%的人为保持美好形象，要定期刮除腿毛和腋毛。这些女性之中，除使用电动刮胡刀和脱毛剂之外，主要靠购买各种男用刮胡刀来满足此项需要，一年在这方面的花费高达 7 500 万美元。相比之下，美国女性一年花在眉笔和眼影上的钱仅有 6 300 万美元，染发剂 5 500 万美元。毫无疑问，这是一个极有潜力的市场。

根据市场调研结果形成的调研报告，吉列公司精心设计了新产品——雏菊刮毛刀，该产品显示了女性的特点。为了使雏菊刮毛刀迅速占领市场，吉列公司还拟定几种不同的“定位观念”到消费者之中征求意见。最后，该公司根据多数女性的意见，选择了“不伤玉腿”作为推销时突出的重点，刊登广告进行刻意宣传。结果，雏菊刮毛刀一炮打响，迅速畅销全球。

【分析提示】

该案例说明，市场调查研究是经营决策的前提，市场调研报告是市场调研的最终结果，是企业经营决策的最重要的依据。只有充分认识市场，了解市场需求，对市场做出科学的分析判断，决策才具有针对性，从而拓展市场，使企业兴旺发达。

(资料来源：http://www.cmrr.com.cn.)

3. 市场调研报告的写作原则

市场调研报告是对市场的全面情况，或某一侧面、某一问题进行调查研究之后撰写出来的报告，是针对市场状况进行的调查、分析和研究，因而具有客观性、目的性、针对性、时效性、新颖性等不同于其他报告的特点，在撰写时应遵循以下原则。

1) 坚持客观性

调研报告的最大特点就是用事实说话，应当以客观的态度撰写报告。在文体上最好使用第三人称或非人称代词，如“作者发现……”、“笔者认为……”、“据发现……”、“资料表明……”等语句。

同时，由于市场调研报告不是单纯报告市场客观情况，还要通过对事实做分析研究，最终得出有价值的结论或建议。这就需要报告撰写者树立严谨的科学态度，掌握科学的分析方法，以调研资料为基础，得出科学的结论，适用的建议等。切忌主观臆断或根据自己的喜好和经验取舍材料、隐瞒事实，误导读者。在行文时，应以报告的语气撰写，不要力图说服读者同意某种观点或看法。读者关心的是调研的结果和发现，而不是撰写者个人的主观看法。

2) 突出目的性

调研的目标应体现于报告之中。市场调研不仅是为了占有资料，了解事物的现状，更主要的是为了研究事物发展变化的原因及规律，解决某一实际问题。因此，调研报告必须目的明确，调查资料的运用、调研计划的安排、论证的开展都要以调研目的为中心，有理有据、有的放矢，切忌无中心、无重点、无分析、无观点。

3) 注意针对性

针对性主要包括两方面：选题上的针对性和阅读对象的明确性。

首先，调研报告在选题上必须强调针对性。任何调研报告都是目的性很强的，是为了解决某一问题，或是说明某一问题。因此，撰写报告时只有目的明确，才能发挥市场调研应有的作用。

其次，调研报告必须明确阅读对象。市场调研报告是供客户阅读和使用的，阅读对象的不同，他们的要求和所关心问题的侧重点也不同。例如，调研报告的阅读者如果是企业的总经理，那么他主要关心的是调研的结论和建议部分；如果阅读者是专家学者，那么他更关心的就是调研所采用的方式和数据准确度问题。因此，对于不同的阅读对象，调研报告的形式和内容的要求也就不同。撰写调研报告之前，一定要掌握调研报告的阅读对象，了解其要求的重点，用通俗易懂的语言、真实可信的材料、逻辑严谨的推理阐明观点，提高报告的吸引力。

4) 讲究时效性

当今的时代是知识经济、信息经济的时代，信息资料具有很强的时效性。由于市场的信息千变万化，经营者的机遇也稍纵即逝。市场调研报告应顺应瞬息万变的市场形势，做到及时反馈。有价值的调研内容只有及时到达使用者手中，使经营决策跟上市场形势的发展变化，才能发挥调研报告的作用。因此，调研报告必须讲究时效性，做到信息资料及时收集、及时反馈，才能使调研结果快速应用到决策中，使决策跟上市场的变化。

5) 发掘新颖性

新颖性指调研报告应从全新的视角去发现问题，用全新的观点去看待问题。市场调研报告应紧紧抓住市场活动的新动向、新问题，引用通过调查研究得到的新发现，提出新的观点，形成新的结论。

小案例 7-2

我国的玩具业近年来无论在产值，还是在出口创汇的增长方面都已有了不俗的表现，已经成为世界玩具生产和出口大国。而国内玩具市场的潜力有多大，热点在何处呢？玩具究竟应该朝哪些方向发展呢？

调查中，有40%的消费者认为玩具应该向娱乐性发展，38%的消费者认为应该向教育性发展，17%的消费者认为应该向装饰性发展。但是目前有关专家指出，我国的玩具业还未走出儿童天地，绝大多数玩具生产企业的产品开发面狭窄，我国的玩具业中成人玩具市场需求大、供给小、品种缺乏，玩具市场上难觅成人玩具的迹踪。

玩具是休闲、启智和益智之物，不应只是儿童的“专利”。成人玩具市场在我国有很大的开拓空间。对于玩具生产企业来说，要想成功地开拓这一巨大的潜在市场，除了要有创意的头脑、紧扣市场脉搏外，更需要了解消费者的心理。将部分注意力放在成年人身上，突破传统简单的玩具概念，代之以各种娱乐性、健身型、益智性的玩具产品的研制开发和营销，增加成人娱乐、把玩的功能，以适应成年消费者的需求。

【分析提示】

调研报告的目的在于展示市场调研的成果，把获得的市场信息和分析结果传递给决策者，在确定企业经营目标、编制计划时起到积极的导向作用。因此，调研报告的观点和见解应当具有新颖性，能够给人以启迪、给实际工作以指导。

(资料来源：http://www.globrand.com/2011/523962.shtml.)

6) 提高语言组织和表达技巧

在撰写报告时应当考虑到企业的中高层决策者工作的繁忙性，这就要求所撰写的报告应当内容尽量简洁，结构安排恰当。因此，报告的内容应加以组织，做到使读者在最短的时间内对调研报告的主要内容形成一个全盘的印象（如果能在报告之前列一个提纲或目录，便可协助读者了解报告的结构情形，也可帮助撰写者确知所有项目是否皆已包括其中，既不致重复，亦不致遗漏)。

在表达上，要注意语言的表达技巧，做到语言精练，通俗易懂；报告应简短中肯，避免用字晦涩，技术性名词要少用。调研报告中常见的一个错误是报告过长。通常调研者经过调研后，试图告诉读者他所知道的与调研项目有关的一切内容，包括调研的过程、证明、结论等。导致的结果是“信息超载”。事实上，调研报告应当是精练的，任何不必要的内容都应省略，力求简明扼要，突出重点。

此外，要恰当地使用统计表和统计图，使枯燥的数据更加生动、形象，增强说服力。

知识拓展 7-1

使用图表说明

调查报告的撰写要充分利用不同种类的图表的功能。因为，一般来说，与使用文字说明相比，图表可以使阅读者迅速地利用其进行直观的对比和分析，一目了然地了解调查工作的成果。

通常情况下，在总结调研结果和报告正文当中所使用的图表，应该只是扼要地介绍资料的图表。详细地介绍一切所收集到的重要资料的图表，应该归入报告附件部分。

使用图表说明还必须认真考虑图表的设计和格式。如果图表格式设计不当，不但无助于说明情况，甚至可能产生曲解事实真相的相反效果。此外，图表中所有列载的资料务求尽量完整和准确。为了方便阅读，图表中各项资料的数值通常应选用整数，但经常也会使用百分比和指数，或做补充说明，或使用代替某些绝对数值的资料。

7) 国际市场调研报告撰写的特殊性

由于国际市场调研所面临的是与本国有着不同经济发展程度、不同语言和价值体系、不同政治和法律制度的国际市场，并且国际市场变化多端，因而调研工作变得更为复杂困难，进行国际市场调研的企业对信息的需求无论在数量上、质量上、范围上都比国内市场调研的要求更高。因此，在撰写国际市场调研报告时，除上述写作原则之外，还应注意一些特殊的方面，例如，目标市场国的外汇和外资政策，目标市场国的劳动力、原材料等资源条件，目标市场国的文化背景、风俗习惯、教育水平、宗教信仰、价值观念、审美观念等方面。如此，才能为企业的国际营销决策提供有效的依据。

7.1.2 市场调研报告的类型

市场调研报告按照不同的分类方式有着不同的类型，见表 7-1。

表 7-1 不同分类标准下的市场调研报告类型

分类标准	类型
服务对象	市场需求者调研报告(消费者调研报告)和市场供应者调研报告(生产调研报告)
调研频率	经常性市场调研报告、定期性市场调研报告和临时性市场调研报告
调研对象	商品市场调研报告、房地产市场调研报告、金融市场调研报告和投资市场调研报告等
调研范围	国内市场调研报告和国际市场调研报告
调研内容	综合性调研报告和专题性调研报告

下面主要介绍综合性调研报告和专题性调研报告。

1. 综合性调研报告

综合性调研报告也称概括性调研报告或普遍性调研报告，这是最基本、最常用的一种报告形式。主要是围绕调研对象的基本状况和发展变化过程，对调研对象的基本情况进行较为完整的描述，对全部调研的结果进行比较全面、系统、完整、具体的反映，详细地呈现调研的结果和主要发现，并提出具有普遍意义的建议。

综合性调研报告的特征包括以下几方面。

(1) 反映整个调研活动的全貌。内容涉及范围较广，所依据的资料丰富，覆盖面大，且篇幅较长。

(2) 对调研对象的发展变化情况作纵横两方面的介绍。

(3) 一般要借助大量的统计表和统计图来反映调查所获得的资料。

2. 专题性调研报告

专题性调研报告是指围绕某一特定事物、问题或问题的某些方面而撰写的调研报告。相对于前者而言，可能着眼点更小、更细。例如，针对某类对象撰写的调研报告，如《杭州市某年龄段女性化妆品市场调研报告》；针对某类产品撰写的调研报告，如《酒类产品消费者市场调研报告》。

专题性调研报告的特征包括以下内容。

(1) 主题鲜明，内容专一，材料针对性强，问题集中，篇幅相对而言比较短小。

(2) 专题性调研报告所依据的材料具体，所涉及的范围较窄，一般而言内容较深入。

7.1.3 撰写国际市场调研报告前的准备步骤

撰写报告之前，可先考虑做如下的准备工作：确定主题、收集数据资料、选择和分析材料、布局和拟定提纲，如图7.1所示。

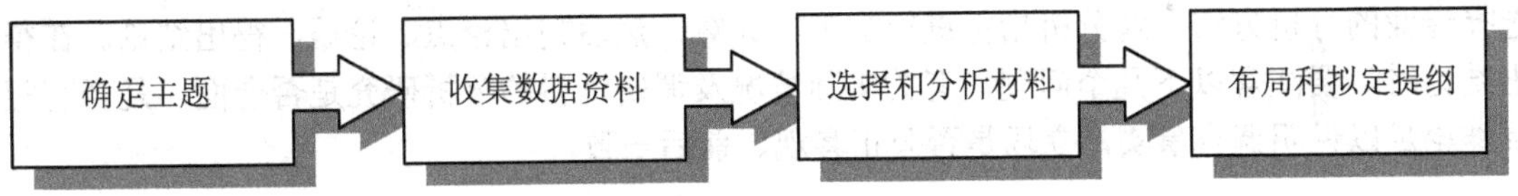

图7.1　市场调研报告的撰写步骤

1. 确定主题

调研报告的主题就是报告所要表达的中心问题和思想，也是调研报告的灵魂，对调研报告写作的成败具有决定性的意义。如果不确定主题，就不能确定需要哪些资料，用什么方法整理、加工这些资料，分析方向和角度是什么。因此，在确定主题时要注意调研的最初目的，认真分析调研中所获得的基本材料，联系实际深入细致地加以思考，找出调研中发现的问题和规律，进行科学分析从而得出正确的结论，进而确定报告的主题。

在确定主题时要注意以下事项。

(1) 报告的主题应与调研主题一致。

(2) 若在研究过程中出现与调研假设不完全一致的结果，要根据调研和分析的结果，重新确定主题。

(3) 主题宜小，且宜集中。

(4) 与标题协调一致，避免文题不符。

2. 收集数据资料

主题确定之后，调研报告的撰写者必须以主题为中心，根据分析对象和内容收集数据资料。包括过去已有的调研资料、相关部门的调查结果、统计部门的有关资料等，并经常深入社会第一线，不断了解新情况、新问题，有意识地探索和研究，如此才能写出有价值的调研报告。

国际市场调研的主体是进行国际市场营销的企业。由于涉及企业在本国以外的一个或多个国家或地区市场，因而收集数据资料面临的难度更大，所需要的资料内容也更为广泛。调研人员需通过国际市场调研的第一、二手资料广泛收集国际市场信息，为企业制定目标和战略决策服务。

3. 选择和分析材料

选择材料就是选择表述论点的资料。由于市场调研过程中获取的数据和资料非常丰富，不可能全部纳入调研报告中，因此，需要根据主题选取有关的材料，之后再对相关材料进行分析。

1) 选取、整理材料

材料首先要鉴别其真伪，鉴别其典型性和完整性，然后根据主题的需要进行筛选，去掉无关的、关系不大的、次要的、非本质的材料，这样才能达到材料与观点的高度统一，使主题集中、鲜明、突出。之后对数据资料进行分组整理，认真研究数据的统计分析结果。为了方便阅读和比较，可以先将全部结果整理成各种表格和图形。

2) 分析材料

调研得来的原始材料虽然来自客观世界，但它本身并不能够直接解决实际问题。只有通过对这些材料的分析和研究，探寻出客观材料的本质和内部规律，才能理性地再现其本来面目。

由于国际市场调研跨越了国界，在对材料进行分析时，必须考虑不同国家在社会历史状况、经济发展程度、人文地理环境，以及市场状态等方面的巨大差异，根据国际市场的特点，选择专业的分析方法，对分析指标进行加工、计算，然后列出论点、论据，得出结论。在得出结论时，要注意以下几个问题：有关实际情况及调研资料的分析研究是否全面，是否有相反结论足以说明调查事实，立场是否公正客观、前后一致。

4. 布局和拟定提纲

在完成上述几步后，调研报告的基本内容就已大概明确了。布局和拟定提纲是调研报告构思中的一个关键环节。布局是指调研报告的表现形式，布局的过程实际上就是把调查材料进一步分类和构架的过程。构架的原则是“围绕主题，层层紧逼，环环相扣”。提纲就是文章的骨架，提纲的特点是它的内在逻辑性，拟定提纲要求纲目分明，层次分明，使报告的各有关章节段落的编排和文体有一个明确的脉络。

任务 7.2　撰写国际市场调研报告的注意事项及格式

在写作准备完成后，进行调研报告的撰写和完善。这是调研报告写作的行文阶段。布局和拟定提纲后，在起草调研报告时，要根据已经确定的主题、选好的材料和写作提纲，有条不紊地行文。

7.2.1　撰写国际市场调研报告的注意事项

写作过程中，要从实际需要出发选用语言，灵活地划分段落，各部分的写作格式、文字数量、图表和数据要协调统一。在论述时，应该有条理、有系统地集中阐明各种有关论据和见解，但也要注意有所侧重，突出重点，不能平铺直叙、面面俱到。

调研报告的初稿起草完毕后，应将初稿通读多遍，认真审查，征得各方意见进行修改，这样也许会发现其中某些章节或段落的材料有必要重新调整或安排，以求改进。同时还应对其他一些相关的要素进行设计和完善，包括标题、摘要、目录、附件等要素的设计和排版，在完成这些工作之后，即可定稿。

7.2.2　国际市场调研报告的格式

从严格意义上说，市场调研报告没有固定不变的格式。不同的调研项目、不同的调研者或调研公司、不同的用户，以及调研项目自身性质的不同，都可能会有不同的结构和风格。然而，尽管书面调研报告会因调研项目和需求者的不同而有不同的写法，但仍有一个基本的格式，即包括标题、目录、摘要、正文、附件 5 个主要部分，如图 7.2 所示。

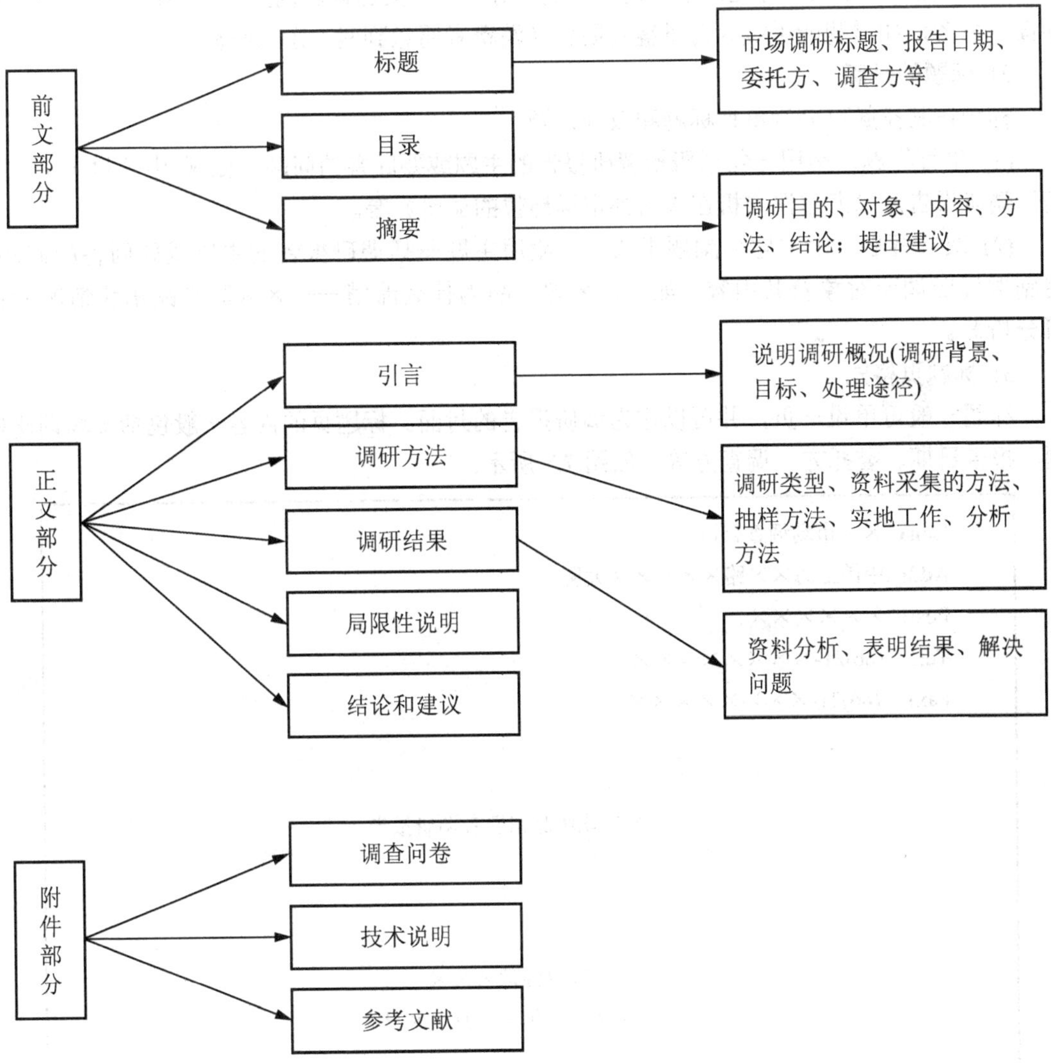

图 7.2　市场调研报告的基本格式

1. 标题

市场调研报告的标题和报告日期、委托方、调查方，一般应打印在扉页上，即标题页。市场调研标题就是调研报告的题目。拟定标题一般应注意语言要简单明了，内容要高度概括，揭示报告的主题思想，以提高报告的吸引力，引起读者的阅读兴趣。

1) 标题的表现形式

标题的表现形式一般有以下 3 种。

(1) “直叙式”标题。即反映调研意向或指出调研地点、调研项目的标题，如《2010 年中国饮水机市场调研报告》、《××市饮料批发与零售市场分析调研报告》等。这种标题的特点是简明、客观。

(2) “表明观点式”标题。即直接阐明作者的观点、看法，或对事物做出判断、评价的标题，如《智能手机将主宰美国市场》、《安卓击败苹果和黑莓的五大优势》。

(3) “提出问题式”标题。是以设问、反问等形式，突出问题的焦点和尖锐性，吸引读者阅读、思考，如《智能手机为何迅猛发展》、《消费者愿意到网上购物吗》。

2) 标题的排版

标题按其排版可分为单行标题和双行标题。

(1) 单行标题。是用一句话概括调研报告的主题或要回答的问题，如《“中关村电子一条街”调研报告》、《海尔洗衣机在国内外市场地位的调研》等。

(2) 双行标题。由主题加副题组成，一般用主题概括调研报告的主题或要回答的问题，用副题标明调研对象及其内容，如《××牌产品为什么滞销——××牌产品销售情况的调研分析》。

3) 标题页格式

标题一般可单设一页，并可以作为调研报告的封面。标题页的内容一般包括市场调研标题、报告日期、委托方、调查方等，如图 7.3 所示。

Cmr：××市场调查公司

Add：中国上海××路××号××大厦

Post：××××××

Tel：(86)21-××××××××

Fax：(86)21-××××××××

××化妆品消费者调研报告

项目经理×××

××××年××月××日

图 7.3 标题页格式

2. 目录

如果调研报告的内容、页码较多，为方便阅读，应当使用目录或索引形式列出报告的主要章节和附录，并注明标题、有关章节号码及页码。如果调研报告的内容较少，目录也可省略。但如果列有目录，一般来说，篇幅不宜超过一页。

目录范例如下。

目　　录

3. 摘要

摘要是整个报告的核心，是对调研活动所获得结果的概括性说明，也是报告阅读者重点阅读的部分。一般来说，高层领导人因为工作繁忙，往往只有时间阅读摘要部分，然后根据摘要，在正文中寻找需要进一步阅读的内容，因此，摘要很可能是报告撰写者影响决策者的一个展示机会。

在写作摘要时需要注意几个问题：一是摘要只给出最重要的内容，一般不宜超过 3 页；二是每段要有小标题或关键词，每段的内容应当非常简练，一般不要超过四句话；三是摘要应当能够引起读者的兴趣和好奇心，以便进一步阅读报告的其余部分。摘要由以下 3 方面内容组成。

1) 简要说明调研目的

在这一部分，研究者要对调研的由来和进行调研的原因做出说明。即为什么开展调研，通过调研希望得到什么。说明时可引用有关的背景资料作为依据，分析企业经营、产品销售、广告活动等方面存在的问题。

一般而言，背景资料可能包括产品在一段时期内的销售变化情况、产品的市场占有情况、已有的促销策略与实施状况、价格，以及包装策略的运用情况、消费者对企业广告的反应、产品的销售渠道等。背景资料的介绍不仅可以作为研究目的的铺垫，还可以作为研究结论和建议的佐证，与研究结果相结合说明问题。

2) 概述市场调研的对象和内容，以及采用的基本的方法

简要介绍调查对象和调查内容，包括调查时间、地点、对象、范围、调查要点及调查研究的方法。介绍调查研究的方法，有助于使人确信调查结果的可靠性，因此对所用方法要进行简短叙述。例如，是用抽样调查法还是用典型调查法，是用实地调查法还是文案调查法，这些方法一般是在调查过程中使用的。另外，在分析中使用的方法，如指数平滑分析、回归分析、聚类分析等方法都应做简要说明。如果这部分内容很多，应有详细的工作技术报告加以说明补充，附在市场调研报告最后的附件部分。

3) 提出解决问题的建议

这是以结论为基础提出的。在某些情况下，委托者不希望调研者在报告中提出建议，因此，是否在摘要中提出建议要依据委托者的需要来确定。

小案例 7-3

摘　　要

调研目的：对淄博市家庭购物决策者的购物习惯有真正的了解，以便高效率地扩大销售分布，并制订有效的销售和市场营销计划。

在调查对象中女性受访者占51%，男性受访者占49%，其中年龄主要集中在21～49岁，比例为83%，文化程度主要分布在大中专以上，他们是淄博的主流消费群体，客观、全面地从消费者的角度反映了淄博商业的发展情况。

调查区域覆盖整个淄博市，涉及五区三县，重点为城区消费群体。

样本总量为800人，张店、博山、淄川、临淄、周村、桓台、高清、沂源各100人。

本报告中所称“大卖场”，指的是位置地处近郊，销售面积在3 000平方米以上的大型超级市场。

【分析提示】

该调研报告的摘要部分包括调研目的、对象、地点、范围及调研方法，但未包含提出问题的建议。

(资料来源：http://www.doc88.com/p-69655319085.html.)

4. 正文

正文是调研报告的主要部分。在这部分必须准确阐明全部相关论据，包括问题的提出，分析研究问题的方法，论证的过程，结论的提出，还应当有可供活动决策者进行独立思考的全部调研结果和必要的信息，以及对这些情况和内容的分析、评论等。

正文部分一般包括引言、调研方法、调研结果、局限性说明、结论和建议几个部分。

1) 引言

引言是报告的开头部分，这一部分应首先说明调研概况，即解释为什么要进行此项调研及要达到的目标。引言通常包括以下3个方面：问题的背景(包括地理、经济、文化及社会变化趋势、法律与政策等)，要达到的目标，处理问题的基本途径。

引言的形式有以下几种。

(1) 开门见山，揭示主题：文章开始就先交代调查的目的或动机，揭示主题。

例如，“我公司受北京××电冰箱厂的委托，对××国消费者进行一项有关电冰箱市场需求状况的调查，预测未来××国消费者对电冰箱的需求量和需求的种类，使北京××电冰箱厂能根据国际市场需求及时调整其产量及种类，确定今后的发展方向。”

(2) 结论先行，逐步论证：先将调查的结论写出来，然后逐步论证。许多大型的调研报告均采用这种形式，特点是观点明确，使人一目了然。

例如，“××牌皮鞋是一种高档皮鞋，通过对××牌皮鞋在××国市场消费者购买行为，对该品牌皮鞋的评价情况进行调查，笔者认为它在××国市场不具有市场竞争力，原因主要从以下几个方面来阐述。”

(3) 交代情况，逐层分析：先交代背景情况、调查数据，然后逐步分析，得出结论。

例如，“本次关于非常可乐的消费情况的调查主要集中在北京、上海、重庆、天津，调查对象集中于中青年。”

例如，“本次关于对香皂的购买习惯和使用情况的调查，调查对象主要是中青年消费者，其中青年消费者(20～35岁)占55%，中年消费者(36～50岁)占25%，老年消费者(51岁及以上)占20%；女性占70%，男性占30%”。

(4) 提出问题，引入正题：先提出人们所关注的问题，引导读者进入正题。中央电视台很多调查分析报告都采用这种形式。

例如，“从去年下半年开始，随着台湾地区生产的康师傅方便面的上市，各种合资的、本土的方便面似雨后春笋般涌现，面对种类繁多的方便面市场，如何在激烈的竞争中立于不败之地？带着这一问题，笔者对北京市部分消费者和销售单位进行了有关调查。”

开头的方式灵活多样，可根据具体情况进行选择。

2) 调研方法

这一部分要阐述以下5个方面的内容。

(1) 调研类型。说明展开的项目是属于探索性调研、描述性调研，还是属于因果性调研。

(2) 资料采集的方法。说明采集的是第一手资料还是第二手资料，结果是通过调查法、观察法获得的，还是通过实验法取得的，若有相关调查问卷或观察记录表应编入附录。

(3) 抽样方法。说明目标总体是什么、抽样框如何确定、样本单位有哪些，以及它们是如何被抽选出来的。对以上问题的回答的依据及相应的运算须在附录中列明。

(4) 实地工作。说明需要多少、什么样的实地工作人员，以及对他们如何培养、如何监督管理和检查。这一部分对于调研结果的准确程度十分重要。

(5) 分析方法。对使用的定量分析方法和定性分析方法进行说明。

3) 调研结果

调研结果部分是报告的主要组成部分，这一部分的内容为根据调查所掌握的资料进行分析，提出调研的发现，揭示原因，表明基本的结果、材料分析结果和关联性分析结果，并解决问题等。它是报告正文中最长的一部分，一般要由几个章节构成，不但要逐题给出总的结果，还要按市场细分或所关心的人口特征(如年龄、性别、收入、职业等)给出分类的结果，以及项目间的相关关系结果。

写作时应注意的技巧包括以下内容。

(1) 内容要紧紧围绕调查问题和所需的信息，按照调查目标的逻辑顺序来安排，重要的调查结果尽量使用引语。

(2) 叙述要简明扼要，一份优秀的报告，应该有简洁、清晰的数据分析结果，反映调查所得的资料时应尽量使用统计图和统计表，但过于详细的图表应放在附录部分。

(3) 根据图表中的数据资料所隐含的趋势、关系或规律，客观地描述和分析，常用的几种叙述方法有说明、推论和讨论。

说明是指根据调查所得的统计结果来叙述事物状况、现象的情形、事物发展的趋势、变量之间的关系。说明不是数据结果的简单描述，而是利用已有的资料或逻辑关系做较为深入的分析；推论就是根据调查的部分样本特征来推断总体。推论不是用样本的调查结果简单地代替总体，必须考虑样本的代表性；讨论主要是对调查结果产生的原因做分析。

4) 局限性说明

完美无缺的调研是难以做到的，任何调查研究都可能在调研条件、经验、工具、问卷设计，访谈的时间、地点、人物及所采用的研究方案等方面有所限制，因此，误差的产生在所难免，使得调研的结果在一定程度上受到影响。因此，报告中必须指出调研报告的局限性。否则可能会对产品的生产、销售计划有所影响，最终给企业造成不可忽视的损失。

这一部分的撰写应当十分细心谨慎并且注意保持观点上的平衡。一方面，调研者应当把握住的是，管理决策人员不会过分依赖调研结果，不会将结果用于其他目的(如将结果推广到其他总体)。另一方面，注意不要影响决策者对调研的信任感或贬低调研的重要性。

小案例 7-4

20 世纪 70 年代中期以前，可口可乐公司(以下简称可口可乐)一直是美国饮料市场的霸主，市场占有率一度达到 80%。然而，70 年代中后期，百事可乐公司迅速崛起。1975 年，可口可乐的市场份额仅比百事可乐公司多 7%；9 年后，这个差距更缩小到 3%，微乎其微。

1982 年，为找出可口可乐衰退的真正原因，可口可乐决定在全国 10 个主要城市进行一次深入的消费者调查，希望了解消费者对可口可乐口味的评价并征询对新可口可乐口味的意见。调查结果显示，大多数消费者愿意尝试新口味的可口可乐。

可口可乐的决策层以此为依据，决定结束可口可乐传统配方的历史使命，同时开发新口味的可口可乐。在新可口可乐正式推向市场之前，可口可乐又花费数百万美元在 13 个城市中进行了口味测试。结果 60%的消费者回答说新可口可乐味道比老可口可乐要好，认为新可口可乐味道胜过百事可乐的也超过 50%。

根据此次调研的结果，可口可乐不惜血本协助瓶装商改造了生产线，并进行了大量的广告宣传。但新可口可乐上市后不久，越来越多的老可口可乐的忠实消费者开始抵制新可口可乐。对于这些消费者来说，传统配方的可口可乐意味着一种传统的美国精神，放弃传统配方就等于背叛美国精神。每天可口可乐都会收到来自愤怒的消费者的成袋信件和上千个批评电话。迫于巨大的压力，决策者不得不做出让步，在保留新可口可乐生产线的同时，再次启用近 100 年历史的传统配方，生产让美国人视为骄傲的“老可口可乐”。

仅仅 3 个月的时间，可口可乐的新可乐计划就以失败告终。

【分析提示】

尽管可口可乐前期花费了 2 年时间、数百万美元进行市场调研，但可口可乐忽略了最重要的一点——对于可口可乐的消费者而言，口味并不是最主要的购买动机。因而在关于新可口可乐口味测试的调研报告中应当指出该处局限。

(资料来源：http://wenku.baidu.com/view/483c35c69ec3d5bbfd02743f.html.)

5) 结论和建议

结论和建议是撰写综合分析报告的主要目的，是调研报告的结束语。

结论是调研者基于调查材料，按照定义的问题来解释统计的结果，并从中提炼出的一些结论性的东西。

建议是针对调研获得的结论提议应采取的措施、方案及其步骤。例如，媒体策略应如何改变；广告主题应是什么；与竞争者抗衡的可行办法；采用何种价格、包装或促销策略更佳等。

正文中对结论和建议的阐述应当比在摘要中更为详细，而且要辅以必要的论证。不同的调研报告，结尾写法各不相同，一般而言应包含以下几个方面。

(1) 概括全文。经过层层剖析后，对调研报告归纳说明，总结主要观点，深化文章的主题，以提高人们的认识。

(2) 形成结论。在对资料进行深入分析的基础上，得出报告的结论。

(3) 提出看法和建议。通过分析形成观点，写出尚存在的问题或不足，并在此基础上提出建议和可行性方案。

(4) 展望未来，说明意义。通过调查分析展望未来前景，提出努力的方向，启发人们进一步去探索。

小案例 7-5

服装市场调研报告的结论和建议

中国服装凭借廉价的劳动力资源和强大的产业配套优势，在全球纺织服装业中傲视群雄。随着进口配额的取消，中国服装企业面临前所未有的发展机遇。可以预见，服装贸易摩擦即将进入高发期。出口企业应如何做好“后配额时代”的应对？

据 2009 年抽样调查基本情况分析如下。

(1) 现代大学生在服装类型的选择上，更追求服装的舒适度，并非只注重潮流。其中有 63.04%的男生和 65.59%的女生都偏好运动休闲型，而追求流行时尚型服装的男、女生分别只占 16.3%和 21.51%。

(2) 就购买服装的场所而言，58.06%的女生和 47.37%的男生选择在专卖店购买。而具体在厦门，均有超过半数的男、女生选择到中山路选购服装。到厦大一条街，沃尔玛及莱雅百货的购物者则依次减少。

(3) 价格是购买服装的又一重要影响因素。有超过 50%的购买者只愿接受 50～100 元/件的服装价位。可见，攀比之风在校园里逐步蔓延，但大部分青年学生并未随波逐流。

(4) 以款式为购买服装的首选因素的男、女生各占 33.59%和 43.12%。质量因素以 29.58%位列其次，而品牌因素则以 7.5%居于最后。因此厂商应在款式的设计上注重新奇，以迎合现代大学生着衣的不同品位与风格。

调查显示，人们普遍认为，当今服装批发市场普遍存在的问题是产品档次不全、产品质量不高、卫生条件差等。这些问题都是服装市场急需解决的问题。这也表明，采购者的要求在不断提高，他们希望在一个产品档次全、产品质量高、金融设施健全、环境舒适的服装批发市场采购服装。

【分析提示】

结论和建议要简洁有力，与正文部分的论述要紧密对应，不可提出无证据的结论，也不要进行没有结论性意见的论证。

(资料来源：http://wenku.baidu.com/view/d1dd201bed5b9f3f90f1ced.html.)

5. 附件

附件是指调研报告正文无法包含或没有提及，但与正文有关的附加说明部分。它是对正文报告的补充或更详尽的说明，包括以下几方面。

(1) 原始资料的背景材料，如调查问卷、谈话记录、数据统计表等。

(2) 工作技术说明，如对一种统计工具的详细阐释。

(3) 其他必要的附录，如资料提供人员的名单、参考文献等。

每一内容均需编号，以便查寻。

『项目实例』

大学生手机消费调研报告

目录(略)

前　言

随着科技的不断进步，经济的不断发展，人们的消费水平不断提高，其中手机消费也日益增多，手机已不再是个别人物的身份的象征，也不再是成年人的专用，年轻人，尤其是大学生已悄悄成为新的消费人群。越来越多的商家也已开始把大学生作为手机购买群中最重要的消费群体之一，开始为大学生量身定做了很多款适合大学生使用的手机。手机，作为一种重要的联络手段，一种高端科技产品，一种时尚的象征，在校园中的普及率已经超乎人们的想象。

1. 调查内容及方法

某品牌手机公司为开发大学生市场，特进行了一次市场调研，主要内容如下。

1) 调查目的

(1) 了解大学生的消费习惯(消费档次、品牌偏好、购买关心要素、选购意向，影响购买决策的因素)。

(2) 了解大学生对手机产品的心理需求，获取有关消费者对手机产品的重要信息(看法、建议)。

(3) 手机产品市场现状与潜力分析，了解手机销售市场竞争的情况，潜在市场的消费者数量(潜在消费者的接受程度和挖掘市场的空白份额)。

2) 调查方法及基本情况

为了真实地反映大学生的手机消费状况，确保调查结果的真实性、客观性，从而准确地推测大学生市场的潜力方面的情况，本次调查基本情况如下。

(1) 调查方法。

① 案头调研(获取重要的、有借鉴价值的二手资料)。

② 网络搜索(搜索必要的二手资料)。

③ 观察调研(可观察大学生的手机使用情况、经销商手机的销售情况等)。

④ 问卷调查(针对大学生消费者进行定点访问及拦截访问，采用随机抽样的技术获取样本)。

⑤ 深度访谈(针对经销商进行小组深度访谈，采用判断抽样的技术选择样本)。

(2) 调查对象。

① 在校大学生采取问卷调查的方式。(100 份)

② 手机经销商采取访谈提纲的方式。(10 份)

(3) 调查时间：20 天。

(4) 调查区域。

① 广州番禺大学城内随机抽查的大学生。

② 广州天河岗顶各家手机专卖店，手机大卖场。

(5) 调查实施。

① 15 名访问员分成 4 组，分工合作，选择大学城的 4 所大学，每所大学访问 25 名学生，选定适当的时间，以及人流量比较大的几个地点，对大学生进行问卷形式的拦截调查。(共 100 份问卷)

② 剩下 5 名访问员组成两组，选择适当的时间，各选择 5 家手机店，对这几家店的经营商进行小组深度访谈。(共 10 份访谈提纲)

③ 对调查所得到的资料及数据进行整理、统计、分析，并得出结论。

2. 市场调查结果分析

根据调研人员的案头调研及实地调研所得，有以下调研结果可供参考。

1) 手机普及情况及趋势分析

信息的极大丰富化、便利化，对学生消费者的消费动力也有影响。电视、报纸、杂志、网络、电台、店堂、车体……广告铺天盖地，宣传无处不在，各大手机厂商与广告商的努力，使得通信领域(主要是手机市场)的信息极大地丰富化、便利化，在这种强烈的外部刺激的作用下，学生手机族的消费动力也得到了提高。据此次调查资料显示：在被调查者中手机的拥有率高达 98.3%。从调查中还可看出：大多数学生手机族所能承受的手机价格为 1 000～1 500 元，占 55%；手机价格在 1 000 元以下与 1 500～2 000 元的各占 20%；少数大学生的手机价格在 2 000 元以上，占 5%，如图 7.4 所示。也就是说，大部分大学生需要的是中低档的手机。

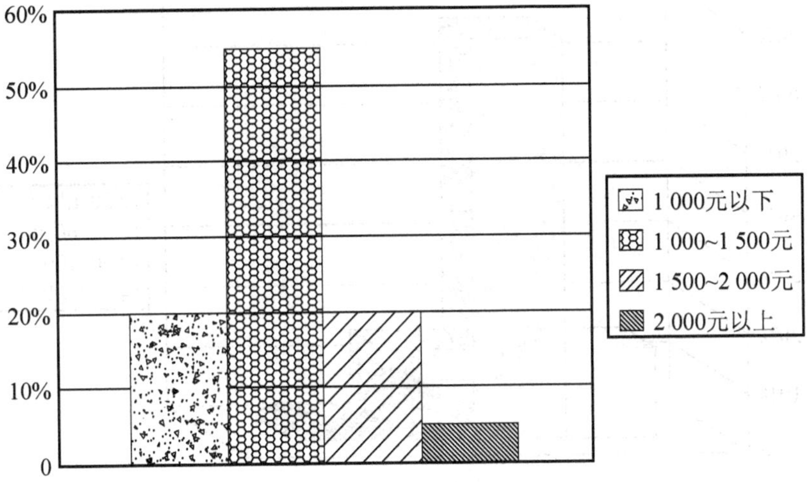

图 7.4 大学生所能承受的手机价格比例

2) 各品牌手机占有情况

经调查，目前学生使用的手机品牌主要是摩托罗拉、诺基亚、三星，分别占被调查者的15%、40%、15%；其次，索尼拥有一定数量的支持者，占被调查者的8%；而国产手机则主要集中在波导、TCL两大品牌，但其占有率不高，分别只有4%、5%；其他的小品牌占有率更低，如图7.5所示。这样的品牌结构可归结为两句话：大品牌主导市场，小品牌填补市场空隙。

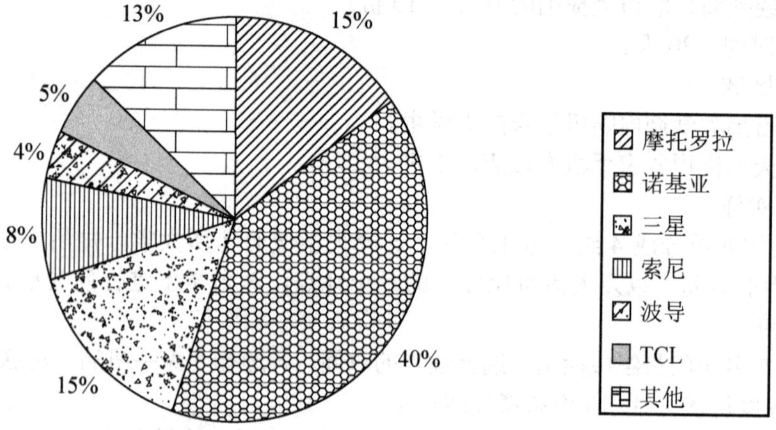

图 7.5　大学生所使用的手机品牌比例

3) 购买手机的目的

大学生购买手机的主要动机并不像以往人们通常认为的“大学生买手机主要是为找工作之用”。调查结果显示，大学生购买手机的主要目的是为了与家人、朋友联系，相比之下，出于临毕业前找工作之需的反而少之又少，而方便联系、生活需要成为当今大学生购机热潮的主要因素。根据大学生的从众心理，追求时尚也是购买手机的一个重要因素。

4) 费用的使用情况

调查结果显示，学生的生活费用大部分来自家长。因此，大学生都会通过办理各种套餐节省话费，67%的被调查者一个月的手机费用为30～60元；30元以下和60～100元的各占15%；手机费用在100元以上的所占的比率较小，为3%，如图7.6所示。

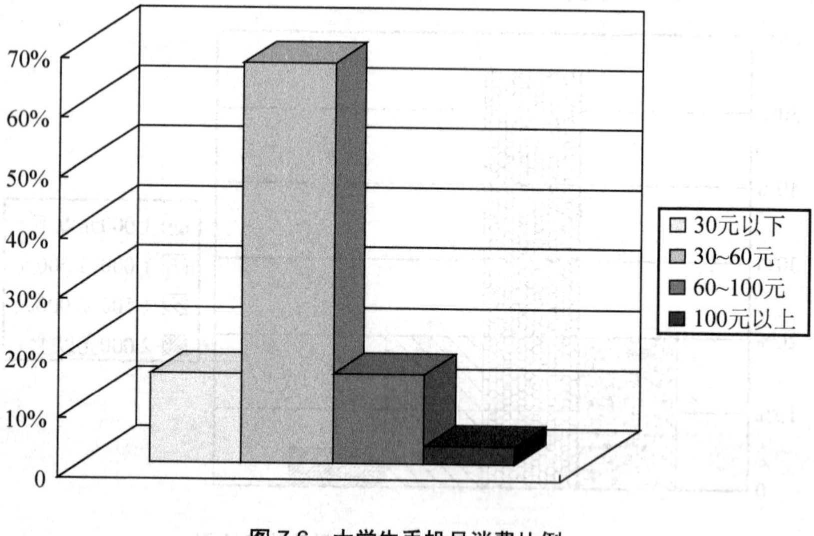

图 7.6　大学生手机月消费比例

从个人月收入看，月生活费的多少也直接影响学生手机消费的变动。目前绝大部分大学生的月生活费都为 600～1 000 元，这一层次的学生手机消费者不在少数，占本次问卷样本的 50%，但月生活费在 1 000 元以上的高消费者也占了 30%，有 12%的人达到了 1 500 元以上。消费者的月手机话费也与其月生活费相挂钩，生活费用少的话费也相应较少，控制在 30 元以下，见表 7-2。

表 7-2　大学生手机用户生活费分析

月生活费/元	600 以下	600～1 000	1 000～1 500	1 500 以上
比例/(%)	8	50	30	12

5) 学生手机使用的分析

由于学生消费群的成员大多为 18～23 岁，这一人生中思想最活跃、最善变的黄金青春期，具有热情、开朗、奔放、崇尚自由的率直个性。

据调查显示，学生消费者在购买手机时，最注重的还是质量与实用功能：30%的被调查者表示，品牌是最重要的，因为品牌代表质量；此外，还有 32%的人认为手机的功能齐全是关键。大部分被调查者认为在质量保证的前提下，首先考虑手机的外观设计，如形状、大小、厚薄、材料、颜色等，且多数被调查者均明确表示，选购时会优先考虑质量可靠、设计轻巧、款式新颖、色彩时尚、功能齐全的手机。也有少部分的被调查者表示各种商业广告对他们的影响比较大，如图 7.7 所示。

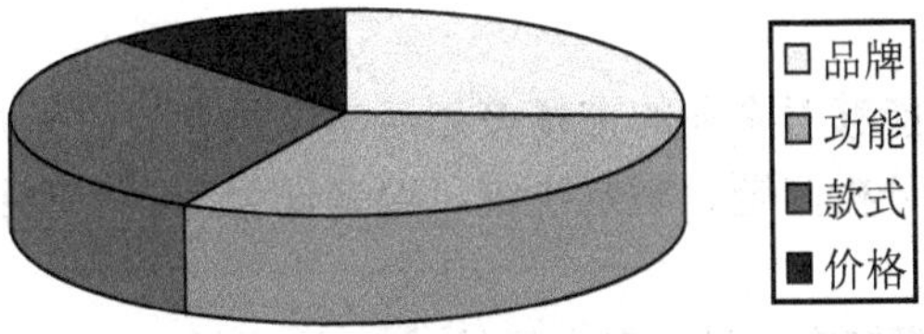

图 7.7　大学生注重的手机特性比例

6) 手机满意度的分析

社会经济发展水平的提高，家庭收入的增加，学生消费者的消费心理欲望增强。经济发展水平的提高，使得商品的市场生命周期缩短，手机更新换代的速度加快。手机产品的市场生命周期的缩短，使得学生消费者的消费活力被激发出来，大大强化了他们对新、奇、美的追求。而家庭收入的增加，则进一步加强了他们消费的信心。在此次调查中，可以发现 51.7%的被调查者都表示对现在拥有的手机的满意度为一般，甚至有 13.3%的被调查者表示不满意。

3. 结论与建议

根据调研的一些主要数据，可以清楚地得出以下结论。

多数大学生对手机有极大的心理需求，他们注重手机的款式，注重手机的质量及功能，而且他们也是品牌的忠实拥护者。学生消费者比较喜新厌旧，一旦有功能更完善的手机出现，他们就会对自己所拥有的手机产生不满。从中可以看出，手机消费已经成为一种时尚。学生消费者的确是一个不容忽视的消费群体，并且随着时间的推移，这一特殊的消费群体将越来越表现出其巨大的消费潜力。

因此，提高对他们的注意，加紧开发这一新市场，对于各大手机厂商脱离困境，打破瓶颈，将会起到积极的促进作用。就此，笔者提出几条营销建议以供参考。

(1) 继续推行中低档手机路线，专为学生消费者开发、设计，功能不是很全，但具备一些学生消费群体比较喜欢的基本功能，特别是在款式、造型及颜色等方面能够吸引学生的手机，这对抓住学生消费者是很好的办法。

(2) 对手机销售商来说，在销售地点选择上，主要将手机放在离学校较近的手机大卖场和自己的品牌专卖店上销售；在促销上，选择赠送学生喜欢的礼物的方式；在定价上，则选择中低档价格。

(3) 对品牌的广告代理商来说，强调品牌的情感因素而淡化品牌的功能区别因素，请那些年轻而又充满活力的明星作为自己的形象代言人，赋予手机充满青春活力、积极向上的品牌特征。

(4) 在广告宣传渠道上，要力争做到范围广，传播面全。特别要重视的是，随着互联网的发展，特别是在大学生中，上网已经开始普及化，这一宣传渠道绝不容忽视。

4. 附件

附件 1：大学生手机消费市场调查问卷(略)

附件 2：大学生手机消费访谈提纲(略)

(资料来源：http://wenku.baidu.com/view/b9e9d9c46137eeo6eff918ed.html.)

『项目复习』

- 经过在实践中对某一产品客观实际情况的调查了解，将调查了解到的全部情况和材料进行分析研究，揭示本质，寻找规律，总结经验，最后以书面形式陈述出来，这就是调研报告。
- 一份好的调研报告，能够对企业的市场策划活动提供有效的导向作用，同时，对于各部门管理者了解情况、分析问题、制定决策、编制计划，以及控制、协调、监督等各方面都能起到积极的作用。
- 编写调研报告时，应坚持客观性、突出目的性、 注意针对性、讲究时效性、发掘新颖性，并提高语言组织和表达技巧。
- 规范的书面调研报告包括标题、目录、摘要、正文和附件 5 个部分。
- 国际市场调研报告的写作程序包括确定主题、收集数据资料、选择和分析材料、布局和拟定提纲、撰写调研报告、修改和完善调研报告 6 个步骤。

『职业能力训练』

一、选择题

1. 市场调研报告的格式是(　　)。

A. 封闭的格式　　B. 统一固定的格式

C. 开放的格式　　D. 灵活多变的格式

2. 市场调研报告有着不同于其他报告的特点，主要有(　　)。

A. 排他性　　B. 新颖性　　C. 针对性

D. 客观性　　E. 时效性

3. 现在常用的市场调研报告一般包括(　　)等几个部分。

A. 标题　　B. 目录　　C. 摘要

D. 正文　　E. 结论和建议

4. 市场调研报告按照内容的不同可分为(　　)。

A. 消费者调研报告　　B. 生产调研报告

C. 综合调研报告　　D. 专题调研报告

二、判断题

1. 国际市场调研报告对企业的市场营销执行没有影响。(　　)

2. 专题性调研报告是最基本、最常用的一种报告形式。(　　)

3. 国内市场调研报告收集数据资料面临的难度比国际市场调研报告更大。(　　)

4. 国际市场调研报告正文应包含引言、调研方法、调研结果、结论和建议4部分。(　　)

5. 调研的过程、证明、结论等所有与调研项目有关的内容都应包含在市场调研报告中。(　　)

三、思考题

1. 请说明国际市场调研报告与国内市场调研报告的异同点。

2. 市场调研报告有哪些作用？试举例说明。

3. 市场调研报告正文由哪些部分组成？

4. 市场调研报告写作要遵循哪些原则？

5. 调研报告写作的程序由哪些环节构成？

四、实训题

大学生饮料市场调研报告

1. 调查背景及目的

中国饮料市场目前形成了国产品牌和进口品牌一争高下的竞争格局，大学生作为一个年轻的消费群体，在整个饮料消费市场中占有很大一部分比例。为充分了解、准确分析年轻人对饮料产品的消费态度，从而引导其购买行为，特进行此次调查。

请以拟进入中国市场的国外饮料生产企业为服务对象，在市场调研的基础上，进行分析并撰写一份调研报告，为其准确把握中国饮料市场的发展态势，制定有效的营销策略提供参考。

2. 调研方法

结合消费者的需要和动机，此次调查通过发放问卷的形式调查大学生饮料消费市场情况。

3. 问卷设计

由调查小组成员共同协商针对实训项目设计一份问卷，并在教师的指导下进行修改，形成一份最佳的调查问卷。

4. 撰写调研报告

各小组在就读所在城市，选择6～8所高校的大学生进行调查。每个小组根据自己的调查情况，分工合作撰写一份市场调研报告，以书面形式提交指导教师。

项目8　撰写国际市场营销策划书

『项目目标』

知识目标

1. 了解国际市场营销管理的三大基本内容。
2. 熟悉国际市场营销组织的类型、国际市场营销控制的程序。
3. 掌握如何撰写国际市场营销策划书。

实训目标

1. 通过对国际市场营销组织管理的学习，具备执行计划与实施控制的能力。
2. 通过项目实训的学习，具备撰写《国际市场营销策划书》的能力。

『项目实训』

实训项目

撰写《A公司中国市场营销策划书》。

实训背景

以A公司在中国所选择的目标市场为背景，模拟A公司进行整体营销活动的策划、组织与管理，撰写《A公司中国市场营销策划书》，以明确国际营销活动的策划、组织与管理思路。

实训内容

1. 市场形势分析，包括市场环境分析、竞争对手分析、SWOT分析。
2. 明确A公司的目标，选择目标市场，进行市场定位及制定营销组合策略。
3. 针对营销策划的执行，编制相关费用预算及确定营销控制方法。

实训步骤

1. 开展市场调研，分析形势与现状，为撰写策划书做好充分准备。
2. 确定目标，制定营销策略，明确在产品、价格、渠道、促销等方面应采取哪些策略。
3. 撰写《A公司中国市场营销策划书》。

『项目知识』

任务8.1　实施国际市场营销组织管理

一家涉及国际业务的企业，由于海外市场环境的变化和风险会给企业带来一定影响，因此，需要通过设计适当的组织、编制适当的计划和对营销过程的控制来对企业的国际市场营销进行管理。

8.1.1　国际市场营销组织

国际市场营销组织(International Marketing Organization)是指跨国经营企业在开展国际市场营销活动中，为使企业营销战略目标得以顺利运行与实现而采取的架构形式。国际市场营销组织一般没有统一的标准与要求，但它是经过企业有计划地设计，将组织业务分配给各层次，从而能够增强企业的国际市场运营能力，满足目标客户需求的工作系统。

1. 国际市场营销组织的发展与结构形式

国内企业从开展国际经营到发展成为全球性的跨国公司是一个渐进的过程。该过程大致可以划分为间接的或被动的产品进出口阶段、直接的或主动的产品进出口阶段、在海外设立代理机构阶段和全球市场跨国经营阶段。

随着企业的成长和国际市场营销活动在企业经营中地位的不断提高，国际营销业务的比重和内容都会发生变化。企业根据其国际市场营销战略规划、国际市场业务的比重、所经营的产品和业务类型、特点，以及国际市场环境等多种因素组建的国际市场营销组织也会相应做出调整和改变，其基本轨迹经历了以下4个发展阶段。

1) 出口部

当企业初涉国际市场时，出口产品与在国内销售的产品相同，并且由于对国际市场缺乏了解，企业主要通过其他企业或营销中介的服务与国际市场联系。因此，国际营销基本上是间接的和被动的，企业的出口业务多数隶属于国内营销部门，设立出口经理或出口部(Export Department)。

随着出口业务的扩大，出口的重要性提高，企业便会产生强烈的对外扩张要求，会更积极主动地、直接地寻找顾客，建立销售网络，开拓海外市场。因此，出口部的规模相应扩大，承担的职能日趋复杂。当出口部的业务范围扩大到包括多种营销职能时，就要求出口部有专职人员，业务上更加熟练高效，在寻求与开拓海外市场方面更加独立自主。这时，企业就可能将出口部从国内销售部中独立出来，即企业在营销部下设立一个与国内销售部同级的出口部，全面负责企业产品出口业务，如图8.1所示。

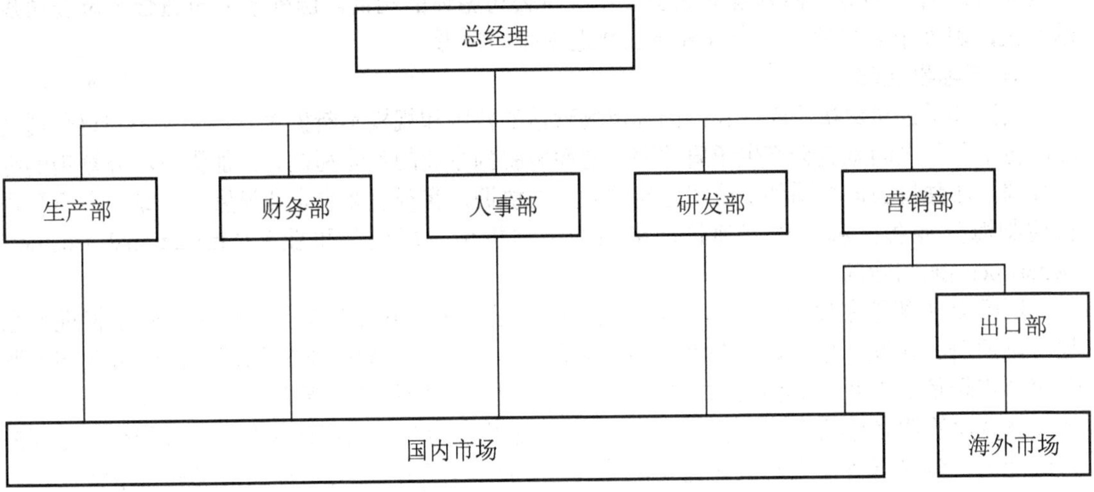

图8.1　出口部组织结构

出口部组织结构的优点在于可以统一协调与处理企业产品和劳务出口中出现的问题，便于经理人员学习、探索和积累国际营销的经验；缺点是出口部隶属于营销部，不能直接参与制定企业的总体战略，如果企业发展以国内市场为主，国外市场的发展则往往会受到忽略或限制。

2) 国外子公司

企业的国际营销业务进一步扩大。例如，从原来的单独出口发展为包括出口、许可经营和海外生产等在内的综合性业务时，企业就需要将大量的人力、物力和财力投入海外生产和销售活动中，需要紧密地协调市场调研、产品开发、生产、销售和财务等活动，需要有一个总体的营销战略，以及确定营销组合策略的必要权力。在这种情况下，企业将会考虑在国外设立营销机构，进而设立子公司，原来的出口部就可能被国外子公司(Foreign Subsidiaries)取代。

国外子公司是由企业总部直接在海外设立的分支机构，由企业总部控制，但其生产和经营活动是独立的，如图 8.2 所示。企业往往授予国外子公司以相当大的经营自主权，国外子公司可根据自身所在市场的具体情况自主地开展经营活动，企业总部的财务部、人事部、生产部、营销部等职能部门不参与国外子公司的决策。

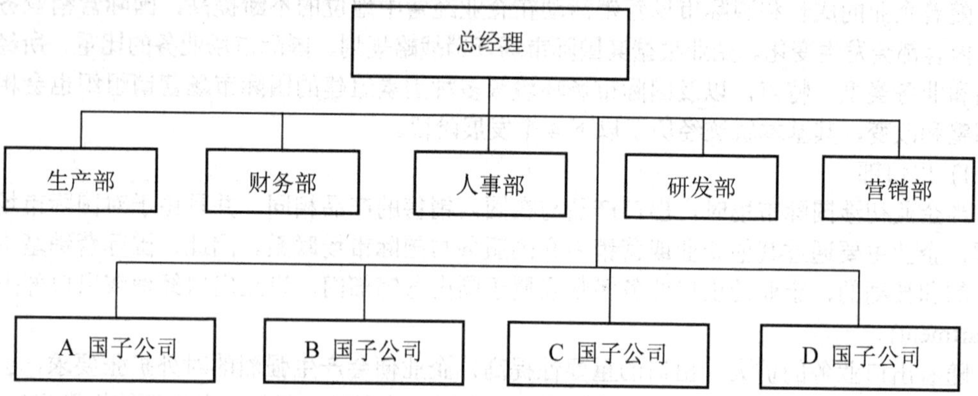

图 8.2　国外子公司组织结构

国际子公司是企业国际化经营的初级形式，其优点是子公司有充分的经营自主权，能够灵活地根据国外营销环境的特点来开展营销活动，发挥独创性；有利于将企业的国内外业务分开，避免国外子公司的经营失败对母公司造成严重伤害。其缺点表现为子公司决策时可能会过多关注自身利益，而忽视其他子公司及母公司整体的利益。国外子公司适合于母公司规模不大，国外子公司数目较少且分布在邻近国家的情形。

3) 国际事业部

当国外子公司数量不断增加，国际市场营销的范围和规模不断扩大时，子公司与母公司之间、各子公司之间难免会产生矛盾冲突，进而威胁到企业的整体利益。为加强对海外营销的综合管理，加强母公司与国外子公司之间的联系与协调，客观上要求企业设置一个统一负责管理和控制海外业务，独立于其他管理部门的管理机构，即国际事业部(International Business Department)或国际部。

国际事业部是在母公司的国内组织结构中增设一个国际业务部门，由国际营销管理专家与市场调研、研发、生产、财务和人事等方面的人员组成，如图 8.3 所示。国际事业部专职于海外市场信息的收集和海外市场的开拓。它的主要职能包括协调企业的海外经营业务，监督海外企业的建立与经营，统辖整个企业的商品输出和劳务输出；协调与处理各子公司之间的矛盾冲突，为各国外子公司制定全球战略和经营政策，为各子公司提供信息和技术情报，以及筹措贷款等。

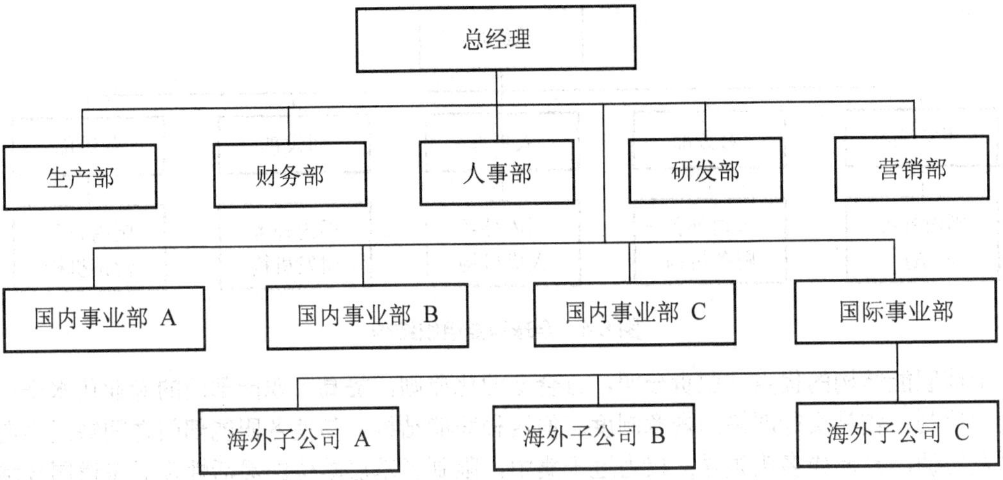

图 8.3 国际事业部组织结构

国际事业部的优点主要有以下几方面。

(1) 国际营销活动需要专门的知识和技术，企业采取国际事业部组织形式可使其海外事业管理走向专业化和正规化，有利于提高国际营销活动的效率。

(2) 协调各海外机构的活动，提高企业总体经营效率。

(3) 可以进行资源的综合调配。

(4) 有利于形成统一的国际市场经营理念，并制定相应的决策。

设立国际事业部也表现出下列局限性。

(1) 国际事业部协调与支持海外子公司的能力有限，国内各部门掌握大量的经营资源，国际事业部无权支配。如果海外子公司在国外生产销售产品时，缺乏国内相应部门提供工程、技术开发等方面的支持和帮助，国际业务则会失去优势。

(2) 容易形成国内事业部与国际事业部之间的冲突。

(3) 由国际事业部统一制定海外经营业务决策，子公司的灵活性和竞争能力受到一定程度的限制。

国际事业部一般适合于产品品种较少、产品标准化程度较高、技术稳定、地区分布不是很广的企业。

4) 全球一体化组织

全球一体化组织(Global Integration Organization)，是指企业不再把全部业务活动区分为国内业务和国外业务，而把整个世界市场视为一个统一的大市场，对分散在世界各地的子公司的营销活动进行统一管理和开展营销活动的一种组织结构。随着企业国际业务的不断扩大，子公司的增多及产品的创新与多样化，一般的国际事业部对日益繁多的国际营销业务已逐渐不堪重负。鉴于全球发展战略和更大范围的资源优化配置的需要，企业便打破国内外分割的组织格局，建立全球一体化的组织格局，从而实现企业总体利益的最大化。

全球一体化组织结构大体上可以分为 4 种形式：全球职能结构、全球地区结构、全球产品结构及全球矩阵结构。

(1) 全球职能结构(Functional Structure)。是指企业根据主要管理职能，在企业总部之下设立若干全球性的职能部门，各职能部门之间的相互依存度较高，由企业总部协调相互关系。典型的职能结构按照财务部、人事部、生产部、研发部、营销部等职能部门来管理企业的全球业务，包括企业国内及国外的所有业务，如图 8.4 所示。

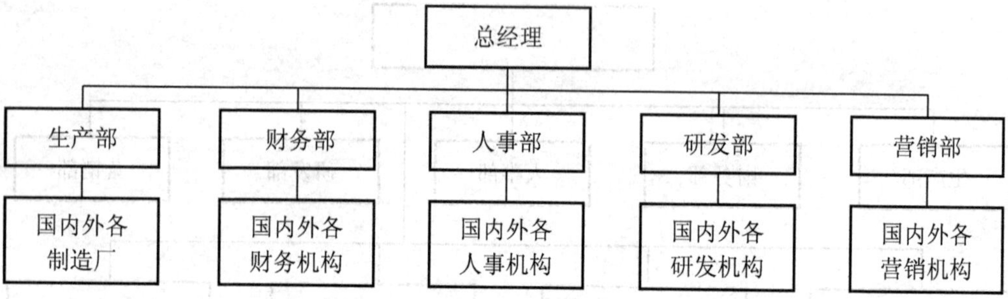

图 8.4 全球职能组织结构

全球职能结构的优点：职责分明，符合专业化原则，提高了职能部门的专业化水平；强调集中控制，较易实行严格的规章制度。但这种职能结构容易使各职能部门之间缺乏横向联系以及协调，易形成多头领导；权力过于集中，限制了基层单位的灵活性及对东道国环境的应变能力；不利于总体战略的制定与实施。

(2) 全球地区结构(Global Geographic Structure)。是指企业在世界各地的生产经营活动以地理区域分布为基础设立区域部门，分别管理区域范围内的全部经营活动，总部及其所属的职能部门从事全球性发展战略的设计和控制，如图 8.5 所示。

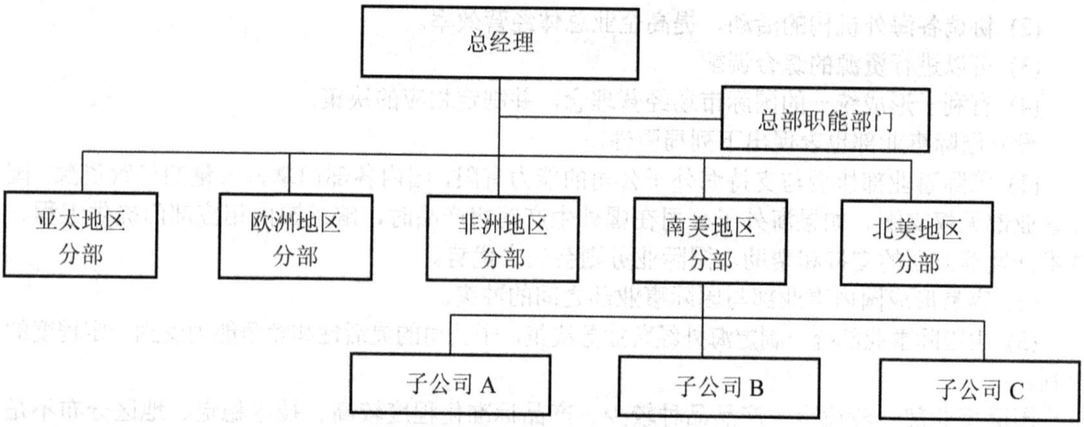

图 8.5 全球地区组织结构

全球地区结构能够较好地适应东道国和区域市场的具体情况，充分利用当地的优势，加强区域性协调；责任下放，使总部的高层管理人员有更多时间和精力用于思考企业长远规划等重大决策，锻炼地区经理的综合管理能力，同时有利于各子公司的独立发展。但全球地区结构的缺点也很明显，即地区之间缺乏横向联系，不利于产品、技术和资金等生产要素在各区域间流动；且各区域都从本地区的利益出发独立开展业务，不利于企业整体经营战略的实施。

(3) 全球产品结构(Global Product Structure)。指企业把营销的重点放在产品差异上，认为各产品的差异性比海外市场的差异性更为重要，因而把全球看作一个整体的目标市场，按产品的种类设置部门，以产品部作为该产品在全球范围内产销活动的基本组织单位。在这种结构中，每个产品部都是利润中心，根据总部的经营目标和战略分别制定本部门的经营战略，全面负责该类产品的全球生产、研发、营销等职能的经营活动，并直接对总部负责，如图 8.6 所示。

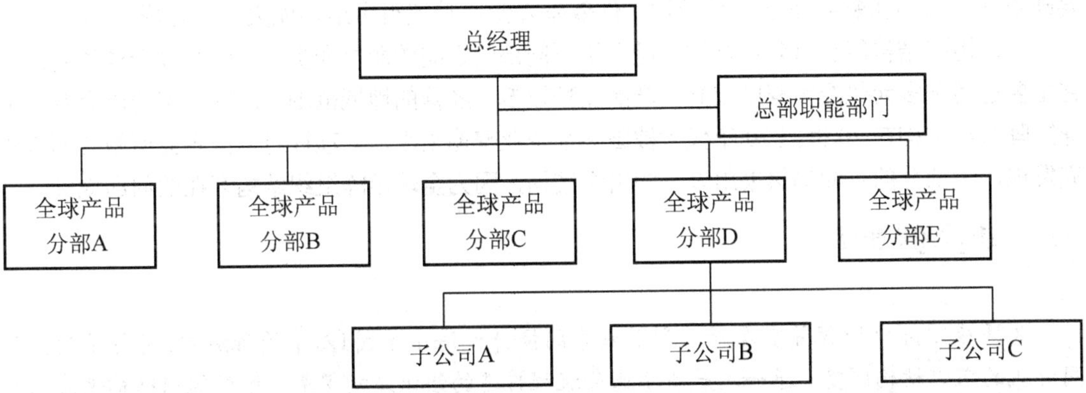

图 8.6　全球产品组织结构

全球产品结构的优点主要是有利于企业在全球进行同类产品的标准化、规模化生产，达到降低产品生产成本的目的，而且可以对产品在全球的销售进行统一规划；有利于促进不同区域间同一产品的生产技术进行内部转移。其缺点主要表现为企业如果根据产品种类而在任何一个特定区域建立多个职能机构，则易导致机构设置重叠，浪费资源；各产品之间缺乏横向联系，容易导致产品分散化，也会造成人、财、物等资源的浪费；该结构不以地区作为利润中心，难以对该地区范围内不同产品的营销活动及时进行有效调整。

(4) 全球矩阵结构(Global Matrix Structure)。是以职能、地区、产品等要素中的某 2 个或 3 个要素，作为划分部门、设置机构的基准，从而形成一个立体式控制的组织结构，如图 8.7 所示。例如，地区和产品等纵横结合，实现地区、产品和业务的有机结合，增强企业的灵活性，以一种组织结构形式的优点去弥补另一种组织结构的缺陷。

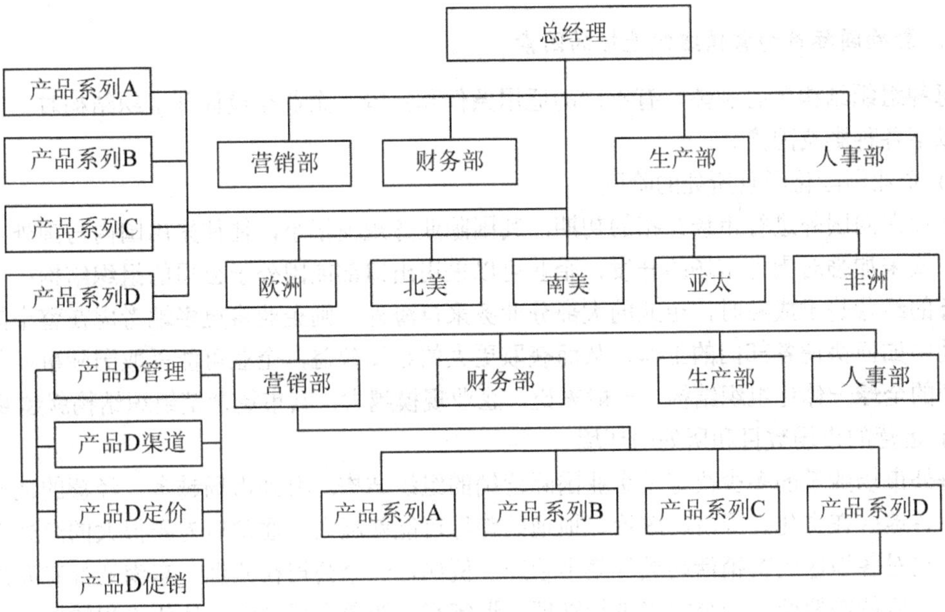

图 8.7　全球矩阵组织结构

全球矩阵结构将产品、地区、职能三个要素的专业人员和活动结合在一起，具有较强的应变能力，便于提高决策质量；同时，能够促进各层次各部门管理人员的协调与合作。其主要缺点是引入多头领导系统，易导致工作效率降低，且该组织结构庞大，运行成本趋高。

全球矩阵结构能够有效运行的关键在于不同部门之间的职权和责任分配必须合理和明确。它主要适用于多元化经营程度较高、产品品种较多、经营的地域范围较广的大型跨国企业。全球矩阵组织结构在 20 世纪 70 年代才被国际性企业普遍采用，一项针对多国企业所做的调查研究发现，大部分的企业仍然采用单一的组织结构，因为全球矩阵组织结构存在的问题太多。

小案例 8-1

为适应国际化经营并实现资源利用效率的提升，海尔集团(以下简称海尔)进行了两次不同形式的组织结构调整。第一次是基于业务流程再造的组织结构变革，这种组织结构使海尔的整个组织形态从传统金字塔型向流程型方向转变，优化了管理资源和市场资源的配置，实现了组织结构的扁平化和网络化，提高了管理系统的效率和柔性。第二次则是以子集团形式出现的组织结构调整。人们惊讶地发现，新成立的各子集团再次拥有了产供销资源。第二次组织结构的调整，是在以业务流程再造为基础的市场链与事业部两者优势结合、强化不同产品运营模式的结构变革。子集团架构的变革，更多的是基于适应不同类别产品运营模式差异性以及竞争策略的调整。正如海尔内部管理人员所透露的："目的是以产品运营模式为核心，重组现有集团下属的各个事业部，以提高运营的效率。"

【分析提示】

海尔对其组织结构的不断调整、摸索与完善，有效提高了企业运营的效率，为其国际化经营的成功奠定了良好的基础，成为企业国际化经营的典范。海尔就是因为不断在发展中调整它的组织结构，才发展到今天的成就。

2. 影响国际市场营销组织选择的因素

每种组织结构各有利弊，有不同的适用条件和范围，企业在设计其组织结构时，需综合考虑以下各种影响因素。

1) 企业国际化经营所处的阶段

企业在向国外进行市场开拓的初期，其国际业务规模很小，往往采用国内与国外业务分开的方式来加强对国外市场的开发，企业可以采用出口部或国外子公司的组织结构；当企业在国外的经营趋于成熟时，企业的大部分业务来自海外，则企业将更多地考虑在整个国际营销活动中如何协调各部门的工作，从而获取更大的整体效益，企业可能采取国际事业部或不同类型的全球一体化组织结构。一般来说，企业规模越大，其市场营销组织结构就越复杂。

2) 运营的市场数目和所处的环境

海外市场数量的多少决定了企业国际营销的组织结构。海外市场越多，经营的地域范围越广，各地区在文化、经济、政治、地理的差异可能就越大。通常对差异很大的海外市场，企业不宜对各地区的营销活动进行集中管理。例如，一个公司在欧洲、东南亚都有海外贸易活动，可能就需要两个子公司来进行管理。近年来，随着全球经济一体化进程的推进和区域性经济同盟的发展，一些国际企业纷纷将自己的地区总部由原来的按国家设置改为按地区设置。中国的香港、美国的纽约、比利时的布鲁塞尔等城市成为许多国际企业设置地区总部的首选城市。

3) 产品的特性及多样性

如果企业经营的产品是同质的，产品线少或产品的相关程度高，企业的国际市场营销组织结构的复杂性就比较低，企业可以采取相对集中的管理，而在其他方面(如地区)进行相对分散的管理。例如，可口可乐的市场需求具有趋同性，因此一般按地理区域组织自己的营销活动。而当企业为了满足多个差异性很明显的目标市场的需求时，或是企业经营多种完全不同的产品时，其业务就复杂多样，需要各部门之间相互协调和配合，因此常采用矩阵结构。

此外，企业资源和管理人员的能力等因素也都会影响企业的组织结构。另外，国际市场营销组织结构是在动态的国际环境中运行的，因此，组织结构不是一成不变的，随着国际营销环境发生变化，企业的营销战略也必然相应地改变，则国际营销组织结构也须随着营销战略的改变而调整。

8.1.2　国际市场营销计划

国际市场营销计划(International Marketing Plan)是企业总体计划的一个重要组成部分，是企业营销人员工作的行动准则和企业目标的最终体现。

1. 国际市场营销计划的含义与作用

1) 国际市场营销计划的含义

计划指对未来的规划。广义的计划是指管理者对未来一定时期内的某种活动所要达到的目标及实现这些目标的原则、方法、手段、步骤等完整方案，所进行的谋划、设计、确定、调整等管理活动，即决定做什么(What)、为什么做(Why)、什么人做(Who)、什么时候做(When)、在什么地方做(Where)、怎么做(How)。营销计划则指狭义的计划，即营销战略、策略决策方案的具体实施计划。

国际市场营销计划是国际企业或跨国公司对未来经营活动的设计与决策。企业通过国际营销计划确定预期的营销目标，并在收集、分析资料，预测成本费用的前提下，制定实现其目标的措施、步骤和具体要求。

国际市场营销计划，从期限上看，可分为短期计划和长期计划。短期计划又称为经营计划，执行期一般为 1 年；长期计划又称为战略规划，执行期短的一般为 3～5 年，长的可达 10 年或 20 年。

2) 国际市场营销计划的作用

国际市场营销计划是企业实现国际营销战略的重要手段，它能使企业在变幻莫测、错综复杂的国际营销环境中有条不紊地开展营销工作，避免或减少损失，获取更大的效益。国际市场营销计划的作用主要体现在以下几个方面。

(1) 规定了企业在一定时期内要达到的营销目标和营销成果。这些目标与成果都是在充分的市场调研和科学预测的基础上制定的，有利于企业明确自己的发展方向，减少国际市场营销活动的盲目性，从而降低企业风险。

(2) 规定了达到营销目标所要采取的经营策略，便于明确营销人员的职责。

(3) 规定了计划期内企业的目标和策略，各个职能部门的具体目标和策略，有利于各项工作的协调开展。

(4) 规定了计划期内营销活动所需要的资源，使企业能够预测费用支出，有利于计划性地控制和节约企业的人、财、物等资源，获取最大的经济效益。

2. 制订国际市场营销计划

1) 制订国际市场营销计划的步骤

(1) 分析形势与现状。通过分析形势与现状为制订计划做好充分准备。分析的内容主要包括企业目前的资源状况、市场需求状况、竞争对手现状、企业的优劣势、当前的主要机会和问题、预计的企业市场份额等。如果不能正确评估自己的起点与环境，那么可能会导致整个计划的失败，因此，分析是其他步骤的基础。

(2) 确定目标。在上一阶段分析的基础上，为本企业今后的发展确定目标，包括企业应向哪些产业发展，企业应进入哪些国家，哪些目标市场，应发展哪些产品和技术，从而进一步明确营销目标。

(3) 营销策略选择。为了实现营销目标，企业应该在产品、价格、渠道、促销等方面采取哪些策略，选择与改进策略组合，以便达到企业的总体目标和营销目标。

(4) 拟定营销计划。通过以上步骤，企业已经知道哪些是可利用的机会，哪些是存在的问题，也明确了企业营销的目标和工作的重点，然后据此拟定计划，形成书面文件，并贯彻执行。

国际市场营销计划的制订程序，如图 8.8 所示。

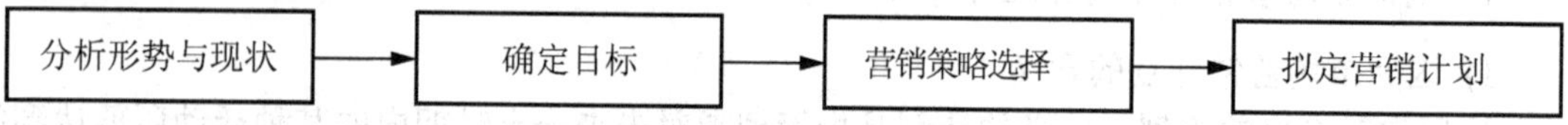

图 8.8 国际市场营销计划制订步骤

知识拓展 8-1

营销计划方法

营销计划的方法有两种：“自上而下”法和“自下而上”法。“自上而下”法，是指在员工参与下，由中层或高层管理者制订营销计划，低层的员工(如销售代表)实施计划。“自下而上”法，是指低层员工积极参与计划制订，收集和预测竞争者和客户的资料，然后由高层管理者审阅、批准计划。在“自下而上”的计划过程中，低层员工起主要作用。

以上两种计划方法各有优点。由于管理者在组织中的职位越高，越能深入地把握企业所面临问题的脉络，企业习惯于采用自上而下的推理过程。例如，区域销售人员倾向于考虑他们所在区域的竞争市场，而没有必要去考虑国家或国际市场。自下而上的计划系统与目前向下授权的趋势一致，而且通常比自上而下的方法更容易实施，因为这些人的主要任务是执行计划，这种想法贯穿于制订计划过程的始终。

(资料来源：屈云波，等. 营销企划手册[M]. 北京：企业管理出版社，2009.)

2) 国际市场营销计划的主要内容

国际市场营销计划的内容主要包括计划概要、现状分析、营销战略、费用预算、实施控制等。

(1) 计划概要作为营销计划的开头，主要是对营销计划的内容做一个简要介绍和说明，一般为高层管理者的主要目标介绍和管理建议，便于相关管理人员了解计划的要点和主要内容。

(2) 现状分析主要是谈有关市场、竞争和各种宏观环境因素的背景资料。如何界定细分市

3) 设立评估标准

控制的评估标准与计划目标的相关指标是一致的。营销控制人员要向所有执行计划的人员明确对其工作进行衡量和评估的标准。此外，在设立控制的评估标准时，要注意几个方面：①数量化指标要明确，如金额或数量，并要确定相应的等级范围；②要充分考虑海外市场当地的经营环境，如当地政府的金融、价格、税收等方面的政策，不同的币种及汇率等；③要灵活考虑某些抽象性指标。例如，进入某一国或地区市场对企业全球战略的重要意义。

4) 分配责任

国际营销组织的复杂性在于难以分配海外营销活动的具体责任。任何的营销活动都可能需要多方人员的合作，母公司的各个部门须密切关注其他部门正在进行的活动。采用产品组织结构的跨国企业在国际市场上需要比在国内市场上更加密切地进行合作，而采用地区组织结构的跨国企业需要在各不同地区的子公司之间进行紧密合作。

5) 建立信息反馈系统

信息反馈系统相当于进行国际营销活动的跨国企业的中枢神经系统，对于及时有效地收集和传递信息起着十分重要的作用。它主要是对企业国际营销活动的各种信息，如产品销售、服务信息、顾客信息、市场环境信息、竞争者信息、各地区和各子公司的营销活动信息等，在系统中经过整理、分类和储存，作为目标营销控制的基础数据，该系统是由一个互相关联的人员、设备和程序所组成的复合体。

6) 评估结果

评估需在占有详尽资料的基础上，依据设立的标准，将被控制单位的经营业绩与企业的有关目标进行比较，进而对被控制单位的工作做出评估。评估应严格依据既定的标准，遵循实事求是的原则，同时充分考虑当地的经营环境，如当地政府的金融、价格及税收等政策，以及不同的汇率和币种等会对企业的经营绩效产生重大影响的因素，来确定被控制单位的业绩是否达到预期的水平。评估的过程又是分析查找原因的过程，当被控制单位的工作未能达到既定目标时，必须分析其原因，并提出相应的改进措施。

7) 纠正偏差

纠正偏差是控制的直接目的，也是控制的关键环节。它是对那些背离了预定目标的子公司提出纠正意见，要求其采取改进措施纠正不正确的营销活动，或对控制标准加以修正，保证计划的完成。如果国际业务单位相距遥远，文化背景差异大，组织复杂，纠正的实际操作难度会加大，这就要求控制部门建立比较完善的纠正机制和充分利用发达的国际通信设备。

3. 国际市场营销控制的类型

一般来讲，国际市场营销控制主要包括预先控制和调节性控制两大控制类型。有些企业通过对外部环境施加影响，控制事态向有利于自己的方向发展，即为预先控制。而国际营销企业在经营业绩和计划指标之间进行调节，以达到对实际经营业务控制的管理方法，则称为调节性控制。

1) 预先控制

国际市场营销预先控制的基础是市场预测。预先控制需在进行国际市场调研的基础上运用科学的方法和先进技术，对影响市场需求变化的各种因素进行分析，预测市场的发展趋势，并在准确预测外部环境的基础上，对其施加影响，引导企业的外部局势和内部条件朝着有利于企业的方向发展。

小案例 8-2

20 世纪 70 年代日本丰田公司开展市场调查，准确地预测到未来的能源，特别是石油将会短缺，他们开始开展小型的省油汽车的广告宣传活动。第一次石油危机以后，小型、高效、省油和价廉的日本汽车成为美国市场的抢手货，大批的丰田汽车在美国的街道上行驶。

【分析提示】

日本汽车风行美国的关键原因有两个：一是它预测到了世界石油将会出现短缺；二是它在进入美国市场以前，就通过广告预先宣传，使人们知道日本汽车省油、价廉的特点。这就是预先控制制胜的秘诀。

(资料来源：逯宇铎，常士正. 国际市场营销学[M]. 北京：机械工业出版社，2004.)

2) 调节性控制

调节性控制具体又有年度计划控制、赢利能力控制、效率控制、营销策略控制 4 种不同的方法。

(1) 年度计划控制。即把年度指标分解成更细的季度指标或月度指标，每季或每月检查销售业绩，或通过销售分析、市场占有率分析和经济效益分析等方法，明确影响计划的因素，解决存在的问题，保证实现该计划的预定指标的管理方法。

(2) 赢利能力控制。是指通过按期检查和衡量不同产品、不同地区、不同销售渠道、订单大小、顾客类别和各相对独立的业务部门的实际赢利率，进而确定最佳改正措施的一种管理方法。

(3) 效率控制。即通过寻求更有效的管理方法来提高人员推销、广告、销售促进和分销等市场营销活动的效率。

(4) 营销策略控制。就是营销管理者采取一系列行动，使实际的国际营销工作与原计划尽可能一致，在控制过程中通过不断的评估和信息反馈，对策略不断纠正。

任务 8.2 国际市场营销策划书的相关内容

随着市场竞争日益激烈，在营销发展的新思路、新趋势中出现了营销策划书。营销策划是企业树立品牌形象，迎战市场的利器。一份条理清晰的营销策划书，对于提高说服力和接受度有极大的帮助。营销策划书没有一成不变的格式，但却有必备的结构和内容，以及撰写、表现等方面的技巧。

8.2.1 国际市场营销策划书的结构及内容

根据所要达到的目标和内容要求的不同，营销策划书的格式和内容并非是固定不变的。一般一份规范的营销策划书的基本结构包括封面、目录、前言、正文、附录、封底等几部分内容。总的来说，不同的策划书中某些因素和内容是共同的。

1. 封面

国际市场营销策划书的封面可包括以下内容：策划书的名称、接受策划的客户名称、策划机构或策划人的名称、策划完成日期，某些情况下，根据企业实际需要，有的策划书还需要注明策划书的保密级别及编号。

2. 目录

目录的内容也是营销策划书的重要部分。目录指明全书的主体内容，务必让人读后能够了解策划的全貌。目录具有与标题相同的作用，同时也应使阅读者能够方便地查寻营销策划书的内容。

3. 前言

前言，或叫序言，是营销策划书的开篇，是整个策划方案的浓缩，因此前言非常重要。内容应简明扼要，最多不要超过 500 字，让人一目了然。其内容主要有接受委托的情况、本次策划的重要性与必要性、策划的概况等。

4. 正文

这是策划书的核心部分，主要包括以下内容。

1) 策划概要

策划概要作为整个营销策划书正文内容的开头，主要是对营销策划的目标内容做简要介绍和说明，一般为高层管理者的主要目标介绍和管理建议，便于相关管理人员了解策划的要点和主要内容。

2) 市场形势分析

市场形势分析是谈有关市场、各种宏观环境因素、竞争对手、企业的优劣势，机会与威胁的背景资料。主要包括市场环境分析、竞争对手分析，以及企业的优劣势与机会威胁分析。

(1) 市场环境分析。是制定营销策划方案的依据与基础，所以营销策划常常以市场环境分析为出发点。市场环境包括企业营销的外部环境与内部环境。外部环境分析主要包括企业的宏观环境分析与微观环境分析，如当前市场状况及市场前景分析、产品的市场性、现实市场及潜在市场状况、市场成长状况；内部环境分析主要包括企业资源和能力的分析。市场环境分析需要策划者凭借已掌握的资料分析产品市场发展前景。

由于要收集大量资料，繁杂的资料往往会使阅读策划的人抓不住重点，因此，所收集的资料并不需要完全堆砌于策划书中。市场环境分析要求做到既准确又简洁明了，环境分析中所列举的事实和数据要力求准确，分析符合客观实际，不可有明显的主观臆断，同时，分析论述和表达要简洁，有条理，具有逻辑性。

(2) 竞争对手分析。是市场状况分析的一个重要组成部分，主要包括以下内容：企业有哪些主要竞争对手，竞争对手所占的市场份额及其市场策略，在整个市场中竞争对手所处市场位置的优势，可能出现什么样的新发展，竞争对手的产品性能、质量，在市场竞争中所具备的优势等。

(3) 优劣势与机会威胁分析。要做好企业的优势、劣势、机会和威胁分析，需充分运用最具代表性的分析工具即 SWOT 分析。SWOT 实际上是通过 SWOT 分析矩阵将企业内外部条件等各方面内容进行综合概括，进而分析企业的优劣势、面临的机会和威胁的一种方法。SWOT 分析的第一步就是明确企业在当前环境下所具有的优势与劣势，主要着眼于企业自身的实力及其与竞争对手的比较；SWOT 分析的第二步就是对企业当前或将来所处环境可能出现的机会或威胁进行全面分析，机会和威胁分析将注意力放在外部环境的变化及对企业的可能影响上，但是，外部环境的统一变化给具有不同资源和能力的企业带来的机会和威胁却可能完全不同，因此，两者之间有紧密的联系。

3) 营销战略

营销战略即界定企业的营销目标、目标市场、市场定位等方面的内容，并将其贯穿到整个营销组合策略中，以实现策划设定的目标。

(1) 营销目标。即策划书所要实现的目标、解决的问题。如销售额、利润、提高市场占有率等都可作为营销目标，这一部分内容不可或缺，指导企业资源如何配置。确定营销目标之前，应先进行问题界定，通过各种界定问题的方法进行调研，收集资料，发掘企业存在的问题及原因，在此基础上确定企业的营销目标。

(2) 目标市场。是企业决定以相应的商品和服务来满足其需要、为其服务的购买群体。进行目标市场选择前，需首先对市场进行细分，在细分中发现机会，根据企业资源与实力，准确寻找及确定目标市场。

(3) 市场定位。已经寻找到了目标市场，那么，下一步就要按照目标顾客心目中的期望和企业自身的客观情况，进行产品定位和市场定位。要进行准确定位，通常需首先明确企业潜在的竞争优势，从而选择某竞争优势，最后通过突显该竞争优势为企业的产品或服务在市场中确定一个有利的、合理的位置。

4) 营销组合策略

确定营销目标、目标市场及市场定位后，就必须确定在各个目标市场的营销组合策略。营销组合策略主要以 4P 策略为基本框架，即产品策略、定价策略、渠道策略和促销策略。

(1) 产品策略。是指企业使自己的产品及其构成顺应市场需求的动态的市场开发策略。产品策略主要阐述产品体系、品牌体系及包装体系等，如产品组合、产品定位、与产品相关的服务、产品包装与产品品牌方案等。

(2) 定价策略。主要阐述定价原则、定价方法、价格体系、调价体系等内容。若经充分论证，企业将以产品价格作为营销竞争优势而加以突显，则应尤其注重价格策略的制定。

(3) 渠道策略。主要阐述企业渠道设计、渠道开发步骤、渠道类型与网络架构、渠道管理、渠道激励措施等内容。分别列出产品目前已有哪些渠道通路，如有拓展渠道的打算，拓展的渠道类型是什么，如何拓展，将采取哪些适当的政策措施鼓励渠道中间商的销售积极性。随着科技水平与渠道网络的日益发展，分销渠道的种类繁多，企业要根据需要及自身可能选择适合自己的渠道策略。

(4) 促销策略。主要阐述人员推销、广告、营业推广和公共关系的方式方法。促销要明确促销的对象，促销方式，分别通过各种促销方式的运用希望达到什么效果。

5) 行动方案

在以上营销战略及营销组合策略的指导下，执行策划需制定具体的详细的行动方案。行动方案主要涉及以下内容：一是促销活动计划，二是公关活动计划，三是媒体运用计划，以及行动方案的执行时间表、时间分配及安排等。行动方案具体内容可根据企业实际情况计划构思。

6) 费用预算

营销策划的执行需耗费企业的人、财、物等资源，因此，营销策划书中需确定达到预期目标所需的费用，包括执行营销策划的总费用、项目费用、阶段费用等。通过明确预算，使各种支出控制在合理范围内，以获得理想的经济效益。企业可凭借经验具体分析制定费用预算方法，并可通过表格的方式列出。

7) 营销控制

营销控制是营销策划的最后部分，主要描述企业如何进行策划执行过程中的监督和对策划进行调整。上一级的管理者每期都要审查企业各部门的业务实绩，找出达到或未达到预期目标的部门，凡未完成策划目标的部门，其主管人员必须说明原因，并提出改进措施，以争取实现预期的目标。有些企业拥有应急预案，该预案概括了管理者如何应对特殊的环境变化。

5. 附录

附录的作用在于提供策划客观性的证明。附录除详细列明策划书的参考资料外，凡是有助于阅读者对策划内容理解、信任的资料都可以考虑列入附录。但是，可列可不列的资料还是以不列为宜，这样可以更加突出重点。附录的另一种形式是提供原始资料，如消费者问卷的样本、座谈会原始照片等图像资料。附录也要标明顺序编号，以便阅读者查找。附录中的“参考资料”可以添加在策划书的后面，也可以单独成册。

6. 封底

封底与封面相对应，为保证策划书的完整性和美观，一份策划书也应具有封底，设计上与封面相对应。

营销策划书可由以上几项内容构成，如图 8.9 所示。企业产品不同，营销目标不同，则所侧重的各项内容在撰写上也可有详略取舍，并非要求一一具备并按顺序排列。

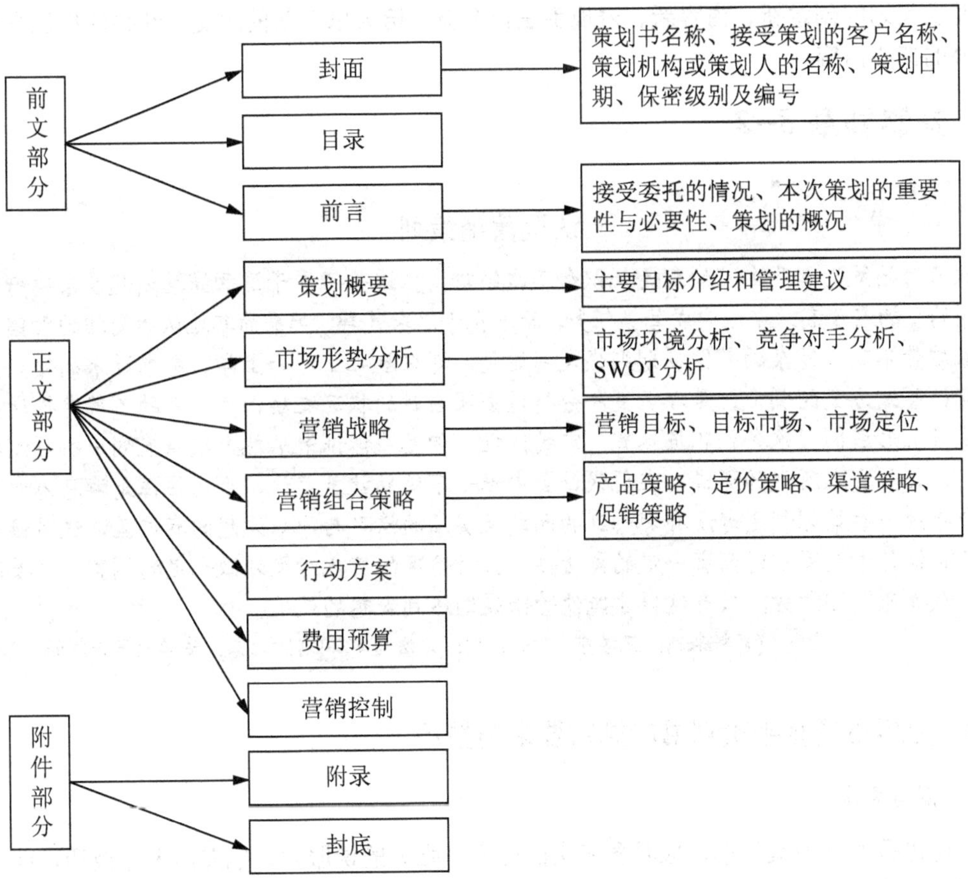

图 8.9 国际市场营销策划书框架结构

8.2.2 国际市场营销策划书的撰写原则

1. 逻辑思维原则

策划的目的在于解决企业营销中的问题，按照逻辑性思维的构思来编制营销策划书。首先是设定情况，交代策划背景，分析产品市场现状，再把策划中心目的全盘托出；其次进行具体策划内容详细阐述；最后是明确提出解决问题的对策。

2. 简洁朴实原则

要注意突出重点，抓住企业营销中所要解决的核心问题，深入分析，提出可行性的相应对策，针对性强，具有实际操作指导意义。

3. 可操作原则

编制的营销策划书是要用于指导营销活动，其指导性涉及营销活动中的每个人的工作及各环节关系的处理。因此其可操作性非常重要。不能操作的方案，创意再好也无任何价值。不易于操作也必然要耗费大量人、财、物，管理复杂、效率低。

4. 创意新颖原则

要求策划的创意新、内容新、表现手法也要新，给人以全新的感受。新颖的创意是营销策划书的核心内容。

知识拓展 8–2

认识营销策划

做好营销策划需要丰富的理论知识和实践经验，但这并不等于说营销策划越复杂越好。营销策划的目的在于高效率地完成营销任务，而不在于追求复杂。如果简单地认为简洁的营销策划意味着质量不高，复杂的营销策划则代表高质量，那么就犯了形而上学、舍本逐末的错误。此外，营销策划方案的制定，是在调查和分析过去及当时的状况之后，对未来的不确定性所做预测的基础上形成的。这种预测虽然有一定的依据，但无法保证未来就是按照策划中所预测的那样进行。正如有人所说的那样，在现代社会中唯一不变的就是变化，市场往往是瞬息万变的，这就会导致一些策划制定者没有考虑到的问题及实际的情况与原来设想的有偏差。这时候就需要企业在执行营销策划时具有一定的灵活性，针对情况的变化对策划做一定的调整，必要时甚至可以放弃原策划方案，只有这样才能使营销策划达到理想的效果。

(资料来源：王学东. 营销策划：方法与实务[M]. 北京：清华大学出版社，2010.)

8.2.3 国际市场营销策划书的撰写要求与技巧

1. 撰写要求

一份优秀的营销策划书，应具备充实的内容、强大的说服力、娴熟的表达技巧，此外，还要简洁、清晰、易懂。

1) 充实的内容，简洁准确的文字

对于入门者来说，最容易犯的错误是在策划书中收录太多的内容，这样往往令阅读策划书的人，无法把握要点。撰写策划书要将内容完整、全面地表达出来。但内容的充实完整，并不是要求把调研收集到的各种信息、数据全面罗列，而应从这些繁杂的信息资料中挑选出最重要、能突出主题的部分，准确地表达出来。

撰写好一份策划书，最要紧的是使逻辑结构简明扼要，语言力求简洁，通俗易懂，但不能出现口语化的词汇。

2) 强大的说服力与可操作性

撰写策划书首先是为了提供给企业决策者、策划审核人员，并且获得他们的认同，因此，策划书的说服力对于撰写的成功至关重要。策划书的说服力来自对策划内容的合理组织，包括信息内容的条理化，信息内容联系的紧密化和明确化。

此外，策划书是可操作性要求较高的文书，撰写过程中，整个策划书文体要统一，包括用语和数字使用方法，能够具体的一定要具体，避免出现含糊不清的字眼。

3) 娴熟的表达技巧

策划书的表达技巧既包括语言表达、结构组织等需要长期积累的技巧，也包括版面设计等应用性非常强的技巧。娴熟的表达技巧不但可以使策划书行文顺畅、容易阅读，还可以通过美观的版面增强阅读性。

2. 撰写技巧

1) 多运用框架、表格、图片

将策划书中的内容尽可能运用各种框架图、表格、图片等形式来表达，从而给审核人员、执行人员以直观的印象。研究表明，人对图表等内容的记忆要深刻于对文字的记忆。

策划书的表达方式有一个常用原则，即“文字表达不如表格，表格不如图形”。在策划书的撰写中，可优先使用图形、图表来表达内容，因为在策划书中运用框图、表格、图片，不仅能够使策划书美观、大方，更重要的是它们有助于对数据的理解，使数据特征一目了然，吸引人的注意，也可以在最短时间内看出重点所在。

2) 注意细节，消灭差错

细节往往决定成败，对于策划书来说，细节是十分重要的。策划书中的错字、漏字会影响阅读者对策划内容的信任度。

3) 严谨的版面设计与排版

封面的设计风格应与策划书的其他页面有共同之处，封面应该充分展示策划书的个性，追求先声夺人的效果。封面纸张材质要根据内容而定，可以使用质地不同的彩色纸。

目录可以借助 Word 软件自动生成加以实现，也可以通过手工操作来实现，手工操作中要注意文字的大小、缩进和页码对齐。此外，目录页码一般是单独标示的，与正文页码不连续。正文内容每一页都应设置页眉，页眉的设置根据具体需要而定。正文标题的次序编号可采取自动编号、编排功能，如果内容及层次较多，段落层次不一定相同，可通过手工编排来修正。

策划书正文的标题一般采用黑体，而正文文字部分一般采用宋体。字号大小一般根据内容的多少来确定，页眉一般采用小五号宋体。如果整篇策划书的字体、字号完全一样，没有层次之分，就会显得呆板，缺少生气。从正文编排习惯来看，段前要缩进两个字，每行之间行间距及标题和段落之间的行间距设计，要以美观大方为依据。此外还要注意标点符号的准确使用。

一般来说，策划书的图表要尽量放在同一页上，必要时可微调行间距，从而使同一图表归置于同一页面。如果表格较长，要使用续表，则要对续表加以标示，以方便阅读者查阅与核对。

知识拓展 8-3

策划与计划的区别

策划与计划行为不同，计划往往是具体的、可操作性的，而策划一般都带有全局性的；计划一般是对具体的处理程序和细节进行安排，而策划是对具有方向性的问题所进行的描述，是一种原则性的指导。策划一词按《辞海》的解释为：计划、打算。英文直译中，并没有“策划”一词，只有相似的词语 Strategy 与 Plan。而计划的英文则是 Plan。策划是研究“去做什么”，是一种围绕已定目标而开展的具有崭新创意的设计，从整体上看是一种具有超前性、挑战性、创新性、灵活性的思维活动；计划是研究“怎样去做”，是一种围绕已定设计而组织实施的具体安排。有的人在学习日本现代企业管理时，发现日本有专门的企业策划人，就将日本的企业策划称为“策划”，企业策划与策划的狭义词意相同，大家阅读日本有关企业策划方面的书，也就能够学到策划的基本原理。

『项目实例』

三亚嘉宾国际酒店市场营销策划书

1．策划概要

三亚嘉宾国际酒店是美国某上市公司的全球连锁酒店品牌在中国的首家度假酒店，它位于海南省三亚市。近年来，中国的旅游业全面发展，随着商务经济、会展经济、旅游经济、假日经济的不断发展壮大，商务、度假、旅游的需求随之增多，商务旅游与休闲度假游正日益成为旅游业发展的主要趋势。海南是旅游资源大省，旅游景点在国内外都具有较高的知名度和影响力，三亚作为海南旅游的龙头城市，具有得天独厚的优势。三亚嘉宾国际酒店计划推动海南商务与休闲度假酒店的发展，进而促进三亚等地的商务与旅游度假市场的开发。酒店按国际高星级标准建造，建筑与园林均由美国公司的设计师设计。酒店打算凭借丰富的国际酒店运营管理经验与模式、长远的计划、能够充分把握良机的管理团队，成功实现市场渗透。

2．市场状况分析

1) 市场环境分析

(1) 三亚旅游市场前景广阔。三亚是海南岛最南端的滨海城市，美丽而富有，素有“东方夏威夷”之称，拥有宜人的气候、清新的空气、和煦的阳光、湛蓝的海水、柔和的沙滩、风情万种的少数民族、美味的海鲜，还有众多的人文景观。这些优势和得天独厚的热带风光共同构成了三亚独具魅力的旅游资源。三亚有天涯海角、亚龙湾等主要著名景点，有崖州湾、月亮湾等海湾，有三亚港、南山港等主要港口，使这座海滨旅游城市增添无限魅力。

2008 年年末，三亚市生产总值按可比价格计算，比 1987 年增长 15.8 倍，年均增长 15.1%。2008 年，人均生产总值达到 26 500 元，比 1987 年增长 8.6 倍，年均增长 12.0%。2009 年，三亚市经济社会发展的主要预期目标：生产总值增长12%；全市固定资产投资增长18%；地方财政一般预算收入增长14%；全市接待过夜游客人数增长10%，城镇居民人均可支配收入增长9%，三亚的经济和旅游市场具有较大的发展空间。目前三亚的旅游产业占据了全市国民经济的主导地位。

(2) 酒店周围环境分析。

① 周边的类似酒店：在三亚嘉宾国际酒店3千米范围内，有三亚南中国大酒店、宝宏酒店、银泰酒店、珠江花园酒店、水业海景大酒店、华信海景大酒店、城市运通酒店、林达海景酒店等。

② 周边环境和交通：有鹿回头公园、大东海游览区、白鹭公园、解放路步行街、明珠广场。距离三亚机场20千米，距离三亚火车站10千米，距离市中心距离1.5千米，酒店周边风景秀丽、交通极为方便。

③ 酒店背山面海，独具海岛文化气息的建筑，本身就是一幅绝佳的宣传画。酒店共有客房186间，免费宽带上网。独立泳池，酒店多功能厅可举办200人的会议、宴会等活动，提供中西佳肴。此外，配套了健身房、棋牌室、卡拉OK房、桑拿房等休闲康体设施。免费观光车将客人送至大东海专用海滩；优雅美丽的环境，配套完善的设施，为客户创造了舒适的接待条件。

2) 竞争对手分析

(1) 三亚星级酒店接待能力。三亚星级酒店接待能力基本符合国际旅游市场标准，但接待能力明显超前。截至2008年年底，海南星级酒店286家，年接待能力3 000万人次。另外，还有尚未纳入旅游统计的住宿接待单位700家，每年可接待游客500万人次。两者相加，总体接待能力3 500万人次。据有关部门测算，全省酒店接待能力超前10年以上。

海南省旅游局公布的官方数据显示，2008年1—7月海南旅游接待人数和旅游收入继续平稳增长，但全省酒店平均开房率反而同比下降了2.45%。海南酒店2008年平均开房率54.34%，其中三亚酒店平均开房率50%，2008年海南酒店开房率比2007年下降3%。根据有关资料显示，世界上经济最发达的美国也只有44家五星级酒店，平均每个州不到一个，而面积还不及美国一个州的海南却有31家五星级酒店。由此可见星级酒店之间的竞争十分激烈。

亚龙湾是三亚酒店最为集中的景点，在绵延10余千米的海岸线上，云集了喜来登、万豪、洲际、假日、凯莱、香格里拉、希尔顿等国际顶级酒店管理品牌。

(2) 星级酒店实际售价远远低于国际平均水平。四星级酒店的、国际理想的平均价格约为600元。但是，由于我国的整体消费水平普遍偏低，所以四星级以上酒店的实际售价远远低于国际平均水平。就某酒店来看，高级园景房优惠价仅430元，豪华海景房优惠价仅478元。

(3) 酒店的平均管理服务水平较一般且参差不齐。首先，酒店，特别是高星级酒店的多寡与档次是一个地区政治、经济、文化等综合水平的缩影；其次，先进的管理、服务理念与水平，往往在外方或国内高星级酒店内首先实现；再次，由于大部分酒店管理人员没有受到专业的、系统的训练，其能力的发挥就会受到局限。另外，有不少酒店的高层人员受到文化层次的局限，其高星级酒店的品位不佳。

3) SWOT分析

(1) 优势与机会分析。

① 浓郁的海岛建筑文化气息。文化的内涵比较丰富，包括精神文化、制度文化、物质文

化 3 个层面，对企业而言是企业经营特色、价值观念、企业精神、发展目标、规章制度、企业标识等的总和。在酒店其他文化还未形成，还未被认知时，浓郁的现代建筑无疑构成了一幅光艳夺目的风景画。站在酒店任何一处，仿佛都能体会到人在画中、画在景中的意境。

② 客房接待容量适中且配套设施齐全。这是一个较大的筹码，对于大型旅行社和会议举办单位来讲，有一定的诱惑力。一家酒店可以解决几乎所有问题，特别是旺季。

③ 僻静优雅，而且是迄今为止中国唯一拥有私家沙滩的山顶酒店。对于大部分商务、度假的客人来讲，僻静与私密是很重要的。三亚嘉宾国际酒店是美国全球连锁酒店中国旗舰店，是今后在中国境内所有国际酒店的“黄埔军校”，更是绿色环保酒店(目前已充分利用太阳能，绿化面积大，并采取其他环保措施等)。

④ 具有独特的酒店个性，特别是有别于其他同类酒店的“妙处”，完美实行了 3 个统一。

首先是远和近的统一。远得宽阔，近得方便，各得其所。

远：看得远。三亚嘉宾国际酒店是三亚位置最高的酒店，登高远望，鸟瞰整个三亚，“一望打尽”海、天、山、河、市 5 景。

近：一离闹市近，从大堂乘电梯直接到街道；二离沙滩近，免费乘坐观光车 1 分 38 秒即可抵达酒店私家沙滩。

其次是动和静的统一。动、静只在转身之间。

动：山下车水马龙，热闹非凡。

静：从山下瀑布(瀑布落差 18 米，成为三亚一大景观)式“水帘洞”中的临街电梯直通酒店，刹那间远离尘嚣，抵达幽静世界。

最后是山和海的统一。山、海统一是“仁者乐山，智者乐水”的完美结合。

山：酒店位居山顶，高高在上，让人们过把“山大王”的瘾。

海：拥有私家沙滩，大海就在 1 分 38 秒的距离。

(2) 劣势与威胁分析。

① 离海相距较远，如遇刮风、下雨、下雪、燥热天气时会让客人感觉不方便。

② 早餐品种不够丰富，房费中已包含两人份早餐(双早)，不是中西式结合的自助餐，而是送到房间的标准早餐。

③ 部分房间、床略小。休闲度假的酒店，以房间稍大、宽松一些为好。

还有其他一些细节也未到位。现代酒店的设计，越来越人性化，越来越强调细节、方便、舒适、氛围。这些缺陷需要靠其他能够夺眼球的东西来转移、分散客人的注意力。

3. 营销战略

1) 目标市场

目标市场应具备以下特点：对酒店产品或对酒店周围的产品有兴趣、有支付能力，酒店能力所及的消费者。

(1) 旅行团队市场。三亚作为旅游胜地，景点旅游客人占三亚市经济收入的 50%以上。因此酒店营运此部分客源是“重头戏”。其特点是来得快、价位低、人数多、宣传密度大、是潜在的散客消费群体。

旅行社市场是一个鸡肋，“食之无味”是因为价格太低，但旅行社要求的条件并不低，且诚信度较小，维系成本大；“弃之可惜”是因为三亚是旅游城市，旅游团队占了较大比例，酒店客房总数不算太少，如果客房闲置，那么在淡季显得更突出。团队消费可以解决酒店基本运营费用，可以烘托酒店人气。

(2) 散客及自驾车旅游散客市场。据统计，2008 年黄金周 7 天中，海南岛进出车辆 1.67 万辆，同比增长 10%。海南自驾游的硬件不断改善，随着本地老百姓的生活逐步富裕，岛内自驾游客随之增多，“带薪休假”制极大地拉长“黄金周”，使海南的自驾游一年四季保持“黄金周热”。这样的旅游热，可以真正让游客体会到出游的休闲与惬意，真正拉动经济的增长。其特点是人员相对集中在节假日，这些人员来去匆匆、消费水平高、服务标准高、需求多样性、宣传的可靠性大，是重复消费最大的客源群之一。

(3) 协议客户市场。这部分包括长住客户、协议单位、VIP 俱乐部成员、销售联盟客户、老年人市场等。此市场应是酒店最大的、相对稳定的客源群。其特点相同于或高于自驾游散客的要求与标准，但不一定受时间的限制。

① 消费高。要尽可能地从这些客户中获取更多的忠诚客户份额。因为忠诚的客户愿意更多地购买酒店的产品和服务，忠诚客户的消费，其支出是随意消费支出的 2～4 倍，而且随着忠诚客户年龄的增长、经济收入的提高或客户单位本身业务的增长，其需求量也将进一步增长。此外，其消费行为基本可预测，服务成本较低。

② 费用低。吸引新客户需要大量的费用，如各种广告投入、促销费用及了解客户的时间成本等，但维持与现有客户长期关系的成本却逐年递减。虽然在建立关系的早期，客户可能会对酒店提供的产品或服务有较多问题，需要酒店进行一定的投入，但随着双方关系的进展，客户对酒店的产品或服务越来越熟悉，对价格也不如新客户敏感。

③ 赢得口碑宣传。对于酒店提供的某些产品或服务，新客户在做决策时会感觉有较大的风险，这时他们往往会咨询酒店的现有客户。而具有较高满意度和忠诚度的老客户的建议往往具有决定作用，他们的有力推荐往往比各种形式的广告更为奏效。这样，既节省了吸引新客户的销售成本，又增加了销售收入，从而酒店利润又有了提高。

④ 有助于员工忠诚度的提高。这是客户关系营销的间接效果。如果一个酒店拥有相当数量的稳定客户群，员工的福利待遇得以保障与提高，就会使酒店与员工形成长期和谐的关系。在为那些满意和忠诚的客户提供服务的过程中，员工能够体会到自身价值的实现，而员工满意度的提高又促使酒店服务质量的提高，使客户满意度进一步提升，形成一个良性循环。

(4) 会议客户市场。相对于其他市场，此市场有一个培育期的问题，而且与三亚的大市场环境有着紧密的联系。难度比较大的是全国各地人员的聚集与快速疏散。其特点是人数多、宣传密度大、开房率高、综合消费好，对会议室、餐饮、效率需求高。争取该客户群占酒店客源市场和营业总额的份额应逐年扩大。

(5) 预订网络市场。网络渠道越来越受到营销人员及商务散客的青睐，但在景点、景区的运用可能会比城市逊色一些。特点是快捷、对交通便利要求高、价位中档、营销费用低。

2) 目标

在进入三亚市场的前三年，企业将制定进取的、可达到的目标，见表 8-1。

表 8-1　目标市场预测

潜在市场	增长率	2009 年	2010 年	2011 年
旅行团队市场	10%	20 478 668 元	22 526 535 元	24 779 188 元
散客市场	15%	18 372 368 元	21 128 224 元	24 297 458 元
协议客户市场	10%	25 953 720 元	28 549 093 元	31 404 002 元
会议客户市场	6%	10 194 500 元	10 806 170 元	11 454 540 元
预订网络市场	4%	7 843 000 元	8 156 720 元	8 482 989 元

3) 战略

三亚嘉宾国际酒店市场营销总的指导思想应是“全方位，保重点，全动员，抓主力”。

4) 定位

(1) 市场定位。通过市场调查研究分析，细分市场，最终确定以下客户为目标市场客户群：旅游度假、休闲养生、商务会议、研讨培训的中高档客户。三亚嘉宾国际酒店的客源市场大体可细分为以下几种。

① 团队市场：海南省内各大旅行社及岛外旅行社(如北京、上海、广东等)、境外团旅行社。

② 散客市场：包括自驾游散客市场，首先重点关注三亚、海口及周边地区，然后是岛外北京、上海、广州等大城市的商务公司。

③ 会议市场：政府各职能部门，驻三亚企、事业机构及岛内外各商务公司。

④ 协议客户：要渗透到各行各业，以优质服务优惠措施吸引潜在协议客户。

⑤ 网络预订：加强网络预定，改善网络预定模式。

(2) 功能定位。根据市场的定位，确定为目标客户人群提供哪些服务、哪类服务、哪种档次的服务。根据目前酒店的实际，利用各类服务设施，重新确认功能重点，最大限度地发挥功能效应。

(3) 文化定位。三亚嘉宾国际酒店的文化定位应是——“具有浓郁海岛文化气息的旅游度假酒店”。独特的文化是吸引消费者的法宝，是酒店向公众展示品位、品质、品牌定位的信息，该定位体现了对客户越来越渴望的文化需求的尊重。

4. 组合策略

1) 产品策略

酒店共有客房 220 间，客房面积宽大、色调清爽、视野宽广，并配备高星级档次家具、棉织品和个性化用品。楼层均为单向开户，开门能见山见海、空气通畅清新、采光良好。所有客房配备上网接口，住客免费宽带上网。酒店的 2 个客房区域各自配套了独立泳池。酒店设置多功能厅，可举办 200 人的会议、宴会等活动。餐饮可提供中西佳肴。此外，酒店还配套了健身房、瑜伽室等休闲康体设施。

2) 定价策略

根据客源结构，淡、平、旺季的不同月份，各黄金周制定不同的价格体系；增加合作旅行社(中小型旅行社)，不求每社单量，但求积少成多。中小型旅行社因顾客数量相对较小，价格相对较高；提高旅行社接团档次，可提高开房客人档次，减少对客房物品的损耗，增加入住后的潜在消费；推出酒店消费卡，如“钻石卡(价值 30 000 元)”，“金卡(10 000 元)”，“银卡(5 000 元)”，不同的消费卡享受不同的优惠。

3) 渠道策略

(1) 与酒店、证券会、金融等行业协会，联手策划组织休闲度假活动。

(2) 健全代理制，与国际、国内大型会议专业机构联手策划举行国际、国内培训、营销、经济、学术研讨等会议。

(3) 策划一些企业经济类的论坛、学术研讨会、培训班会议和事业单位的会议。

(4) 走出去寻访大型旅行社，如上海、南京、广州、北京等，和国内、外主要源头社合作，特别是长江、珠江三角洲的大型旅行社，力争为指定酒店。

(5) 与国内航空、铁路、电信等公司建立代销关系。

(6) 采用线上分销渠道，与各大旅游网站建立代销关系。作为分销伙伴，在线旅行社弥补了酒店自身网站的不足，而且扩大了分销网络。在线旅行社可为消费者提供景点和酒店的更多信息。

4) 促销策略

突出三亚嘉宾国际酒店的特性，让消费者不仅对酒店有完整的、绿色的、健康的认识，还要让消费者对酒店有感觉、感知、感悟。

(1) 借助媒体，提高知名度、美誉度。现代社会是一个信息社会，电视、电影、报纸、杂志、广告等媒体已经成为大众时刻关注的焦点，成为信息来源的渠道，因此，可借助媒体，迅速扩大自己的知名度。

刊登企业文化等软性广告。多角度组织稿源，将企业的各种信息通过新闻报道形式，经常性地见于媒体，进行软性宣传。与媒体共同策划主题活动，如“请到天涯海角来”、“三亚——您梦想开始的地方”等系列活动。因为知名度的扩大是吸引自由散客的最佳方式之一。

(2) 形象导入。形象宣传已经成为现代营销的重要策略。树立形象，传播形象是酒店重要的促销方式之一。用简洁、明快的语言或图形，浓缩自己的形象，更容易最快进入目标受众的脑海，成为目标受众的选择。

(3) 依靠政府，借势造势。

① 邀请省、市、区三级政府主要领导到现场视察和办公。

② 积极主动与政府有关主管部门联系，寻求咨询与帮助。

③ 积极促成或参与政府组织的有关宣传活动。

④ 加强与政府在外地所设的办事处联系。

(4) 举办活动，集中宣传。包括文体、美食、康体、展示等活动。有些可以是大型活动，有些是酒店自己组织的小型活动，无论哪种活动都是集中宣传自己的好机会。可充分利用节日，甚至可以“造节”。当然，节日创新和活动内容要新颖、独特、实在，形式要丰富、健康、活泼，这样才能在社会上产生轰动效应。如果能够把活动办成定期的，其影响会更大。

(5) 关注名人，借名、扬名。利用重大的活动机会，邀请名人，借助名人，吸引名人，是酒店很好的宣传机遇。

(6) 人员促销、交易会促销、信函促销，通过旅行社宣传、电子邮件、其他媒体等。通过以上方法和其他宣传促销网，把客人吸引进来。

(7) 建立内部宣传网。客人进酒店要促成每项消费，就必须把每项服务介绍给他们，这样就需要建立内部宣传网。让客人自走进酒店的大厅开始，就能了解酒店的基本设施情况；走进电梯，又能进一步看到图文并茂的宣传广告；到了客房，除了一些重点介绍的项目外，还有一本图文并茂的服务指南；除了各项设施的介绍图片、计费方法、电视节目、菜谱外，还有酒店的背景资料、名人来访图片资料及企业文化的内容等，同时还有酒店位置图，各项交通设施和旅游景点的介绍、相应的地方风土人情等。客人打开电视时，应在整点插播酒店介绍专题片。

5. 费用预算

费用预算可确保各部门做到目标明确，当为使营销策划能正确执行而需要对其进行更正或修改时，费用预算可以提供一个衡量标准，见表8-2。

表 8-2　营销费用预算

单位：元

营销方式	2009 年	2010 年	2011 年
媒体	2 000 000	2 200 000	2 500 000
形象导入	400 000	500 000	600 000
政府公关	150 000	200 000	230 000
活动宣传	300 000	330 000	350 000
邀请名人	500 000	600 000	800 000
人员促销等促销手段	120 000	150 000	180 000
内部宣传网络建设	100 000	90 000	80 000
营销费用小计	3 570 000	4 070 000	4 740 000

6. 营销控制

酒店计划采用严格的控制手段监控酒店产品质量和顾客对服务的满意度，以作为计划落实出现偏差的信号。这使得企业可以迅速修正任何可能出现的问题。酒店将采用以下几个指标来衡量业绩。

(1) 销售额：月销售额和年销售额。

(2) 费用：月费用和年费用。

(3) 顾客满意度。

(4) 新产品开发。

(资料来源：http: //www.docin.com/p-349534097.html.)

『项目复习』

- 任何一家进行国际市场营销的企业必须建立一个与国际目标市场相适应的组织结构。国内企业从开展国际经营到发展成为全球性的跨国公司是一个渐进的过程，其营销组织结构的发展变化一般经历出口部、国外子公司、国际事业部、全球一体化组织等 4 个发展阶段和类型。
- 国际市场营销计划是企业实现国际营销战略的重要手段，它能使企业在变幻莫测、错综复杂的国际营销环境中有条不紊地开展营销工作，避免或减少损失，获取更大的效益。
- 国际市场营销控制的目的是使企业的国际营销达到既定的目标和计划。
- 国际市场营销策划是对企业内外部环境进行分析，并在有效利用企业经营管理资源的基础上，对一定时间内企业营销活动的目标、战略、策略、实施方案的预先设计和规划。
- 企业在设计其组织结构时，需综合考虑企业国际化经营所处的阶段、运营的市场数目和所处的环境、产品的特性及多样性、企业资源和管理人员的能力等因素。
- 撰写国际市场营销策划书，需灵活掌握撰写的原则、要求与技巧，其结构及内容主要包括封面、目录、前言、正文、附录、封底等。

『职业能力训练』

一、选择题

1. 一个有效的营销组织应该是(　　)。

A. 权责分离　　B. 权责明确　　C. 权重责轻　　D. 权轻责重

2. 根据产品的类别不同划分销售人员职责，这种市场营销部门的组织形式是(　　)。

A. 职能型结构　　B. 地区型结构　　C. 产品型结构　　D. 矩阵型组织

3. 下列可列为控制对象的有(　　)。

A. 销售收入　　B. 竞争对手　　C. 行业环境　　D. 国家经济

4. 如果实际资源、人员、时间没有很好地分配，说明(　　)不佳。

A. 计划　　B. 控制　　C. 执行　　D. A和C

5. 控制的步骤包括设定营销控制目标、选择控制方法、设立评估标准、分配责任、建立信息反馈系统、评估结果、(　　)。

A. 监控对象　　B. 纠正偏差　　C. 修改标准　　D. 进行审计

二、判断题

1. 营销计划方案目的是要清楚地告诉企业营销管理人员和员工要做什么、何时做、何处做、由谁做及如何做等问题。(　　)

2. 全球职能组织结构按地理区域划分工作范围，每一位销售人员分工负责一定地域范围内的商品销售工作。(　　)

3. 一般情况下，企业的国际营销目标就可以作为国际营销控制的衡量标准，如销售额指标、销售增长率、利润率、市场占有率等。(　　)

4. 计划书的最后一部分为控制，这是用来监督、检查整个计划进度的。(　　)

5. 一个健全灵活的组织，是营销实施的最重要因素。(　　)

三、思考题

1. 国际市场营销组织结构有哪些重要类型，各自的优缺点是什么？

2. 国际市场营销策划书包括哪些结构及内容？

3. 简述企业国际营销控制的基本步骤。

四、实训题

TCL集团的海外营销

海外新兴市场成为TCL集团(以下简称TCL)彩电业务新的利润中心，增强了TCL走向国际化的信心。

2004年11月11日上午10点，泰国首都曼谷，TCL又一家海外分公司——泰国分公司正式挂牌。

1998—2004年，6年的时间，TCL已经先后在越南、中国香港地区、菲律宾、俄罗斯、新加坡、印度尼西亚、印度、泰国、墨西哥、澳大利亚等11个国家和地区建立了分公司，在马来西亚、南非等地的分公司也在筹备中。这些市场被TCL统称为新兴市场，它与中国市场、欧洲市场、北美市场及策略性OEM业务一起，成为TCL控股的TTE公司(以下简称TTE)的五大利润中心。

正是来自上述部分地区的彩电销售额，支撑起新兴市场的业务增长，令其成为 2004 年 TCL 销售收入增长最快的利润中心。

1. 新兴海外市场策略

TCL 董事长兼 CEO 李东生的国际化谋略正分“两条腿走路”。一条是汤姆逊公司(以下简称汤姆逊)和阿尔卡特公司，另一条是以海外事业部为主体的“御林军”。

TCL 和汤姆逊彩电业务重组之后，TTE 拥有 TCL、THOMSON、RCA3 个品牌。在 TTE 的品牌战略中，TCL 品牌用于中国及其周边市场。

TCL 海外事业部的地盘，是除了汤姆逊原有美国、欧洲国家等成熟市场以外的一切海外市场，在这块地盘上，俄罗斯、印度、澳大利亚、南非都有着巨大的市场容量。李东生在这一市场上派驻了以中国人为主要操作者的“嫡系御林军”。除了欧洲国家和美国这两块汤姆逊品牌已经完全渗透的市场，剩下的全都是 TCL 自己的。即便在墨西哥，汤姆逊已经建有生产基地，但 TCL 海外事业部仍要在那里建立销售公司，因为“汤姆逊此前仅在墨西哥进行生产”。

在进军海外市场的产品策略上，针对不同的国家，TCL 会推出不同的产品。液晶、背投两大高端系列彩电，是 TCL 为泰国、新加坡等市场准备的产品，在这些东南亚富裕的国家，当地人购买力十足；而对于越南，TCL 为其准备的是物美价廉的传统显像管彩电(CRT)。

在新兴市场上，由于日本彩电品牌的定价与品质都走高端路线，与 TCL 还不会构成直接竞争关系，因此与 TCL 竞争最激烈的，是韩国三星集团和 LG 集团。三星与 LG 仍属急剧成长的品牌，其在全球的彩电价格定位普遍低于日本品牌。目前，TCL 彩电的定价略低于 LG，略高于国内其他彩电品牌。作为一个全新的全球品牌，TCL 作为新进者有着自己的价格策略：市场份额优先于利润指标。

2. 政府公关提升海外品牌形象

让当地消费者对一个陌生的国外品牌产生好感，是取得市场胜利最基础、也是最关键的步骤。

TCL 每一家海外分公司都非常注重维护好与中国驻当地大使馆、当地政府的关系，在越南，TCL 与越南共青团一起成立了“青年基金会”；在俄罗斯，中国驻俄罗斯大使馆商务部为 TCL 在当地的正常经营提供了帮助。菲律宾总统来华访问期间，曾专程接见了 TCL 海外事业部的高层管理者。

2004 年 12 月 26 日，东南亚发生海啸，给当地民众带来了巨大的伤害和损失。27 日，TCL 海外事业本部通过了《TCL 东南亚海啸温情公关方案》。28 日，有关人员被立即派往相关分公司落实项目。29 日，TTE 新兴市场与中国两大利润中心，共同递交了赈灾公关方案。31 日，TCL 在广州召开新闻发布会，宣布向东南亚海啸受灾国家捐赠 300 万元，成为所有国际著名电子企业中反应速度最快的一家。

TCL 泰国分公司除了发动员工捐款，还在泰国开展彩电“义卖”活动，将所得捐助给受灾儿童，并召开当地新闻发布会，邀请泰国 12 家主流媒体参加，同时联系中国驻泰国使馆及泰国皇室；给每位经销商写了《致经销商的一封信》，与之紧密配合，共同将温情公关效应发挥到最大。在印度及印度尼西亚，TCL 向当地受灾民众赠送食品、衣服，并发动员工捐款，融入当地社会，承担起了一个国际化企业所应承担的社会责任，提升了 TCL 在国际上的品牌形象。

3. 中国智慧巧打营销牌

作为在新兴市场 TCL 的主要对手，三星、LG 这些品牌的产品线非常完整，品牌影响力也在不断提升中，与他们相比，TCL 的竞争优势就体现在对渠道及终端的快速反应上。由于国际家电品牌在海外市场通常都采用代理制，不像 TCL 直接自建销售渠道，这就给 TCL 一个充分发挥中国本土营销智慧的市场空间。

TCL 初到越南时，日韩品牌在当地拥有强大的市场号召力，而“中国货”声誉不佳。政府公关、亲善经销商、强调售后服务的“三板斧”后，TCL 逐渐在越南市场拥有知名度和名誉度，市场人气逐步聚拢。越南彩电市场年销量 80 万～100 万台，当地家电经销商希望与生产厂商高层多沟通的愿望常被日韩厂商所拒绝，于是 TCL 海外市场营销团队就主动与经销商联系、聚会，借此增进彼此的感情。很多越南人都是超级足球迷，赛季如果遇到用户的电视机坏了，TCL 不仅第一时间为用户修好电视，还在修好前提供代用电视，这为 TCL 赢得了极高的美誉度。

TCL 刚刚进入越南市场时是极其艰难的，越南分公司当时连续亏损 18 亿元。在重重困难面前，TCL 没有望而却步，终于在进入越南市场 18 个月后出现了转机。

和越南市场相比较，俄罗斯是一个更加庞大的市场，而这个市场 70%的销售份额由俄罗斯家电专业连锁控制。为了进入俄罗斯市场，TCL 海外事业部高层管理者曾把 70 多位俄罗斯家电经销商请到 TCL 惠州总部，带他们参观 TCL 集团总部、研发大楼、产能强大的生产线，让他们真正认识 TCL，并由此对“全球第一大彩电供应商”给予足够的信任。通过这种具有强烈中国色彩的公关活动，TCL 从这些经销商那里拿到了近 4 亿元人民币的订单，成功进入俄罗斯市场。

TCL 在海外一直强调现款现货，但在泰国，TCL 对经销商的放款周期明显较其他国家的经销商要长，这是由当地市场的特点决定的，也体现了 TCL 灵活的营销策略。泰国是一个讲究信誉的国家，经销商大多非常注重诚信。在电子产品的消费方面，许多商家为当地消费者提供了分期付款，有些高端产品甚至是零首付，由此形成了整体经营环境的变化，几乎所有商家都要求供应商提供较长的信用账期。由此，TCL 泰国分公司根据实际情况调整了其销售政策。

(资料来源：http: //tieba.baidu.com/f?kz=1028146308.)

案例讨论：

1. 请帮助 TCL 撰写一份可行的开发新兴市场的营销策划书。
2. TCL 要实施新兴市场的营销策划，需要怎样的营销组织结构？

参考文献

[1] 刘新，刘铁明，程艳菲．国际市场营销学[M]．北京：中国商务出版社，2006.
[2] 甘碧群．国际市场营销学[M]．2 版．北京：高等教育出版社，2006.
[3] 汤定娜．国际市场营销学[M]．北京：高等教育出版社，2006.
[4] 刘志超，陈科鹤．国际市场营销策划[M]．北京：中国商务出版社，2006.
[5] 刘志超．国际市场营销[M]．广州：华南理工大学出版社，2003.
[6] 金润圭．国际市场营销[M]．2 版．北京：高等教育出版社，2006.
[7] 庞鸿藻．国际市场营销[M]．北京：对外经济贸易大学出版社，2006.
[8] 王涛生．国际市场营销学[M]．长沙：国防科技大学出版社，2005.
[9] 梁云．国际市场营销学[M]．重庆：重庆大学出版社，2002.
[10] 王秀村．国际市场营销学[M]．北京：北京理工大学出版社，2000.
[11] 许晖．加速国际化：拓展国际市场战略[M]．天津：天津大学出版社，2003.
[12] 徐剑明．国际营销实务与案例[M]．北京：机械工业出版社，2004.
[13] 朱华，等．市场营销案例精选精析[M]．3 版．北京：中国社会科学出版社，2006.
[14] [美]菲利普·科特勒．营销管理[M]．10 版．梅汝和，等译．北京：中国人民大学出版社，2001.
[15] 邓镝．营销策划案例分析[M]．北京：机械工业出版社，2007.
[16] 刘红燕．国际市场营销新教程[M]．北京：中国劳动社会保障出版社，2002.
[17] [美]W·J·斯坦顿，B·J·沃克，M·J·埃策尔．新时代的市场营销[M]．13 版．张平淡，牛海鹏，译．北京：企业管理出版社，2008.
[18] 符莎莉．国际市场营销理论与实务[M]．2 版．北京：电子工业出版社，2009.
[19] [美]菲利普·R·凯特奥拉，玛丽·C·吉利，约翰·L·格雷厄姆．国际市场营销学[M]．14 版．赵银德，等译．北京：机械工业出版社，2010.
[20] 彭瑶，周玉泉．国际市场营销[M]．北京：中国轻工业出版社，2007.
[21] 朱明侠，薛书武，戚永翎．国际市场营销[M]．北京：中国对外经济贸易出版社，2007.
[22] 吴勇，邵国良．市场营销[M]．北京：高等教育出版社，2005.
[23] 张国旺．市场营销调查与预测[M]．北京：首都经济贸易大学出版社，2002.
[24] 顾春梅，李颖灏．国际市场营销学[M]．上海：上海财经大学出版社，2010.